卓越法官文库

Function and Practice of Civil Appeals

民事上诉制度的功能与实践

陈靖宇 著

法律出版社
LAW PRESS·CHINA
北京

图书在版编目(CIP)数据

民事上诉制度的功能与实践 / 陈靖宇著. -- 北京 : 法律出版社, 2023 (2025.12重印).

ISBN 978-7-5197-7818-7

Ⅰ. ①民… Ⅱ. ①陈… Ⅲ. ①民事诉讼—上诉—司法制度—研究—中国 Ⅳ. ①D925.104

中国国家版本馆CIP数据核字(2023)第065044号

民事上诉制度的功能与实践
MINSHI SHANGSU ZHIDU DE GONGNENG YU SHIJIAN

陈靖宇 著

策划编辑 苗 婕
责任编辑 苗 婕
装帧设计 贾丹丹

出版发行 法律出版社
编辑统筹 辞书·融出版编辑部
责任校对 王 丰 郭艳萍
责任印制 吕亚莉
经 销 新华书店

开本 710毫米×1000毫米 1/16
印张 23.5 字数 282千
版本 2023年10月第1版
印次 2025年12月第2次印刷
印刷 北京科信印刷有限公司

地址:北京市丰台区莲花池西里7号(100073)
网址:www.lawpress.com.cn
投稿邮箱:info@lawpress.com.cn
举报盗版邮箱:jbwq@lawpress.com.cn

销售电话:010-83938349
客服电话:010-83938350
咨询电话:010-63939796

书号:ISBN 978-7-5197- 7818-7
定价:70.00元

凡购买本社图书,如有印装错误,我社负责退换。电话:010-83938349

序　一

陈靖宇法官的《民事上诉制度的功能与实践》付梓，深感欣慰！十载春秋弹指一挥间。遥想十年前，靖宇申请参加香港城市大学中国高级法官班博士项目并参加面试的情形仍历历在目。经得一番寒彻骨，终迎梅花扑鼻香。个中的艰辛，如人饮水，只有当事人自知。

香港城市大学中国高级法官博士班肇始于十三年前，该项目面向全国法院系统招收学员，期以拓宽学员的国际视野，提高学员分析问题与解决问题的能力，熟悉普通法，进而比较借鉴不同法系之异同，从而形成自己观察问题、分析问题的视角。参与项目的学员首先由地方法院推荐，进入最高法院的候选名单，然后再由香港城市大学的老师面试，择优录取。遴选过程透明、客观、公正，广受好评。

陈靖宇法官于2013年入学。记得那一年进入最高法院候选人名单的高级法官逾百名，可谓菁英荟萃。过程虽无"争渡黄河水"之壮观，然竞争之激烈也颇有"战声烟尘里"之气势。作者能脱颖而出，成为当年20余位博士法官班的成员之一，实属不易，然当之无愧。所有偶然均囿于必然，靖宇生性好学、善于思考、不耻下问，能够脱颖而出，亦属必然。

书山有路，学海无涯。高级法官博士班的学员都是多年从事司法工作、有经验的法官。如何能使其"长门深闭"，潜入书海，同时又能发挥其长于实务的特点是香港城市大学法学院面对的问题。经反复权衡，我们认为，应侧重培养学员的分析和解决问题的能力以及加强法学研究方法的训练。"贤者贵为德"，只有当每位学员的个人品质得到提高，方能对中国司法系统的整体水平之提高，进而对中国法治化的建设有所助益。"居善地，心善渊，与善仁，言善信，正善治，事善能，动善时”从而成为我们提高学员个人品质的基本目标。为达此目标，除城大法学院的教授外，我们还邀请了包括耶鲁大学法学院 W. Michael Reisman 教授在内的多位国际知名学者、法官和企业家授课。此外，我们还安排法官学员参加国际学术会议，到香港的立法、司法、廉政和律师会等实务机构考察，以及赴德国、美国、韩国考察国会、法院、检察等机构并进行深度交流，使其对普通法、大陆法系及二者的结合之制度（如韩国）有较为深入、全面与立体的认识。不言而喻，这样的学习过程并不轻松。暨望此过程有助于中国司法系统水平的提高，“天地皆得一，澹然四海清”。

“人生到处知何似，应似飞鸿踏雪泥。”作为高级法官班的一员，靖宇博士通过前述一系列的学习、考察、考核、国际会议、训练等活动，终“修成正果”。其博士论文不仅顺利通过校内评审、校外评审及答辩，并能在法律出版社出版，可喜可贺！

《民事上诉制度的功能与实践》一书是陈靖宇博士在其博士论文的基础上进一步修改雕琢而成。作者结合自己多年从事司法实践工作的经验与感悟，对于中国本土的上诉制度和实践进行了深入的分析，并进行了理论上的提炼；同时结合域外民事上诉制度及其新发展，对审级制度、上诉制度的理论和原理进行了系统的研究。靖宇博士能够有效分配工作和学习的时间，高质量地完成了香港城市大学的要求，顺利毕业，且能于毕业后继续学术研究，精益求精，难能可贵！当然，靖宇博士有如此的学术成绩亦并不令人意外。

时逢世界百年未有之大变局之际，得静心学养以观八方乃人生一大乐事。事实上，世界越是变幻莫测，越是需要一套可以反映人类共同价值的原则和规则，这样的规则即是法治。法治之实现离不开法院的司法活动，司法价值的实现则离不开司法程序与时俱进的革新与设计。此亦为本书的价值所在。此书不仅体现了靖宇博士的研究与造诣，更重要的是其为国家法治和国际法治的实现，为人类共同价值的实现做出了有益的贡献。

“为往圣继绝学，为万世开太平”是每位学者的应有目标。陈靖宇博士是品学兼优的法官，有幸我们国家还有很多这样的优秀法官。他们默默贡献、孜孜努力、砥砺前行，成为我国法治建设的重要力量。再次对靖宇博士新书的问世表示祝贺！

王贵国

2023年8月18日

序　二

民事上诉制度研究与这一制度在民事司法中的重要角色明显不能匹配。这一现象并非中国独有，即使民事诉讼程序研究文献浩如烟海的大陆法系各国，即使在最高法院研究文献汗牛充栋的美国，也大抵如此。究其原因，可能与上诉制度的功能定位与程序特征缺乏明显区分度和相对独立性有关。尽管具体功能与特征不尽相同乃至彼此迥异，比如同样在三级审判的司法审级结构中，相较于德国的二审上诉程序更接近于一审程序，美国的二审上诉则更接近于终审程序。但无论如何，在两审终审制结构中担当重任的中国二审上诉制度的功能定位与程序特征的研究难度更具有独特之处。这一状况本身已经暗含了本书选择的挑战性与稀缺价值。在此，作为长期关注这一主题的同道，我衷心祝贺并感谢作者勇于挑战并获得成功！本书在作者的博士论文《中国二审程序功能的非正常化运行》基础上修改而成。作为论文评议人和答辩委员会成员，我不仅见证了作者潜心完成博士论文所付出的几年心血，也见证了作者在业已借此获得香港城市大学博士学位之后继续花费几年时间打磨本书所取得的显著成就。一位法官在本已紧缺的业余时间完成如此鸿著，甘苦自知，令人感佩！

本书的独到贡献也正是得益于作者的实务优势和系统学术训练的有机结合，其共同促成了本书研究视角的独到和学术视野的开阔。作者将民事二审程序置于中国司法行政组织结构和司法管理模式之下进行观察，通过大量的实证研究和比较研究，发现中国上诉制度及审级制度的功能定位与现代西方国家普遍运行的相关制度存在的体系性差异，并且通过理论提炼，将中国司法审级制度的基本特征总结为权力配置结构的“二审职权中心主义”与审判责任的“一审责任中心主义”，与现代西方审级制度普遍采用的“责任分担主义”或“职能分层主义”形成对照；中国上下级法院关系的行政化特征导致上级法院的领导管理职能与审级监督职能混同。上述特征导致二审程序的纠错功能弱化和二审自身审判质量缺陷与监督缺位。就研究者普遍关注的上诉程序在统一法律适用上的功能，作者对于中国实践的考察和实证研究十分扎实。作者将中国统一裁判尺度和法律适用的模式称为“司法解释统一模式”，与西方国家普遍运行的“上诉制度统一模式”进行比较，尽管就此问题已有些研究成果，但本书掌握并分析了翔实的第一手实证资料，且进行了验证性分析，相当独到而富有说服力。对于上诉制度改革对策与制度重构，本书并未简单落入重构审级制度的窠臼，而是尝试在现有两审终审制框架内改变对一审与二审的关系和定位，主张将目前的“二审中心主义”转变为“一审中心主义”，在充实一审程序的基础上，同时应加强二审程序的责任，还应当发挥上诉制度统一裁判标准的功能。同时，作者对于中国独有的司法管理的行政化模式下可能导致的二审程序功能的异化，提出了富有价值的警示和对策。作者对现有研究方法和相应结论提出了批评，比如缺乏足够的实证调查，简单照搬西方法治国家或苏联的制度和理论作为检验中国法律制度合理与否的标准和“重构”我国上诉制度的榜样，提出应充分考量我国特有的权力结构、文化背景等因素的影响，并就改革对策的现实可行性作出有一定说服力的论证。

当然，本书也并非没有遗憾之处。比如书中对话、援引及批评的国内研究成果有些是十年乃至二十年以前的探索，在信息更新一日千里、理论进步日新月异的中国，可能经不住时代的碾压或磨砺，尤其是时代性、政策性很强的司法制度研究，有时原作者已更新或更正了自己的结论。因此，对于相同主题的研究文献，如果一定要将关注点放在其对策研究结论，却不及时动态更新，恐怕有失公允。不过，考虑到作品一经发表即脱离作者意志的独立品格，特别是有些文献虽然陈旧却至今仍被当作“经典”，其中结论常常被不加分析地引证，故本书的批评对于那些过分关注对策研究结论的同仁（包括原作者）并非没有意义。这，正是学术批评的价值所在，而制度进步、理论发展、学者成长正是在这种真诚的批评与自由的争鸣中不断积累、循序渐进的。

是为序。

傅郁林

2023年8月12日

前 言

改革开放以来，中国的法治进程取得了巨大成绩。随着经济社会的快速发展和国家治理方式的转变，法院诉讼活动作为最重要的纠纷解决机制承担着越来越繁重的任务，在社会治理中也扮演着越来越重要的角色。四十多年来，随着市场经济的逐步建立和活跃，以及利益主体的多元化和利益冲突的复杂化等因素，全国法院受理的各类案件的数量从1978年的61.3万余件〔1〕上升至2021年的3153.9万余件，增长了50.5倍。〔2〕司法已经成为国家社会治理的重要手段。与过去相比，国家把更多职能赋予法院，例如，国家要求进一步建立完善行政诉讼制度，真正起到监督行政机关依法行政的作用；要求建立公益诉讼制度，使法院在环境保护工作中发挥更重要作用；要求改革信访制度，将信访治理纳入法治轨道。国家治理的手段从新中国成立之初的更多依靠行政手段、政策和运动，转向更多依靠法律制度，必然对立法、行政执法及司法制度的健全和完善提出更高的要求。

不同的社会制度、不同的理论学派对司法的价值有着不同的观点，但毫无疑问的是，公正是司法首要的价值目标和生命线。〔3〕当事人将纠纷提

---

〔1〕 参见朱景文：《中国近30年来诉讼案件数量分析——〈2011中国法律发展报告〉》，载《法制日报》2012年1月18日，第9版。

〔2〕 参见《2021年全国法院司法统计公报》，载《中华人民共和国最高人民法院公报》2022年第4期。

〔3〕 法理学一般认为，法的价值目标包括正义、平等、自由、秩序、安全、效益等。而对于司法的价值，一般认为包括公正（实体公正和程序公正）、效率（或效益）、自由、秩序和程序保障、程序的安定性等。参见［美］E. 博登海默：《法理学：法律哲学与法律方法》，邓正来译，中国政法大学出版社1999年版，第251～302页；常怡主编：《比较民事诉讼法》，中国政法大学出版社2002年版，第8～32页。

交给法院进行诉讼，其目标无非两个：一是公正的诉讼结果，即实体公正；二是公正的诉讼程序，即程序公正。诉讼公正包含实体公正和程序公正两大内涵，这一目标殆无争议。在民事诉讼中，立法者通过建立一系列的原则和制度，以求民事司法努力实现公正的目标，如当事人诉讼权利平等原则、辩论原则、处分原则、独立审判原则、诚实信用原则等。民事诉讼还确立了一些基本的制度以保证民事审判的质量，如公开审判制度、回避制度、审级制度等。其中，审级制度在诉讼制度中处于重要地位，是司法公正的重要保障机制。

审级制度具有多方面的价值和功能，其意义在于通过几个层级的审判对初审裁判的监督救济，使最终产出的生效裁判最大限度地实现公平正义；同时，审级制度有利于保障国家法律的统一实施。与世界上绝大多数国家实行三审终审制不同，新中国成立以来，在三大诉讼法中都逐步建立了两审终审的审级制度，对于审级不足同时设计了审判监督程序作为审级制度的重要补充。在诉讼法确立的一系列原则和制度下，审级制度的基本目标应当是确定的，即通过终审程序的审判，使终审判决达到接近99%的正确率，为社会提供合格的司法产品。而再审程序只是审级制度为主体结构的司法大厦外设置的“消防通道”或“紧急出口”，是非常态下对极个别司法错误进行的事后补救。

然而，近年来我国司法实践面临一系列问题。再审案件大量出现，终审裁判的安定性受到极大挑战；涉诉信访难以压降，大量诉讼案件在终审判决后，当事人仍然以信访的方式上访申冤；不同省、市法院甚至最高人民法院的裁判中的法律适用标准不统一现象仍然存在。这些问题产生的原因当然是复杂的，但从中可以得出一个基本的判断：在当下中国一个案件经过最多两个审级的审判，已经不能保证产出公正的司法产品。也就是说，传统的两审终审制度的运行已经出现了比较严重的问题。

关于上诉程序的功能及其在司法实践中的实现，中国学术界的研究从晚近才开始，[1]但是一经发动便开展了热烈而广泛的讨论。大体上而言，我国学术界对于上诉程序功能的认识，基本是接受了西方法学界的观念和成果，认为我国上诉程序的功能主要包括：（1）纠正下级判决的错误，实现司法的正确性；（2）保障法律适用和解释的统一性，并协调统一地发展法律；（3）吸收当事人的不满，实现司法的正当性；（4）促进审判独立；（5）社会主义国家普遍强调上级法院通过上诉程序指导下级法院的审判工作。在上述功能中，最重要的功能系纠正错误裁判和统一解释适用法律。多数学者也是以这些功能作为研究我国上诉制度的基本理论前提和出发点。当然，也有学者持不同的观点，如陈刚教授在对翔实的历史性立法、司法资料考证后认为，我国民事上诉审系学习苏联法而成，其法理依据是苏联的审判监督理论，制度设计有别于西方发达国家。我国上诉法院的审级职能是审查一审裁判是否正确（法律适用是否合法）和有无根据（认定事实是否合法），不再重新审判案件实体问题，其性质属于审查式上诉。但是我国却没有借鉴和移植苏联法中完备的第一审事实审制度（严格的审前程序、不间断审理的庭审程序、人民陪审制）和确立审判员独立原则、直接原则和内心确定原则。这是产生四级二审制于今日实务上面临诸多不适应

[1]　我国学术界对于上诉程序功能的深入研究，大约肇始于20世纪90年代末。重要文献参见陈桂明：《我国民事诉讼上诉审制度之检讨与重构》，载《法学研究》1996年第4期；齐树洁、黄斌：《德国民事上诉制度的改革》，载《河南省政法管理干部学院学报》2003年第2期；刘敏：《论我国民事诉讼二审程序的完善》，载《法商研究（中南政法学院学报）》2001年第6期；江伟、廖永安：《论我国民事诉讼一审与上诉审关系之协调与整合》，载《法律科学（西北政法大学学报）》2002年第6期；傅郁林：《民事复审程序制度研究》，中国人民大学2001年博士学位论文；傅郁林：《审级制度的建构原理——从民事程序视角的比较分析》，载《中国社会科学》2002年第4期；章武生：《我国民事审级制度之重塑》，载《中国法学》2002年第6期；杨荣新、乔欣：《重构我国民事诉讼审级制度的探讨》，载《中国法学》2001年第5期；齐树洁：《民事上诉制度研究》，西南政法大学2003年博士学位论文；宋朝武：《民事上诉审制度现状研究》，载《法律适用》2003年第8期；傅郁林：《论民事上诉程序的功能与结构——比较法视野下的二审上诉模式》，载《法学评论》2005年第4期；陈刚：《我国民事上诉法院审级职能再认识》，载《中国法学》2009年第1期；何帆：《论上下级法院的职权配置——以四级法院职能定位为视角》，载《法律适用》2012年第8期；胡晓霞：《论中国民事审级制度面临的挑战及其完善》，载《政治与法律》2020年第4期；何帆：《中国特色审级制度的形成、完善与发展》，载《中国法律评论》2021年第6期；等等。

之处的原因。[1]

谈我国审级制度和上诉制度的不足，在“重塑”“重构”等标题下提出改革的对策是近年来研究成果的主流。其模式均为以西方法治国家的审级制度及近年来改革成果为参照物，认为我国两审终审制的审级不足，产生了上诉审功能难以实现的问题，并进而引发审判监督程序的过度适用，损害了裁判的安定性等一系列问题。主要观点集中在三个方面：第一，两审终审制难以保障案件的审判质量。由于实行两审终审制，绝大多数案件的第一审法院是基层法院，终审法院是中级法院。终审法院级别过低，难以抵御地方保护主义的影响。中级法院的审判人员，司法能力和水平与高级法院、最高人民法院相比仍然偏低。终审法院所在地与案发地靠近，使诉讼难免受诸多人情关系因素的影响。中级法院的级别过低、社会认同度不足，难以让人对终审判决的质量产生信服，上诉制度实现司法正当性的功能落空。[2]第二，终审法院级别过低，难以保证司法裁判的统一性。根据中国司法区域的设置，我国有300多个中级法院。另外，由于我国民事诉讼法关于管辖制度的规定，中级法院、高级法院、最高人民法院都可能成为第二审法院，会造成不同司法区域之间适用法律的不统一。[3]第三，二审程序和一审程序的价值取向、职能目标和审理范围完全一样，是“直筒状”结构的司法等级制，上级法院对下级法院实行单向监督。二审、终审法院的权力既不受来自诉讼程序之内的当事人处分权的控制，也不受来自审级制度之内的职能分层的控制。所以，容易造成第二审程序权力滥用和

[1] 参见陈刚：《我国民事上诉法院审级职能再认识》，载《中国法学》2009年第1期。

[2] 参见陈桂明：《我国民事诉讼上诉审制度之检讨与重构》，载《法学研究》1996年第4期；宋朝武：《民事上诉审制度现状研究》，载《法律适用》2003年第8期；廖中洪主编：《民事诉讼改革热点问题研究综述（1991-2005）》，中国检察出版社2006年版，第637～640页。

[3] 参见宋朝武：《民事上诉审制度现状研究》，载《法律适用》2003年第8期；章武生：《我国民事审级制度之重塑》，载《中国法学》2002年第6期；最高人民法院民事诉讼法调研小组编：《民事诉讼程序改革报告》，法律出版社2003年版，第176页。

错误频生。〔1〕

关于对策与重构是研究成果的另一方面重要内容，主要有两类观点：（1）参照西方的模式建立三审终审制。这是大部分学者的观点，具体又分为许多设计思路。例如，对于小额诉讼仍然应当实行一审终审制，对于大部分案件实行两审终审制，对于部分案件（如诉讼标的数额大的案件、涉及社会公益的案件、集团诉讼案件、判决无独立请求权第三人承担民事责任的案件等）可以建立三审终审制。高级法院、最高人民法院为第三审法院，第三审原则上为法律审。最高人民法院受理的第三审案件，应当是“具有判例性质、具有普遍意义、可以指导全国法院统一对某一问题的处理的案件”。〔2〕（2）在现有两审终审制的立法框架内，对一、二审的关系和定位，应当改变我国的“二审中心主义”为“一审中心主义”。〔3〕如有学者认为理论界“有关审级制度的研究中，人们的关注点更多的是投向上级法院，对于第一审在诉讼中的地位、功能和价值却没有给予足够的重视”，“对于第一审的轻视已经成为我国民事诉讼中的一大痼疾，是‘判而不决’、‘终审不终’，大量产生上诉、申诉、上访的制度性根源”。相对第二审而言，第一审在确保案件质量、实现司法公正的作用更为关键。所以第一审应当受到更多的重视。〔4〕还有学者认为，要树立“一审是基础和关键，二审是救济和保障，再审是例外和补充”的诉讼理念。1982年《中华人民共和国民事诉讼法（试行）》（以下简称《民事诉讼法（试行）》）确立的我国

---

〔1〕 参见傅郁林：《审级制度的建构原理——从民事程序视角的比较分析》，载《中国社会科学》2002年第4期；章武生：《我国民事审级制度之重塑》，载《中国法学》2002年第6期。

〔2〕 参见陈桂明：《我国民事诉讼上诉审制度之检讨与重构》，载《法学研究》1996年第4期；江伟主编：《民事诉讼法专论》，中国人民大学出版社2005年版，第355～357页；最高人民法院民事诉讼法调研小组编：《民事诉讼程序改革报告》，法律出版社2003年版，第170～208页；胡晓霞：《论中国民事审级制度面临的挑战及其完善》，载《政治与法律》2020年第4期。

〔3〕 参见赵旭东：《民事诉讼第一审的功能审视与价值体现》，载《中国法学》2011年第3期；龙宗智：《论建立以一审庭审为中心的事实认定机制》，载《中国法学》2010年第2期；胡夏冰：《构建“一审中心主义”的审级格局》，载《人民法院报》2011年9月22日，第2版。

〔4〕 参见赵旭东：《民事诉讼第一审的功能审视与价值体现》，载《中国法学》2011年第3期。

上诉程序属于复审制模式，造成了一审审理功能的弱化；当事人完全可以“不打一审打二审”，从而使司法的效率价值不能实现。随着1991年《中华人民共和国民事诉讼法》（以下简称《民事诉讼法》）确立了续审制模式，应当通过对严格限制二审期间当事人提出新证据、限制第二审程序法院的审查范围为“当事人上诉请求的范围内”等途径，以将事实审的重心放在第一审。[1]

关于上诉制度功能在司法实践中实现情况的研究，国内理论界的研究成果较少。主要有以下观点：（1）认为二审终审使上诉审的纠错功能明显降低。由于我国法院系统的错案追究过于绝对化，没有一个科学的评价功能，动辄以改判、发回率作为衡量是否错案的标准，而错案在一定程度上又与法官的晋级、评优等紧密相关，有的法院甚至以此作为法官是否“下岗”的衡量标准，扩大了法官应承担责任的范围。从法院系统的行政管理来看，中级法院与基层法院同属于一个辖区，一、二审法院之间既有原审和上诉审的关系，又有业务指导关系，还有行政管理关系。面对错案追究的严厉，二审法院大给同情分，通过审级制度发现和纠错的可能性大打折扣。另外，法院内还普遍存在的请示汇报制度，也使二审终审变为一审终审。[2]有的研究以最高人民法院公布的一段时期内一审案件数、二审案件数和审判监督案件数进行比较，从终审的裁判被提出再审的案件占二审案件总数的二成多，得出“二审终审判决被再审的比例已远远高于一审判决上诉的比例，且居高不下”的结论，认为上诉审没有充分发挥其应有功能，甚至认为中国的二审终审已经名存实亡。[3]（2）有的学者利用信息经济学

〔1〕 参见刘敏：《论我国民事诉讼二审程序的完善》，载《法商研究（中南政法学院学报）》2001年第6期。

〔2〕 参见最高人民法院民事诉讼法调研小组编：《民事诉讼程序改革报告》，法律出版社2003年版，第177页。

〔3〕 参见江伟、廖永安：《论我国民事诉讼一审与上诉审关系之协调与整合》，载《法律科学（西北政法大学学报）》2002年第6期；傅郁林：《审级制度的建构原理——从民事程序视角的比较分析》，载《中国社会科学》2002年第4期。

和博弈论的理论研究上诉功能的实现，认为中国的上诉过程存在“逆向选择”，大量实质性案件已经退出上诉程序，而那些本来不应该上诉的机会型案件反而进入上诉法院，影响了上诉功能的实现。由于上诉当事人和上诉法院之间天然存在事前的双向信息不对称，缺少有效甄别当事人信息和有效传递法院始终如一、依法判决信号的机制，上诉过程必定会出现“劣币驱逐良币”的逆向选择效应。它不仅使上诉司法资源在民事司法过程中的配置无法与案件的复杂程度和重要性相匹配，更无法实现司法效率和分配正义。

上述部分研究及其观点在一定程度上有其合理性。例如，中国的“两审终审制”审级不足是产生这一系列问题的总的根源；对审判监督程序的依赖，造成大量案件的终审不终，裁判的既判力和稳定性受到损害；终审法院级别过低带来纠错功能不足、法律统一目标难以实现等一系列问题；上下级法院的“直筒状”功能结构可能带来更多的权力滥用和错误。但是上述研究缺陷也是明显的：第一，理论研究与中国的司法实践脱节，对中国的审级制（包括上诉制度）司法实践缺乏有分量的实证研究，对我国现实中存在的固有问题缺乏深刻的认识和考察，更谈不上进行理论提炼。对于全面认知我国的上诉制度以及如何改革完善我国审级制度和上诉制度，缺乏实践研究的基础。在有些问题上，部分学者的看法甚至是建立在对实践不正确的判断基础上的。对这些问题的判断，没有看到有足够的实证调查的依据的文章。又如，比较有代表性的观点认为，由于大量案件的终审法院是中级法院，终审法院的级别太低，故造成不同司法区域内的法律适用不统一现象。但是他们没有考察在同一个司法区域内，同一个中级法院的二审程序是不是已经实现了统一裁判标准的功能。第二，简单化地以西方法治国家（或苏联）的法律制度和理论，作为检验中国法律制度合理与否的标准，或作为“重构”我国上诉制度的“榜样”，这一论证逻辑是缺乏说服力的。而作为“重构”的改革方案，更多的是描绘了一幅未来的理想图景，其学术价值有限。况且改革的建议，很少注意我国特有的权力结构、文化背景等因素的影响，以及缺乏现实可行性的论证。但是，“程序创新的命运在很大程度上并不取决于那些喜欢欣赏规则之完备性的法律人。改革的成败主要取决于新规则与某一特定国家的司法管理模式所植根于其中的文化和制度背景的兼容性”。[1]第三，理论界有两个方面的观点有空白或者判断上似有失误。一是审级不足固然是一个问题，但是在中国现有两审终审制的架构下，第一审和第二审是否已经充分履行职能，其观念和具体制度的设计是否有偏差，职能履行上是否有异化。就本书研究的问题而言，中国社会文化背景下的第二审程序的功能有哪些？第二审程序在实践运行中是否充分履行了其功能？二是中国究竟是重视第一审还是重视第二审，学术界的判断更多的是基于立法上的规定作出的粗线条的判断，没有从真实世界中的司法政策、司法理念出发进行有价值的研究。而在中国，中央提出的司法政策和司法理念可能是对于制度运行更有影响力的因素。在两审终审制度下，对于第一审和第二审的定位和任务究竟是什么观念？这些观念是否符合中国的国情和法理？在笔者看来，中国实践呈现的图景不是对一审不够重视、对二审过分重视，而是新中国成立以来一直是重视一审的基础性作用，把第一审作为质量控制的关键。虽然在制度设计上，中国的上诉审程序系典型的科层式权力结构下的上诉制度，对于一审裁判有几乎不受限制的全面审查权力，但是对于第二审的定位和履行其功能的责任没有引起足够的重视。

少数对于上诉程序功能在司法实践中实现状况的研究是非常不足的。关于“二审终审使上诉审的纠错功能明显降低”的观点，显然是出于对于现状的推理性的分析和判断，缺乏以实证研究证实和证伪的过程。正如后

---

〔1〕［美］米尔伊安·R. 达玛什卡：《司法和国家权力的多种面孔——比较视野中的法律程序》，郑戈译，中国政法大学出版社2004年版，第2页。

文将要论述的，第二审程序的改判率低，如果仅从逻辑上来分析，有可能得出两个结论：一个是第一审裁判的公正性和质量在提升（这也正是许多法院官方的解释）；另一个是第二审怠于行使其纠错职能，以致其纠错功能降低。那么究竟是什么结论，这一观点显然没有进行严格的论证。关于从再审案件总数占二审案件总数的二成多的情况，得出第二审被决定再审的比例非常高的结论，应该肯定的是，这一观点已经注意到以再审案件的情况来考察第二审功能的实现情况；但是，上述研究忽视了一个问题，再审案件的原生效裁判，可能是一审生效的裁判，也有可能是二审生效的裁判，甚至可能是再审后又被提起再审的。另外，上述研究还忽视了再审复查程序与正式再审程序的区别，所以得出的结论也是缺乏说服力的。关于以信息经济学和博弈论的方法来研究上诉制度，这个全新的视角和研究方法是极具启发性的。一些观点有说服力，如上诉过程中缺少一套有效甄别上诉当事人信息的机制，会影响真正有争议的案件进入第二审程序。但是，对于一个以公正为首要价值的司法领域，以信息经济学的分析方法来研究的局限性相当大。比如，难道当事人无法确定第二审法院的始终如一依法判决的信息传递时，真的就会放弃对确实有错误的案件上诉到第二审法院吗？这种判断与情理及人性的假说也不相符。

立法机关2012年修改《民事诉讼法》，已经开始对二审程序给予重视。对于强化二审程序的功能方面，主要是改革审理方式，要求二审程序加强开庭审理的范围和质量。〔1〕这无疑是从立法层面对强化二审职能提出了举措。在当下新一轮的司法改革过程中，中央又提出了“完善审级制度”的

〔1〕 1991年《民事诉讼法》第152条第1款、2007年《民事诉讼法》第152条第1款均规定，对于上诉案件，第二审法院“经过阅卷和调查，询问当事人，在事实核对清楚后，合议庭认为不需要开庭审理的，也可以径行判决、裁定”。2012年《民事诉讼法》修改时，将之修改为（第169条第1款）：“经过阅卷、调查和询问当事人，对没有提出新的事实、证据或者理由，合议庭认为不需要开庭审理的，可以不开庭审理。”另可参见最高人民法院民事诉讼法修改研究小组编著：《〈中华人民共和国民事诉讼法〉修改条文理解与适用》，人民法院出版社2012年版，第364～369页。

重要目标，要求建立“一审重在解决事实认定和法律适用，二审重在解决事实法律争议、实现二审终审，再审重在解决依法纠错、维护裁判权威”的新型审级制度关系。[1]但是，如果对于中国二审程序运行的实际状况缺乏一个有理论深度的考察，可能再多的对策性立法也会收效甚微甚至成为一纸具文，既定的改革目标也将难以实现。

由于我国审级制度在实践运行中出现的问题，以及理论界对于上诉制度功能及其实践研究的不足，在当前中国法治建设不断推进、司法改革进一步深入的背景下，对我国上诉制度的功能及实现进行深入讨论和实证研究具有重要意义，本书的研究正是在此背景下展开的。笔者尝试在我国司法权力组织结构和管理模式下，通过对我国立法、司法解释、司法实践进行综合的考察研究，以期能准确认识和理解中国上诉制度功能及其构造的特点。在此基础上，对我国上诉制度的运行状态进行实证研究，发现上诉程序在司法运行中的问题，并提出能够揭示法律制度基本特征的理论模型，以便从纷繁复杂的表面现象中更深刻地把握我国审级制度和上诉程序的功能和结构。最后提出简要的对策和建议。

本书研究运用的主要方法有：一是比较法的方法。比较法有助于我们更好地认识本国的法律、解释法律或者法律改革。正如德国学者K.茨威格特、H.克茨所说：“比较法作为一所‘真理的学校’扩充并充实了‘解决办法的仓库’，并且向那些有批判能力的观察家提供机会，使他们能够认识在其时其地‘更好的解决方法’。”同时，“通过比较法研究可以刺激本国法律秩序的不断的批判，这种批判对本国法的发展所作的贡献比局限在本国之内进行的‘教条式的议论’要大得多”。[2]不仅如此，比较法对于本

〔1〕 参见《中共中央关于全面推进依法治国若干重大问题的决定》第四部分“保证公正司法，提高司法公信力”。

〔2〕［德］K. 茨威格特、H. 克茨：《比较法总论》，潘汉典、米健、高鸿钧等译，贵州人民出版社1992年版，第26～27页。

项研究更为重要的意义在于，“功能性原则”是比较法方法论的基本原则，“比较法的问题不是关于不同国家的法律制度的概念结构，而是它的法律制度的功能，比较法的方法是对不同社会秩序解决问题的办法重新从它们各自的现实，从它们所实现的各自社会目的进行相互比较”。[1]因而比较法的方法对于本书上诉制度功能的研究具有特别重要的意义。二是实证研究。笔者通过对我国某中级人民法院民事二审程序运作的经验现象进行较为系统的观察和分析，研究二审功能的实现情况，并总结影响其功能发挥的因素，以期对认识和解释中国实践中的审级制度、二审程序中的某些问题有所启发。

“科层型司法程序”和“协作型司法程序”、“纠纷解决型司法”和“政策实施型司法”这两组理想类型是本书重要的分析工具。传统的关于大陆法系和普通法系的分类方法在本书中得到了非常多的运用。同样重要的是，美国学者米尔伊安·R.达玛什卡按照国家权力的组织方式和政府的职能为主要区分标准而提出的上述两组理想类型，为我们认识和分析各国的法律制度提供了一个其他类型学没有提供的视角和方法。虽然这种理想类型的分类因素有许多与大陆法系和普通法系相同，但是，这两组理想类型就司法权力的组织方式对法律程序的影响、政府的职能与法律程序的关系而言，为笔者的研究提供了一种新的视角，其解释的深度和广度将大于大陆法系和普通法系这一对概念。

笔者在研究部分问题如我国“一审责任中心主义”和上诉审程序统一法律适用功能的实现问题时，还应用了发生学方法。长期以来，发生学在人文社会科学研究领域已成为普遍意义的研究方法，它是指研究自然现象和社会现象过程中采取的，以分析这些现象的起源和发展过程为基础的一种研究方法。把研究对象作为发展的过程进行动态的考察，有分析地注重

---

〔1〕［德］K. 茨威格特、H. 克茨：《比较法总论》，潘汉典、米健、高鸿钧等译，贵州人民出版社1992年版，第80页。

考察历史过程中主要的、本质的、必然的因素，从而更全面地认识事物及其发展规律。[1]本书通过对我国上诉程序某些方面观念和制度的起源和发展的关注研究，更好地认识问题。

---

〔1〕 参见王海军：《发生学方法与中国法制史的研究》，载《中南大学学报（社会科学版）》2010年第6期。

目　录

第一章　上诉制度概论

一、上诉的内涵与外延

在现代世界各国的司法制度中，上诉几乎是一个普遍的现象。[1]初审法院作出裁判后，在一定的期限内，败诉的原告或者被告可以向上一级法院提出不服的申请，以启动上一级法院对初审裁判复审，这一模式在不同的法律制度和法律文化中广泛存在。虽然由于历史传统和政治文化的差异，世界各国的审级制度或者对初审裁判错误的救济途径在发展中各有特色，但是进入20世纪以后，世界各国在法治化进程中出现了共同趋势，普遍建立了上诉制度，并且两大法系的主要法治发达国家均实行三审终审制。其中，美国和法国实行三级三审制；德国、日本、英国实行四级三审制。虽然现代学者对于上诉的概念众说纷纭，但是基本内涵相差不大。比如，英国《牛津法律大辞典》对上诉解释是“向一个已经对纠纷作出审判的个人、机构、法院或者裁判庭的上级提出的申请，要求其重新考虑判决，如果认为适当的话，对该判决作出更改”。“在一些案件中，上诉可能受到限制或者排除。”“上诉的结果可能是确认、修改或者推翻下级法院的判决。有时，可以向更高级别的法院进一步提起上诉。”[2]《元照英美法词典》对上诉解释是“该词被广泛用来指称各种形式的对裁判请求复审的行为。在英国，上诉是指请求上级法院、机构或人员对下级法院、机

---

〔1〕［美］马丁·夏皮罗：《法院：比较法上和政治学上的分析》，张生、李彤译，中国政法大学出版社2005年版，第73页。

〔2〕 David M. Walker：《牛津法律大辞典》，李双元等译，法律出版社2003年版（根据牛津大学出版社1980年版翻译）。

构或人员就某项争议所作的裁决进行审查，并在其认为合适时，予以改变的行为”。“由于英国的法院组织比较复杂，故其上诉渠道和上诉形式也很繁复。”“在美国，上诉是指请求上级法院对下级法院的裁决或请求法院对行政机关的裁决进行审查，以纠正其错误或推翻其不公正之裁决的行为。”[1]美国《布莱克法律词典》对上诉解释是“一种提交上级机关重新审议的程序，特别是指将下级法院或机构的决定提交上级法院审查，且该决定经审查可能被撤销”，并且将上诉分为“经许可的上诉”和“依权利的上诉”，前者须经审查法院许可方能上诉，后者无须经审查法院许可即可向上级法院提出上诉。[2]日本学者认为，所谓上诉，是指在裁判未确定前，向上级法院提出的要求撤销或变更该裁判之不服申请。在现行法所认可的上诉种类中，存在控诉、上告及抗告三种。[3]德国学者认为，“在普通诉讼中，每种攻击裁判的手段都被称为上诉（remedium）。而根据《民事诉讼法》，只有那些当事人试图通过在上一级法院继续程序来审查和排除对他不利的，还未生效的裁判的法律救济才是上诉”。[4]如此看来，虽然表述有异，但是上诉在民事诉讼中的核心含义是一致的：第一，下级法院（可能是初审法院，也有可能是二审法院）已经作出裁判；第二，上诉是当事人的一种诉讼行为，以启动上诉审程序；第三，上诉审的内容是上级法院审查下级法院的裁判，以维持、撤销或变更该裁判；第四，上诉可能是对初审裁判提请上一级法院复审的上诉，即第一次上诉，也可能是针对第二审裁判再提出上诉，即第二次上诉。这可以说是现代一般意义的上诉制度。

---

〔1〕《元照英美法词典》，薛波主编、潘汉典总审订，法律出版社2003年版。

〔2〕 See Bryan A. Garner ed., *Black's Law Dictionary*, 8th edition, Thomson West, 2004.

〔3〕 参见［日］新堂幸司：《新民事诉讼法》，林剑锋译，法律出版社2008年版，第615～616页。

〔4〕 参见［德］罗森贝克、施瓦布、戈特瓦尔德：《德国民事诉讼法》，李大雪译，中国法制出版社2007年版，第1014页。

如果放眼世界各国及其历史，前文所言的“上诉”这一概念并不是没有疑义。在早期的大陆法与英美法中，作为一种救济手段，对判决感到不满的诉讼当事人甚至可以对作出判决的法官进行攻击。如上级复审制度在欧洲的起源可以追溯到罗马——拜占庭时代权力由皇帝的代表来行使的观念。但其发展的连续性在中世纪被打断，那时，对不利裁决的主要补救方式是通过不同的程序在领主面前状告法官。[1]在英国13世纪形成的对判决的“差错程序”是针对法官的半刑事诉讼程序。[2]在英国中世纪早期没有现代意义上的上诉制度，任何案件的一审判决都被视为终审判决，不允许复审。不过，从盎格鲁-撒克逊时代起，英国一直存在一种错案纠错制度，是为现代英国上诉制度的前身。按照这种制度，申诉错判案件等于另外提起一件新诉讼，申请人——这时称作“错案原告”，如果认为诉讼判决中存在明显的法律错误，可以向大法官法庭申请“纠错令状”（writ of error），令状指示原审法院的首席法官将庭审记录上缴上级法院，上级法院只对记录内容本身进行审查，其他一概不闻不问。因此，那时的纠错审仅是纠正法律适用方面的错误，而不涉及事实认定问题。[3]严格来说，这种制度不是上诉制度，只是现代上诉制度的前身。17世纪，托马斯·史密斯仍骄傲地宣称在英格兰的领土上不存在“拖拖拉拉的上诉”[T. Smith, *De Republica Anglorum*, Third Book, ch.2, p.111（London, 1583）]。纠错令状提供了非常有限的判决矫正途径，但这种令状的授予直到18世纪才成为一种权利。[4]不仅这种制度严格来说应称为纠错令状，而且复审的法院也不一定是上级法院，而是一些平级的法院。如从亨利一世到亨利三

〔1〕 参见[美]米尔伊安·R. 达玛什卡：《司法和国家权力的多种面孔——比较视野中的法律程序》，郑戈译，中国政法大学出版社2004年版，第46页。

〔2〕 参见沈达明编著：《比较民事诉讼法初论》，中国法制出版社2002年版，第597页。

〔3〕 参见程汉大、李培锋：《英国司法制度史》，清华大学出版社2007年版，第104页。

〔4〕 参见[美]米尔伊安·R. 达玛什卡：《司法和国家权力的多种面孔——比较视野中的法律程序》，郑戈译，中国政法大学出版社2004年版，第91页。

世，从御前会议中逐渐分裂、发展并建立起来三个永久性的、专门的、中央集权化的王室高等司法机关，即财务法院（court of exchequer）、普通诉讼法院（court of common pleas，亦称民诉法庭）和王座法院（court of king's bench）。“13世纪时，地方法庭的错案是由普通诉讼法院审理，当事人可以用纠错令将法庭记录从地方法庭调到民诉法庭，然后由民诉法庭的法官进行审理。而民诉法庭的错案则交由王座法庭来审理。”[1]英国直到19世纪司法改革时，才建立起现代上诉制度。

另外，在英国，对于某些行政裁判机关作出的裁决，向上级裁判机关或者法院提起审查的申请也称为上诉。英国的行政裁判所（tribunal）具体是指在一般法院之外，根据法律规定而设立的专门裁判组织，以解决行政上的争端和公民相互间某些和社会政策有密切联系的争端等。对于行政裁判所作出的裁决，设立了多种上诉程序，一是从一个裁判所向另一个裁判所上诉；二是从裁判所向部长提出上诉；三是从裁判所向法院提出上诉。应当注意的是，这里的上诉，与通常意义上所指的针对下级法院的判决不服向上级法院提出的复审申请有所不同。

一般而言，近代以来世界各国对于法院判决的不服救济分为三大模式，一是“撤销制”，其特征是区分上诉和撤销之诉，代表有法国的上诉（appel）与撤销之诉（cassation）、意大利的上诉（appello）与撤销之诉（cassazione）、西班牙的上诉（apelación）与撤销之诉（casación or amparo-casación）；二是“上诉制”，其特征是对上诉不作区分，代表为英国（appeal）、美国（appeal）；三是“更审制”，特点是将上诉区分为控诉（berufung）与上告（revision），代表为德国、奥地利，以及克罗地亚、斯洛文尼亚等国。[2]

---

〔1〕 周佳欣:《16世纪英国财政署上诉法庭的兴起》，天津师范大学2017年硕士学位论文，第20页。

〔2〕 See Cornelis Hendrik (Remco) van Rhee & Yulin Fu, *Supreme Courts in Transition in China and the West: Adjudication at the Service of Public Goals*, Springer, 2017, p.5-11.［英］J. A. 乔罗威茨:《民事诉讼程序研究》，吴泽勇译，中国政法大学出版社2008年版，第240～265页。

法国为撤销制的代表，其立法为许多同时使用上诉和撤销之诉的国家提供了模范。在法国的诉讼制度中，不服裁判的救济申请（voies de recours）包括：普通上诉途径（voies de recours ordinaire）与非常上诉途径（voies de recours extraordinaires）。前者是指，向上诉法院提出上诉（appel）以及对缺席裁判提出异议（opposition），非常上诉途径则包括再审申请（recours en révision）、第三人提出的取消判决的异议（tièrce opposition）以及向最高司法法院提出上诉（pourvoi en cassation）。《法国新民事诉讼法典》第十六编即为不服裁判的救济申请（voies de recours）。但是有的学者将“voies de recours”翻译为“上诉途径”。〔1〕法语中“recours”一词有“求助于”“借凭”“依靠”等意思，〔2〕《法国新民事诉讼法典》第十六编规定的“对缺席裁判提出异议”是指“向做出裁决的原法院”提出不服裁判的异议，以及再审申请制度，都不是原来意义的“上诉”。所以，笔者认为，将“voies de recours”翻译为“不服裁判的救济申请”更为合适。在这些救济程序中，属于本来意义的上诉包括：（1）向上诉法院提出上诉（appel）是指一方当事人自认为受到了判决的损害，据以将诉讼及原判决一并提交上一级法院，请求其“改判”或“撤销”原判的上诉途径。（2）向最高法院的撤销之诉（cassation）。属非常上诉途径，是一种具有非常特别性质的救济途径。之所以也可以归类于本来意义的上诉，是因为它可以理解为第二次上诉，即第三审。但是此程序不具有终止原判决执行的效果，也不具有移审效果，即并不具有使案件的管辖权转移至最高法院的效果。实际上，运用这种上诉途径并不是将诉讼本身提交最高法院审查，而仅是将包含在判决主文中的对诉讼所作的处理提交该法院。最高法院不得以自己的判决来

---

〔1〕《法国新民事诉讼法典》，罗结珍译，中国法制出版社1999年版，第106页；[法]让·文森、塞尔日·金沙尔：《法国民事诉讼法要义》，罗结珍译，中国法制出版社2001年版，第1149页。

〔2〕参见[法]让·文森、塞尔日·金沙尔：《法国民事诉讼法要义》，罗结珍译，中国法制出版社2001年版，第1149页。

取代原审法官的判决，故有最高法院“只对判决作出判决，而不对事实作出判决”的说法。如果最高法院经审理后认为原判决适用法律有错误，则撤销原审判决。所以法国的最高法院也被翻译为“撤销法院”。

在德国和日本，民事上诉制度根据审级的不同和裁判种类的不同，区分为控诉（berufung）、上告（revision）和抗告（beschwerde）。控诉是指对于第一审终局判决不服，向高一级法院提出的进行第二次事实审之上诉。上告是指对控诉审（第二审）所作的终局判决，仅对法律方面的争点再向更高一级法院提出的上诉，其目的是纠正原判决的法律错误而不是事实错误。而针对审理过程中判决之外的裁判（裁定和命令）不服向上级法院提起的独立的上诉手段，则称为抗告。我国台湾地区与德、日类似，在立法上将广义的上诉分为上诉和抗告，上诉是对判决的救济，而抗告是对裁定的救济。在英国和美国，不服初审判决向上诉法院提起的复审，不服上诉法院的判决而进一步向更高一级法院（一般是最高法院）提起的复审，都称为上诉。

我国在法律传统上接近于大陆法系国家，有民事、刑事、行政三大诉讼类型，均实行两审终审制。依我国民事诉讼法的规定，当事人如果不服地方各级法院未发生法律效力的第一审判决或裁定的，有权在判决书或者裁定书送达之次日起的法定期限内（判决为15日，裁定为10日）向上一级法院提起上诉。由于我国实行两审终审制，所以第二审也是终审判决。在我国，对于行政机关的具体行政行为不服而向上级行政机关提出的审查申请，称为申请复议；对行政机关的行政行为不服而向法院提出的审查申请，称为行政诉讼。所以，上诉特指当事人不服第一审法院所作的尚未生效的裁判，在法定期限内声明不服，要求上级法院撤销或变更该裁判的诉讼行为。〔1〕

〔1〕 参见江伟主编：《民事诉讼法》（第5版），高等教育出版社2016年版，第322页。

二、上诉的模型

（一）一审法院的三方结构

为了系统地研究上诉制度的功能及其实现，有必要提出一个分析模型。对于理解法院的诉讼活动，必然从一审程序开始。正如美国政治法学派学者马丁·夏皮罗所指出的，对于法院学术界有一个公认的理想模型包括：（1）一位独立的法官；（2）适用先存的法律规则；（3）在对抗性诉讼程序之后的目的是作出判决；（4）一个两分式的判决，在这个判决中一方当事人被赋予法定权利而另一方被判定败诉。〔1〕但是，夏皮罗认为这个模型是难以令人信服的。因为在当代和历史的整个范畴中考量称为“法院”的东西，会发现这个法院模型几乎不符合其任何一个特征。

夏皮罗的研究，是从现实世界中的法院是如何背离这一模型而开始的。夏皮罗提出了一个非常有说服力的，会更容易达成共识的理论逻辑起点，即“法院化”的三方结构。对于各种不同的文化而言，无论何时，当两个人之间发生了靠他们自己无法解决的争议时，根据常识的一个解决方法是召集第三方以帮助其达成一个解决方案。这一简单的三方结构的社会发明在时间和空间上都如此普遍地存在，但是，这种三方结构却面临种种矛盾和不稳定性。因为，当第三方无可避免地作出一个两分式的判决时，这种结构就变成了一个败诉方认为的第三方和胜诉方二对一的结构。而这一结构对于法院的合法性（正当性）构成了冲击。“对所有社会中的法院的全部行为的实质部分可以在试图阻止三方结构变为二对一结构这一方面加以分析。”〔2〕

保持三方结构合法性的最基本方法是同意，包括对规范和中间人的同

〔1〕 参见［美］马丁·夏皮罗：《法院：比较法上和政治学上的分析》，张生、李彤译，中国政法大学出版社2005年版，第1页。

〔2〕 ［美］马丁·夏皮罗：《法院：比较法上和政治学上的分析》，张生、李彤译，中国政法大学出版社2005年版，第2页。

意。早期的罗马法程序中，争议双方首先会面以决定他们之间的争议适用的规范，在对规范达成一致的情况下，他们双方就要提交的法官达成一致。由此败诉方就会被置于这样的位置中——他既选择了法律也选择了法官，从而他已经自愿同意判决而不需要将判决强加到他的身上。另外的一个制度倾向是调解，这一制度设计是为了避免作出两分式的和强加裁决的解决方案。所以，法官的角色实际上总是处于中间人、调解人、仲裁人和法官的连续体中。

但是随着社会的复杂化和国家的产生，在大多数社会中，政府会选择一名有权势者来处理这些事务，或者由一名类似于城市裁判官的政府官员，随后发展为专门的机构来作为解决纠纷的第三方。同时，也用法律来代替双方当事人为了解决具体纠纷而达成的特别同意的规范。这实际上已经基本接近于法院的模型。此时，如何让败诉方认可一个在很大程度上强加给他并会导致作出一个剥夺他所有利益的判决的审判程序的合法性，就成为一个必须要面对的问题。那么，首先必须使他相信施加于他的法律规范并不是偏袒他的对手的，这就要求法律本身是公正的；另一个更重要的因素是，必须使他确信，法院应当保证法官不是他的对手的同盟。因此，存在一个具有专业化和独立性的法院成为三方结构合法性的重要因素，这一模式为法院提供了具有本质意义的社会逻辑。

当然，正如马丁·夏皮罗所指出的，在任何现实社会中，解决争议不是法院所扮演的唯一的自然的或正确的角色，法院还承担着社会控制和造法的重要职能。作为社会控制者和造法者，法院就不可避免地会与其他政治力量的边界难以划清界限，其所具有的独立性和社会逻辑甚至被更大程度地削弱了。因为在这一领域，虽然法院继续在三方结构中争议解决者的这一伪装下履行职责，但其在运行的过程中很明显地将外部的利益强加给当事人。最后，在司法造法的领域内，法院最大限度地背离了它们的社会逻辑和传统模型，因为它们在解决双方当事人之间争议的过程中所适用的规则既不是直接源于当事人的同意，也不是先存的。相反，这些规则是在争议的解决过程中，由第三方自己创造出来的。因此，法院在其合法性的基本主张和本身运行情况之间存在相当大的紧张关系。而其中三方结构的平衡由于两分式判决的不可避免，势必使败诉方可能认为形成了二对一的局面，使法院的合法性受到怀疑。

（二）判决和上诉

法院在现代法治社会中已经成为社会冲突解决的重要机构和制度，即使大量的案件通过诉讼前、诉讼中的调停会以达成和解的方式终结，但不可避免的是，通过司法解决纠纷的一个重要特征就是以国家强制力保障执行的强制性判决。所以在法院合法性的司法逻辑下，为了实现司法公正和公信力，除了通过确立司法独立和司法中立等一系列的原则和制度，上诉制度是为三方结构提供合法性的重要因素。其在现代社会作为一个普遍存在的现象，重要原因即在于，“争议解决的三方结构的主要问题是不使败诉方认为最后的情况是‘二对一’。上诉机制的设置是告诉败诉方如果他相信确实出现了二对一的情况，他能够请求另一名法官再行审判”。〔1〕上诉制度最重要的价值，就在于进一步提升法院制度的合法性。

一般认为，上诉制度的目的有两方面：一是私人的目的；二是公共的目的。私人的目的是保护诉讼当事人的权利，纠正一审裁判的错误。公共的目的则是法律适用标准的统一等。上诉制度的这些功能，是建立在初审法院作出了一个两分式的判决，即支持一方的诉讼请求而剥夺另一方权利的模式为前提的。但是在考察作为普遍现象的争议解决模式的三方结构时，会发现实际上在很大程度上，中间人解决纠纷的模式并不只有两分式判决一种，调解（或者说促成双方当事人和解）以达成一个双方当事人都

---

〔1〕［美］马丁·夏皮罗：《法院：比较法上和政治学上的分析》，张生、李彤译，中国政法大学出版社2005年版，第69页。

接受的方案是另一个重要的形式。

从争议解决的三方结构理想型可以得出如下结论，“几乎每一位三方结构中的争议解决者都在同意之外再加入另一个制度设计以达到防止落入二对一模式的目的，这一制度设计就是为了避免作出两分式的和强加裁决的解决方案”。〔1〕很明显，法院是包含最少同意因素和最多强制因素的三方结构的争议解决机构。所以，调解其实不是审判工作的例外情形而是审判活动的一个重要组成部分，大多数司法制度保留了很强的调解因素。我国传统社会法制是一个典型的例子，在礼法结合和以“和”为贵的儒家文化的影响下，中国古代大量民事纠纷通过调解结案，不仅有宗族调解、邻里调解等，官府调解也普遍存在。〔2〕然而，结构上的而不是文化上的因素看起来是造成这一现象的根源所在。〔3〕英国的法律体系中，在1066年之前，盎格鲁-撒克逊人理想中的法院审判过程是在法院监督之下作出一个双方当事人均认可的解决方案，并由法院对此进行记录。〔4〕虽然在西方的法律传统中，司法消极主义长期占统治地位，民事诉讼中的法官满足于做一个中立的、被动的裁决者。在一些西方国家的民事诉讼法律中不乏法官可劝告和解的规定，但实务中法官仅在和解中起中介的作用——为当事人双方创造对话的机会，而不是主动进行和解劝告。不过，这种状况自20世纪70年代以来逐渐发生了变化，在世界性民事诉讼改革的潮流中，各国都把促进和解作为一个重要的目标，并加强了法官在促进和解中的作用。〔5〕在美国，90%以上的民事案件在审前程序中以和解方式解决，真正进入事

---

〔1〕［美］马丁·夏皮罗：《法院：比较法上和政治学上的分析》，张生、李彤译，中国政法大学出版社2005年版，第4页。

〔2〕参见张晋藩：《中国古代民事诉讼制度》，中国法制出版社2018年版，第10～11页。

〔3〕参见［美］马丁·夏皮罗：《法院：比较法上和政治学上的分析》，张生、李彤译，中国政法大学出版社2005年版，第20页。

〔4〕参见［美］马丁·夏皮罗：《法院：比较法上和政治学上的分析》，张生、李彤译，中国政法大学出版社2005年版，第13页。

〔5〕参见范愉：《非诉讼纠纷解决机制研究》，中国人民大学出版社2000年版，第146页。

实审理的案件占比不到10%。诉讼中由法官试行和解亦历史悠久。在诉讼中劝告和解是德国法官的重要职责，实务中法官对劝告和解极其热心。在德国地方法院，和解与判决的比例为1/3，而在州法院则高达1/2。在日本，实务中对积极介入和解的法官会给予很高的评价，通过和解来处理大量案件的法官被赞为“出色的法官”。[1]在当代中国的民事诉讼制度中，调解更是法律明文规定的法院重要的案件处理方式。第一，调解可以适用于一审、二审甚至再审等所有诉讼阶段中。第二，调解可以依当事人的申请而开始，也可以由法院根据案件的具体情况依职权主动进行。第三，调解达成协议后，法院会按照调解协议的内容制作法院的调解书。调解书在强制执行方面几乎与法院的判决书有同等效力。

调解和判决是法院处理案件的两种方式。虽然大多数的调解都是在判决的威胁下和法律的阴影下进行的，但是调解是双方都同意接受的终结纠纷的方案。在英国和美国，达成和解后当事人可以撤回起诉，或者由法院对和解事项以裁决的形式作出确认，这一形式被称为“合意判决”。如德、法、日等大陆法系国家则一般采用将和解协议记录在诉讼笔录中，在中国则由法院制作调解书对调解协议进行确认。有的国家，合意判决或和解记录等一般具有与确定判决同等效力，也即依据和解笔录，不仅可以终结诉讼程序，也产生与内容相应的既判力、执行力和形成力。在有的国家，诉讼上和解没有拘束力或终局性，即不具有可强制执行的效力。[2]从诉讼的三方结构这一理论模型的逻辑上推论，对于诉讼上的和解，经过法官确认后，一经生效既不允许反悔，也不应允许对于这一和解协议提出所谓的上诉。因为和解是双方当事人经同意后达成的方案，这也是世界各国司法制度中的普遍做法。[3]在英国和美国，一般情况下，尽管合意判决是用裁

---

〔1〕 熊跃敏：《诉讼上和解的比较研究》，载《比较法研究》2003年第2期。

〔2〕 参见常怡主编：《比较民事诉讼法》，中国政法大学出版社2002年版，第579页。

〔3〕 参见常怡主编：《比较民事诉讼法》，中国政法大学出版社2002年版，第584页。

决表达的，但由于其法律效力源于双方当事人的协议，因此只能援用撤销合同的理由进行。此外，如果是以和解协议结案的，可援用契约无效或可撤销的法理予以救济。在德日法等大陆法系国家，如果诉讼和解有重大瑕疵，则可以通过提起再审、提起新诉或提起异议之诉等途径来救济。仲裁也是有明确的同意因素的，所以在仲裁领域没有上诉制度。因此，可以得出这一结论，只有对两分式的判决可以提出上诉，但对于调解书、合意判决等由双方合意达成的解决方案不得提出上诉。

（三）科层式上诉审模式和协作式上诉审模式

达玛什卡为了考察各种司法组织结构的历史脉络，以及准确把握和理解不同传统下司法制度的风格，提出了著名的科层式理想型和协作式理想型的模型。正如前文所言，这两个理想模型同历史的偶然性之间保持着某种联系，它致力于找寻并表述那些能够将各种司法形式归纳为几种可辨识模式的概念，是对某些因素的"片面的深刻"。"科层式理想型"权力组织具有以下几个特征：(1)官员的职业化。(2)严格的等级秩序。(3)决策的技术性标准。协作式理想型权力组织有如下特点：(1)外行官员。(2)权力的平行分配。这种理想型设想权力在基本上平等的外行官员之间的广泛分布：没有任何人在地位上明显优先于其他人，只存在一个单一的权力层次。(3)实质正义。这种结构必定更加亲和于实用法条主义，而不是逻辑法条主义；也更加重视案件的个别衡平和实质正义。

上诉制度在这两种理想模型中呈现不同的特点。在"科层式理想型"下的法律程序会具有以下一些特征：(1)按部就班的递进式程序。(2)上级审查的重要作用。(3)卷宗管理。科层式程序依赖于每个阶段收集的各种材料的汇集，以作为司法决策的重要依据，它是整个程序的神经中枢。(4)渐进式审判。审判程序可以分段进行，而材料的收集也以渐进的或分步取得的方式进行。(5)官方程序的排他性。(6)逻辑法条主义与程序规制。〔1〕等级分明的官僚制度安排意味着这样的权力组织信赖一套全面系统的上诉审查制度，“常规的和全面的上诉制度在科层式司法系统中通常被认为是公正、有序的司法活动的必要保障，或者是个案中的‘正当程序’的重要组成部分”。〔2〕首先，在最高权威尚未发话之前，初审判决暂时不得执行，一直要到科层式监督机制得以运行完毕之后，一项判决才能成为“已决判例”。其次，“上级审查不仅是常规的，而且还是全面深入的。下级机构决策的方方面面都难以避免上级的监督；事实、法律和逻辑都可能受到仔细的复审和纠正……上级官员赋予‘质量控制’的重要意义不可避免地降低了初审判决的重要性：初审判决由此具有了暂时性或阶段性的特征”。另外，如果当事人对一审法院的初审判决提起上诉，应该由上级法院对其进行审理。如果由一个级别相同的法院对其进行复审，必然会忤逆科层制中的秩序和等级感。如果以这一模型来理解和分析现实的司法制度，将会发现传统上欧洲大陆、苏联、中国的司法制度非常接近于这一理想型，上诉制度在科层式司法制度中的特点，后文将进一步分析。

在协作式理想型下，针对初审判决的上诉程序却呈现完全另一番图景。正如前文提及的，上诉救济制度在普通法世界姗姗来迟，普通法的传统中只有纠错令状提供了非常有限的判决矫正途径，直到19世纪英国司法改革中才建立现代上诉制度。在美国，上诉法院是在独立战争之后建立起来的，按照普通法世界的标准来看，它们算是历史悠久的了。在普通法国家上诉一直被认为“是制定法而不是普通法的产物。在美国，直到目前为止，无论涉及的事态多么严重，上诉权都不会被认为具有宪法权利那样的

〔1〕 参见［美］米尔伊安·R. 达玛什卡：《司法和国家权力的多种面孔——比较视野中的法律程序》，郑戈译，中国政法大学出版社2004年版，第73～86页。

〔2〕［美］米尔伊安·R. 达玛什卡：《司法和国家权力的多种面孔——比较视野中的法律程序》，郑戈译，中国政法大学出版社2004年版，第75页。

地位”。〔1〕应当注意的是，“英美法律救济体现了一种对单一层次决策模式的持续恪守，而在这个平面化的决策层次上已然一点一滴嫁接上了许多科层制的因素”。〔2〕在一个平面化色彩浓厚的司法组织中，初审判决被推定为最终判决。在上诉制度之外，普通法国家的“审后动议”制度可能令大陆法系的观察者们感到陌生。初审终局判决作出后，在进行上诉之前，不同意陪审团裁决的一方当事人可以请求原审法院作出补救行动。补救行动可能涉及审理中的严重程序性错误或支持裁决的证据的不充分性，通过申请重新审理或申请不顾陪审团裁决而作出判决，提出对此类补救的动议。一是审理中发生严重程序性错误时，诸如陪审团成员的不正当行为，如对于案件事实审前已有了解。二是当法官认为裁决与证据的证明力不符时，也可批准重新审理。这一概念允许法官重新评判陪审团裁决的正确性，并在此基础上要求将案件提交另一陪审团，以重新进行审理。笔者认为，审后动议制度在某些功能上类似于大陆法系的上诉制度，主要是就事实认定上而言。正如某些学者所言：“民法法系中的上诉在功用上往往等同于陪审制当中的重新审理动议。两种法律体系使用的术语模糊了认识论问题及所涉及的法律权力。”〔3〕另外，初审判决被视为已决事项并支持它的执行，零星的上诉只能成为要求暂缓执行的根据。由于“初审判决终结刑事审判程序”这一观念并没有真正被放弃，所以对被宣判无罪的人的重新审理被看作新的、不公正的或双重的危险，而不仅仅是初审的延续。更为有意思的是，一般意义上来讲，该理想类型中上诉权并没有被尊崇为正当程序的重要组成部分。在英国，上诉权还需要获得初审法院或上级法院

〔1〕［美］米尔伊安·R. 达玛什卡：《司法和国家权力的多种面孔——比较视野中的法律程序》，郑戈译，中国政法大学出版社2004年版，第91页。

〔2〕［美］米尔伊安·R. 达玛什卡：《司法和国家权力的多种面孔——比较视野中的法律程序》，郑戈译，中国政法大学出版社2004年版，第88页。

〔3〕［美］杰弗里·C. 哈泽德、米歇尔·塔鲁伊：《美国民事诉讼法导论》，张茂译，中国政法大学出版社1998年版，第153页。

的许可。另外，一种加诸协作型基础之上的风格在大陆法国家的视角里被视为不可思议。例如，在我国香港地区的民事上诉程序中，高等法院原讼庭审理的案件，如果当事人提起上诉是向同为高等法院内的上诉庭提出，这在内地简直是不可思议的。同样，如果我们将思绪回溯到英国的16世纪，英国的三个王室高等法院，即财务法院、普通诉讼法院和王座法院。普通诉讼法院的错案交由理论上平级的王座法庭来审理。总之，在以英美国家为典型代表的协作理想型的司法程序中，尽管存在上诉制度，但是其诉讼还是呈现单层权力组织决策的某些特征。

综上所述，为了解决纠纷而建立起的三方结构，是法院这一政治现象存在的基本社会逻辑。但是，这个三方结构面临种种矛盾和不稳定性。因为纠纷解决者难免要作出一个两分式的判决，这种结构就会演变成一个败诉方认为第三方和胜诉方"二对一"的结构，这一结构对于法院的合法性构成了冲击。为了保持三方结构的合法性，第一个方法是同意，即由争议双方商量并对争议将要适用的规范和公断人选达成共识。这样，在公断人对纠纷作出一个判决时，因为规范和公断人选都是双方同意的，所以这个判决就取得了合法性。但是，随着社会经济发展和国家的出现，人类社会必然发展到以法律和国家指定的法院来代替当事人的同意。这样，三方结构的同意因素就消失了。法院制度为了取得合法性采取了两个方法，一是尽可能通过促进和解的方式解决纠纷。一旦达成了和解，就终止了诉讼，对此不能提起上诉。二是对于不可避免采取两分式判决的方式解决的，就建立上诉制度来增加其合法性。其逻辑在于，一旦败诉方发现或者怀疑法官是胜诉方的同盟，他可以上诉到另一个法官那里寻求复审。这正是"19世纪和20世纪在全欧洲的普遍做法，所有国家都提供上诉，当事人可将案件诉诸位于中央的高等法院或可诉诸地区高等法院"[1]的重要原因。从另

---

〔1〕［美］马丁·夏皮罗：《法院：比较法上和政治学上的分析》，张生、李彤译，中国政法大学出版社2005年版，第76页。

一对理想模型来考察，上诉制度在科层式权力组织社会和协作式权力组织社会中呈现不同的特点，在科层式上诉模式中，上诉被视为一种当然的权利，上级审查具有更大的重要性。在协作式上诉模式中，第一审的地位受到更大的尊重和重视，上诉被视为一种零星的现象，对下级审的审查也被限制在一定的范围。

三、审级制度与上诉制度

总体而言，国内学术界对于审级制度这一概念的理解基本是一致的。但是认真研究之下，又大体可分为三种观点，一是狭义说，认为审级制度是指法院处理案件从法律上达到终审的层级数。〔1〕二是中间说，是从法院的纵向组织结构和审级制度的运行过程相结合的角度来界定审级制度的概念。此观点为大部分学者的观点，认为审级制度是指法律所规定的审判机关在纵向组织体系上的层级划分以及诉讼案件最多经过几级法院审理后，判决或者裁定即发生确定力的诉讼法律制度。〔2〕三是广义说，该观点认为，审级制度的核心内容是确定法院纵向结构和权限划分，包括法院组织系统、各级法院权限配置与上下级关系、终审判决的审级、各级法院

〔1〕 参见常怡主编:《比较民事诉讼法》，中国政法大学出版社2002年版，第334页；齐树洁:《民事上诉制度研究》，法律出版社2006年版，第36页。

〔2〕 参见尹丽华:《刑事上诉制度研究——以三审终审为基础》，中国法制出版社2006年版，第23页。应当注意的是，持这一观点者之间还有不同的表述。如有的学者认为，审级制度是指法律所规定的审判机关的级别以及案件应经过几级法院审判才告终结的制度。参见陈光中主编:《刑事诉讼法学》(新编)，中国政法大学出版社1996年版，第37页。有的学者认为，审级制度是指法律所规定的有关审判机关在组织程序上分多少等级，以及诉讼案件经过几级法院审理后，其判决或裁定才发生法律效力的制度。参见樊崇义主编:《刑事诉讼法学》，中国政法大学出版社1999年版，第385页。有的学者认为，审级制度是指法律规定的审判机关在组织体系上设置的等级，当事人可以上诉几次或者检察机关可以抗诉几次，一个案件经过多少级法院审判后，判决、裁定即发生法律效力的一种诉讼法律制度。参见程荣斌、邓云:《审级制度研究》，载《湖南省政法管理干部学院学报》2001年第5期。虽然前述观点中的表述为“案件经过几级法院审判才告终结”似乎意味着每个案件必须经过几级审判才告终结，但实际上这些观点的意思均是指案件最多经过几级法院审判才告终结，只不过在表达上可能不够精准而已。

权限的制约与终审判决的错误救济等。[1]就我国而言,对于生效裁判的审判监督程序亦属审级制度的内容。笔者认为,中间说比较合理地界定了审级制度的内涵和外延。狭义说只是表述了一个具体的案件可以达到的终审层级数,但是对于必然涉及的法院纵向设置的层级这一制度基础,没有纳入审级制度的内容。而且这一观点使审级制度与上诉制度几乎区别很小。而广义说,则将法院的组织系统、不同法院的权限亦纳入审级制度之中。这些内容完全可以通过法院组织制度的课题来进行研究。另外,广义说将对于终审判决错误的救济——再审制度也纳入审级制度中,与大部分学者的观点不一致。这容易导致不同学者之间交流的困难和误解。因此,笔者认为,审级制度是指一国法院在纵向组织体系上的层级划分,以及民事案件最多经过几级审理后,其判决或裁定才发生既判力的法律制度。

审级制度与上诉制度具有密切的关系。通过前文的分析,审级制度的基本内容包括:(1)法院在纵向组织体系上的层级划分,即法院的层级;(2)第一审程序在审级制度中的相关原理;(3)当事人的上诉权,以及当事人最多可以提出几次上诉,案件的裁判才可以最终确定;(4)上诉法院的上诉审理程序。由此可见,上诉制度是审级制度的核心内容。这是因为,各国对于初审程序的功能与定位基本是一致的,都以查明事实并适用法律裁断当事人之间的纠纷为基本任务,所以各国审级制度的差异实际上体现为上诉制度的差异。审级制度因法律赋予当事人上诉权的多少一般分为三审终审制、两审终审制等,第二审和第三审在功能和结构上一般存在不同。对于两者的关系,有的学者认为,审级制度是上诉制度的重要载体,是上诉审程序得以运行的基础和空间。审级制度的设立,为当事

---

〔1〕 参见江伟主编:《民事诉讼法专论》,中国人民大学出版社2005年版,第339页。也有学者认为,审级制度是指法院处理案件从法律上达到终审的层级数。参见常怡主编:《比较民事诉讼法》,中国政法大学出版社2002年版,第334页。

人提供了对不满下级法院裁判进行上诉的条件和空间，也是上诉法院行使审判权纠正下级法院裁判错误的体制上的保证。“审级制度是静止的水渠，上诉程序则是运动的水流。”〔1〕审级制度目的的实现，有赖于具体的上诉审程序运行，法院在上诉程序中功能发挥得如何，当事人是否获得充分的救济，又取决于各国设立怎样的审级制度。〔2〕另外，还有观点认为，法院的审级和功能决定了当事人提起上诉的次数和上级法院在上诉审理过程中的审查范围和审理方式，因此审级制度与上诉制度是一种决定和被决定的关系。〔3〕在笔者看来，这些观点似不甚妥当。首先，审级制度并不仅研究静态意义上的审判程序的层级，以及最多可以提出的上诉的次数；它也研究动态意义的上诉提出和上诉审程序的运行。而“上诉制度”这一概念不仅研究动态的上诉提起与上诉审程序的运行，同样，其也研究上诉可以提出的次数和层级。其次，之所以审级制度与上诉制度具有如此密切的联系，是因为在民事案件中，案件经过初审法院的裁判后，不会自动进入下一个审级。下一个审级（如二审程序）的进行必须由当事人提出上诉来启动。上诉制度功能的实现，有赖于上下级法院的职能分层和权力制约机制的确定，以及当事人的上诉权利对法院审判权力的制约关系。是故，本书认为，审级制度与上诉制度这两个概念，审级制度的外延更大。审级制度包含了上诉制度，上诉制度是审级制度的核心组成内容。因此，研究上诉制度必须将其放在审级制度这一背景和框架下进行。

对于审级制度的研究，一般侧重于对其中上诉制度的研究。所以，审级制度与上诉制度存在共同的理论基础，其目的和功能可以说是共通的，

〔1〕 顾永忠：《刑事上诉程序研究》，中国人民公安大学出版社2003年版，第98页。

〔2〕 参见尹丽华：《刑事上诉制度研究——以三审终审为基础》，中国法制出版社2006年版，第22页。

〔3〕 参见尹丽华：《刑事上诉制度研究——以三审终审为基础》，中国法制出版社2006年版，第22页；朱立恒：《刑事审级制度研究》，法律出版社2008年版，第18页。

应当服务于个案当事人的私人目的和服务于社会的公共目的。对此下文将会有专门的论述。

审级制度与上诉制度之间尽管存在密切的联系，但这两个概念之间也有区别。第一，审级制度表现在具体的个案中，并非每一个案件经过初审后必须经过第二审程序（第一次上诉审程序）和第三审程序（第二次上诉审程序）。大部分案件在初审法院作出裁判后，当事人没有提出上诉，初审法院的裁判即发生法律效力。第二，由于提出上诉以存在初审判决为前提，因而对于初审程序的功能与定位的研究，以及初审与上诉审之间的关系等也是审级制度的重要内容。第三，就审级制度的静态特征——法院组织体系的纵向层级而言，审级制度与上诉制度也不完全对应。如我国法院体系纵向分为四级，但是审级只分为两级；最高人民法院的初审案件属于一审终审案件。另外，在我国的刑事死刑案件审理程序中，初审法院（在我国目前法律体系下是中级人民法院）作出死刑案件的判决后，无论被告人是否上诉，都要报送上级法院（高级人民法院）复核（或者上诉审）。如果二审法院作出同意判决死刑的裁判后，当事人不得提起第二次上诉，而只能由高级人民法院依职权报送最高人民法院复核，由后者作出同意与否的终审裁决。又如，美国大部分州建立了三级法院体制，实行三审终审的审级制度，当事人有两次上诉的机会。尽管当事人的第二次上诉受到很大限制，但是当法院的裁判涉及当事人宪法性权利这一重大法律问题时，也允许当事人在州最高法院三审后向联邦最高法院提起上诉，从而形成这类案件的第四审。在欧洲国家，受《欧洲人权公约》的保护，当事人在本国诉讼终结后，还有权利就某些案件向欧洲人权法院提起进一步的上诉，从而突破了国内法所确立的审级制度。[1]第四，就概念强调的意义而言，“审级”的本意是指案件经过几级法院审理后即告终结，不再审理的制度，其

〔1〕 尹丽华：《刑事上诉制度研究——以三审终审为基础》，中国法制出版社2006年版，第28页。

核心在于“不再审理”[1]，更加强调审级制度实现司法终局性的功能。而上诉制度更强调当事人上诉权的保障和次数，以及上诉审对于纠正错误和统一法律适用方面的功能，两者的视角也略有不同。

〔1〕 何兵、潘剑锋:《司法之根本：最后的审判抑或最好的审判？——对我国再审制度的再审视》，载《比较法研究》2000年第4期。

第二章　上诉制度比较研究

世界当代法治国家，虽然基于历史传统和政治体制存在差异，但总体上有三大上诉模式，即以英、美为代表的“上诉制”，以法、意为代表的“撤销制”和以德、奥为代表的“更审制”。德、法、日和英、美等国家是大陆法和普通法两大法系的主要代表，对世界各国的现代法律制度产生了巨大的影响。出于以上考虑，本书选取普通法系的英国、美国，大陆法系的德国、法国、日本，对这几个代表性国家的上诉制度的功能及其结构进行一番粗浅的考察研究。

一、普通法系主要国家民事上诉制度

（一）英国

英国民事法院体系由低向高的法院级别分别为：郡法院（County Court）、高等法院（High Court）、上诉法院（Court of Appeal）、上议院（House of Lords）和枢密院司法委员会（Judicial committee of the Privy Council）。其中，郡法院负责受理一般的一审民事案件。高等法院分为大法官分庭（Chancery Division）、王座分庭（Queen's Bench Division）、家事分庭（Family Division）三部分，它既是重大、复杂民事案件的初审法院，同时受理针对郡法院一审判决提出的上诉案件，包括破产、司法审查、以案件呈述方式的上诉、治安法院对家事案件如有关未成年人的命令等的上诉。上诉法院，其中刑事审判庭审理来自皇家法院和军事法院的上诉，民事审判庭审理来自高等法院和郡法院的上诉。上议院，系大不列颠及北爱尔兰的最高上诉法院。枢密院司法委员会，系24个英联邦管辖区和6个英联邦共和国的最高上诉法院。过去，上议院的司法权力一直由12名同时拥有上院议员身份的常任上诉法官（Lord of Appeal in Ordinary，通称上议院高等法官）行使。2009年10月1日，经过英国的司法改革，联合王国最高法院依据《2005年宪制改革法案》第三章设立，仍由12名法官组成，继承了上议院的司法权力。〔1〕

英国民事诉讼实行三审终审制。当事人不服郡法院地区法官的裁判，只能向郡法院巡回法官提出上诉，上诉案件仍在郡法院审理。如果案件是由郡法院巡回法官适用多轨程序（multi-track）或特别程序审理的，则可以上诉至上诉法院。除此之外，对郡法院的其他裁判，只能向高等法院提起上诉。对高等法院一审裁判不服的，则可以向上诉法院上诉。如果对上诉法院的二审判决不服的，还可以向上议院提起第二次上诉。就上诉审的审理对象而言，二审原则上为法律审，一般不涉及事实问题，只在特定情形下涉及。当事人就上诉法院的裁决不存在当然地向上议院提起上诉的权利，必须取得上诉法院或上议院的许可后才能向上议院上诉。第三审则为法律审。〔2〕作为英美法系的重要代表，英国的法院体系较为复杂，其上诉制度也较具特色。

1.上诉的条件和提起

（1）上诉许可制度。在英国，直到1999年，向上诉法院提起上诉被看作针对高等法院终局判决的一种权利，并且假如有充分的“上诉价值”，这也是针对郡法院终局判决的一种权利。〔3〕只有极少数的裁决不得上

〔1〕 参见《英国最高法院10月1日正式成立　成为最高终审司法机关》，载明德公法网，http://www.calaw.cn/article/default.asp?id=536，最后访问日期：2019年7月22日。

〔2〕 参见徐昕：《英国民事诉讼与民事司法改革》，中国政法大学出版社2002年版，第366～367页；齐树洁主编：《英国司法制度》，厦门大学出版社2007年版，第386页以下。

〔3〕 参见［英］J. A. 乔罗威茨：《民事诉讼程序研究》，吴泽勇译，中国政法大学出版社2008年版，第217页。

诉，[1]另外有些裁决须得到高等法院的许可才能上诉。[2]而第三审，即当事人就上诉法院的裁决必须得到上诉法院或上议院的许可后才能向上议院上诉。但是在20世纪末英国的民事司法改革后，英国对绝大多数民事案件实行上诉许可制度。

上诉许可是指当事人提起上诉需经原审法院或上级法院审查，获得许可的方得进入上诉程序。英国的上诉许可制度是最为详尽、完善的代表，该做法已有一段时间，上诉法院的诸多判例皆如此表明。如在*The Iran Nabuvat*（[1990] 1 W.L.R. 1115）案中唐纳德森爵士指出："（上诉许可的）正当性的理由在于，它对于被迫要维护原审裁决的被上诉人不公平；鉴于上诉法院的时间浪费在听审本不应上诉的案件上，将导致其他诉讼的延迟，故而对其他诉讼当事人亦不公平；对上诉人本人而言，亦不公平，因为就无须上诉的案件寻求上诉救济是件荒唐的事，毫无必要。"[3]英国这一制度的内容主要有以下几方面：①基于当事人提起上诉的对象，有不同的情形。对郡法院或高等法院的一审裁决提起上诉，须经上诉审法院或原审法院的许可。作为特例，郡法院或高等法院发出的拘禁令、拒绝签发人身保护令或依《1989年未成年人法》第25条作出的住宿保障令，无须获得上诉许可。对于第二次上诉——第三审，须经第三审法院的许可。②当事人提起上诉许可申请，既可以向原审法院提出，亦可以向上诉状载明的上诉审法院提出。③上诉许可的理由包括以下两项：第一，法院认为当事人提起的上诉是具有胜诉希望的；第二，具备对上诉进行审理的其他强制性理由。如果当事人提起的是第二次（第三审）上诉还须具备其他的情形（详见后文）。④上诉审法院在作出许可上诉申请命令的同时，还可以就上诉审的

〔1〕 不能向上诉法院上诉的裁决有5种，如高等法院作为捕获法院作出的裁决，不允许折磨人的诉讼当事人起诉或继续已开始的诉讼程序的裁决，成文法规定不得上诉的裁决等。参见沈达明编著：《比较民事诉讼法初论》，中国法制出版社2002年版，第602页。

〔2〕 参见沈达明编著：《比较民事诉讼法初论》，中国法制出版社2002年版，第602页。

〔3〕 徐昕：《英国民事诉讼与民事司法改革》，中国政法大学出版社2002年版，第368页。

争点进行限制。[1]

（2）英国民事诉讼中针对小额索赔程序建立了特殊的上诉规则。小额程序适用于消费争议、意外事故、财产所有权纠纷，以及房主和承租人之间除房屋占有之外的绝大部分纠纷等。一般而言，其诉讼请求金额不超过5000英镑。诉讼程序进行了若干简化。新规则对小额程序的上诉作出了特殊规定：只有存在影响诉讼程序的严重违法、法院适用法律错误这两种情形，当事人方可提出上诉；法院可以无须经审理程序，而径行驳回上诉。从这些规定可以看出，英国对于小额索赔程序虽然没有实行一审终审制，但只有在比常规案件更为严格的情形下才许可其提出上诉，并对其规定了更为简易的审理方式。[2]

（3）上诉的提出。民事案件的上诉方式有四种，一是上诉通知书方式；二是法定上诉；三是案件呈述方式；四是司法审查方式。[3]最一般的上诉方式为通过上诉通知书上诉。英国诉讼法上把上诉申请称为上诉通知（notice of appeal），如上诉人向上诉审法院申请上诉许可的，须以上诉通知书的形式提出请求。上诉通知必须明确提出上诉的理由以及申请上诉法院作出裁定的种类。上诉通知须于下级法院指定期间或裁决作出14日内，向上诉审法院提交。除上诉审法院另有指令外，只有至已作出上诉许可、向上诉人送达通知书时，上诉人才须向被上诉人送达上诉通知书。上诉人也须向直接受上诉影响的原判决的所有当事人以及上诉法院指示应送达的其他人送达上诉通知书。上诉通知的内容极其重要，因为除非经

---

〔1〕 参见齐树洁主编：《英国司法制度》，厦门大学出版社2007年版，第392～393页。

〔2〕 参见齐树洁主编：《英国司法制度》，厦门大学出版社2007年版，第313～319页；《英国民事诉讼规则》，徐昕译，中国法制出版社2001年版，第139页。

〔3〕 法定上诉，是指根据有关法规之规定，就部长、政府部门、审裁处或其他人士作出的裁决向法院提起的上诉。通过案件呈述方式上诉，主要适用于法院或审裁处适用法律不当或超越管辖权审判的上诉案件。司法审查（judicial review）之诉，指复审法规或者与履行公共职能相关的裁决、作为或不作为等事项合法性的诉讼。参见徐昕：《英国民事诉讼与民事司法改革》，中国政法大学出版社2002年版，第377～379页。

上诉审法院许可，上诉人在上诉审听审时无权以通知上未载明的上诉理由为依据或申请未载明的救济。正如原任上诉法院院长丹宁大法官说，上诉通知旨于划清上诉听审时的争执范围，不重提没有争执的事项，从而节省当事人的准备时间与费用。[1]同样，被上诉人希望上诉审法院变更下级法院命令的，须提出上诉，同样需要取得上诉许可。被上诉人向上诉审法院寻求上诉许可，或希望上诉审法院推翻原判的理由不同于在下级法院提出的理由，或在先前理由基础上追加新理由的，被上诉人可以提出被上诉人通知书。虽然英国法没有明确的滥用程序的学说，但是其1999年生效的《民事诉讼规则》对被视为滥用程序的有倾向性的诉讼请求作了定义。根据该规则的"诉讼指引"，对旨在困扰对方、恶意诽谤或明显缺乏理由的诉讼请求认为是滥用程序，应予以制裁。一个律师如果采用怂恿没有理由或报复性诉讼的方式从事不正当的行为，将面临职业纪律的处罚。[2]

此外，除非法院命令暂缓执行，否则一审判决立即具有执行力，人们计划而且期望一审判决就可以终局性地处理案件。[3]

2. 第二审的审理和裁判

（1）上诉法庭的组成及其权力。由于上诉案件主要由上诉法院审理，因此，相对于其他上诉审法院而言，上诉法院的上诉程序显得十分重要。上诉法院民事庭由法官3人组成，但在下述情形下由法官2人组成：审理对中间裁定的上诉，对上诉法院独任法官的中间裁决的上诉，经全体当事人同意后受理对终局裁决的上诉，对郡法院裁决的上诉，对简易程序判决的上诉，对高等法院主事法官裁决的上诉等。上诉法院具有"被上诉的法院

---

〔1〕 参见沈达明编著：《比较民事诉讼法初论》，中国法制出版社2002年版，第604页。

〔2〕 参见齐树洁：《民事上诉制度研究》，法律出版社2006年版，第149页。

〔3〕 参见［英］J. A. 乔罗威茨：《民事诉讼程序研究》，吴泽勇译，中国政法大学出版社2008年版，第222页。

或者法庭所享有的全部权限和管辖权（authority and jurisdiction）”。〔1〕

（2）二审原则上为法律审，不涉及事实问题，但在特定情形下也涉及事实审。上诉法院有作出事实论断的权力，以取代初审法官或陪审团的决定。但是这一权力受到严格的约束：首先，上诉法院应将审查局限于上诉通知或被上诉人通知中提到的事实范围内；其次，上诉法院不能就诉讼文件上未提出的事实作出决定；最后，一般不允许推翻直接的事实决定，因为上诉法院只是书面审，没有初审中通过庭审观察证人的机会。因此，上诉法院只能把自己局限于作推论性的事实决定中。但当有陪审团参加审理时，其作出的事实决定属于“概括决定”，也就无法区分直接决定和推论决定了。〔2〕判例指出：凡是原诉讼未使用陪审团，是由法官审理的，上诉法院应该尽量不干预法官对于事实的裁决，因为该法官曾经亲自听取证言或评估鉴定意见。如果原诉讼使用陪审团，上诉人提出法官如果恰当地指示陪审团，陪审团按情理不会作出这样的事实决定，则上诉法院可以撤销原事实决定，命令重新审理。〔3〕但如果法官没有不恰当指示陪审团情形的，陪审团认定的事实不能被变更。

（3）上诉审的审理范围和审理方式。上诉范围受上诉通知内容的限制，上诉法院仅有权审理上诉通知或被上诉人通知中提出的法律问题。原则上，当事人不能向上诉法院提出在下级法院没有提出的法律问题。但对此有两个例外：一是下级法院明示保留的法律问题；二是如果排除该法律问题，会造成法院诉讼程序的滥用，如初审法院没有考虑合同的效力问题，而上诉法院则需考虑。

英国民事上诉的传统审理方式，根据1965年英国《最高法院规则》

---

〔1〕［英］J. A. 乔罗威茨：《民事诉讼程序研究》，吴泽勇译，中国政法大学出版社2008年版，第218页。

〔2〕参见乔欣、郭纪元：《外国民事诉讼法》，人民法院出版社、中国社会科学出版社2002年版，第58～59页。

〔3〕参见沈达明编著：《比较民事诉讼法初论》，中国法制出版社2002年版，第607页。

O59 r.3(1)的规定，在民事上诉制度中确立了上诉法院审理上诉案件以“重新听审”(by way of rehearing)的方式进行。但这不能根据文字意思解释，以下几点显示上诉审不是“第二次初审”：其一，在初审中作证的证人不在上诉中再次作证。一方面，上诉法院只能看到证人证言笔录，出于这一原因，只有当初审法院的事实调查从属于法官对证人可信度和证明力的评价时，上诉法院才会极其罕见地打乱初审法官的事实调查结果。另一方面，上诉法院确实拥有“根据法庭速记来重审案件”的权力，这意味着那些主要从一审法官发现的基础事实或者从“初步(primary)事实”中进行推论或者计算得来的事实，在上诉中可以被重新审查。其二，上诉法院的确有权接受进一步的举证——初审中没有提出的证据——但这一权力的使用非常谨慎。有关规则区分了与初审后发生事件有关的证据及与这类事件无关的证据，并规定，前者可以被提出，而后者“除非有特殊理由”否则不能被提出。但是，如果不能实质性地改变原审判决的基础，两种情况下都不允许提出进一步的证据。通过1954年的*Ladd v. Marshall*案所形成的“*Ladd v. Marshall*”规则认为，在上诉审中，只有当新证据符合下列情形时才可以被接受：①在下级法院的听审中虽经合理的努力仍难以获得；②将很有可能对案件结果产生重大的影响；③具有明显的可信性。这一规则的目的是督促当事人在一审中尽可能地提出全部证据，防止当事人有意将争点留到上诉，以期获得证据突袭的效果。〔1〕其三，对于当事人主张未被一审采纳的法律要点的权利，有一些限制。原则上除非法院认定，否则即使一审中采纳了某个法律要点，在一审中实际未被举出的证据也不会因此被举出，该法律要点也就不能在上诉法院首次提出。其四，在那些根据法院的“自由裁量权”判决的案件中，或者在需要法官就两个或者更多行为人在同一损害中的责任分担这类问题进行估算的案件中，上诉法院表现

〔1〕 参见齐树洁主编：《英国司法制度》，厦门大学出版社2007年版，第398页。

出高度的自制。除非判决中存在某种显而易见的原则性错误，或者一审中存在互相抵触的判决，而且进行干预对于促进未来判决的连续一致性是必要的，否则上诉法院不会改变原审法官的估算。[1]

在对英国民事司法改革具有决定性意义的《接近正义》最终报告中，[2]沃尔夫勋爵将上诉法院审理上诉案件可能的模式区分为以下三种：(1)完全的重新听审(complete rehearing)。这意味着整个案件将被重新审理。上诉法院将不受下级法院行使裁量权的约束。一旦二审审理开始，口头证据将被重新审查。(2)重新听审(rehearing)。这种模式已经运用在《最高法院规则》O59 r.3(1)中。(3)对裁判的审查(review of the decision)。如果认为裁判确有错误，将发回下级法院进行重新审理，它更接近于司法审查或民事案件的"废弃案件程序"(cassation)。[3]

随着1999年4月英国新《民事诉讼规则》的生效，英国已经明确地将所有法院在审理上诉案件时的角色定位明确指向了上述第三种模式。也就是说，尽管法院享有重新审理上诉案件的自由裁量权，但原则上上诉审将被限定在对下级法院裁判的审查上。新规则第52.11条规定："(1)任何的上诉皆限于对下级法院裁判进行审查，除非——(a)有关诉讼指引就特定类型的上诉作出特别规定；或(b)法院认为，在自然人上诉的情况下，重新举行听审符合司法利益的。(2)除另有指令外，上诉审法院不接受——(a)言词证据；或(b)在下级法院未提出的证据。"[4]可以认为，当今英国民事上诉程序比过去更接近于"事后审"模式，第二审上诉的审理方式也不都需要采取开庭听审的方式进行了。这一改革举措的重要影响是，民事上

〔1〕 参见［英］J. A. 乔罗威茨：《民事诉讼程序研究》，吴泽勇译，中国政法大学出版社2008年版，第222～223页。

〔2〕 1994年英国司法大臣任命沃尔夫勋爵负责民事司法制度改革，沃尔夫勋爵于1996年7月发表了题为《接近正义》的关于英格兰及威尔士的民事司法制度改革最终报告。参见齐树洁主编：《民事司法改革研究》，厦门大学出版社2006年版，第454页。

〔3〕 齐树洁主编：《英国司法制度》，厦门大学出版社2007年版，第398页。

〔4〕 齐树洁主编：《英国司法制度》，厦门大学出版社2007年版，第399页。

诉案件急剧减少了。

(4)上诉审法院经审理后有权作出自己的判决:①维持、驳回或变更下级法院作出的命令或判决;②将任何诉讼或事项交由下级法院裁决;③责令重新举行开庭审理或审理程序;④作出支付利息的命令;⑤作出诉讼费用命令。在对陪审团审理的案件提起上诉中,上诉审法院可不作出重新审理的决定,而作出损害赔偿命令,或变更陪审团作出的损害赔偿裁决。

3. 第三审

就郡法院或高等法院对上诉作出的裁决再次提出上诉的,须经上诉审法院许可。比第一次上诉要求更为严格的是,唯有上诉提出重要的法律原则或惯例问题,或者存在上诉审法院对上诉进行第三审的其他强制性理由,方得许可第二次上诉。但即便符合有关条件,上诉法院仍需考虑其他因素,如财力有限的当事人第二次上诉,上诉法院受理是否对其公正,法院是否可采取其他救济措施等。[1]因为英国存在四级法院,所以民事案件的终审法院包括上诉法院、上议院(现最高法院)和枢密院,并非所有的案件都能上诉到上议院(现最高法院)。

应当注意的是,与第一次上诉的区别在于,虽然均实行上诉许可制,但是第一次上诉既可以由原审法院许可,也可以由上诉法院许可。而第二次上诉必须经过上诉审法院的许可。另外,英国也与许多国家一样存在越级上告制度,对高等法院法官裁决不服的,在特定条件下可以越过上诉法院向上议院(现最高法院)上告(leapfrog appeals):所有当事人皆一致同意;法官签发许可证书,表明案件有关成文法、法律文件或有关事项需由上诉法院或上议院充分考虑,上述问题系涉及社会公众重要性的法律问题;上议院(现最高法院)许可越级上告的。[2]

最高法院审理案件会由多名法官会审,会审人数多为单数,以确保有

---

〔1〕 参见徐昕:《英国民事诉讼与民事司法改革》,中国政法大学出版社2002年版,第369~370页。

〔2〕 参见徐昕:《英国民事诉讼与民事司法改革》,中国政法大学出版社2002年版,第367页。

大比数的裁决。一般案件会由5名法官会审，而特别重大的案件会由9名法官会审。[1]第三审是法律审，考虑到上诉数量的极端稀少以及批准上诉的必要条件，几乎不用怀疑的是，尽管当事人利益不会被忽视，但上议院（现最高法院）主要关注的是有关法律问题。[2]

为了保证法律适用的统一，英国的方法是限制法官尤其是终审法官的数量，在保证每一位法官独立解释法律权力的同时，通过上诉制度对法律解释进行整合，将法院的最终解释权赋予为数极少的终审法官。就英国而言，由四个法院的大约123名法官掌握着上诉审判权——上议院（现最高法院）、上诉法院、高等法院和巡回刑事法庭，这实际上意味着整个英国的法律制度是由这123名法官控制着。[3]

（二）美国

美国是普通法系的重要代表之一。1776年以前，美国分为13个北美殖民地，各个殖民地都有自己的法院系统、司法制度和法律程序，其民事诉讼制度基本上都以英国为蓝本，只不过稍为简化。1776年美国独立以后，美国各州采用的依然是英国殖民时代的法律制度遗产，其吸收的英国背景的基本程序制度有：普通法与衡平法的区分；普通法范围内程序中的令状制度；使用陪审团裁定事实问题；当事人提出辩论的对抗制。[4]自19世纪初以来，美国进行了民事诉讼程序的法典化运动。一是以1848年《纽约州民事诉讼法典》为代表的州法典化运动，二是以1938年《联邦民事诉讼规则》为标志的联邦法典化运动。《联邦民事诉讼规则》为联邦法院系统所

---

〔1〕 参见《英国最高法院10月1日正式成立 成为最高终审司法机关》，载明德公法网，http://www.calaw.cn/article/default.asp?id=536，最后访问日期：2019年7月22日。

〔2〕 参见［英］J. A. 乔罗威茨：《民事诉讼程序研究》，吴泽勇译，中国政法大学出版社2008年版，第236页。

〔3〕 参见［日］小岛武司等：《司法制度的历史与未来》，汪祖兴译，法律出版社2000年版，第164页。

〔4〕 参见［美］杰弗里·C. 哈泽德、米歇尔·塔鲁伊：《美国民事诉讼法导论》，张茂译，中国政法大学出版社1998年版，第5页。

适用，后经过多次修正，至今仍然有效。自1938年以来，大多数州以联邦规则为蓝本，修订他们的诉讼程序法典。现今所指的美国民事诉讼程序，通常都是指该联邦规则。

美国是联邦制国家，法院体系的特点是双轨制，即联邦法院体系和州法院体系并行。美国的法院由联邦法院和州法院组成，并由此构成美国民事诉讼的基础。联邦法院体系依美国联邦宪法设立，具体包括：联邦地区法院、联邦上诉法院和联邦最高法院。联邦最高法院位于权力金字塔的顶端，联邦上诉法院位于中间，而联邦地区法院则位于底部。美国设立联邦法院体系的原因主要有两个：一是依靠联邦法院维护联邦政府的合法权益，增强联邦政府的力量，并负责解释宪法；二是对于异州籍公民之间的纠纷以及美国公民同外国公民之间的纠纷，由独立于州利益的联邦法院来处理，可以确保司法公正，克服司法中的地方性影响。〔1〕联邦法院管辖的案件包括：根据联邦法律提起的案件，无论是宪法、制定法还是条约；美国为一方当事人的案件；诉讼当事人为不同州的公民的案件；海事案件；涉及外国公民或政府的案件等。

美国各州的法院体系依各州的宪法设立，但由于宪法规定的差异，各州的法院体系不尽相同，甚至连法院的审级名称都不一致。尽管如此，大体上分为以下几级：初审法院〔2〕，大多数州有一个称为中级上诉法院的第二审法院（其名称通常为"上诉法院"），各州均有一个最高法院，对本系统内下级法院的上诉具有管辖权。但应当注意的是，不是所有的州都有中级法院。例如，在缅因州、内华达州和怀俄明州，在初审法院和最高法院之

〔1〕 参见汤维建主编：《外国民事诉讼法学研究》，中国人民大学出版社2007年版，第6页。

〔2〕 关于初审法院的名称，各州之间不尽相同。例如，"高级法院"、"地区法院"或"县法院"。参见［美］杰弗里·C. 哈泽德、米歇尔·塔鲁伊：《美国民事诉讼法导论》，张茂译，中国政法大学出版社1998年版，第48页。

间没有中级法院。[1]州的第一审法院是“具有一般管辖权的初审法院”，表明它们的管辖权包括除那些分派给其他特定机构以外的所有刑事和民事问题。它们的管辖权包括涉及联邦法律的案件，少数类型的案件除外，如依据谢尔曼反托拉斯法的诉讼，联邦法院具有专属管辖权。[2]许多案件既可以由联邦法院审理也可以由州法院审理。州初审法院承担了本州大部分的民事司法事务。

直至19世纪，在普通法和衡平法中才出现上诉制度。在美国，联邦宪法并没有规定对民事案件审理结果上诉的权利，因而在联邦法院，从联邦地区法院上诉至上诉法院的上诉权只是制定法创设的。

1. 上诉的条件和提起

（1）终局判决规则。美国的上诉必须由对初审判决不服的当事人提出，但是其上诉对象强调为终局判决。所谓终局判决，一般理解为整个案件当事人之间的争议都得到解决的判决。当事人只能对法院作出的终局判决提出上诉，而对终局判决之前作出的中间性裁决，不能在该裁决作出时立即提出上诉。其政策基础在于，避免对初审法院审理中出现的问题进行零碎的审理，保证诉讼程序的顺利进行，提高诉讼效率。但有一些州法院（如纽约州）拒绝采用终局判决规则，允许在诉讼过程中提起零碎上诉。同时，判例对终局判决的理解并非所有争点都得到解决的判决，如果当事人之间存在多项请求，对每一个争点、每一项请求作出的判决亦应为终局判决。

但是，如果审理法官在诉讼早期阶段犯有严重错误，对上诉的延迟往往将导致严重的不公正。除非可以马上获得上诉审查，否则案件的其他阶

---

〔1〕 参见［美］理查德·D. 弗里尔：《美国民事诉讼法》，张利民、孙国平、赵艳敏译，商务印书馆2013年版，第19页、第953页。

〔2〕 参见［美］杰弗里·C. 哈泽德、米歇尔·塔鲁伊：《美国民事诉讼法导论》，张茂译，中国政法大学出版社1998年版，第48页。

段将全部成为无用之功。所以，包括联邦法院系统在内的司法系统承认该规则有例外，偶尔允许对中间裁决上诉。如《美国法典》第28编第1292条（a）款明确允许对特定类型的中间命令提起上诉：①“准许、继续维持、修改、驳回或撤销禁令，或者拒绝撤销或修改禁令”的命令；②“任命破产管理人或拒绝结束破产管理人接管财产之状态或为完成此目的而采取措施的命令”；③那些“决定海商案件中当事人之权利和责任之命令，而在此类案件的终局裁决获准上诉的”。同时，《美国法典》第1292条（b）款规定，如果初审法院和上诉法院都一致认为如果该命令符合以下三个条件，“包含一个主导性的法律问题”、该问题是“有重大理由持不同意见的问题”、“对此命令之直接上诉可能极大地提前终止诉讼”，则允许对中间命令进行上诉。〔1〕联邦最高法院通过判例确认，附带裁决如果符合以下三个条件，则允许立即上诉。第一，上诉之问题必须不仅具有法律上的重要性，而且是附属于基本争议实体方面的重要问题。第二，上诉之问题必须已经由初审法院作出最终裁决。第三，若等待最终判决作出，将导致不能对此问题进行有效的上诉复查。〔2〕

（2）经由特别令状之审查。根据美国《联邦上诉程序规则》第21条的规定，在极为罕见的情况下，允许当事人可以请求上诉法院给初审法院签发令状而启动新的诉讼程序。其基本理念是，有必要将下级法院行为限制在合法行使权力的范围内，或强制该法院行使其有义务行使的权力。主要特别令状有执行职务令和禁止令，执行职务令是命令初审法院去做有义务做的事；禁止令是阻止初审法院去做其无权做的事。令状的签发属于上诉法院自由裁量的范围。其限定于这样的案件：地区法院做了其无权做的事

〔1〕 参见［美］理查德·D. 弗里尔：《美国民事诉讼法》，张利民、孙国平、赵艳敏译，商务印书馆2013年版，第971～974页。

〔2〕 参见1949年科恩诉收益产业贷款公司案（*Cohen v. Beneficial Industrial Loan Corp.*）；［美］理查德·D. 弗里尔：《美国民事诉讼法》，张利民、孙国平、赵艳敏译，商务印书馆2013年版，第978页。

或者其滥用自由裁量权达致篡权的地步。法律错误必须是一目了然和无可争议的，而非仅是上诉法院与初审法院意见不同。令状程序并非上诉程序的替代物，如果当事人有包括上诉程序在内的其他救济方式时，令状之申请将遭驳回 。〔1〕

（3）上诉的提起。不服地区法院裁决的当事人，通过向联邦地区法院提出上诉通知而开始上诉审程序。依据《联邦上诉程序规则》第4条的规定，上诉人必须在可上诉之命令作出后30日内提出上诉通知。以美国及其公务员为当事人的案件，应在登记判决后60日之内提出上诉通知。另外，如果有可以原谅之疏忽或正当理由，地区法院可以延长此提出上诉通知的期间。上诉人提出上诉通知后，被上诉人可以在14日之内提出交叉上诉（cross-appeal）。上诉通知是相对简单的法律文书，须载明上诉之当事人、提起上诉之裁决以及上诉法院等内容。只要通知载明当事人，清楚地表达其中一人要对初审法院之判决上诉的意思，就可能被认为足以满足要求。〔2〕这一点似乎比英国要宽松得多。当事人上诉的法律理由通过书面的上诉理由书提出，随后被上诉人也应提交上诉理由书，而后是被上诉人的反驳上诉理由书 。上诉理由书非常重要，如果上诉人没有在规定的时间内提出上诉理由书，被上诉人可以向上诉法院提出动议，请求上诉法院驳回上诉人的上诉。在美国，不存在对滥用上诉权的一般定义，不过该概念与其他法律概念一起包含在美国《宪法》第5条和第14条修正案确立的"法律的正当程序"的原则中。〔3〕

应当注意的是，上诉期间初审法院的判决效力并不中止。除非被告或上诉人缴纳了一笔保证金，否则针对被告的判决依然可以执行。

---

〔1〕 参见［美］理查德·D. 弗里尔：《美国民事诉讼法》，张利民、孙国平、赵艳敏译，商务印书馆2013年版，第982～983页。

〔2〕 参见［美］理查德·D. 弗里尔：《美国民事诉讼法》，张利民、孙国平、赵艳敏译，商务印书馆2013年版，第956页。

〔3〕 参见齐树洁：《民事上诉制度研究》，法律出版社2006年版，第149页。

2. 上诉的审理和裁判

上诉审的诉讼程序，在不同的州之间以及在州法院与联邦法院之间，都存在一定差异。上诉程序在联邦法院系统的主要法律依据是《联邦民事诉讼规则》和《联邦上诉程序规则》。

（1）上诉审的审理范围。当事人有权对初审法院裁判提出上诉是美国民事诉讼制度赋予当事人的一项权利，但是根据《联邦民事诉讼规则》的规定，当事人提出上诉必须以在初审法院审理中提出异议的理由请求撤销原判决。因此，当事人没有在第一审审理中提出异议的事项不能成为上诉的依据。上诉审查遵循以下三项原则：第一，对于事实问题，上诉法院通常不对第一审法院已经决定的事实进行审查。这一限制主要源于一审法院陪审团作为事实认定者的地位，除了对证据是否足以作出合理裁决的有限考虑，上诉审法院无权重新决定陪审团的裁决。对于没有陪审团审理而由法官所作的事实认定，上诉法院也有类似的尊重。当然，上诉法院对于一审法院认定事实的尊重也不是绝对的，如果一审法院确认的事实有“明显错误”，上诉审法院也可能重新审查。具体而言，上诉法院审查所有证据时，包括证人可信度的认定和推论等在内，要根据最有利于事实裁决的原则进行，而且只要一个合理的事实认定者能够得出该结论就必须予以维持。第二，上诉法院具有对审理法院所决定的法律问题予以重新考虑的绝对权力。这种权力既涉及实体法律问题，也涉及程序法律问题。第三，上诉法院的职责在于判断下级法院的判决是否明显有误，而不问其是否完全正确或结果是否完全公正。初审法院法官在许多问题上具有较大的“司法裁量权”被认为是合理的，那些在上诉法院看来对当事人的权利没有重大偏见性影响的“无害错误”并不是推翻判决的依据。因此，对决策统一性的要求相对而言是非常之弱的。即使在联邦系统中，不同司法区域之间的判例法上的既有差异也是非常常见并由来已久的。更为重要的是，即使是在同一个巡回区当中，判例中的不一致也没有成为引发忧虑的重大事由，因此，各联邦上诉法院借以协调内部差异的机制也是相当薄弱的。[1]

（2）审判组织和审理方式。大多数中间上诉法院，包括美国联邦上诉法院在内，一般组成3人合议庭审理案件。在特殊案件中，诸如同一巡回法院之不同合议庭给出不一致的判决意见，则某一美国联邦上诉法院可能要“全院庭审”（en banc）案件，亦即该巡回法院之所有现职法官参与听取口头辩论并作出裁决。在上诉审中没有陪审团，上诉法院的审理方式并不如初审法院那样开庭审理，不听审双方提交的证据。上诉法院法官只是阅读律师意见，在合适的部分案件中听取上诉人和被上诉人双方律师的口头辩论。上诉法院的功能是通过“依据卷宗的书面审理”来完成的。上诉法院只是通过在初审法院发生的事，并非通过采纳证据或处理初审法院尚未处理的问题而对卷宗进行补充。[2]

（3）上诉法院的裁判。上诉法院通过出庭法官之间多数投票表决而作出判决。上诉法院可能维持初审法院的裁决，或者可能撤销初审法院的裁决并要求其发布一个特别命令，也可能撤销裁决并发回初审法院重审案件。在上诉审法院作出判决后，当事人可以在判决作出后的14日内提出重新审理的动议，并指出上诉审法院判决中存在的错误。上诉审法院审查后，决定是否重新进行审理。在实践中，大多数重新审理的动议会被上诉审法院否定。

3. 向美国联邦最高法院提起的上诉——联邦法院的第三审

上诉法院要解释和阐明法律，从而给公民和下级法院提供释法和指导。这一功能主要由司法制度中最高级别的法院来履行，而其审查通常由法院自由裁量，而非作为权利提供。当然，如果事关联邦法律，这一最高法院就是美国联邦最高法院；在州法问题中，就是州最高法院。仅在案件

---

〔1〕 参见齐树洁：《民事上诉制度研究》，法律出版社2006年版，第70页。

〔2〕 参见［美］理查德·D. 弗里尔：《美国民事诉讼法》，张利民、孙国平、赵艳敏译，商务印书馆2013年版，第959页。

提供了一个澄清或阐述法律之机会，或当下级法院的判决存在分歧需要解决时，通常最高法院才会决定审理这些案件。[1]

美国联邦最高法院对两类民事案件行使上诉管辖权。第一，美国上诉法院的判决。这些是联邦地区法院初审，经过联邦上诉法院的判决。第二，州法院的判决。条件是：该案已经经过了能够受理该事项的州最高级别法院（通常为州最高法院）的复审；另外，所提出的问题是联邦法律问题。

对当事人是经过上诉还是自由裁量的调卷令（writ of certiorari）向联邦最高法院申请审查，在历史上存在重要区分。根据制定法，某些裁决能够通过上诉来进行审查，理论上联邦最高法院对此类问题必须审理，没有自由裁量权。但是近年来，最高法院逐渐将经由上诉的审查基本上视为可以自由裁量之事。所以国会在1988年基本上废除了联邦最高法院经由上诉审查的做法，意味着今天的联邦最高法院对审理哪些案件，实际上拥有不受拘束之自由裁量权。[2]虽然大法官们的裁量权倾向于保持筛选标准一定的隐秘性，但正如伦奎斯特大法官概括的，“司法冲突”、“法律事项的重要性”和根据最高法院的先例可认定是“错误的”，这三个因素是决定是否移卷最为重要的考虑因素。一是“司法冲突”，通常是指不同法院或同一法院内不同的合议庭对同一个法律问题作出相反的判决或权威性表述，并且该法律表述构成案件的“判决理由”（ratio decidendi）而非“附带意见”或“傍论”，也就是形成判决不可或缺的法律原则或规则。另外，冲突还必须具备“不可容忍性”、“重要性”（涉及重要的联邦法律事项）、“必要性”（只有通过最高法院及时审查才能有效加以解决，舍此别

---

〔1〕 参见［美］理查德·D. 弗里尔：《美国民事诉讼法》，张利民、孙国平、赵艳敏译，商务印书馆2013年版，第954页。

〔2〕 参见［美］理查德·D. 弗里尔：《美国民事诉讼法》，张利民、孙国平、赵艳敏译，商务印书馆2013年版，第955页。

无他法）。二是“法律事项的重要性”，如是否为重要的联邦宪法事项、重要的联邦成文法事项、重要的事实争议（如两个上诉法院对同一份合同或书证作出了相冲突的解释，或者对同一事实作出不同的认定，为了维护司法的统一性，可能对其中一个判决进行移卷审理）、重要的联邦管辖和程序事项。三是“裁判错误”，在少数情况下如果下级裁判达到“严重误判”、“微妙地违反制定法或法律原则”或者“下级裁判的影响是过分苛刻的”等程度，换言之，错误会引起严重的后果的，最高法院也可能会移卷审理。〔1〕

向联邦最高法院提出第二次上诉以寻求复审的当事人应当提交调卷令的申请，只有在联邦最高法院9名大法官中有4名大法官认为案件值得审查时，联邦最高法院才准予审理此案。近年来，每年有7000多起案件的当事人请求发出调卷令，只有约100起案件得到准许。〔2〕如果请求得到批准，将准备有关下级法院诉讼的案卷，当事人提交书面上诉理由书，与其他上诉一样。最高法院的9名大法官将组成大合议庭进行“满席审判”，通常允许进行口头辩论，但在对大量案件时往往只根据上诉理由书作出决定。联邦最高法院的职责在于解释和阐明法律，因而其不审查事实问题，也不对事实问题作出决定。对案件作出裁判后，即形成判决书并进行宣判。

4. 关于小额诉讼的特殊化

美国是小额诉讼制度的起源地，马萨诸塞州率先于1920年在全州范围内采用小额诉讼制度，目前该制度基本上在全美国各州得到普及。其适用的案件类型一般设定了涉案金额的上限，各州根据其经济发展及生活水平

〔1〕 参见陈杭平：《统一的正义：美国联邦上诉审及其启示》，中国法制出版社2015年版，第91～99页。

〔2〕［美］理查德·D. 弗里尔：《美国民事诉讼法》，张利民、孙国平、赵艳敏译，商务印书馆2013年版，第23页。

等具体情况一般设定在1000～5000美元。同时，某些类型的案件如牵涉不动产的纠纷或特定的侵权纠纷等，一般被排除在外。处理小额诉讼案件的法庭一般设置在广泛分布于基层各地域的第一审法院内；对律师担任小额诉讼案件代理作出了排除或限制的规定；程序的设计及实际运行极力追求简易、迅速、低廉、非形式性和非技术性；可以由非法律家及非常勤或辅助性的法官审理。关于小额诉讼程序是否允许上诉的问题，各州有不同的规定。一般而言，在充分保障了原、被告都有选择普通程序机会的情况下，上诉往往不再被允许。只给原告而没有给被告以选择机会的，则有可能只承认被告单方面上诉的权利。当然也有不少州的法律规定在允许当事人事先在不同程序之间进行选择的同时，还给予他们事后提起上诉的机会。此外，由不具有法律家资格或临时的法官负责审理的小额诉讼案件，一般都允许当事人针对其作出的判决向正规的法官提起上诉。值得注意的是，区别于普通诉讼程序的上诉一般不再审理事实问题而只对法律问题进行审查这一英美法固有特点，小额诉讼的上诉不仅既审查事实又审查法律问题，而且往往采取“覆审”（trial de novo）方式，即完全复审制。即使有一些州采取的是在原审的基础上继续审理的续审或事后审方式，但既审事实问题又审法律问题这一点仍使这些州的小额上诉案件与一般的上诉区别开来。〔1〕

二、大陆法系主要国家民事上诉制度

（一）法国

一般认为，法国属于三审制的国家，〔2〕但是也有学者认为法国是二

〔1〕 参见王亚新：《对抗与判定：日本民事诉讼的基本结构》，清华大学出版社2002年版，第386～392页。

〔2〕 参见张卫平、陈刚编著：《法国民事诉讼法导论》，中国政法大学出版社1997年版，第277页。

审制。[1]

法国法院制度采用普通法院与行政法院分立的双轨制法院体系。即审理民事、刑事案件的普通法院系统与审理行政案件的行政法院是两个分立的、不同的法院体系。由于法院实行双轨制，为了解决普通法院与行政法院之间的管辖权争议，法国专门成立了管辖权争议裁判法院，当普通法院和行政法院就某案的裁判管辖发生争议时，则将此案移交管辖权争议裁判法院。

法国的法院系统比较复杂，普通法院包括大审法院（tribunal de grande instance）、小审法院（tribunal d'instance，也有将小审法院译为初审法院，但由于初审法院还包括其他法院，且相对于大审法院，小审法院的规模、受理案件的标的额也都小一些，因而译为小审法院较为合适）、商事法院（tribunal de commerce）、劳动法院（conseils de prud'hommes）、社会保障法院（tribunaux des affaires de sécurité sociale）、农事租赁法院（tribunaux paritaires de baux ruraux）、违警罪法院（tribunal de police）、轻罪法院（tribunal correctionnel）、预审官法院（juge d'instruction）、追诉法院（chambre d'accusation）、重罪法院（cour d'assises）、上诉法院（cour d'appel）和最高法院（cour de cassation）。有的法院只审理刑事案件，如违警罪法院、轻罪法院、追诉法院、重罪法院等。追诉法院、重罪法院、上诉法院分别是刑事案件和民商事案件的上诉法院，最高法院是所有案件的终审法院。[2]法国的民事司法尤其是第一审法院呈现某种碎片化现象，这问题在近年得以改变。2019年3月法国撤销小审法院，把它和大审法院融合。自2020年1月1日起，又合并统一为初审法院。[3]

---

〔1〕 参见［法］洛克·卡迪特：《民事司法改革：接近司法·诉讼成本·诉讼迟延——法国的视角》，载［英］阿德里安·A. S. 朱克曼主编：《危机中的民事司法——民事诉讼程序的比较视角》，傅郁林等译，中国政法大学出版社2005年版，第285页。

〔2〕 参见张卫平、陈刚编著：《法国民事诉讼法导论》，中国政法大学出版社1997年版，第14页。

〔3〕 参见《法国民事诉讼法典》，周建华译，厦门大学出版社2022年版，第11页。

在法国的法律制度中，对于裁判的救济途径（voies de recours），[1]分为普通上诉途径和非常上诉途径两种：（1）普通上诉途径包括两种方式，向上诉法院提出上诉与对缺席判决提出异议。普通上诉途径为所有诉讼当事人都能援用。（2）非常上诉途径是指第三人提出取消裁判异议，再审之诉与向最高法院提出上诉。这一区分的意义在于，普通上诉途径原则上对所有的诉讼当事人都开放，不需要有专门的法律条文规定；但是，必须要有专门的条文明文规定才能剥夺当事人运用普通上诉途径的权利。与此相反，非常上诉途径仅在特别情况下才开放。正常情况下，非常上诉途径不得与普通上诉途径同时存在。只要某一普通上诉途径仍然开放，所有的非常上诉途径便关闭，唯有第三人提出取消判决的异议属于例外。另外，运用普通上诉途径具有中止执行判决的效力；相反，除个别情况外，即使运用了非常上诉途径，仍然可以执行判决。在这些制度中，当事人在同一审级内对缺席判决申请不服的异议制度，对确定判决申请非常性不服的再审制度，以及由本案当事人以外的第三人对确定判决申请不服所提起的第三人再审之诉，这些制度均不属于原来意义的上诉范畴。法国的上诉，根据审级与功能的不同，区分为上诉与撤销之诉，法国是“撤销制”上诉模式的代表。

1. 上诉的条件和提起

在传统的法国民事诉讼中，曾允许大审法院和商事法院也有权对一部分案件进行上诉管辖。例如，大审法院有权对小审法院审理的监护案件进行上诉管辖。但从整体上来看，法国自1958年司法制度改革以后，上诉案件原则上规定由上诉法院管辖。向上诉法院提出上诉是一方当事人自认为受到判决的损害，据此将诉讼及原判决一并提交上一级法院，请求其改

〔1〕“voies de recours”意为“求助”“求援”“借凭”“救济”途径，是所有“上诉途径”的总称。中文有译为“上诉途径”的，参见《法国新民事诉讼法典》，罗结珍译，中国法制出版社1999年版，第106页；也有译为“上告途径”的，参见沈达明编著：《比较民事诉讼法初论》，中国法制出版社2002年版，第627页。

判或撤销原判的最常见的上诉途径。上诉审受理法院原则上是上诉法院（但也有少数例外，如有关监护法官的事务，大审法院即为上诉审法院；另外对“无能力争议法庭”所作出的判决提起上诉，上诉审法院是“无能力事务国家法庭”）。

在法国，向上诉法院提起上诉被认为是一种普通上诉途径，应当广泛开放。因此，所有案件，包括非讼案件，无论是全部或部分判决均可提起上诉。当事人就程序抗辩、不受理或其他任何附带事件作出的判决都可以上诉，这意味着当事人可以就最广泛的法院实体判决和程序判决享有法律救济。

与世界上许多国家一样，法国的审级制也采用复合制。对于争议利益很小的案件，采取一审终审制。如根据1998年的法令规定，对于诉讼标的为不超过25000法郎的动产债权诉讼案件，小审法院有一审终审管辖权。[1]另外，对于某些不动产扣押的附带事件，有关命令、破产、纠正事实性错误的附带事件，为了争取时间，也有可能排除向上诉法院提起上诉。同时，对于中间判决、就附带事件作出的判决，将推迟到终局判决作出之时才能提出上诉。

同时，法国确立了舍弃上诉权制度，舍弃了上诉权的当事人则无权提起上诉。法国《民事诉讼法典》第556条至第558条规定了“单方面舍弃上诉”，第41条第2款规定了“协议舍弃上诉”。单方面舍弃上诉不得在争议尚未产生之前就提出，在判决宣告之后始终可以舍弃上诉。但是，如果一方当事人符合规定地舍弃上诉之后，另一方当事人也符合规定地向上诉法院提起上诉，那么前者舍弃上诉不能产生效果。就协议舍弃上诉而言，也

---

〔1〕 参见《法国新民事诉讼法典》第34条，罗结珍译，中国法制出版社1999年版；1998年12月28日第98–1231号法令规定的小审法院的管辖权价额，参见［法］让·文森、塞尔日·金沙尔：《法国民事诉讼法要义》，罗结珍译，中国法制出版社2005年版，第342页、第344页、第1186页；汤维建主编：《外国民事诉讼法学研究》，中国人民大学出版社2007年版，第424～425页。

不得在争议尚未产生之前就订立此种协议，如果争议已经产生但判决尚未作出，各方当事人则可以约定不对有关争议作出的判决提起上诉，即使争议的份额超过终审管辖权价额的亦同。〔1〕

法国《民事诉讼法典》规定了上诉当事人的范围，确立了"于其中有利益的任何当事人，如未舍弃上诉权利，均享有上诉权"〔2〕的诉讼利益联系标准。只有一审诉讼中受到不利益的当事人，才有向上诉法院提起上诉的资格。所有在一审程序中作为当事人的人，均得为被上诉人。另外，虽然在一审程序中没有参加诉讼，只要在上诉中有利益，也可以在上诉审中参加诉讼。甚至在系争事实有变化，将他们牵连进诉讼时，法院可以强制其参加诉讼。〔3〕

向上诉法院提起上诉的期限是1个月，在终局判决宣告后开始计算。另外，非讼案件、紧急裁决令的上诉期限为15日。普通程序中提出上诉通过提出上诉声明的形式，可以不说明理由，但是必须指出针对判决的哪些争点提出上诉。另外，必须在提出上诉声明起4个月内提出"补具上诉理由状"，否则，其上诉案件将被撤销。提出上诉还可以"共同上诉状"的形式，即由所有在一审法院有诉讼当事人地位的人共同提出书状。上诉将产生两项效果：中止效果与移审效果。中止效果是指上诉原则上具有中止判决执行的效果，只要一审判决没有附加宣布先予执行。移审效果意味着，通过向上诉法院提出上诉，可以使争议连同其涉及的全部法律问题与事实问题从一审法院转归第二审法院管辖。

法国民诉法中规定了对于滥用上诉权的制裁措施。法国《民事诉讼法

〔1〕参见［法］让·文森、塞尔日·金沙尔：《法国民事诉讼法要义》，罗结珍译，中国法制出版社2005年版，第1190～1191页。

〔2〕参见《法国新民事诉讼法典》第546条，罗结珍译，中国法制出版社1999年版。

〔3〕《法国新民事诉讼法典》第555条规定："前条所指之人，在'争议发生变化'需要将他们牵连进诉讼时，均得受召唤在上诉法院参加诉讼，甚至为处罚之目的受召唤参加诉讼。"参见《法国新民事诉讼法典》，罗结珍译，法律出版社2008年版；［法］让·文森、塞尔日·金沙尔：《法国民事诉讼法要义》，罗结珍译，中国法制出版社2001年版，第1187页。

典》第559条规定，在提出主上诉请求的目的是拖延诉讼或者滥诉的情况下对上诉人得科处100法郎至1万法郎的民事罚款，且不影响可能对其请求的损害赔偿。[1]换句话说，具体惩罚措施有两种：罚款和赔偿对方当事人受到的损失，而且这两种处罚措施可并用。同时，为了与同拖延诉讼的种种行为作斗争，该法第550条第2款规定，上诉法院可以对那些意图拖延诉讼而不在足够有效的期间内提出附带上诉或提出引起之上诉的人判处损害赔偿。

2. 上诉的审理和裁判

（1）上诉审的审理范围。原则上，在上诉审中禁止提出新的诉讼请求。但是当事人可以提出新的理由，以及新的文书、字据或新证据。对这一原则的例外是，“如果为了请求债务抵销，请求驳回对方当事人的请求，或者由于第三人参加诉讼，从而提出新的请求，不在此限”。[2]另外，作为例外，在上诉法院反诉亦可以受理，但是在上诉审提出反诉与原诉之间应当存在充分的关联性。

关于上诉审法院的审理范围，包括事实问题和法律问题两个方面。法国针对不同的上诉情形，对审理范围作了精细的界定。对于向上诉法院提出上诉的审理范围，一般仅局限于上诉人请求中明示或默示攻击的判决要点以及这些要点所依赖的事由，不能逾越。但是在上诉并不限于某些要点的情况下，如为了撤销原判，或者如系争标的不可分割时，审理范围将扩大至整个案件。对于可能发生的附带上诉，一般以主上诉审理为中心，不过其范围也就相应扩张至附带上诉人提出的附带上诉请求。

在特殊情况下，法国上诉法院享有提审权，在某些一审判决被提出上诉之后，上诉法院的二审法官享有管辖整个案件并就该案整体作出裁判的

---

〔1〕 参见［法］让·文森、塞尔日·金沙尔：《法国民事诉讼法要义》，罗结珍译，中国法制出版社2005年版，第1203页。

〔2〕 参见《法国新民事诉讼法典》第564条，罗结珍译，法律出版社2008年版。

权力。适用这一程序有三种情形：在对一审法院的管辖权提出异议程序中，如果上诉法院正好是其认为应当管辖该案件的一审法院的上诉法院；上诉法院在受理对命令审前预备措施的判决提出上诉时；或者在受理对程序上的抗辩作出裁判并终止诉讼的判决（如判决宣告传唤状无效）提出的上诉时，如果上诉法院“认为对案件作出最终决定属于正确司法”，那么该上诉法院有权提审该案。当然，这是上诉法院的一项权力而不是义务。

（2）审判组织和审理方式。与大审法院的程序不同，上诉审的案件必须采用合议制进行审理。合议庭原则上由3名法官组成，在特殊情况下由5名法官组成，后者负责审理上诉法院的判决被最高法院撤销后上诉法院重新审理的案件等。〔1〕不过在上诉审实务中也承认报告法官制度，即合议庭在一名报告法官主持和听取辩论程序的基础上对案件进行合议。在大多数上诉法院，对于一些比较简单的民事诉讼都是由报告法官单独主持辩论程序，在此情形下，准备程序和辩论程序的主持工作有可能全部由一名报告法官具体负责，而合议庭只剩下对案件进行合议这一单纯的任务。造成这一现象的根本原因是，由于上诉法院法官数量严重不足，各上诉法院积案沉重，所以对半数以上的上诉案件只能采用报告法官方式开展辩论程序。

法国民事诉讼制度要求强制代诉士制度，即在上诉审，当事人在原则上应当选任代诉士为代理人进行诉讼。〔2〕基本上，上诉审的审理程序与大审法院相似，分为普通程序、简短程序和确定期日程序。上诉审的庭审程序包括辩论程序、合议程序和判决程序。庭审程序集中在辩论程序上，主要有言词辩论和书面辩论两种，书面辩论一般作为例外。辩论程序终结以

〔1〕 最高人民法院司法改革小组编：《美英德法四国司法制度概况》，人民法院出版社2002年版，第534页。

〔2〕 作为例外，当事人对劳动法院作出的判决提出上诉，可以采用本人诉讼方式进行。参见张卫平、陈刚编著：《法国民事诉讼法导论》，中国政法大学出版社1997年版，第286页。

后，案件由合议庭评议后进行判决。[1]

3. 向最高法院上诉

向最高法院上诉（se pourvoir）是一种非常上诉途径，是非常特别性质的救济途径。第一，不中止被上诉判决的执行；第二，只能在有限的特定情形下才能运用；第三，不是纠正、改判的途径。向最高法院提起上诉既不是一种请求原审法院“取消原判决”的途径，因为经最高法院撤销原判决之后，案件并不回到原审法院；也不是一种请求“上级法院对原判决径自改判的途径”，因为最高法院并不对案件重新进行全面复查。最高法院不得以自己的判决来取代原审法官的判决（也就是说，不“自为判决”）。运用这种上诉途径并不是将案件的管辖权移至最高法院，而仅是将包含在判决主文中的对诉讼所作的处理提交该法院。最高法院并不能审理案件的实体，其应当承认原判决所认定的各项事实，只是以这些事实为出发点来寻找原审法官所提供的处理意见是否符合法律。学者认为，向最高法院提出上诉这一途径并不是一种仅为当事人利益而设置的救济途径，它也是为了社会总体的利益。因此，在诉讼当事人放弃向最高法院提起上诉时，为了法律上的利益，检察院仍然可以提起这种上诉。[2]

作为一种非常性的上诉方式，不得对可以适用其他申请不服途径的裁判（如可以申请再审的裁判），以及中间性裁判（如准备程序法官的命令）提起向最高法院上诉。原则上仅对终审判决，可以向最高法院提起上诉。另外，对于受上诉期限限制的第一审判决，在不能提出上诉时，在特定情形下也可以直接向最高法院提出上诉。[3]向最高法院提起上诉的期

---

〔1〕 参见张卫平、陈刚编著：《法国民事诉讼法导论》，中国政法大学出版社1997年版，第296页。

〔2〕 参见［法］让·文森、塞尔日·金沙尔：《法国民事诉讼法要义》，罗结珍译，中国法制出版社2001年版，第1306页。

〔3〕《法国新民事诉讼法典》第618条规定：“两项判决，即使并非终审判决，相互抵触并且对其中任何一项决定均不能经普通途径上诉时，尽管有第605条规定，亦可援用判决冲突之理由。在此场合，向最高司法法院提出上诉得予受理，即使对其中一项裁判已经向最高司法法院提出上诉，并且该上诉已被驳回，仍得援用判决冲突之理由。”参见《法国新民事诉讼法典》，罗结珍译，法律出版社2008年版，第679页。

限为2年。[1]

关于向最高法院提起上诉的原因。《法国新民事诉讼法典》第604条规定："向最高司法法院提起上诉旨在请求最高法院对受到攻击的判决不符合法律规则进行审查。"这一条文强调了向最高法院上诉制度的根本职能，确保对法律规则的统一解释，对适用法律时发生过分偏离给以制裁，并且作为法院判例的调节者。但是这一规定未免太过于原则，法国学者一般认为分为七种原因：(1)违反法律；(2)越权行为；(3)无管辖权；(4)没有遵守规定的形式；(5)"没有说明理由"或者"理由说明不充分"；(6)判决相互矛盾；(7)丧失法律依据。[2]

向最高法院上诉是非常上诉途径，所以，一方面，原则上不具有中止执行原判决的效力。即使被最高法院撤销的原判决已经执行，也只能作为恢复原状的理由，不能认为执行原判决为过错。但是也存在某些例外情况，如离婚与分居案件，向最高法院上诉具有中止执行的效果。另一方面，向最高法院上诉也不具有移审效果，并且不能提出新的理由。向最高法院提起上诉并不使一审法院受理过的案件"从事实与法律"上一并提交至最高法院，最高法院仅能对法律问题进行审查，并且仅能审查以申请撤销原判决之理由而提交其审查的法律问题。所以，不仅不能提出新的诉讼请求，也不能提出新的诉讼理由。但是此问题也有两项例外，一是可以向最高法院提出由受到攻击的"原判决本身所产生的新的理由"，二是可以援用涉及公共秩序的新理由，在最高法院也可以第一次提出"纯法律上的理由"。[3]

最高法院的审理程序。最高法院审理上诉案件有普通程序与简易程

[1] 参见《法国新民事诉讼法典》第612条，罗结珍译，法律出版社2008年版，第675页。

[2] 参见[法]让·文森、塞尔日·金沙尔：《法国民事诉讼法要义》，罗结珍译，中国法制出版社2005年版，第1320～1332页。

[3] 参见[法]让·文森、塞尔日·金沙尔：《法国民事诉讼法要义》，罗结珍译，中国法制出版社2005年版，第1333～1335页。

序，最高法院会将案件分配给3人或者5人组成的合议庭进行审理。当一个上诉案件涉及复杂和重要的法律问题，而且其影响超过一个分庭时，该案件就交给最高法院的一个混合分庭审理。该混合分庭至少由13名法官组成，其中包括至少来自3个分庭的各2名法官、法院院长以及受到影响的分庭中级别最高的法官。当具体案件的判决被最高法院撤销后发回上诉法院重审，而该上诉法院再次将这宗案件提交给最高法院时，有关案件应由最高法院全体法官合议庭审查。这个合议庭包括来自所有6个分庭的25名法官，其审议程序由法院院长主持。此外，自1979年以来，全体法官合议庭有权受理首次向最高法院提交的、涉及法律原则的案件（特别是在最高法院与低级法院之间，或是低级法院之间在法律上发生冲突的情况下）。全体法官合议庭的判决对于案件发回重审的低级法院具有约束力，这一低级法院必须根据最高法院全体法官合议庭的判决解释有关法律。〔1〕

原则上开庭辩论公开进行，但也可以决定不公开进行。最高法院要听取检察院的意见。习惯上检察长要参加最高法院的评议，但既不发言也不参与表决投票。最高法院的判决分为：（1）驳回上诉的判决。最高法院驳回上诉判决后，原判决就成为不可撤销的判决，不得再向最高法院提出任何新的上诉。（2）撤销原判决的判决。被撤销的可能是原判决的全部或者一部分。在这一情况下，最高法院将案件发交至作出被撤销的原判决的法院相同性质的另一法院重新审理。1979年法律改为可以交由原审法院，另行组成合议庭审理。但是如果没有任何需要判决的事由时，则不将案件发回重审。应当注意的是，传统上法国的最高法院被称为“破毁法院”，其只会在原判决有错误时打碎原判决，而不自为判决。但是从1967年开始，这方面的情况发生了变化，这一演变在法国《民事诉讼法典》的规定中也得

---

〔1〕 最高人民法院司法改革小组编：《美英德法四国司法制度概况》，人民法院出版社2002年版，第537页。

到确认，并且在1979年法律将其普遍化。开始仅适用于最高法院大法庭审理的案件，并且是受上诉的第二次判决因与第一次被撤销的判决相同的理由被撤销等情形；但是1979年法律规定，凡是不需要就实质问题重新审理的，最高法院可以不发回重审，自己作出判决。但是，在司法实践中最高法院很少运用这项权力。

根据法国的法律，检察院有独立于当事人的资格向最高法院提起上诉，那就是“为法律之利益向最高法院提起上诉”以及提起“越权之诉”：（1）驻最高法院总检察长，可以为了“原则之荣誉”，对并未受到当事人攻击的裁判决定向最高法院提起上诉，以制止有时因某一法院违反法律而引起的“不安全”与社会混乱。即使裁决已经执行，检察长仍可以提起上诉。上诉期间或者缺席判决异议期间已满的第一审裁决也包括在内。但应当注意的是，如果最高法院撤销原判决，则该判决在当事人之间仍然保留既判力。这充分体现了法国民事诉讼私法和公法区分的性质。（2）法院的任何诉讼行为有越权行为，而不仅是判决包含有越权行为，总检察长在司法部长的命令下可以向最高法院提起上诉。不一定要求判决是终审判决，即使是一审判决，或者是非讼案件的判决，或者是某一法院的内部规章，均可以被检察长向最高法院提起上诉。如果最高法院撤销原决定，其效力对所有人都产生效果。

近年来，法国最高法院深受上诉案件过多的困扰。向最高法院提起上诉的案件越来越多，在民事方面尤其如此，而最高法院的司法官人数并没有按比例相应增长。例如，在1947年至1998年，向最高法院提起上诉的数量增长了10倍（从2700件增加至27000件），而最高法院的司法官的人数仅从54人增加至159人，仅增加了3倍。[1]截至2014年，最高法院共有约200名

〔1〕 参见［法］让·文森、塞尔日·金沙尔：《法国民事诉讼法要义》，罗结珍译，中国法制出版社2001年版，第1307页。

法官，自2010年至2014年，每年工作量在23000件至24000件。[1]

（二）德国

德国是典型的大陆法系国家。其法院组织体系由普通法院、行政法院、宪法法院、劳工法院、社会法院和财政法院六个不同系统构成专业化的法院体系。其中，普通法院是审理民事案件和刑事案件的法院。德国是联邦制国家，其法院又分为联邦法院和州法院两大体系。但是德国的两大法院体系与美国的模式并不相同，其显著的特点是，除联邦宪法法院与各州宪法法院各自独立、相互没有隶属关系外，联邦法院与各州法院属于同一系统，在同一性质的法院系统中，联邦法院即为最高法院，州法院为下级法院，州法院都不享有案件的终审权。当事人不服州法院的裁决，可依照法定程序最终上诉至联邦法院。德国是“更审制”的代表。

德国民事案件实行三审终审制，其普通法院体系分为四级，从低至高分别为：初级法院（地方法院、区法院），州法院，州高等法院，联邦最高法院。初级法院是德国的基层法院，当事人不服初级法院判决的案件，可以向州法院和州高等法院提起上诉。个别案件还可以越级向联邦最高法院上诉。州法院也可以作为第一审法院，管辖不属于初级法院初审的案件；作为上诉法院，其受理对初级法院判决的上诉。不服州法院的裁判可以向州高等法院提起上诉（控诉、抗告和上告）；州高等法院主要是上诉审法院，不享有民事一审管辖权，只负责审理不服州法院一审判决提起的上诉案件。不服州高等法院对上诉审的裁判可以向联邦最高法院上诉（上告和抗告）。

德国的上诉制度，根据审级的不同以及是对事实和法律一起进行重新审查还是仅就法律适用进行重新审查，将上诉划分为控诉和上告。依照德

---

〔1〕 See Cornelis Hendrik (Remco) van Rhee & Yulin Fu, *Supreme Courts in Transition in China and the West: Adjudication at the Service of Public Goals*, Springer, 2017, p.9, 188, 199.

国民事诉讼法的规定，控诉是指对于第一审终局裁判不服，向高一级法院提出的不服申请，旨在纠正一审法院作出的结论。上告是指对控诉审所作的终局判决，仅对法律争点提出的上诉，其目的是纠正原判决的法律错误而不是事实错误。控诉和上告都是针对判决提出的上诉。另外，德国还有针对其他裁定的上诉，称为抗告。[1]德国民事诉讼法从1877年制定至20世纪末，共经历了95次修改，以适应经济社会发展的需要。进入21世纪后，德国于2001年制定了《民事诉讼改革法》（于2002年1月1日起施行），该法对德国的民事诉讼控诉审和上告审都作了较大的修改，德国的上诉制度有了新发展。此后德国又多次对民事诉讼法进行部分修订，但基本未涉及上诉制度。[2]

1. 控诉（第二审上诉）

（1）控诉的条件和提起

控诉可以对于一审法院（初级法院和州法院）的终局判决向上级法院提起，[3]只有在例外情况下可以对缺席判决和某些中间判决提起。当然，对于中间判决，原则上只能与为之作准备的终局判决一起受到审查。控诉的提出有一定的范围和条件，并非对所有原审判决的不服都可以提出控诉。根据2001年的改革，第一，控诉所申请不服的标的金额必须超过600欧元。第二，在不低于600欧元以下的情况下，以下情形应当许可上诉：①案件的法律问题具有原则的重要性；②为从事法律的续造，或为了确保裁判的统一性，而需要控诉法院作出判决的。一审判决具备这两种条件的，一审法院应当许可当事人提起控诉，许可裁判对控诉法院有拘束

---

〔1〕 参见［德］奥特马·尧厄尼希：《民事诉讼法》（第27版），周翠译，法律出版社2003年版，第363页。

〔2〕 参见《德国民事诉讼法典》，赵秀举译，法律出版社2021年版，第6～8页。

〔3〕 对初级法院的终局判决而言，控诉法院是州法院；在特定由家事法院裁判的案件中，以及在初级法院裁判的特定涉外案件中，控诉法院是州高等法院；对一审州法院的终局判决而言，控诉法院是州高等法院。参见［德］奥特马·尧厄尼希：《民事诉讼法》（第27版），周翠译，法律出版社2003年版，第375页。

力。[1]2001年的改革法降低了控诉价额，扩张了许可当事人提起控诉的范围，增强了控诉法院的法律审职能，并使许可控诉要件与许可上告要件基本保持一致。

对于受缺席判决宣告的当事人一般不得提出控诉。但是对于本来不许声明异议的缺席判决，在以并未迟误为理由时，才能提起控诉。

德国民事诉讼法中也存在舍弃控诉权（和上告权）制度。舍弃是一种表示，通过舍弃就直接放弃了要求对不利的裁判进行审查和变更的权利。舍弃可以针对一审判决的整体或部分，也可以针对部分诉讼人作出。舍弃可以在一审判决作出之前或者之后，甚至在上诉之后表示。作出判决之后的舍弃是一种诉讼行为，它要求作出单方表示，可以对对方或者法院表示。在法庭上作出的上诉舍弃不能撤回，庭外的上诉舍弃在对方同意后可以在判决发生既判力之前撤回。[2]法院也承认作出一审判决之前的舍弃控诉，形式只能通过合同完成，不过在一审判决作出以后也还可以以这种方式作出。舍弃控诉的合同是一种诉讼合同，在发生既判力之前如果存在意思瑕疵可以撤销。[3]

对于一审判决的控诉主体是一审判决的所有当事人，德国的民事诉讼法没有限制进入上诉的主体资格。提出控诉的期间为1个月，自判决书送达时起，但至迟应于判决宣告后满5个月时开始。如果在控诉期内因追加裁判而对判决进行补充，对原先判决的控诉期间也自追加裁判送达时重新计算。控诉以向控诉法院提出控诉状的形式提出，内容则由控诉理由书重

---

〔1〕 2001年德国民事司法改革之前，旧法第511条的规定为："（1）申明不服的标的价额未超过1500德国马克时，不许提出控诉。控诉人对此价额应予说明，控诉人不得以作出保证代替宣誓。（2）关于因住房的使用租赁关系的状况的诉讼，如果初级法院在某一法律问题上与高级州法院或联邦最高法院的裁判相抵触，并且初级法院的裁判是以这种抵触为根据时，可以提起控诉。"参见《德国民事诉讼法》，丁启明译，厦门大学出版社2016年版，第113页。

〔2〕 参见《德国民事诉讼法典》第515条，赵秀举译，法律出版社2021年版，第157页；[德]罗森贝克、施瓦布、戈特瓦尔德：《德国民事诉讼法》，李大雪译，中国法制出版社2007年版，第1036页。

〔3〕 参见《德国民事诉讼法典》第515条，赵秀举译，法律出版社2021年版，第157页；[德]罗森贝克、施瓦布、戈特瓦尔德：《德国民事诉讼法》，李大雪译，中国法制出版社2007年版，第1036页。

点说明。控诉法院应依职权调查控诉本身是否准许，是否依法定方式在法定期间内提出等要件；如果不合法应当裁定驳回。德国虽然没有针对滥用上诉权的明确制裁规定，但是该国主流观点认为，诚实信用和禁止权利滥用是程序法的普遍原则。德国民事诉讼法规定，当事人在陈述案件事实时负有真实义务，违反者（当事人、代理律师）将可能构成刑法上的诉讼欺诈受到刑事追诉，并承担损害赔偿责任，律师还可能被名誉法庭追究责任。〔1〕

（2）控诉的审理范围

2001年以前，德国的控诉审在理论上被认为是续审制，控诉人和被控诉人都能向控诉审法院提出新的事实和新的证据，控诉审程序等于重新审理。控诉审法院在作出判决时丝毫不受一审卷宗的约束，如果当事人提出新的事实和新的证据，控诉审法院将予以考虑，对一审案卷内的证据也有权重新听取证言。〔2〕经过2001年德国《民事诉讼改革法》的修改，德国开始把控诉审制度的目的定位在使其成为对一审错误监督和清除的工具。控诉法院在控诉（和附带控诉）的请求范围之内对一审裁判的同一诉讼标的作出审查和裁判，对一审法院的判决仅在被申请变更的范围内修改。根据《民事诉讼改革法》第529条的规定，第二审法院原则上受第一审法院事实认定的约束。那些事实已经通过一审程序得到完全的、令人信服的认定的案件，在控诉审中法官将不会再对事实进行调查。《民事诉讼改革法》补充了第531条第2款第3项，规定对于非因当事人过失而未在第一审提出的攻击防御方法，当事人才能在控诉审中提出；如果当事人是在第一审言词辩论终结后才发现（包括事实和证据），或者是归责于法院的原因而使当事人未能在第一审中提出的新的攻击防御方法，当事人在控诉审中就可

〔1〕 参见［德］罗森贝克、施瓦布、戈特瓦尔德：《德国民事诉讼法》，李大雪译，中国法制出版社2007年版，第14页、第451～452页。

〔2〕 参见沈达明编著：《比较民事诉讼法初论》，中国法制出版社2002年版，第651～652页。

以提出该主张和举证。当事人新的攻击防御方法仅限于其在一审中未发挥作用（如被第一审法院明显忽略）或由于程序瑕疵无法在一审中提出时，才能在二审中被接受。相较于改革前的规定，[1]改革法案对于第二审中提出新证据的限制更加严格，只要当事人因过失未于第一审提出证据即已经失权，不必考量是否有延滞诉讼的可能性。并且，控诉审法院在审查证据之后，如认为适当，原则上应直接作出判决，而避免将案件发回原审法院，以及时终结诉讼。这就使当事人必须在一审中提出所有的主张和举证，否则到了二审再提出就将遭遇失权的后果。一审事实认定原则上约束二审法院，也使案件审理的重心集中于第一审，大多数案件通过一审就能够终结，当事人只有对于一审判决的法律问题有争执时才可能向二审法院提起控诉。当然，新法也规定了控诉审法院可以不受第一审法院事实认定结果拘束的情形，即控诉审法院有具体理由，怀疑第一审法院对于裁判上重要的事实认定不正确或不完全时，控诉审法院可以对事实进行重新认定。改革方案的实施，使德国的控诉审从续审制向事后审制方向发展。[2]

（3）控诉的审理程序和裁判

德国民事上诉审实行合议制和独任制，一般由3名法官组成合议庭审理。根据旧法的规定，在控诉审中独任法官可以单独审判案件，但是被限制在很小的范围，主要是作为受命法官进行准备程序、言词辩论，尔后案件还是由合议庭审判。另外，对于撤回诉讼或控诉、当事人迟误期日、诉讼费用、诉讼标的的价额、诉讼费用报酬等事项可以由独任法官裁判。经双方当事人同意后也可对其他事项进行裁判。独任法官制度单独审理控诉案件的权限，旧法仅授权给审判长，由审判长决定案件是否由独任法官

〔1〕 根据旧法第528条的规定，当事人在第二审中提出新的攻击防御方法，“如果依法院的自由心证，认为不致拖延诉讼的终结，或者当事人非因过失而逾期时，准其提出”。参见《德意志联邦共和国民事诉讼法》，谢怀栻译，法律出版社1984年版，第147页。

〔2〕 参见常怡主编：《外国民事诉讼法新发展》，中国政法大学出版社2009年版，第192～193页；齐树洁：《民事上诉制度研究》，法律出版社2006年版，第212～213页。

审判。[1]控诉审审判长在指定独任法官时有可能将复杂的案件安排给独任法官审理，也可能不分案件繁简，一律由合议庭审理，那么独任法官制度审理简单控诉案件，减轻控诉审法院负担的目的就得不到实现。《民事诉讼改革法》之后，独任制在控诉审程序中得以扩大使用。改革法规定控诉审法院民事庭得裁量是否由独任法官制度审判，或交由受命法官进行准备程序，尔后再由合议庭审判。不过，独任法官制度审理的案件限于以下情形：①第一审应受废弃的判决是由独任法官制度审理的；②该案件在事实上或法律上不具备特别的困难；③控诉案件的法律问题不具有原则重要性；④一审中没有在主要期日为实体审理，但以保留判决、一部判决或中间判决的不在此限。[2]可见，德国控诉审审判组织的改革倾向于扩大独任法官制度的职权，根本目的是减轻控诉审法院面临日益增加的案件压力。[3]但是对于那些疑难案件，改革法依然保持合议制的传统，以确保德国传统的诉讼原则——“六只眼睛优于两只眼睛”能够继续适用。[4]新法规定，在下列情况下，独任法官将案件提交给合议庭，由合议庭决定是否接管案件：①因诉讼情况发生重要变化，案件在事实或者法律方面显示出特别疑难，或者诉讼变得具有原则性意义；②当事人一致提出申请。[5]

控诉法院一般根据二审程序查明的事实和法律根据作出判决。只有

---

〔1〕 旧法第524条规定：1.审判长可以把案件安排给独任法官，使其准备裁判，控诉法院可以把案件安排给独任法官，使其进行言词辩论。独任法官由控诉法院的审判长或其指定的法庭成员担任，在商事法庭，由审判长担任。2.独任法官应该尽量促使该案件在控诉法院经一次言词辩论即可终结。为达此目的，独任法官可以调查各种证据；但只能在可以简化控诉法院的辩论时进行，并应立即进行，以便使控诉法院不用直接调查证据即可适当地考虑证据结果。3.下列事项，由独任法官裁判之：(1)依第100条并结合《法院组织法》第97条至第99条的移送案件；(2)撤回诉讼或控诉，舍弃已提出的请求，或认诺提出的请求；(3)当事人一方或双方迟误期日；(4)依第91条之1决定诉讼费用；(5)诉讼标的的价额；(6)诉讼费用、报酬和费用。4.经双方当事人同意后，独任法官也可以对其他事项进行裁判。参见《德意志联邦共和国民事诉讼法》，谢怀栻译，中国法制出版社2001年版，第121页。

〔2〕 参见《德国民事诉讼法典》第526条第1款，赵秀举译，法律出版社2021年版，第160页。

〔3〕 参见常怡主编：《外国民事诉讼法新发展》，中国政法大学出版社2009年版，第191页。

〔4〕 参见齐树洁：《民事上诉制度研究》，法律出版社2006年版，第212页。

〔5〕 参见《德国民事诉讼法典》第526条第2款，赵秀举译，法律出版社2021年版，第161页。

在少数情况下才把案件发回一审法院重新审理。在法院直接作出判决的情况下，控诉审法院不能超出当事人请求的范围而直接改变一审法院的判决，只能在当事人申请变更的范围内变更。当事人对控诉审判决不服的还可以提出上告。

2. 上告（第三审上诉）

向联邦最高法院的上诉称为上告。上告应当向联邦最高法院（或者巴伐利亚州最高法院）提起，引发的是对控诉审法院审理案件的法律问题进行审理的程序。上告人的依据首先是原判决对成文法或其他法律没有适用或者适用不正确，其次是法律错误必须影响案件的结论，并使上告人遭受损失。

根据旧法的规定，第一，只能针对州高等法院的控诉审终局判决向联邦最高法院提出。在例外情况下，适用“飞跃上告”制度时，州法院的一审终局判决也可越过州高等法院提出上告。第二，提起上告的条件采取两种标准，即上诉利益和许可上告双轨制。关于财产权请求的诉讼，其中上告价额不超过6万德国马克的，不许提起上告。关于非财产权请求的诉讼，只有经州高等法院在判决中许可，才准许提起上告。另外，还有无限制的准许上告。“控诉法院以控诉为不合法而驳回的，均得提起上告。”〔1〕在司法实践中，虽然法律规定对于财产权诉讼具有上告利益的，上诉法院可以案件的法律问题不具有原则性意义为理由拒绝上告。“然而司法统计显示，第三审上诉案件有95%是因为第三审上诉金额标准而得以合法上告的，而在联邦最高普通法院审理的上告案件中有80%不具有原则重要性。”〔2〕

2001年《民事诉讼法改革法》对上告制度进行了改革，经过重塑后的上告只专属服务于澄清原则性问题、法律研修和保证统一判决的目的。德

---

〔1〕 旧法第547条，参见《德意志联邦共和国民事诉讼法》，谢怀栻译，法律出版社1984年版，第153页。

〔2〕 常怡主编：《外国民事诉讼法新发展》，中国政法大学出版社2009年版，第194页。

国上告案件的范围有以下几个特点：第一，对每个第二审（控诉审）所作的终局判决都可以提起许可上告。这样，对初级法院第一审、州法院为控诉审的案件，州高等法院的控诉判决都可以提起许可上告。[1]第二，对于上告一概采用许可上告制，不再采用金额上告标准，旧法规定的无须许可的上告也被完全取消。对上告的许可应当在控诉法院的判决中表示，上告法院受控诉法院许可的拘束。但是，上告法院不受不许可的拘束。因为对于控诉法院不许可上告的裁判，当事人可以对此向联邦最高法院提出抗告 。如果联邦最高法院认为抗告有理的，则进入上告程序。第三，上告虽然还是当事人为了自己的利益而提出的和继续追求的上诉手段，但上告审的进入却因公共利益而受到限制。任何上告都只有在控诉法院或者上告法院因案件具有超出个案的意义而许可的情况下才是合法的。许可上告的理由被限制为：第一，案件法律问题具有原则性意义；第二，发展法律或者保障司法统一要求上告法院作出裁判。[2]

德国民事诉讼中有"飞跃上告"制度，"飞跃上告"可以针对所有的一审终局判决和针对无须许可的控诉（不服价额超过600欧元的控诉）。"飞跃上告"的成立，要求双方当事人达成协议同意越过控诉审，并且需要得到上告法院的许可。

提起上告通过向上告法院递交上告状完成。审理程序参照州法院的第一审程序和控诉程序的特定程序，但是必须由5名法官组成的合议庭组织审理，独任法官制度被排除。[3]

上告程序的主要目的是维护在联邦法院系统内法律的统一适用。其理论依据在于，由联邦最高法院这一个法院集中所有的上告，而上告法院

---

〔1〕 参见《德国民事诉讼法典》第542条第1款，赵秀举译，法律出版社2021年版，第165页。

〔2〕 参见［德］罗森贝克、施瓦布、戈特瓦尔德：《德国民事诉讼法》，李大雪译，中国法制出版社2007年版，第1083页。

〔3〕 参见［德］奥特马·尧厄尼希：《民事诉讼法》（第27版），周翠译，法律出版社2003年版，第38页、第386页、第388页。

的审判组织（委员会，Senat）对同样的法律问题会给予同样的回答。如果进行审判的委员会在法律问题上与另一个委员会的裁判不同，并且依质询它坚持其法律观点，则进行审判的委员会必须将该法律问题向大民事委员会或者联合委员会提交，由其裁判。之所以这样做，是为了避免联邦最高法院的相互矛盾的裁判，并保证判决的统一性。〔1〕另外，上告程序原则上为法律审，不在事实方面进行审查。联邦法院考虑法律错误时，并不限于上告理由书中所指出的错误。

3. 抗告

抗告是对附属裁判不服，以及在本案中对裁定和决定不服而提起的独立的上诉手段。和控诉一样，抗告也导致对事实问题和法律问题的重新审查，不过其是一种更为简单的、不强制性要求言词辩论的程序。〔2〕抗告的范围是，不经过言词辩论而驳回有关程序申请的裁判以及法律有特别规定的情形。与控诉和上告相比，抗告的程序要简单一点。这主要是因为抗告一般不涉及当事人的实体权利和义务，而多是关于一些程序的事项。抗告可以分为两种：第一，简单抗告。在原审法院的裁决作出后的任何时候都可以提起，没有特定的期间加以限制。第二，即时抗告。抗告必须在裁定向当事人送达之日起两周内提起，或者在某些情况下，在法庭宣告判决后提出。

（三）日本

日本现代意义上的民事诉讼制度，肇始于明治维新时期。其第一部《民事诉讼法》于1890年颁布，完全是以德国1877年《民事诉讼法》为蓝本。因此，日本民事诉讼法自始便具有“一边倒式的德国法制度”的特

---

〔1〕 参见［德］奥特马·尧厄尼希：《民事诉讼法》（第27版），周翠译，法律出版社2003年版，第386页；邵建东、李芬：《德国联邦最高法院的历史、组织及任务》，载《清华法学》2006年第1期；最高人民法院司法改革小组编：《美英德法四国司法制度概况》，人民法院出版社2002年版，第430～432页。

〔2〕 参见［德］罗森贝克、施瓦布、戈特瓦尔德：《德国民事诉讼法》，李大雪译，中国法制出版社2007年版，第1123页。

征。[1]1926年，日本对民事诉讼法进行全面修改，主要参考了当时修订后的德国、奥地利民事诉讼法。1948年又进行了部分修改。这是第二次世界大战战败后，日本为了适应美国对日本国宪法以及法院法等的重大调整，日本民事诉讼法进行了吸收英美法系合理因素的变革工作，自此带上了浓厚的英美法色彩。此后，1975年和1989年又进行了部分修改。1996年，为了适应经济和社会的发展，日本对民事诉讼法进行了全面的修改。2003年又作了部分修改，此后还作了局部的修订。应当说，日本民事诉讼法体系仍然是以德国法的体系和原则为蓝本，同时吸收了英美法的合理因素，并结合日本国情而形成的。

日本的法院体系是单一的，法院设置由低向高分别为：简易法院、家事法院、地方法院、高等法院、最高法院。简易法院是日本最基层的法院，现行法规定其审理诉讼标的额不超过140万日元的民事案件，[2]以及法定刑为罚金以下或者案情比较简单的盗窃、侵占等刑事案件。地方法院原则上是第一审法院，但是其受理诉讼标的额较大的民事案件，同时对于简易法院作出的一审判决具有控诉管辖权。家事法院和地方法院属同级法院，其在区域设置上与地方法院相同，负责审理和调解《家事审判法》规定的案件以及《少年法》规定的少年保护案件。对于高等法院而言，虽然法律没有规定其不能受理一审案件，但目前其审理的第一审案件只限于特殊的行政案件等。高等法院对于地方法院作出的一审判决具有控诉管辖权，对于简易法院作出的一审判决具有上告管辖权。因此，可以说高等法院是民事案件的上诉审法院。最高法院是日本法院体系中的最高级别法院。

由于日本的民事法律制度与德国法的渊源，因此，日本的上诉制度与德国如出一辙，但亦有其特点。根据审级及裁判形式，日本将上诉分为控诉、上告及抗告三类。控诉是对第一审判决的不服申诉；上告是对第二审

〔1〕参见孙祥壮：《日本民事诉讼法：变迁及其修订》，载《中国审判》2008年第3期。

〔2〕参见［日］伊藤真：《民事诉讼法》，曹云吉译，北京大学出版社2019年版，第47页。

判决（“飞跃上告”时为第一审判决）的不服申诉；抗告是对决定命令的不服申诉。

1. 控诉（第二审上诉）

（1）控诉的条件和提起

控诉是指对简易法院或地方法院所作的第一审终局判决，当事人为了谋求更有利的判决，向上一级法院所作的不服申述（高等法院所作的第一审判决，可以进行上告）。控诉审是就事实问题和法律问题同时进行审理。

控诉必须由控诉利益人（控诉权人）提起。控诉利益产生于第一审中败诉的当事人。全体败诉时，原判决的全体当事人便是控诉权人；部分败诉时，败诉的部分当事人是控诉权人。败诉当事人的辅助参加人也拥有控诉权。因当事人之间达成保留共同提起上告的权利而不提起控诉协议，或拥有控诉利益者放弃控诉权而消灭。另外，控诉提起的期限是在判决送达之日起两周内。控诉提起的对象是第一审的终局判决，对中间判决及其他中间性的裁判不得提出控诉。

控诉的提起是从控诉状向第一审法院提交开始。控诉状提交原审法院并由原审法院负责审查，是为了减轻上级法院的工作负担。原审法院经审查认为控诉不适法的，则决定驳回控诉，否则即移送给上级法院。

日本借鉴其他国家的做法，于1996年修改民事诉讼法时设立了小额诉讼程序。其基本内容是，当诉讼为60万日元（1996年修改民事诉讼法规定的是30万日元，通过2003年法律修改，变为现在的60万日元）以下的金钱请求之诉时（若为物的交付请求则不属于小额诉讼的对象），为了使不委托代理人之市民也可以简单利用的，简略化、特别的诉讼程序。其在审理程序上相较于普通程序进行了非常大的简化。对于小额诉讼程序作出的判决，不允许当事人提起控诉。[1]当事人只能在收到判决送达之日起两周内

---

〔1〕 参见《日本民事诉讼法典》，曹云吉译，厦门大学出版社2017年版，第105～106页；［日］新堂幸司：《新民事诉讼法》，林剑锋译，法律出版社2008年版，第685～688页。

提出异议申请（日本1996年《民事诉讼法》第378条第1项）。

日本民事诉讼法中也存在上诉权的舍弃制度。其一，可以通过当事人之间预先达成的不控诉之合意，而导致控诉权不产生。不控诉的合意是当事人在不知道第一审结果之前就表明其完全听凭于结论的合意，必须具备书面的形式。如果预先已经达成了不控诉的合意，一旦第一审判决作出宣告后，即便双方当事人通过合意解除了不控诉的合意，也不能使诉讼系属复活。其二，当事人在控诉权产生后可以放弃，放弃之后控诉权即消灭。〔1〕

日本建立了对滥用上诉权的制裁制度。如果是上诉人仅以拖延诉讼为目的而提起的无理由的上诉，法院可以对其进行制裁。1996年《民事诉讼法》第303条规定："控诉法院在驳回控诉请求的情况下，认为控诉人提起控诉只是以拖延诉讼的终了为目的时，可以命令控诉人缴纳作为提起控诉的手续费应缴纳金额10倍以下的现金。"〔2〕

（2）控诉的审理范围

控诉审的辩论应在当事人的不服申请范围内进行，即依据控诉的申请或附带控诉的申请，以当事人谋求第一审判决的变更为限度。但是，审理范围有以下例外：①控诉审中，在征得对方当事人的同意后，可以提起反诉。与第一审相比，反诉的提起扩大了辩论范围。②控诉审中，允许提起中间确认之诉。即就有关本案请求的先决事项谋求判决的作出。③在前后诉讼请求之间具有同一性的前提下，控诉审中允许诉的变更。④在控诉审中可以提出抵销的主张。

一般认为日本的控诉审属于续审制，控诉审属于第一审的继续，当事人在控诉审中可以自由提出诉讼材料。第一审中未提出的攻击或防御的

---

〔1〕［日］新堂幸司：《新民事诉讼法》，林剑锋译，法律出版社2008年版，第622～623页。

〔2〕参见《日本新民事诉讼法》，白绿铉编译，中国法制出版社2000年版，第105页；《日本民事诉讼法典》，曹云吉译，厦门大学出版社2017年版，第90页。

方法特别是新的事实及证据均可以提出，但是在对方提出疑问时应当说明延迟提出的理由。另外，为了在控诉审中抑制新的攻击和防御手段的提出，法官可以规定攻击和防御方法的提出期间，超过规定期间提出时，当事人须向法官说明迟延的理由。

日本民事诉讼法中同样存在附带上诉制度。被控诉人即使在控诉权消灭后，在因控诉而开始的第二审程序中，可以申请提出自己对原判决不服的主张，以将控诉审的审判范围作有利于自己的扩张。但是如果本控诉被撤销或者因本控诉不适法而被驳回时，附带控诉将失去其效力。

（3）控诉的审理程序和裁判

高等法院审理控诉案件采用合议制，由3名至5名法官组成合议庭。地方法院审理控诉审案件亦采合议制，由3名法官组成合议庭。〔1〕控诉审的程序一般应准用地方法院第一审程序的相关规定。控诉审法院依据第一、二审收集的诉讼材料，对事实和法律上的所有论点，就上诉请求是否成立进行全面审查。分别作出：①驳回控诉的裁判。第一审判决正确、控诉理由不成立，或者虽然第一审判决依据控诉理由而言是不恰当的但依据其他理由却是正确时，控诉审法院均可作出驳回控诉的判决。②控诉理由成立的裁判。第一审判决不正确，或第一审判决程序违反法律规定时，控诉审法院将撤销第一审判决，同时作出相应的判决。但是，第一审法院认定起诉不适法而予以驳回，而控诉审法院认定起诉并非不适法的，在撤销原判决时，应将案件发回第一审法院重审。在因案件管辖错误而撤销第一审判决时，应将案件移送有管辖权的法院审理。此外，控诉的撤销、裁判上的和解等也可以终结控诉审。

2. 上告（第三审上诉）

上告是对第二审法院未确定（未生效）的终局判决（以及高等法院为

---

〔1〕 参见［日］新堂幸司：《新民事诉讼法》，林剑锋译，法律出版社2008年版，第53页；冷罗生：《日本现代审判制度》，中国政法大学出版社2003年版，第98页。

一审法院或“飞跃上告”的第一审判决），以违背法律为由，为谋求撤销原判决而向上告法院提起的不服申述。上告审以构成控诉审判决基础的事实为基准，就法律适用是否正确（恰当）进行裁判（以法律上的论点为限而进行的复审）。[1]根据日本1996年《民事诉讼法》第311条的有关规定，对以高等法院作为第二审或第一审作出的终局裁判，当事人可以向最高法院提起上告。对以地方法院作为第二审作出的终局判决，可以向高等法院提起上告。（但是对于双方当事人达成保留共同提起上告的权利而不提起控诉协议的，对地方法院的判决，可以直接向最高法院提起上告。对简易法院的判决，可以直接向高等法院提出上告，即“飞跃上告”制度。）

能提起上告的只能是承受原判决的不利益当事人，不服申述的理由只局限于违背法律。上告一经提起，便截断了被上告判决的生效（截断效力）。另外，除上告状驳回命令或上告驳回的裁定外，原审法院须将案件移送上告审法院（移审效力）。上告提起后，即使超过了被告人的上告期间，被告人也可附带提起上告（附带上告），以请求原判决向有利于自己的方向变更。

上告审是法律审，只有法律上的论点才能成为上告理由，共有以下三种：（1）违反宪法，即原判决对宪法有错误解释及其他违宪事项。战后的日本仿效美国建立违宪审查制度，由普通法院系统来承担这一责任，是故违反宪法成为上告的理由之一。（2）绝对上告事由，即违反了《民事诉讼法》第312条第2款所列举的事项，主要有“没有依照法律规定组成作出判决的法院的”“法律规定不能参与判决的法官参与了判决”“违反专属管辖规定的”“对法定代理权、诉讼代理权或代理人为诉讼行为欠缺必要授权的”“违反口头辩论公开的规定”“判决没有附理由或理由有自相矛盾的”等严重违反程序法的情形。（3）相对的上告理由。除前两项情形之外，高

〔1〕 参见［日］中村英郎：《新民事诉讼法讲义》，陈刚、林剑锋、郭美松译，法律出版社2001年版，第273页。

等法院受理的上告还将影响原判决的显著违法行为也作为上告理由。在旧法中上述三点均被规定为向最高法院上告的理由，采用毫无限制的三审终审制。但是，由于日本的最高法院在战后的改革中进行了精简，将战前50名法官组成的大审院改为由15名大法官组成的最高法院。上告案件太多一度让最高法院不堪重负，严重影响其履行统一法律适用的职能。因此，1996年新《民事诉讼法》学习美国联邦最高法院的裁量性上诉制度，对日本最高法院的上告制度进行改革，建立了"受理上告制度"，对于最高法院上告理由限于违反宪法和绝对上告理由，排除了违反法令作为向最高法院上告的当然理由。依据"受理上告制度"，当最高法院基于具有不服利益之当事人提出的申请（受理上告之申请），认为原判决中包含与最高法院判例（也包括大审院判例，以及作为上告法院或控诉法院时的高等法院之判例）相反的判断或其他法律解释上的重要事项时，可以作出受理案件之决定。只有得到最高法院的受理上告决定，才启动上告程序。在原来的上告制度下，申请启动上告审程序可以说是上告人一般的权利，而在"受理上告制度"下，只有最高法院自己认为包含重要法律解释问题的案件及其理由，才可以启动上告审的审理。〔1〕当事人申请上告的理由是否能成立，最高法院具有最终的判断权。

最高法院采取合议制，其中又分为全体15名法官（法定人数为9名）组成的大法庭、由5名法官（法定人数为3名）组成的小法庭。〔2〕审理上告案件，最高法院一般由小法庭进行审理，但是下列情况下，只能由大法庭审理：（1）基于当事人的申请，对法律、命令、规则或者规章是否符合宪法的规定进行审查（大法庭此前有处理意见，并且申请对法律、命令、规则或者规章是否符合宪法的审查是基于相同情况的除外）；（2）除上述情形外，认为法律、命令、规则或者规章不符合宪法的规定时；（3）有关宪法和其他法

〔1〕 参见［日］新堂幸司：《新民事诉讼法》，林剑锋译，法律出版社2008年版，第636页。

〔2〕 参见［日］新堂幸司：《新民事诉讼法》，林剑锋译，法律出版社2008年版，第52页。

律解释适用与最高法院以前作出的审查意见相违背时。除《法院法》第10条第1款第1项以外的情形，就法令的适用解释意见与大审院的判决相违时，可以由小法庭进行审判。[1]上告审的诉讼程序除有特别规定外，均参照适用控诉审诉讼程序的有关规定。上告审诉讼程序，大致按下列顺序进行：（1）上告的提起与审查。上告人向原审法院递交上告状，原审法院经审查，不合法的上告依照决定或命令驳回，适法的上告案件将移送上告法院。（2）上告法院有书面审理和依口头辩论进行裁判两种审理方式。对于依据书面审理还不能明确上告理由成立与否时，可以进行口头辩论。原判决依法确定的事实对上告法院具有拘束力。上告法院经审理，分别作出如下判决：驳回上告、驳回上告请求、撤销原判发回重审、撤销原判自判等。

由于日本的审级制度是四级三审制，部分案件通过正常的三个审级不能到达最高法院。例如，当第一审为简易法院时，控诉审是在管辖该简易法院区域内的地方法院，上告审则是高等法院。不过，在高等法院作为上告审的情形下，当高等法院有关宪法及其他法律的解释与最高法院的判例（当没有最高法院判例时，则是大审院的判例或者作为上告法院或控诉法院的高等法院判例）相反时，应当作出决定向最高法院移送案件。该规定的目的在于，通过最高法院判决来谋求法律解释的统一。[2]

3. 抗告

抗告是指当事人或诉讼利害关系人为了自身利益，向上级法院要求撤销或变更下级法院的决定或裁判长的命令（如驳回回避请求的决定）而进行的不服申述。抗告制度的目的除就决定、命令设立简易不服上诉程序外，还可防止控诉及上告审的审理复杂化。抗告人只能是当事人，不存在像控诉、上告那样的对方当事人（被抗告人）。而且，抗告是由不服当事人就决定、命令而进行的，所以，准许对证人、鉴定人、法定代理人、诉讼代

〔1〕 参见冷罗生：《日本现代审判制度》，中国政法大学出版社2003年版，第90～91页。

〔2〕 参见［日］新堂幸司：《新民事诉讼法》，林剑锋译，法律出版社2008年版，第70页、第648页。

理人、法院书记员或执行员等诉讼关系人提起抗告。抗告分为普通抗告和即时抗告两类，对不经过口头辩论而驳回有关诉讼程序申请的决定及命令进行的抗告为普通抗告。这种抗告的提起没有时间的期限，因撤销或变更能带来实际利益的任何时间均可。即时抗告是指符合法律准许即时抗告规定而认可的抗告，这种抗告自裁判告知之日起一周内必须提起。地方法院作为抗告法院所作出的决定，当事人如果不服可以向高等法院提出再抗告。

在日本法律制度中，还有特别上告和特别抗告制度。虽然也作为上诉来规定，但是其提起和申请与原裁判的确定没有关系，通常是在裁判被确定后进行审判。所以不属于原来意义的上诉。

三、两大法系主要国家上诉制度的评析

通过对世界两大法系5个国家上诉制度的考察，针对两大法系上诉程序技术结构的主要特征，可以得出以下几个初步印象。

1. 西方两大法系主要国家普遍实行三审终审制和审级制度多元化的结合。(1)前述5个国家的审级制度的主体结构均为三审终审制，当事人有两次上诉的机会，形成了金字塔形结构的审级制度。位于塔基的是基层法院，数量最大，承担主要案件的初审任务；位于塔腰的上诉法院(或者中级法院)，作为初审法院的上诉法院，通过上诉审程序纠正初审裁判的错误；而位于塔尖的最高法院，通过有选择地审理疑难、争议法律问题的第三审案件，以保障整个司法体系法律适用的统一。同时，各国一般都实行了审级制度的多元化。分属于普通法系和大陆法系的五国并不是对所有的案件均实行三审终审制，而是针对不同类型的案件实行不同的审级制度。对于大部分案件，各国一般都允许至少一次的上诉机会。英国是一个少有的例外，对于第一次上诉也规定上诉许可制度。但是对于第二次上诉(引发

第三审的上诉），前述大部分国家均采取了许可式上诉制度。英国、美国传统上对于第二次上诉采取许可制度。德国和日本虽然在历史上曾经对第二次上诉也给予当事人权利性上诉，但于晚近均对第二次上诉采许可制。这些国家的共同点是，必须是案件涉及统一法律适用的标准、发展和解释法律等问题时，才会许可当事人的第二次上诉。法国是个例外，对于向最高法院提出上诉没有采取限制和许可。对于第三审实行上诉许可制的国家，大部分案件可以说实际上是两审终审。（2）另一个普遍的做法是对于小额诉讼案件实行一审终审或者有限制的上诉制度。英、美、法、德、日均建立了小额诉讼程序，法、日和美国的部分州对于小额诉讼实行一审终审，不得提出上诉。但是英国和美国的部分州，还是允许小额诉讼特殊情形下可以上诉，只是给予了必要的限制。德国对于小额诉讼审级制度的规定比较有特色，采取了标的额加重要性的双重标准，兼顾了诉讼效率和统一法律适用两个价值取向。

2. 两大法系各国在保障当事人上诉权的同时，一般对上诉权作出必要的限制。前文的考察，反映各主要国家除建立上诉许可制以外，还采取了一定的机制以限制上诉。（1）对证据更新权的限制。证据更新权，是指当事人在第一审未提出的证据和诉讼材料可以在第二审中提起。英美国家，由于在民事诉讼中实行陪审团的传统，除了特殊的例外情形，第二审法院基本不再审理事实问题，因而允许还是限制上诉当事人在二审期间提起新证据的问题只在大陆法系国家存在。当然，就更加有利于保障案件正确性的角度而言，当事人在第一审未提出的诉讼材料可以在第二审中提起。但是如果对这种更新权不加以限制，审理重点将可能转移到第二审，造成诉讼迟延。因此，德国的民事诉讼改革从不限制更新权向限制更新权发展，经过2001年的司法改革，第二审法院原则上受第一审法院事实认定的约束，当事人必须在一审中提出所有的主张和举证，否则到了二审再提出就会遭遇失权的后果。法国和日本，第一审中未提出的攻击或防御的方法，特别是新的事实及证据均可以在第二审程序提出，这体现了该两国侧重于当事人上诉权保护的考虑。但是在日本，如果超过提出时机，就有被驳回的可能性，这也从某种程度上体现了对证据更新权的限制。（2）对滥用上诉权行为的惩罚。即使对于公正的一审裁判，败诉的当事人出于拖延裁判结果的发生，或者追求某种非正当的机会性利益而进行上诉的现象，也绝不是某些国家的个别现象。他们往往利用上诉程序进行转移财产、抽逃资金，或者恶意拖延裁判的执行，有损于诉讼制度的效率和信用。为了遏制和制裁这种恶意的滥用上诉权的行为，上述5个国家都存在相关惩罚制度。法国和日本，均确立了对于提出上诉的目的是拖延诉讼或滥诉行为的罚款和赔偿制度。德、英、美虽然没有在上诉制度中对此作出明确规定，但都建立了相关制度作保障。德国通过规定当事人的真实义务，美国通过"法律的正当程序"原则，英国则是将滥用上诉权视为滥用程序给予制裁。

3. 两大法系上诉程序的审判组织均为多名法官组成的合议庭，审级的层次与法官的人数成正相关关系。与一审程序可以采取独任法官、合议庭（法官组成，或者法官和陪审员组成）审理，或者如普通法系可以由独任法官或者法官和陪审团共同审理不同的是，上诉审程序的审判组织，两大法系所有5个国家，均建立了由职业法官组成的合议庭进行审理的制度。第二审程序一般由3人组成合议庭，复杂案件的审理还可以组成5人等大合议庭进行。这一制度安排体现了法官在法律水平上更加专业化，合议庭决策会更加审慎，有利于互相启发、相互制约以保证审判质量的旨趣。只有德国是个例外，经过2001年司法改革，德国二审程序中对于相对简单的案件可以由独任法官审理，但是对于疑难案件则依然保持合议制的传统。笔者认为，这应该是在德国社会发展的现状中法官素质和公信力已经得到充分保障的国情下实施的。对于第三审程序，法、德、日、英均采取更大的合议庭（5人、7人或者更多的法官组成），以实现法律适用标准的统一。美国最高法院的做法则是采取更为理想的由所有9名大法官参加的满席审判，以实现第三审对于法律专业性要求更高和保证裁判标准统一的需要。

4. 两大法系的第二审和第三审均反映功能各有侧重的特点。两个上诉审的审理范围和内容不一样。关于第二审，大陆法系的德、法、日审理的范围均既包括事实问题也包括法律问题，予以补充性地查明事实并纠正一审的事实和法律错误。普通法系的英、美两国也呈现几乎相同的特征，二审程序一般主要为法律审，并在一定司法辖区内统一法律适用标准。对于初审程序认定的事实问题给予充分的尊重，只在极为例外的情况下才会对初审程序确定的事实予以审查并作出变更。关于第三审，大陆法系和普通法系的共同特点是第三审均为法律审，对案件的事实问题不再审理。主要职能在于，通过有选择地审理重大、疑难、争议法律问题的案件，以解释法律、发展法律，保障整个司法体系法律适用的统一。

5. 两大法系的上诉制度也在总体上呈现鲜明的科层式和协作式的类型化不同特点。科层式和协作式这一对理想模型的提出，重要原因在于这两种理想型抓住了欧洲大陆和英美传统司法组织之间的显著差异。[1]上述5个国家的上诉制度的主要特征，为两个类型而呈现不同的风格。

法、德、日三国的上诉制度显然具有科层式司法程序的特点，更重视上诉程序的“质量控制”功能：(1)当事人的上诉权利受到更强的保护。特别是在晚近的司法改革之前，这些国家对当事人的上诉权均给予充分肯定。当然近年来，由于案件的压力以及法律制度的交融借鉴，对最高法院的上诉一般均规定为许可性上诉。(2)这些国家的第二审一般是续审制，当事人在二审中可以提出新的证据和理由。虽然随着近年来的司法改革，德国、日本对当事人在二审中提出新证据的权利进行各种限制，以促使当事人在一审中毫无保留地将证据提出。但是，二审法院在上诉审程序中改变一审法院对事实的认定，还是被认为是当然的权力。在上诉审受到上诉

---

〔1〕 参见[美]米尔伊安·R. 达玛什卡：《司法和国家权力的多种面孔——比较视野中的法律程序》，郑戈译，中国政法大学出版社2004年版，第44页。

理由限制的前提下，上级审查较为全面深入。（3）一旦当事人提出上诉，具备终止效果，即原审判决被视为未生效而不具有执行力。

英、美两国的上诉程序具有协作式司法程序风格，体现了某种单一层次决策模式的遗留痕迹：（1）英国目前对于第一次上诉都采取上诉许可制。（2）普通法系上诉法院对于原审裁判的审查，一般属于事后审制，主要着眼点在于审查原审判决是否有错误。（3）当事人在二审中不仅不能提出新的证据，一般也不能提出在一审中没有提出的法律理由。二审法院在一般情况下也不对一审裁判认定的事实进行重新认定。（4）初审判决作出后即被推定为最终判决，一般即具有执行力。上诉期间初审法院的判决效力并不中止。

但同时，两大法系在审级关系设置上又体现了某种趋同的发展趋势，大陆法系国家有在二审中限制当事人更新权的趋势。如德国2001年的改革，开始把控诉审制度的目的定位在使其成为一审错误监督和错误清除的工具。只有当一审裁判对重要的事实认定不正确或不完全时，上诉审法院才对事实进行重新认定，这表明德国的第二审反映了某种向普通法系上诉制度靠近的倾向。日本则在晚近借鉴美国的做法，建立了向最高法院上告的过滤机制，以控制进入最高法院的案件数量。这也反映了世界各国一个共通的改革目标，即让不同的审级承担不同的功能：一审法院以查明事实适用法律为基础工作；二审法院以纠正法律适用方面的错误为主，以纠正一审法院查明事实的重大错误或者新发生的证据事实为辅；三审法院则以统一法律适用为其主要职能。

第三章　上诉制度的基本理论

厘清上诉制度的基本原理，是准确认识和理解中国语境下上诉程序的功能及其实现的基础。上诉制度是审级制度的重要内容，审级制度是上诉制度的背景和基础。本章笔者将在世界各国法律程序普遍现象的三审终审制语境下[1]，围绕上诉制度的功能这一主题，研究审级制度的基本原理、上诉制度的模式、上诉制度的功能及结构等问题。

因为中国的两审终审制是建立在对审判监督程序（再审程序）的依赖之上的，所以对于上诉制度与再审制度关系的研究很有必要，对这个问题的正确认识，将有助于我们下一步研究和观察中国审级制度下上诉程序的功能及实现的相关问题。

一、上诉权的性质

研究审级制度或者上诉制度，必须回答的一个基本理论问题是“为何可以上诉”，也即当事人所享有的上诉权的性质和内容如何。我国民事诉讼法学界一般认为，上诉权是诉权的延伸。[2]还有学者认为，上诉权是诉权的内容之一，认为诉权的内容包括起诉权、上诉权、反诉权、申请再审

〔1〕 本章的研究，基本上是建立在西方法治国家制度背景下的，包括大陆法系世界和英美法系世界。笔者并不意图以西方的法律观念和制度作为认识和评价我国上诉制度的标准，而仅将其作为参照物，并分析其背后的法律文化、权力结构、相关制度背景，以期能更深刻地认识中国的上诉制度。

〔2〕 参见齐树洁：《民事上诉制度研究》，法律出版社2006年版，第122页；江伟主编：《民事诉讼法专论》，中国人民大学出版社2005年版，第348页；刘晓英：《民事上诉制度研究》，中国政法大学2008年博士学位论文，第17页；傅郁林：《审级制度的建构原理——从民事程序视角的比较分析》，载《中国社会科学》2002年第4期。

权。[1]也有学者提出了"诉讼权"的观念，认为诉讼权是"公民在认为自己的合法权益受到侵犯或有纠纷需要解决时，享有的诉诸公正、理性的司法权求得救济和纠纷解决的权利"，在民事诉讼领域，诉讼权以起诉权、应诉权、反诉权、上诉权、再审请求权等方式得以全面体现。[2]"诉权"是大陆法系民事诉讼法理论体系中提出的理论概念，诉权理论是大陆法系民事诉讼法学基本理论体系的重要组成部分，[3]其探讨的主要问题是：国民向法院请求司法救济或利用民事诉讼制度，国民所享有的这种权利的性质和内容如何？在何种要件下国民始可行使这种权利？这些问题是建立在当事人"为何可以进行诉讼"这一问题之上的。自罗马法的诉权概念诞生以来，产生了多种诉权学说。[4]一般认为，诉权是基于民事纠纷的发

---

〔1〕 参见周永坤：《诉权法理研究论纲》，载《中国法学》2004年第5期；谭兵主编：《民事诉讼法学》，法律出版社1997年版，第66页以下；江伟、单国军：《关于诉权若干问题的研究》，载陈光中、江伟主编：《诉讼法论丛》第1卷，法律出版社1998年版，第237页；李祥琴：《论诉权保护》，载《中国法学》1991年第2期。

〔2〕 参见左卫民等：《诉讼权研究》，法律出版社2003年版，第2页。

〔3〕 大陆法系传统民事诉讼法学认为，民事诉讼法学基本理论体系由诉讼目的论、诉权论和既判力本质论构成。参见陈荣宗：《举证责任分配与民事程序法》，台北，三民书局1984年版，第153页。我国学者一般认为，民事诉讼法学基本理论体系的构成是民事诉讼目的论、民事诉讼价值论、民事诉讼法律关系论、民事诉权论、诉讼标的论、既判力论等。参见江伟主编：《民事诉讼法学原理》，中国人民大学出版社1999年版，第125页以下；江伟主编：《民事诉讼法专论》，中国人民大学出版社2005年版，第48页以下；刘荣军：《程序保障的理论视角》，法律出版社1999年版，第103页等。

〔4〕 现代诉权学说产生于19世纪前半叶德国普通法末期。从学说的历史发展演变来说，主要有私法诉权说、公法诉权说、三元诉权说、二元诉权说、宪法诉权说、诉权否定说等。私法诉权说产生于19世纪前半叶，该说认为，诉权是私法上的权利的延伸和变形，原告在对被告享有的私法上的权利得不到满足时，即产生诉权，因而诉权是一种私权，是私法上的权利在审判上的行使的过程或手段。公法诉权说最先产生于德国19世纪中叶以后，取代私法诉权说而成为德国诉权论的通说。该说认为，法院和当事人在诉讼中的法律关系不是私法性质的关系，而是当事人对国家发生的公法性质的关系，引起这种关系发生的依据是当事人对国家的公法上的请求权，即诉权（其中又经历了抽象诉权说、具体诉权说、本案判决请求权说、司法行为请求权说等演变）。宪法诉权说是日本学者提出的一种学说，认为诉权是在宪法上接受裁判的权利。诉权否定说是日本学者三月章等提出的，认为民事诉讼制度与当事人的关系，不过反映了国家基于对解决纠纷的关心而设置民事诉讼制度，当事人利用这种制度并服从国家审判权这样一种事实而已，因而没有必要设置"诉权"这个概念。三元诉权说认为诉权具有不同的意义：一是程序意义上的诉权；二是实体意义上的诉权；三是认定诉讼资格意义上的诉权。二元诉权说是苏联占支配地位的认识，中国学者一般持此说。参见江伟主编：《民事诉讼法专论》，中国人民大学出版社2005年版，第63页以下；江伟、邵明、陈刚：《民事诉权研究》，法律出版社2002年版，第5页以下。

生（民事权益受到侵犯或与他人发生争议），国民请求法院行使审判权解决民事纠纷或保护民事权益的权利。[1]诉权是一个争议很大的问题，当代大陆法系国家主要有以下几种学说聚讼：[2]（1）司法行为请求权说（诉讼内诉权说）。该说为德国目前通说，属于公法诉权说之一种，认为国民拥有要求国家给予利用诉讼制度的公权（诉权）。[3]该学说主张，诉权为诉讼开始后实施诉讼的权能，由于诉讼中诉权的行使，民事实体法律关系才赖以形成。依此说，诉权是指请求国家司法机关依实体法和诉讼法审理和裁判的权利，其具体内容为：当事人有起诉的权利；法院非有正当理由不得拒绝指定期间开庭审理，而应就诉讼事件为事实上及法律上的调查并作出裁判，倘法院拒绝审判或拖延审判，当事人可向联邦宪法法院请求法律救济。该说属于抽象诉权说。[4]（2）本案判决请求权说（纠纷解决请求权说）。该说为目前日本的有力学说，并为《法国新民事诉讼法典》采纳。[5]其立论基础是解决纠纷的诉讼目的论。该说主张，诉权是要求法院为案件裁判的权利，具体来说，就是当事人要求法院就自己的请求是否正当作出判决的权利，其实质是指在弄清当事人主张的是非曲直的基础上，要求法院解决纠纷的权利。这种诉权的要件相当于从具体诉权说的保护

〔1〕 参见江伟、邵明、陈刚：《民事诉权研究》，法律出版社2002年版，第131页。

〔2〕 本书介绍目前在大陆法系国家占通说或影响较大的几种学说。另外，英美法系不热衷于诉权的内涵等抽象问题的理论上的探讨，更不注重诉权理论的体系化，而是着重于有关诉权规则的合理制定和有关诉权的实用性等问题的探讨。参见江伟、邵明、陈刚：《民事诉权研究》，法律出版社2002年版，第127～128页。

〔3〕 参见邵明：《现代民事诉讼基础理论：以现代正当程序和现代诉讼观为研究视角》，法律出版社2011年版，第109页；张卫平：《民事诉讼法》（第5版），法律出版社2019年版，第185页。

〔4〕 参见邵明：《现代民事诉讼基础理论：以现代正当程序和现代诉讼观为研究视角》，法律出版社2011年版，第110页。

〔5〕 《法国新民事诉讼法典》根据这种理论给诉权下了定义："对于提出诉讼请求的当事人而言，诉权是指由法官听取诉讼请求的根据，并裁判根据是否正当的权利。"（第30条①）该法典还将诉权推广适用于被告："对于对方当事人而言，诉权是指对诉讼请求是否正当进行争辩的权利。"（第30条②）参见《法国民事诉讼法典》，周建华译，厦门大学出版社2022年版，第6页；吴泽桦：《法国民事诉权研究》，载《司法改革评论》2019年第2辑，第317～320页；张卫平：《民事诉讼法》（第5版），法律出版社2019年版，第185页；［日］新堂幸司：《新民事诉讼法》，林剑锋译，法律出版社2008年版，第176～177页。

权利要件中除去实体的权利保护要件之后的诉讼要件（当事人适格和诉的利益）。（3）二元诉权说。自20世纪80年代以来，我国大陆民事诉讼法学者在苏联二元诉权说的基础上，对之加以改造而形成了自己的诉权学说——二元诉权说，此说至今仍处于通说地位。该说认为，诉权与诉一样具有双重含义，包含着程序意义和实体意义。程序意义的诉权在原告方面表现为提起诉讼的权利，在被告方面则表现为应诉的权利和程序上进行答辩的权利；实体意义的诉权在原告方面表现为期待胜诉的权利，在被告方面则表现为对原告诉讼请求进行实质性的答辩以反驳原告的诉讼请求，或者提起反诉以吞并、抵销原告诉讼请求或使原告诉讼请求失去意义的权利。该理论强调，程序意义诉权和实体意义诉权是一个统一体的两个方面，是形式和内容、手段与目的之关系。然而在二元论的框架下又有不同的观点。例如，有观点认为，程序意义上的诉权，就原告来讲可以利用其向法院提起诉讼、提出诉讼请求、提供证据、进行辩论、行使各项诉讼权利、实施各项诉讼行为。对被告来讲是应诉答辩的权利，进行陈述、承认或者反驳原告提出的诉讼请求，还有权提出反诉等。实体意义上的诉权是指当事人通过法院向对方当事人提出实体请求的权利，不能认为只有原告才有诉权。〔1〕有观点认为，程序意义上的诉权基本形式有二：一是启动诉讼程序的权利，如起诉、上诉、反诉、申请再审、申请执行等；二是参加诉讼、实施各种诉讼行为的权利。实体意义上的诉权，是指当事人通过诉讼实现其诉讼请求的权利，表现形式有主张性的实体请求权和反驳性的实体请求权。〔2〕还有观点认为，程序意义诉权不仅限于起诉权、反诉权，还应包括上诉权和申请再审权；实体意义诉权是指当事人请求法院

---

〔1〕 参见常怡主编：《民事诉讼法学》（第4版），中国政法大学出版社2013年版，第125页以下。

〔2〕 参见谭兵主编：《民事诉讼法学》，法律出版社1997年版，第66页以下。

通过审判强制实现其民事权益的权利。[1]更有观点认为，在诉讼上有发展性演变者实为自由心证的形成过程，并非诉权，因此没有必要承认诉讼内的诉权。诉权的程序内涵，是原告通过“起诉”以启动争讼程序，请求法院行使审判权。[2]另外，诉权并不是诉讼权利的权源，因为诉讼权利主要是根据诉讼运行机制或者为维持诉讼程序正常运行及实现诉讼目的而设定的。[3]

来对诉权学说作一个简要总结。第一，诉权是大陆法系民事诉讼法理论体系中提出的抽象理论概念。第二，该理论虽然有其核心命题“因何可以提起诉讼”，但是其边界和内涵远未达成统一的认识。即使在当代，各国和各学派对于诉权的观点众说纷纭，甚至有的学说就否定诉权概念存在的必要。第三，采取不同的诉权说立场，对于上诉权性质的认识也会不一致。如有的学说认为，诉权的内容包含上诉权；而持“诉讼外诉权说”的学者一般认为，上诉权的行使不是诉权的行使。[4]

进而笔者认为，民事诉讼中上诉权的性质是诉权的延伸这一观点并不合适。(1)该观点的解释力不够强。如司法行为请求权说(诉讼内诉权说)和诉讼外诉权说均认为，诉权为当事人起诉(或反诉)的权利，在初审程序中被告行使的并不是诉权。那么，一审被告不服初审裁判行使的上诉权是诉权的延伸，在逻辑上无法自圆其说。(2)认为被告享有的应诉和答辩的权利属于诉权的内容，此观点与诉权的基本含义没有本质联系。诉权是“可以为诉的权利”“诉诸司法的权利”，作为一种权能是启动和运行民事审判程序的根据。被告的应诉和答辩权是一种诉讼权利，是

---

〔1〕 参见江伟、单国军:《关于诉权若干问题的研究》，载陈光中、江伟主编:《诉讼法论丛》第1卷，法律出版社1998年版，第237～240页。

〔2〕 参见江伟、邵明、陈刚:《民事诉权研究》，法律出版社2002年版，第150页；邵明:《现代民事诉讼基础理论：以现代正当程序和现代诉讼观为研究视角》，法律出版社2011年版，第122～123页。

〔3〕 参见江伟、邵明、陈刚:《民事诉权研究》，法律出版社2002年版，第155页。

〔4〕 邵明:《现代民事诉讼基础理论：以现代正当程序和现代诉讼观为研究视角》，法律出版社2011年版，第123页。

根据诉讼运行机制和正当程序原则而设定的程序保障权，不应当属于诉权。从而一审被告行使上诉权，不应是诉权的延伸。(3)认为上诉权是诉权的延伸的另一个重大理论缺陷在于，上诉制度不仅存在于民事诉讼中，还存在于刑事诉讼、行政诉讼之中。在刑事诉讼中，即使按照诉权理论的新拓展，也只承认公诉权和自诉权。〔1〕被告人享有的只是辩论权和得到正当程序和公正审判的权利。把刑事被告人的上诉权，说成是诉权的延伸是无法自圆其说的。仅仅着眼于民事诉权论来探讨上诉权的性质是有问题的。

认为上诉权是诉权的内容同样也是不成立的。第一，诉权要解决的基本理论问题是"为何可以提起诉讼"，将上诉权、申请再审权等权利纳入诉权的内容，这已经与诉权本来的含义大相径庭。势必将诉权的内容引向散漫化，并与诉讼权利等概念相混淆。第二，诉权的性质是公法上的权利，即承认国民拥有要求国家给予利用诉讼制度的公权。与之对应的是，法院承担保护诉权的义务或职责，亦即"不得非法拒绝审判"或"有告诉即受理"。〔2〕但是，一般认为民事诉讼中的上诉权是制定法上的权利，并不是国民的基本权利。

本书认为，上诉权是"接受裁判权"〔3〕的延伸。世界上大多数国家和地区的宪法规定的有关基本权利和具体权利的救济性权利中一项重要的权利就是"接受裁判权"。其含义一般是指，任何人在其受到刑事控告或其权利受到侵害或与他人发生争执时，都享有请求独立的不偏不倚的司法

---

〔1〕 参见梁君瑜:《诉权概念的历史溯源与现代扩张》，载《西部法学评论》2018年第1期。

〔2〕 参见邵明:《现代民事诉讼基础理论：以现代正当程序和现代诉讼观为研究视角》，法律出版社2011年版，第114页。

〔3〕 "接受裁判权"在不同的国家和地区的立法和理论上有不同的用语。在法国理论上叫作"诉讼权利"；在日本，宪法明确称为"接受裁判权"；在我国台湾地区，台湾的宪制性规定称为"诉讼权"，还有学者称为"接近法院的权利""请求受法院审判的权利"；大陆有学者称为"诉讼权""诉诸司法权"，等等。参见刘敏:《裁判请求权研究——民事诉讼的宪法理念》，中国人民大学出版社2003年版，第18页。

机关（法院）公正审判的权利。〔1〕接受裁判权是一项基本权利，即它不是普通的权利，而是宪法赋予公民的一项基本权利。接受裁判权肇始于1215年的英国《自由大宪章》，进入20世纪以后特别是两次世界大战以后，接受裁判权已经被多个国际公约所规定，成为一项基本的人权。〔2〕基本内容包括：一是诉诸法院的权利，以及受到刑事指控时接受法院审理的权利。诉诸法院的权利主要是指其民事权利受到侵害或与他人发生争执时，或其权利受到行政机关侵害时，有权请求法院进行司法救济。在美国、日本等国，并不区分民事诉讼和行政诉讼，公共问题诉讼和私人之间的普通诉讼，都适用民事诉讼程序规则，所以美、日的接受裁判权就没有民事裁判请求权

---

〔1〕 日本学者芦部信喜认为："接受裁判的权利，指的是所有个人可要求独立于政治权力的公平的司法机关，平等地给予其自由权利的救济，并且不受这种公平法院之外的机关裁判的权利……指的是一种在对有关案件拥有法律上之正当管辖权的法院，接受对该案件拥有审理权限的法官裁判的权利，但在战前，司法的概念仅限于民事和刑事的裁判，而在现今的日本国宪法中，行政案件的裁判也被包含在《宪法》第三十二条的'裁判'之中"。参见［日］芦部信喜：《宪法》（第6版），林来梵、凌维慈、龙绚丽译，清华大学出版社2018年版，第204～205页。法国学者让·文森、塞尔日·金沙尔解释了三种层次上的诉讼权利：第一，在"基本自由"的层面上，有一种真正的"进行诉讼的主观权利"（droit subjectif d'agir en justice），这就是基本自由意义上的"自由诉诸司法的权利"。即使这并不是由宪法条款直接确认的原则，但是在今天，认为这一权利是基本自由的表现则并不过分。第二，在诉讼程序的层面上，有一种"进行诉讼的权力（利？）"［une faculté d'agir，或称"诉讼权力（利？）"——译者注］。第三，从实施程序的层面来看……人人都享有的进行诉讼的权力（利？）要通过特别的诉讼行为来实施。这种特别的诉讼行为就是"请求"（demande）与防御（辩护）（défense）。（第一种意义上的诉讼权利应是接受裁判权的含义——笔者注）。参见［法］让·文森、塞尔日·金沙尔：《法国民事诉讼法要义》，罗结珍译，中国法制出版社2001年版，第97～98页。

〔2〕 美国1787年宪法虽然没有直接规定公民的接受裁判权，但其1791年生效的《宪法修正案》的正当程序条款中隐含了这一基本权利，其中，第5条作为联邦层次的立法规定，未经正当法律程序，不得剥夺任何人的生命、自由或财产；修正案第14条作为州层次的立法规定，各州也不得未经正当的法律程序，即行剥夺任何人的生命、自由或财产。从这些正当程序条款中可以推导出任何人都有接受正当程序审判的权利。1946年日本《宪法》明确规定了接受裁判权，该法第32条规定："任何人都有在法院接受裁判的权利，不能被剥夺。"1947年意大利《宪法》第24条第1款也明确规定，"每人均可用司法程序来保护自己的权利和合法利益"。1966年12月16日联合国大会通过的《公民权利和政治权利国际公约》第14条第1项规定：人人在法院或法庭面前，悉属平等。任何人受刑事控告或因其权利义务涉讼须予判定时，有权受依法设立的合格的、独立的和无私的法庭公正、公开审判。1969年11月22日由美洲国家间人权特别会议通过的《美洲人权公约》第8条规定：人人都有权在正当的程序保障和合理的时间内由事前经法律设立的合格的、独立的、不偏倚的法庭进行审判，以判定对该人具有的犯罪性质的任何控告，或决定该人的民事、劳动、财政或具有任何其他性质的权利和义务。参见刘敏：《裁判请求权研究——民事诉讼的宪法理念》，中国人民大学出版社2003年版，第21页、第22页、第29页。

与行政裁判请求权之分。在刑事诉讼中，被告人有接受审判的义务，但是其有权获得独立的、法院依照公正的程序进行的审判。二是公正审判请求权。在法院系属中的案件或者诉诸法院的案件，应当有获得法院公正审判的权利。没有公正审判请求权，即使当事人获得了法院的审判，也没有实际意义。公正审判请求权又包括程序公正请求权和结果公正请求权。程序公正的内容主要有司法中立、平等审理、程序参与、程序自治与程序公开等；结果公正是指实体上的公正，包括依法裁判请求权与发现真实请求权。

要注意接受裁判权与诉权的区别。第一，诉权这一概念一般是指民事诉讼法上的权利。而接受裁判权是一种道德权利、宪法上的权利或基本的人权，其内容不仅包括民事事项上的裁判请求权，还包括刑事事项和行政事项的接受裁判权。第二，接受裁判权的思想源于欧洲国家和美国，一般称为right of access to the courts。诉权是德国在特定历史条件下产生的作为诉讼法理论研究中提炼出来的概念。即便在现阶段，这些欧洲国家和美国对于属于诉讼法理论的诉权论的实用性完全持否定态度，但是宪法所规定的接受裁判的权利这一观念仍然不容否定。这实际上完全是两个范畴的问题。〔1〕第三，诉权这一理论概念的内容也与接受裁判权不同。如日本学者新堂幸司认为，如果将诉权与接受裁判的权利等同起来，那么势必将接受裁判的权利中包含的要求法院作出各种司法行为等内容牵强附会地扯入诉权之中，致使诉权内容“重量化”和散漫化，从而导致法院和当事人都将难以把握。〔2〕第四，诉权是以发生民事纠纷为其存在的前提，它是一项现实的具体的权利；而接受裁判权并非如此，其是公民固有的权利，是一项抽象的权利。第五，诉权的行使是启动诉讼程序的要素之一，没有当

〔1〕 参见江伟、邵明、陈刚：《民事诉权研究》，法律出版社2002年版，第145页。

〔2〕 参见［日］新堂幸司：《民事诉讼法》（第2版补正版），弘文堂1989年版，第172页。转引自江伟、邵明、陈刚：《民事诉权研究》，法律出版社2002年版，第145～146页。

事人行使诉权的行为，法院不会主动行使审判权，诉讼程序也不会启动；而接受裁判权并不是诉讼程序启动的要素。

应当注意的是，接受裁判权本身并不包含上诉权的内容。世界上大多数国家没有对民事诉讼的当事人接受上诉审裁判的权利作出宪法性保障，这与刑事诉讼中对上诉权的保护观念是不同的。如前文所述，典型的科层式权力组织理想型国家倾向于信赖上级审查对于质量控制的重要意义。世界上只有少数国家的宪法保障当事人的上诉权。〔1〕典型的协作式权力组织理想型国家在观念上对于上诉权的保护没有重视到如此高度。在英国，即使在今天，宽泛的上诉权已经存在并被认为对于正当司法至关重要，但理论上仍然坚持认为所有上诉都是“制定法上的”（statutory）。这就是说，没有制定法的明文规定，就没有上诉权。别的普通法国家大体上也是如此。〔2〕世界大多数国家认为，只要国民可以就系争案件向独立的法院提起诉讼，以求得事实的审理和裁判就已经足够了。如在德国理论界，“每个个体的人并不享有要求上诉的（宪法）权利，所有的通说都认为，提供唯一的、其事件得以有效审查的审级就满足了司法请求权的要求”。“由于司法对于公民是公权力，部分人认为根据《基本法》第19条第4款以及法治国家必须提供有效法律保护的要求，得出可以要求第二审的请求权，至少是当第一审没有保证全面审查或者对第一审侵犯基本权利提出异议时可以要求第二审。不过，根据这种观点，立法机关也可以出于合理的理由并考虑到平等原则而限制进入上一审级。通说却否定这种权利。”〔3〕但是一般认为，即使没有对国民享有接受一个或数个上诉审裁判的宪法性权利作出

---

〔1〕 如前南斯拉夫《宪法》第233条，前捷克斯洛伐克《宪法》第99条。意大利《宪法》第111条第2款明确规定，国民享有上诉权。意大利《宪法》保障国民可以对违反法律的情形提出主张，并向最高法院提出上诉。意大利还在普通法律中规定了各种形式的上诉，所以经常发生重复上诉的现象。

〔2〕 参见［英］J. A. 乔罗威茨：《民事诉讼程序研究》，吴泽勇译，中国政法大学出版社2008年版，第221页。

〔3〕 ［德］罗森贝克、施瓦布、戈特瓦尔德：《德国民事诉讼法》，李大雪译，中国法制出版社2007年版，第1016页。

明确规定，基于宪法上的理由，一般也不能废除上诉制度，特别是在重要的领域。例如，《奥地利联邦宪法》第92条第1款专门就设置最高法院确立保障制度（bestandsgarantie）。该项保障制度规定，禁止对上诉作出超过一定程度的限制。因此，全面废除上诉程序的观点几乎得不到任何国家的支持。[1]本书认为，上诉权只是接受裁判权的延伸，而不属于接受裁判权的内容。[2]

综上所述，上诉权如果在民事诉讼领域，认为是诉权的延伸还未尝不可。但是就上诉制度存在于民事诉讼、刑事诉讼、行政诉讼等各诉讼类型中的视角而言，认为上诉权是接受裁判权的延伸则更为妥当。在上诉程序中，当事人的上诉权，是一种救济性的撤销或变更性的裁判请求权的延伸。当事人对于下级法院裁判结论，认为不公正而使其合法权益受到损害的，请求上一级法院进行复审而进行纠错，进而实现司法的公正，是要求接受公正的法院审判权利的自然延伸。这一结论与前文所提出的上诉制度是为了增加法院三方结构合法性的制度设计的观点，亦保持了逻辑上的一致性。

二、审级制度的原理

司法制度的整体功能与审级制度的技术结构之间，各级法院的职能配置与各个审级的程序构造之间应当形成相互协调的、具有逻辑一致性的机制。当代世界两大法系以及各个法律文化传统国家，虽然基于历史传统和程序结构的差异，沿着不同的发展脉络各具特点，所面临的问题和改革的具体环节各有侧重。然而在审级制度上，自19世纪末以来，大部分国家最终都汇入三级结构的司法等级结构。对当代世界审级制度趋同发展过程

〔1〕 参见江伟、邵明、陈刚：《民事诉权研究》，法律出版社2002年版，第425～426页。

〔2〕 有的学者认为，刑事上诉权是接受裁判权。参见尹丽华：《刑事上诉制度研究——以三审终审为基础》，中国法制出版社2006年版，第115页。

及背后原因的进一步分析表明，司法大厦尽管风格各异，但仍有一些基本原理和技术规范为司法等级制所不可或缺。

（一）绝大多数国家采取三审终审制度，并辅以多种审级制度

当代社会，绝大多数国家采用了复数审级制度。之所以存在这种趋势，主要是基于两方面原因：一是从维护当事人诉权的角度出发，为了避免第一审法院的错误判决损害当事人的利益，立法者为当事人提供一个再次救济的平台，同时可以通过延长纠纷的解决过程，平和当事人之间激烈的对抗情绪。二是从法院自身的角度来看，不同级别的法院审理案件能力存在区别，设计多审级有利于法院纠正自身错误，同时达到统一适用法律的目的。多审级制度更是法院实现系统内监督的重要方式，通过这一制度，上级法院可以及时了解掌握下级法院的工作情况，并进行指导和监督。〔1〕

同时，现代西方各主要法治国家，绝大多数是以三审终审制为原则，而辅以对部分案件的一审终审制。目前世界上实行两审终审制的国家已为少数例外，除人口稀少的国家和州之外，〔2〕只有以苏联为样本的国家，其中罗马尼亚已于20世纪90年代将审级制度改为三级结构。〔3〕具体如下：第一，以三审终审制为原则。但是根据具体案件的复杂性、对于当事人和国家的重要性、诉讼标的大小等因素，又在事实上分为两审终审和三审终审。对绝大部分民事案件，当事人如果对初审裁判不服，有权利向二审法院提出上诉，二审法院据此进行二审程序。如果当事人对于二审裁判仍然不服，在当代大部分国家，他有权向更高一级法院提出第二次上诉。但是，第三审法院是否受理，则根据案件是否在统一法律适用、解释法律、发

〔1〕 参见江伟主编：《民事诉讼法》（第5版），高等教育出版社2016年版，第55页。

〔2〕 如冰岛是两级法院体制。See Cornelis Hendrik (Remco) van Rhee & Yulin Fu, *Supreme Courts in Transition in China and the West: Adjudication at the Service of Public Goals*, Springer, 2017, p.58-59.

〔3〕 傅郁林：《审级制度的建构原理——从民事程序视角的比较分析》，载《中国社会科学》2002年第4期。

展法律等方面有重要意义决定。如果具有如上特征，则第三审法院受理，反之则不受理。所以就这个意义上而言，西方各国虽然总体上均实行三审终审制，但对于大部分案件而言实行的是二审终审制。如前文所述，德国、日本是典型的四级三审制国家，一般认为法国属于三级三审制国家，英国、美国也均实行三审终审制。第二，以一审终审制为辅助。大部分国家在坚持复数审级的基础上，对于诉讼标的较小的案件实行一审终审。这主要是因为，在司法资源有限的前提下，由于诉讼标的较小、重要性较低，根据分配正义的原则对之实行较为简化的审级。如日本、法国、德国等均对小额案件实行一审终审制。

以上诉制度为基础构建的审级制度，要顾及司法的正确性和司法效率等价值目标的平衡，以及在服务于个案当事人的司法正确性的私人目的和服务于统一法律适用、发展和解释法律等社会公共目的之间进行必要的平衡。要求正确的裁判和诉讼处理既迅速又经济的原则之间是存在一定程度的矛盾的。因为正确的裁判本身也是相对的，并且即使是客观、正确的裁判，败诉人也不见得信服。因而允许不服申请也必须在一定时候结束诉讼。否则，重复上诉不仅拖延诉讼，而且有损于诉讼制度的效率和信用。特别是以解决私人之间纠纷为目的的民事诉讼，救济因错判（一般错判是少数）而败诉的人上诉，往往是以牺牲正确裁判（一般正确的是多数）的胜诉者的利益而被承认的。〔1〕所以，允许上诉的层级和次数不宜过多，也不宜不允许上诉。一般认为，事实审以一审为中心，并终结于第二审，〔2〕而第三审为法律审是世界各国的通例。〔3〕第三审为纯粹的法律审之理由，一

〔1〕 参见［日］兼子一、竹下守夫：《民事诉讼法》，白绿铉译，法律出版社1995年版，第224页。

〔2〕 参见齐树洁：《民事上诉制度研究》，法律出版社2006年版，第43页；龙宗智：《论建立以一审庭审为中心的事实认定机制》，载《中国法学》2010年第2期。

〔3〕 参见常怡主编：《比较民事诉讼法》，中国政法大学出版社2002年版，第336～337页；齐树洁：《民事上诉制度研究》，法律出版社2006年版，第42页；［日］三月章：《日本民事诉讼法》，汪一凡译，台北，五南图书出版股份有限公司1997年版，第516～518页。

是通过减少三审法院的审查范围而控制终审法院的规模；二是防止刺激当事人寻求更高一级救济从而架空下级法院调查事实的职能；三是因为事实问题不像法律问题那样具有普适性，对于无法确定的事实问题作出前后反复、相互冲突的评价，有损于司法统一和权威。〔1〕而且，第三审程序已经不具有证据信息的干净性、证据的新鲜性、证据信息的可靠性、信息内容的全面性等有利条件，不利于准确客观认定事实。第三审借助给予当事人实现正确裁判的机会，以统一法律解释为目的，因而其结构也应适合于充分发挥其机能。而要实现在一国之内统一法律适用、发展并解释法律的职能，由唯一的最高法院来承担这一任务是最合适不过的。〔2〕第二审是事实审还是法律审，则因法律文化传统和立法政策而异。一般而言，英美法系国家的第二审更侧重于法律审，大陆法系国家的第二审一般采续审制而属事实审。对此后文予以详述 。

因此，各国法院在审级结构的建构上遵循一项基本共通的原理，便是金字塔形的三级审级结构。在全国各地设置地方法院作为初审法院，审理一审案件。初审法院是金字塔的塔基，数量也最大；在若干处设立中间上诉法院负责第一审上诉案件的审理；最后在全国设立唯一的终审法院，由一个机构来行使案件的终审权以保证法律的统一适用。这种三审级的金字塔法院结构，越靠近塔基的程序在直接处理案件和服务于当事人私人目的的方面的功能越强，而越靠近塔顶的程序在服务于统一法律适用等社会公共目的的功能越强。这一结构已经为世界上大部分国家采用，成为审级制度的一般原理。

---

〔1〕 参见傅郁林：《审级制度的建构原理——从民事程序视角的比较分析》，载《中国社会科学》2002年第4期。

〔2〕 参见齐树洁：《民事上诉制度研究》，法律出版社2006年版，第38页、第42页、第53～54页；傅郁林：《审级制度的建构原理——从民事程序视角的比较分析》，载《中国社会科学》2002年第4期。

（二）初审程序——审级制度的基础和重心、事实审的中心

无论在三审终审制还是在二审终审制的国家，初审程序都是最基本的。只要可以自由地对初审判决提出上诉，初审判决就有可能被上诉审所改变。那么是否初审法官的裁决只是暂时的，审级制度的重心在于上诉法院而非初审法院呢？一、二审两个审级究竟哪个审级更为重要呢？对此在制度和理论上有不同的观点，即“一审集中（中心）主义”与“二审集中（中心）主义”。“注重第一审之审判，而第一审之审判为全部刑事审判程序之最重要者，则称为第一审集中主义；反之，注重第二审之审判者，则称为第二审集中主义。”〔1〕重视二审的主张，其主要理由是因为二审有一些一审所不具备的有利条件，普遍认可的是：二审法官作为高审级法官，资历更长、素质更高、经验更为丰富，而且身处上级审，视野更为开阔，因而能够更为准确地把握案件的事实和法律问题。此外，如在英、美国家，一审程序采独任制而二审则采合议制，二审的审判组织形式和集体决策机制更有利于防止审判错误。另外在有的国家，由于司法的独立性不够以及地方性因素等，一审处于案发地，审判更容易受当地各种社会因素的影响，而上级审则可以消除或降低这种影响，因而公正审判的条件优于一审。〔2〕笔者认为，这一观点是值得商榷的。

诉讼在审级制度中的流动呈现阶段性的特点，各审级之间具有相对的独立性又具有整体性。在整个审级制度中，第一审程序处于基础性地位，第二审、第三审程序都是在第一审的基础上发生的。初审程序具有如下特点。

第一，第一审程序审判终结的案件最多。对于任何民事纠纷而言，通过诉讼的途径进入法院进行审理，总是首先进入第一审程序。一审法院进行调解或者通过审理以后，解决纠纷的方式要么是当事人达成和解，要么

〔1〕　蔡墩铭：《刑事审判程序》，台北，五南图书出版股份有限公司1992年版，第166页。

〔2〕　参见龙宗智：《论建立以一审庭审为中心的事实认定机制》，载《中国法学》2010年第2期。

是原告撤回诉讼，或者是一审法院作出判决。对于达成和解或者当事人撤诉的案件，纠纷即告解决，案件即于终结。对于作出一审判决的案件，如果当事人服从一审裁判而没有提起上诉，第二审程序甚至更高的上诉程序就不发生，一审裁判就是发生既判力的判决。第二审是基于当事人的任意性上诉而启动的，自动进入二审或三审的程序在民事诉讼中是不存在的。〔1〕所以，在世界各国的民事诉讼案件中，适用第一审程序审理终结的案件数量最多，例如，在美国，即使是传统上被认为重大的案件，其中至少有90%是在初审阶段通过事实调查和法律适用得到控制和裁决的。上诉法院能够作出对未来产生约束力的判例，并对法规作权威有效的解释，但就诉讼争议的最终结局来看，初审法院与上诉法院的重要性之比起码是9∶1。〔2〕在我国，2021年全国一审民事案件结案数是15745884件，二审民事案件结案数是1539004件，一审案件与二审案件数比大约是10.2∶1。〔3〕

第二，第一审是事实审理的中心。虽然理论界对于一审和二审的重要性存在争议，但是就事实审而言，通说认为“今日立法例的趋向是以事实审理于第一审为中心”。〔4〕在现代诉讼中，查明案件事实和正确适用法律是两个基本环节。虽然事实问题和法律适用问题同样重要，但法院在诉讼中的首要工作仍然是查明案件的基本事实，只有在查明事实的基础上才能

---

〔1〕 应当注意的是，达玛什卡在描绘科层式理想型权力结构下的法律程序时说，“审查阶段并不是被理解为一项非常事件，而是被视为在常规事件流程中可以预见的初审的后续步骤。在具有高度整合性的司法科层体系（如苏联的司法组织）中，上级法院的监督不一定以不服原判一方的上诉为条件；它可以作为上级司法权力机构的一项职责而发生。据说，远东的司法科层理想型系统在这方面走得更远：初审裁决仅仅被看作判决书的草稿，只有上级法院才能以确定的形式宣布判决”。参见［美］米尔伊安·R. 达玛什卡：《司法和国家权力的多种面孔——比较视野中的法律程序》，郑戈译，中国政法大学出版社2004年版，第73～74页。但是，这种上级法院依职权对下级法院裁判的监督指的是审判监督程序而不是上诉程序。它应当是指在苏联或者中国法律制度中，上级法院发现下级法院的生效裁判确有错误，可以启动审判监督程序对案件予以纠正的一种程序。对此后文将要有所论述。

〔2〕 参见宋冰编：《读本：美国与德国的司法制度及司法程序》，中国政法大学出版社1998年版，第429页。

〔3〕 参见《2021年全国法院司法统计公报》，载《中华人民共和国最高人民法院公报》2022年第4期。

〔4〕 参见蔡墩铭主编：《两岸比较刑事诉讼法》，台北，五南图书出版股份有限公司1996年版，第368页。

保证正确适用法律作出公正的裁判。事实审的原理在于，程序正义要求确保在证据仍然“鲜活”时就进行审判。第一审程序是在时间上最接近案件事实发生时的审级，与上诉审相比，具有更好的有利条件。证据裁判主义要求依靠证据认定案件事实，而一审提供的证据信息相对尔后的审级具有可靠性、干净性和内容全面性的特点。就世界各国的情况而言，普通法比大陆法更加严格区分初审与上诉审的功能。在普通法国家，初审法院认定事实并且其认定结果一般不再受到上诉法院的审查。〔1〕其在初审程序中坚持直接言词原则，初审法院和陪审团亲眼观察了证人作证的过程，聆听了对证人的询问和交叉询问。上诉审查一般只限于程序方面和法律解释方面等问题。当上诉法院发现初审法院有错并影响案件最终结果时，上诉法院的做法是，连同自己在法律上的意见将案件发回初审法院重审，而不是自己重新对事实进行认定。而在大陆法国家，初审法院与上诉法院之间的职能并非泾渭分明。上诉法院也可能在上诉审程序中采纳新的证据，对事实作出重新认定，但是其事实调查权也受一审程序的限制。而第三审，全世界的立法模式都是仅为法律审，而排除事实问题的考虑。

第一审程序对审级制度的重要性，不仅在于其是事实审的中心，而且还在于在司法实践中大量案件的主要争议不在于法律问题，而在于事实问题。当事人对于事实问题没有争议，只对法律适用问题存在争议的案件只占少数。例如，在美国，据有关方面的统计，对于起诉到法院的形形色色的争议，只有较小部分——也许只有1/5涉及案件的“法律问题”，争议常常是事实性的。〔2〕我国台湾地区学者陈荣宗在谈到台湾地区审判实务时说：“我们办过实务的有个经验，花在调查、整理事实上的真实之问题上的

---

〔1〕 当然，这一基本原则也有例外，如英格兰与威尔士的上诉在有新证据的情况下允许对事实重新审理。See Henry Abraham, *The Judicial Process*（6th ed., 1996）, at 95. 转引自宋冰编：《读本：美国与德国的司法制度及司法程序》，中国政法大学出版社1998年版，第412页。

〔2〕 参见宋冰编：《读本：美国与德国的司法制度及司法程序》，中国政法大学出版社1998年版，第430页。

时间，占着几乎是所有诉讼时间的百分之九十以上，真正为了一个法律上的争点来拖延、占用诉讼时间，终究还是少数。”[1]笔者通过对W市2个基层法院的民事上诉案件的统计分析，只对法律提出上诉的仅占所有提出上诉案件的3.46%～5.68%（见表5-2、表5-3）。这样，在大多数的诉讼案件中，事实因素是决定性的，因而司法质量出现问题更多是事实认定的错误，而非适用法律的不公或语义不清。因此，初审法院作为纠纷解决的第一审程序，在审级制度中占有基础性地位。

第三，第一审程序是审级制度的基础，具有全面审理和充分审理的特点。对于进入第二审乃至第三审的案件，系由上诉所启动的，其基础是第一审程序。就功能和构造上而言，第一审具有最为系统性和完整性的特点。从功能上来看，一审是针对所有的原告诉讼请求和被告答辩主张的全面审理和充分审理，其目的在于全面查明事实和正确适用法律裁判案件，确保个案公正。在诉讼构造上也是最为系统完整的，对于第一审普通程序而言，都要进行开庭审理，从而使当事人或其代理人有机会出庭参加诉讼，进行言辞的举证、质证和辩论。法官经过听审以后，方能进行合议（独任庭除外）后作出判决。而第二审和第三审程序则不同，其主要审查的对象是第一审程序的书面记录等材料，有可能在听取当事人意见后径行判决或者书面审理。其审理的范围是重点审，主要集中于当事人不服一审裁判的范围内进行审理。二审中对于事实的判断大多建立在一审中已有证据的基础上，对于法律适用方面的错误二审当然是全面审理，但主要也针对当事人提出异议的范围。在大陆法系国家如德国，虽然允许当事人提出新的证据，但证人出庭只是个别现象。普通法国家二审则没有证人出庭，完全依靠第一审的庭审记录进行审理。上诉审是基于第一审审判而言进行的纠错和救济，其重要意义自不待言，但毕竟属于救济审，难以具有保障案

---

〔1〕 邱联恭等：《民事诉讼审理方式之检讨——从审理集中化方案论如何加强事实审功能》，载《民事诉讼法之研讨》（一），台北，三民书局1986年版，第363页。

件质量的基础性作用。第一审如果程序正当、事实认定清楚、法律适用正确，则第二审、第三审程序就没有必要。或者可以说，如果第一审案件的质量足够好，上诉审程序的功能就主要体现为增加司法的正当性，从制度上分担一审法官因判决案件而产生的责任和压力。

审级制度是一个系统工程，各审级之间在功能配置和程序安排上相互协调、相互制约才能发挥其整体意义上的保证司法公正、统一法律适用等功能。初审是起点和重点，具有基础性作用。一方面，强化第一审程序及其运行质量，是合理配置审级资源的关键。部分案件可以通过促进当事人之间的和解，有效化解纠纷，最大限度地通过一次审理即做到裁判公平正确，有效实现当事人服判息诉。一审程序作为过滤机制降低上诉案件数量，使上诉审法院有限的司法资源集中于审理疑难复杂、确有适用法律争议的案件。另一方面，强化一审程序查明事实的功能，是提高司法质量的关键。因为第二审、第三审都将以准确查明的事实为基础，只有加强第一审的事实审，才能从整体上保证审判质量。从某种意义上而言，上诉审要通过其与初审程序之间的关系来分析研究，才能正确认识其功能和意义。

（三）第一次上诉一般为权利性上诉，第二次上诉一般为裁量性上诉

1. 第一次上诉一般为权利性上诉

在现代法治国家，“保障法院组织独立行使审判权和保障国民的接受司法裁判权，业已成为维护国家基本秩序的根本所在”。〔1〕上诉权是接受裁判权的延伸，当事人上诉的权利已经得到普遍的承认。但是，根据比例的理念和公正分配程序资源的理念，用于解决给定法律争议的程序应当与该争议的价值、重要性和复杂性成比例。〔2〕

---

〔1〕 江伟、邵明、陈刚：《民事诉权研究》，法律出版社2002年版，第405页。

〔2〕 参见［英］阿德里安A. S. 朱克曼主编：《危机中的民事司法——民事诉讼程序的比较视角》，傅郁林等译，中国政法大学出版社2005年版，第42页。

上诉权所体现的是国民和国家（法院）之间的公法上的权利义务关系。上诉权是一种公权，是一种请求权。根据霍菲尔德的权利理论，与“要求”（claim）相对应的是“职责”（duty），如司法机构担负受理“要求”的职责。也就是说，在要求权的场合，他人负有特定的义务去满足此种要求，而且负有该义务的任何人都不能自由地——没有以自由权为形式的行为权——去做将妨碍履行义务的事情。如果无人担负这类职责，提出“要求”的权利就不存在。〔1〕在现代社会，上诉权即是当事人的这样一种权利，只要当事人在合法的上诉期间内提出上诉，并符合具有上诉利益等条件，上级法院就应当受理上诉。在当代各国司法制度中，为了实现司法的正当性和正确性，当事人拥有一次上诉权获得普遍承认。〔2〕

在民法法系制度中，当事人的一次上诉权利是一种传统。正如前文所述，民法法系国家的政府权力结构一般呈科层式的风格，等级分明的权力安排意味着在司法体系中信赖一套全面而系统的上诉制度。在普通法世界，虽然上诉制度至近代才逐步建立。但是，对于一次上诉权的承认成为两大法系共同的趋势。

因当注意的例外是，在英国即使对第一次上诉亦采上诉许可制。经过20世纪末的民事司法改革，英国对绝大多数民事案件推行上诉许可制度。这与英国等普通法国家的协作型的司法模式和历史、文化传统有关。协作理想型法律程序的一个重要特征就是决策的单一层级，“初审判决被推定为最终判决”“单层权力组织的决策程序仍是以先于而不是后于初审判决的决策公正性保障（质量控制）程序措施为特色的”。“上级审查在这里远不是初审后的正常结局，也不是审判程序的常规的和可以预见的接续步

〔1〕 参见江伟、邵明、陈刚：《民事诉权研究》，法律出版社2002年版，第141页。

〔2〕 参见傅郁林：《审级制度的建构原理——从民事程序视角的比较分析》，载《中国社会科学》2002年第4期。

骤。从性质上看，它更像是一种特别的和独立的程序”。[1]关于上诉许可的正当性，英国司法大臣欧文勋爵曾深刻地论述其背后的文化基础，“对于当事人，如他们认为判决不正确，有权提起上诉。但是，在英国公民及我个人的心目中，一般的假设是第一审法院所作的判决是正确的。在一些国家，初审经常被视为案件审理的第一步。人人都知道当事人会对案件的处理结果提起上诉。不过，这不是我们传统的法律文化，尽管我们已经滑向这个方向。我相信，这种自动上诉和无休止地寻求不同结果的法律文化必须受到抵制”。[2]

2. 第二次上诉一般为裁量性上诉

对第二次上诉，越来越多的国家采上诉许可制。司法公共资源的有限性意味着诉权保障的有限性，作为当事人“权利”事项的上诉机会要受制于公正与效率平衡、个案当事人权利保障与整个辖区公众权利保障的平衡等准则。在三级审级结构中，越来越多的国家都将第二次上诉的机会规定为法院裁量权的范围，受到上诉许可的限制。这一制度设计体现了如下司法理念：中级法院是一个“缓冲器”或“闸门”，承接着上诉潮水的澎涌浪头，待大浪的气力耗尽，终审法院便可在平静舒缓的水域中精心地处理特别重要的法律问题。经过第二审的过滤，第三审当以统一法律适用的公共目的为主要任务。而要承担此任务的最高法院必然保持较小的规模，而案件的数量必须控制在很少量的情形下方能胜任。[3]

上诉人事先获得上诉许可的要求现在被世界各国的最高法院广泛用于对受案数量的控制。在普通法国家，只有在那些因没有中间上诉法院，

---

〔1〕［美］米尔伊安·R. 达玛什卡：《司法和国家权力的多种面孔——比较视野中的法律程序》，郑戈译，中国政法大学出版社2004年版，第88～91页。

〔2〕英国上议院议长、最高司法法院院长 欧文勋爵：《向民事司法制度中的弊端开战（1997年12月3日在伦敦普通法和商法律师协会的演讲）》，载《人民司法》1999年第1期。

〔3〕参见傅郁林：《审级制度的建构原理——从民事程序视角的比较分析》，载《中国社会科学》2002年第4期。

而由最高法院受理第一次也是唯一一次上诉的地方，才不要求事前给予上诉许可。[1]在南非，即使没有中间上诉，自1983年以后，向最高法院上诉分庭上诉也需要获得许可。瑞典以及德国、奥地利、日本现在也都要求向最高法院上诉必须获得许可。[2]

在实行终审上诉许可制的国家，行使裁量许可权力的主体并不一致。在瑞典和多数普通法国家（澳大利亚、加拿大、美国），制定法都不对许可条件和裁量权限作任何限制，而由最高法院自己对向它提起上诉的案件进行控制。[3]如前文所述，在1988年以后美国联邦最高法院对于审理哪些案件，几乎拥有不受拘束之自由裁量权。根据最新的英国民事诉讼规则，第二次上诉也必须经过上诉审法院的许可。

德国根据旧法的规定不允许最高法院基于案件数量的考虑控制三审上诉权，三审上诉许可权由二审法院根据法律规定的许可条件行使，另外还有无限制的准许上告。但是经过2001年德国《民事诉讼改革法》的实施，上告（第三审）已经重塑为只专属服务于澄清原则性问题、法律研修和保证统一判决的目的。对于上告（第三审）一律采用许可上告制。日本过去出于保护国民权利的政策考虑，几乎对上诉没有任何限制。[4]在1996年修改民事诉讼法时设立“受理上告制度”，在应上告的法院是最高法院的情况下，如果以违反法律解释问题作为上告理由，只有经最高法院审查同意，才会作出受理上告之决定。

法国和意大利的情况则有所例外，基于宪法权利理念的障碍，没有采

〔1〕 如美国的某些州；在以色列，除由地方法院作为一审的案件（这类案件的上诉由地区法院受理，但只有获得许可，才可能进一步上诉到最高法院）外，也是如此。参见［英］J. A. 乔罗威茨：《民事诉讼程序研究》，吴泽勇译，中国政法大学出版社2008年版，第272页。

〔2〕 参见［英］J. A. 乔罗威茨：《民事诉讼程序研究》，吴泽勇译，中国政法大学出版社2008年版，第272～273页。

〔3〕 参见［英］J. A. 乔罗威茨：《民事诉讼程序研究》，吴泽勇译，中国政法大学出版社2008年版，第273～274页。

〔4〕 参见［日］兼子一、竹下守夫：《民事诉讼法》，白绿铉译，法律出版社1995年版，第224页。

纳学者关于建立最高法院许可上诉制的建议，由初审法院或上诉法院作出的裁决，只要以违反宪法权利为由，均可向最高法院三审上诉。1981年法国最高法院改革，试行司法甄别制度，由于不敌传统惯性和文化阻力而宣告失败。意大利最高法院面对强大的积案压力，能够提出的建议只能是修改民事程序法第360条对“法律错误”的解释，以缩小最高法院的受案范围，同时通过缩小最高法院合议庭规模来相对减少法官的工作量。〔1〕就目前的状态而言，意大利最高法院运行的效率低下和功能局限可谓非常糟糕。〔2〕

（四）二审程序的模式——事后审制、续审制和复审制

上诉审是在当事人对于第一审判决是否正确请求审判的范围内，作为救济程序而出现的，因而上诉审程序并不是一个全新的诉讼。初审程序与上诉程序组成共同的审级体系，以保证司法的公正和质量。在审级制度中，一审以事实审为重心；三审一般是纯粹的法律审，因而均具有鲜明的个性特征。二审程序，则处于两者之间，个性似乎不够鲜明，但就司法实务的功能而言，二审程序具有特别重要的意义。首先，在三审终审制的架构下，由于第一次上诉一般为权利性上诉，第二次上诉一般为裁量性上诉，所以对于大部分案件而言，终审程序即是二审程序；其次，在二审终审制的国家如我国，第二审是唯一的上诉审也是终审程序。

对二审程序的结构或模式的研究，主要着眼于其与初审程序的关系展开。英美比较法学者将二审上诉模式划分为四种：（1）仅根据记录审查；（2）根据记录审查，以上诉中采纳证据为补充，并以上诉法院就实质问题作出新判决为结果；（3）根据记录审查，以在上诉中有限地采纳证据为补

〔1〕 参见傅郁林：《审级制度的建构原理——从民事程序视角的比较分析》，载《中国社会科学》2002年第4期。

〔2〕 See Cornelis Hendrik (Remco) van Rhee & Yulin Fu, *Supreme Courts in Transition in China and the West: Adjudication at the Service of Public Goals*, Springer, 2017, p.237–238.

充，并以一审法院或上诉法院进行重新审判为结果；（4）全面审理或重新审理（de novo）。[1]而大陆法系学者一般将二审上诉模式划分为事后审制、续审制、复审制。（1）事后审制，是指以第一审判决所认定的判断为前提，事后审查第一审所认定的事实和法律适用是否有误。亦即事后审查原判决之妥当与否，而非本着事实审的职责自行调查证据，予以认定事实而为判决。如果上诉法官认为事实判断和原判决的理由大体合理，而推测亲自审理也会得出同一结果时，上诉法官就不直接接触案件进行调查纠正。又因系事后审，且基于原审法院的立场为之，故其事实关系及法律之适用均以原审判决宣告时为准。此为日本刑事诉讼法和英美法系国家、奥地利的民事诉讼法所采用。（2）续审制，即在原审判决范围内将当事人不服并提出上诉的内容本身作为审理对象，以原审程序中已审理过的证据作为基础，再适当地允许当事人追加性地提出一定新的事实和证据来进行审理并作出判断。为了做到这一点，上诉审并不是对在第一审审理中出现的证据资料置之不理，而是对一审中已调查的证据在第二审无须再直接调查，而于第二审亦有效力，同时在第二审亦可以提出追加新的证据资料以供调查，从时间上也重新审查现在能否维持原判决。此为我国台湾地区、日本和许多大陆法系国家的民事诉讼法所采纳。（3）复审制，是认为第二审与第一审审理无关的，从头重新审理的主义。在二审中不仅可以提出新的证据资料，就已经在原审程序中调查完毕者认为有必要时可以重新调查。本着直接调查之心证，并以新的立场全新认定事实而为判决，并非审理第一审判决之妥当与否，其职权与第一审几乎没有差异。[2]在美国，对于治安法官在第一审没有作记录审理的案件，到第二审则以正式的程序重新进行

---

〔1〕 参见江伟主编：《民事诉讼法专论》，中国人民大学出版社2005年版，第391～392页。

〔2〕 参见［日］兼子一、竹下守夫：《民事诉讼法》，白绿铉译，法律出版社1995年版，第230～231页；蔡墩铭主编：《两岸比较刑事诉讼法》，台北，五南图书出版股份有限公司1996年版，第367～368页。

审理，则应属于这种结构。[1]这种模式主要只存在于普通法系国家对那些只处理小额诉讼的限权法庭所作的初审判决的审查。由于这些诉讼主要是口头进行的，判决不需要提供书面记录，如果上诉法庭要依据原审判决作出审查，那么这种审查除了完全的重新审判之外别无选择。如果把这种上诉方法仅限于那些只享有一次上诉机会的小额诉讼案件，从总体上看这种结合有相当的合理性。

1. 普通法系国家上诉模式大体可归于事后审制（或称为有限审查制）

在普通法国家，初审法院认定事实而且其认定结果一般不再受到上诉法院的审查，上诉审查一般只限于程序方面和法律解释方面等问题。主要特征是,上诉审的审查范围以当事人在一审中提出的主张为限，不得提出新的诉讼请求。而且一般而言，不允许当事人提出新的证据和事实，也不得在上诉中提出一审中没有提出的新理由；在二审中，没有证人出庭，法官一般只是审查一审法院的相关记录。[2]这种模式下，上诉法院对初审法院事实问题的决定给予最大限度的尊重。英美法系国家，由于历史传统上在认定事实上由陪审团负责，法官只负责适用法律。并且在一审程序中坚持直接言词原则、传闻证据规则等证据规则，证人必须出庭作证并经过交叉询问。陪审团对于事实问题的裁决在传统上被认为是“从事实的角度对最后真相的表达”，如果上诉程序对陪审团认定的事实问题进行审查，就会侵犯陪审团对事实问题的认定权限。[3]所以二审虽然有权就事实问题

---

〔1〕 参见[日]兼子一、竹下守夫:《民事诉讼法》，白绿铉译，法律出版社1995年版，第230页。

〔2〕 参见江伟主编:《民事诉讼法专论》，中国人民大学出版社2005年版，第392页。

〔3〕 美国宪法第七修正案规定:“在普通法诉讼中，如争议金额超过20美元，应维持陪审审理，并且陪审团裁决的事实，依据普通法规则，不应受到其他任何美国法院的重新审查。”各州宪法中相应用语大体与此类似。参见[美]杰弗里·C. 哈泽德、米歇尔·塔鲁伊:《美国民事诉讼法导论》，张茂译，中国政法大学出版社1998年版，第132～133页。在美国，上诉法院如果重新审查陪审团认定的事实被认为是违反联邦宪法的行为。如美国学者指出，“如果陪审团裁定的事实被上诉法院予以重新审查，那么宪法第七修正案确定的陪审团审判权利就意味着什么都不是”。Debra Lyn Bassett, “I Lost in Trial—in the Courts of Appeal !”: the Expanding Power of the Federal Appellate Courts to Reexamine Facts, *Houston Law Review* (Winter, 2001), 38 Hous, L. Rev. 1129. 转引自朱立恒:《刑事审级制度研究》，法律出版社2008年版，第164页。

和法律问题都进行审查，但原则上不审查一审的事实问题。多年来，英国的上诉法官拒绝行使以自己的判决取代一审法院事实判决的权力，即使没有陪审团介入也是如此。现在（不是过去）比较清楚的原则是：一方面，对于当证人向法庭提供口头证言时，有机会观察他们的言行举止可能是有益的。初审法官有这样的机会，而上诉法官没有。另一方面，对于另一些事实问题，有没有这种机会无关紧要。如果问题涉及从无争议的基础事实中进行推定、判断，或者就其进行定性，那么只要掌握了初审所有证言的完整记录，上诉法院就能像初审法官本人一样形成一个观点。如果上诉法官不同意初审法官关于后一类问题的判断，他可以以自己的判决取代原判。〔1〕另外，在极为个别的情况下，比如法官给予陪审团不当的指示的情况下，导致一审法院认定事实可能存在错误的，二审法院才可能将案件发回一审法院重审。

对于“无害错误”〔2〕和“浅显错误”采用不同标准，即上诉法院仅对有关是否发生损害性错误进行审查，如果错误于结果无害，上诉法庭就不加干预；但对于“浅显错误”，上诉法庭会放宽“不审查一审中未提出的问题”的一般原则。如果其错误程度足以使上诉法庭感觉到不撤销这一错误，就会使自己的判决产生实体上的非正义，则即使当事人任何一方在初审法院和上诉法院都没有提出，上诉法庭也可以依职权通知当事人，并对错误作出处理。对于“裁量性事项”〔3〕，上诉法庭保持谨慎而克制的态度，对初审法官保持尊重。只有在两种情况下才推翻初审法官的意见：一是法

---

〔1〕 参见［英］J. A. 乔罗威茨：《民事诉讼程序研究》，吴泽勇译，中国政法大学出版社2008年版，第245页。

〔2〕 “无害错误”（harmless error）是美国上诉制度中一个重要概念，系指尽管记录中显示某一裁决错误，但上诉法院认为错误无害于上诉人的实体权利——即使没有发生这一错误，结果也没有分别，亦即从初审法院的整个诉讼来看，错误不影响结果。参见江伟主编：《民事诉讼法专论》，中国人民大学出版社2005年版，第394页。

〔3〕 如在事故中评价双方当事人的过错的比例，在人身伤害案件中评价无法恢复的损害，或者在监护案件中确定什么是保障孩子福利的最佳方案等。

官犯有原则性错误；二是为了从整体上促进法官在行使自由裁量权方面的一致性，如在十分相似的特定情形下出现两种相互冲突的司法意见。对于法律问题，上诉法院则具有对初审法院所决定的法律问题予以重新考虑的绝对权力，这种权力既涉及实体法律问题，也涉及程序法律问题。

这种模式有一些明显的优势：对事实问题上诉的限制性审查政策有利于实现一审程序诉讼的终局性，促使当事人在初审中提出所有的证据和理由，使全部问题得以审理和判定，从而有助于强化一审事实审中心的地位。有助于上诉审法院更好地履行确保法律正确适用的职能。同时，该模式体现了制约原则，上诉制度通过配置当事人的上诉权利、上诉法庭的审查权力和初审法院的审判权力，实现相互之间的制约，从而平衡和实现上诉制度的多方面功能。然而，其缺陷也是显而易见的，上诉法院仅依据记录处理事实问题，没有耳闻目睹证人作证的机会，应不会在理想的位置上去评价他们作证的可信性，就不得不倚重于初审法院的评价。特别是在证人中心主义的证据模式下，许多事实问题都依赖于证人的可信度，而且很大程度上依赖于法官在法庭上对其言谈表情等的观察，而书面记录显然是无法将这些信息传递给上级法院的，这就可能造成在认定事实方面的失误无法经过审级制度得到纠正。因而对初审法官的公正性和司法能力的要求也更高。所以达玛什卡认为，上诉制度是嫁接到普通法系的一项制度，在协作理想型的司法程序中，还是存在单层权力组织的理念。〔1〕

2. 典型大陆法系国家的上诉模式为“续审制”

二审既是对一审的全面审查，也是一审的继续。当事人在二审程序中可以提出新的证据和理由，同时法院可以采纳新证据、新事实和新理由；如果二审法院不同意一审法院的事实认定，可以重新认定事实并依此作出新的判决取而代之。其结果是，第二审的口头辩论成为第一审的继续，而

---

〔1〕 参见［美］米尔伊安·R. 达玛什卡：《司法和国家权力的多种面孔——比较视野中的法律程序》，郑戈译，中国政法大学出版社2004年版，第88页。

且当事人又重新接上由于第一审口头辩论终结而被切断的提出新的攻击和防御方法的机会。这种模式的上诉程序的主要功能是尽可能保障正确认定事实，并在此基础上作出正确判决。二审法院认为自己的职能是对实质问题作出新的正确的判决。二审所适用的程序与一审程序相差无几，程序的一般规则也大致相同，如可采纳新证据，可以听审当事人、证据和专家，可以提出书证等。在理解这一模式时应当注意，二审作为一审功能的延续和补充，并不是对一审程序的重复。一审查明事实的重点是收集证据和评价证据，二审侧重于通过事实推断及法律推理评价证据。所以二审再次询问证人的可能性也微乎其微。法国和德国的上诉法院对于不重要的案件通常甚至并不怎么审查事实，二审中重审证据的情况非常少见；经常使用的是新的专家证人，或引入新的书证。另外，在这些国家一般奉行书证中心主义，证据主要是书面证据而非证人证言，二审书面审查的劣势就更不明显了。如德国，即使在一审程序中，证人在绝大多数情况下也是无足轻重或可有可无的角色。证人在上诉审的作用更加有限，据有关资料显示，法国和德国上诉审中有新证人作证的情况还不到上诉案件总数的1%。〔1〕

该模式的优点是，给予当事人提出新证据、新理由的制度安排，有利于保护国民对初审裁判申请救济的权利。二审法院可以采纳新证据和新理由，有利于纠正初审裁判认定事实方面的错误，进而全面保证司法公正。但是，在“续审制”模式下，如果无限制地承认这种当事人的更新辩论的权利，势必会将事实审理的重心挪到二审，使第一审的意义大为减损，其结果会拖延诉讼。因此，大陆法系一些国家采取了一定的措施进行必要的限制。如法国和德国对于以恶意拖延为目的而提起上诉程序者均规定了费用制裁。从发展的趋势上来看，大陆法系许多国家越来越向“事后审”或

〔1〕 参见傅郁林：《论民事上诉程序的功能与结构——比较法视野下的二审上诉模式》，载《法学评论》2005年第4期。

“严格限制的续审制”的方向发展。与上述总体发展不大协调的是法国，法国不仅和其他受其影响的罗马法系国家一样坚持第二次事实审，对上诉内容和理由也不加限制，而且法国基于自身的传统审级结构和司法正当性的需求，为了缓解最高法院的压力，在强化一审程序专业化程度的同时，进一步放宽了上诉程序接纳新事实和新证据的可能性。〔1〕

3. 事后审制与续审制两个模式技术原理的区别

其一，上诉模式往往体现了其与初审程序制度安排的相互协调考虑。以普通法国家为代表的“单层权力组织的决策程序仍是以先于而不是后于初审判决的决策公正性保障（质量控制）程序措施为特色的”，〔2〕普通法系在其初审程序中对当事人的权利有漫长、充分、公平、妥善的保障。当事人在审前准备程序中享有如此充分的发现事实和证据的权利和机会，在判决后就不再有理由提出新的证据和事实。在程序方面一审也给予充分的保障。“一项早期的程序失误就足以使一次审判作废并且使程序重新开始。由此导致的‘无效审判’（mistrial）概念可能会使那些习惯于无需这种‘预防性’程序措施的司法机制的法律人感到诧异。”〔3〕而在大陆法系德、法等国家，实行阶段性审理模式，没有像普通法国家那样充分而连续的审前准备，特别是缺失证据开示程序，使这些国家的一审审判遗漏事实和证据的可能性及正当理由要充分得多。因此，在上诉审程序中保留一点引入新主张、新事实和新证据的余地显得十分必要。其二，从两种模式的诉讼总成本来比较，普通法模式上诉程序的低成本是以初审程序的高成本为代价的。有关资料显示，对美国32个城市法院的调查表明，录取证言的时间为390天至1455天，上诉法院审理案件的时间为6个月至16个月，高等法院

---

〔1〕 参见江伟主编：《民事诉讼法专论》，中国人民大学出版社2005年版，第397～399页。

〔2〕 ［美］米尔伊安·R. 达玛什卡：《司法和国家权力的多种面孔——比较视野中的法律程序》，郑戈译，中国政法大学出版社2004年版，第89页。

〔3〕 ［美］米尔伊安·R. 达玛什卡：《司法和国家权力的多种面孔——比较视野中的法律程序》，郑戈译，中国政法大学出版社2004年版，第89页。

审理获准上诉案件的时间为7个月至23个月。德国地方法院的案件平均审理时间为4.6个月，地区法院审理上诉案件平均为5.3个月，地区高级法院审理上诉案件平均为8.7个月。假定同一案件在两种诉讼程序中都走完全程即三级审判，则该案在美国总共需要780天至2625天，在德国则总共需要558天。〔1〕其三，从二审的裁判方式上来看，两大模式也有一些区别。在普通法系国家，由于上诉法院没有听取新证据的权利，如果上诉当事人提出由于法官对于陪审团不当的指示而导致陪审团对事实错误认定的，上诉法院只能将案件发回重审。而对于德、法、日等大陆法系国家，上诉审法庭可以直接开庭审查证据并有权接收新证据，所以如果二审法院根据查明事实的需要和案件的性质以及整个诉讼的总成本，可以直接改判或发回重审。显然，直接改判要比发回重审的成本低得多，只有在下级法院犯严重的程序错误而影响一审裁判的正当性时，二审法院才会发回重审，否则一般直接改判而不必发回重审。

无论是在事后审制还是在续审制模式下，一审和二审体现了功能分层的特点。(1)普通法国家比大陆法系国家更加严格地区分初审和上诉审的功能。普通法初审程序的功能为准确查明事实，适用法律作出正确裁判；二审程序主要纠正初审裁判适用法律的错误。在大陆法系国家，初审程序与二审程序之间的职能并非泾渭分明。初审程序的功能为通过调查证据以查明事实，适用法律作出正确的裁判；二审程序的功能为，在一审认定事实的基础上，进一步调查补充性证据，对初审认定事实和适用法律进行全面纠错。(2)在两大法系的上诉程序中，原则上均不允许当事人提出新的诉讼请求，二审法庭的审查范围也均以上诉请求为限。所以二审相对于一审而言，总体还是补充性的和救济性的法律程序。(3)就一审程序和二审程序这两个审级的重要性而言，事后审模式无疑是一审中心主义。而在

〔1〕 参见江伟主编：《民事诉讼法专论》，中国人民大学出版社2005年版，第351页。

续审制模式下，则有可能出现不同的局面：如果对于提出新证据和新理由没有任何限制，则审级的重心可能后移至二审，形成二审中心主义；反之则形成一审中心主义。从应然和实然二元论的视角来看，一审中心主义是更为理想的状态。同时，一审中心主义并不应该弱化二审，否则将难以保证司法的质量与正确性。从某种意义上来讲，合理设置二审程序的权限与职能，使更大范围的一审裁判处于受二审审查的压力之下，也是强化和实现一审中心主义的重要路径。

（五）三审终审制下终审程序的基本原理

世界上大部分国家都实行三审终审制。第三审当然也承担保证个案公正的任务，但其更重要的功能是通过个案的裁判以正确解释法律，保证法律的统一适用并发展法律。同时，上诉是中央政府实现社会控制的重要手段。作为第三审法院，特别是最高法院，为了实现这样的目标，一般要遵循以下原则。

首先，终审法院在法官和案件量上保持较小规模。如果进入最高法院的案件数量过多和法院规模扩大，必然导致法官的增多，出现意见冲突的可能性就大为增加。较为成功的制度设计主要有两种模式：(1)控制进入终审法院的案件数量，在终审法院内设置尽可能少的法官。如前文所述，西方大部分国家对进入最高法院的上诉案件实行许可制度，以控制进入终审法院的案件量。美国最高法院实行调卷令制度，每年根据法律上的重要性等因素选择约100件案件进行实质审理。各州最高法院实质审理的案件数量也大致如此。英国最高法院每年大约审理50件案件，澳大利亚、加拿大、瑞典最高法院的案件量与此接近。(2)对于进入最高法院的案件数量仍然较大的，终审法院（和中间上诉法院）采取“分庭治理”模式。西方国家以德国、法国为代表。德国高等上诉法院和最高法院每年受理数千件案件。“德国上诉法院既要有能力管理大量收审案件和人数众多的法官，又要保持法律的一致性，其秘诀在于其内部结构按案件题材组织。”[1]其做法是，每个上诉法院都被分为多个分庭，每一分庭由几名法官组成，不同类型的案件分配给不同的分庭（Senat）。法国的情况也与此类似。[2]日本、[3]奥地利最高法院的受案数量都超过了每年2000个案件，这些国家最高法院以多个审判庭（chamber）审理案件。[4]

其次，终审程序实行集体决策机制。原则上最高法院对案件的审判均采用合议制，而且尽可能采用多名法官组成的大合议庭，高度的集体主义决策机制保障了司法的统一性，也为终审判决至高无上的权威性提供了正当性基础。如美国各最高法院对所有案件均实行“满席审判”。德国在最高法院出现或可能出现合议庭之间意见冲突时，通过“扩大合议庭”和“联合审判庭”等机制，以确保终审法院的判决步调一致。英国上议院（现最高法院）在审理案件时一般由5名法官组成合议庭，特别疑难的案件则由9名法官组成合议庭。在日本最高法院，一般的案件由5名法官组成的小法庭来审理。尽管各个小法庭可以独立变更大审院和高等法院的判例，但是却不能变更最高法院自身以往的立场；若要变更，必须组成15名法官全部出席的大法庭审理。

最后，终审程序为法律审。第三审法院由于其职能主要在于正确解释法律、统一法律的适用。事实问题经过一审、二审两个审级的调查，已经给予了充分的程序保障。另外，第一审是查明事实的核心并具备最优条件，第二审再予以适当的补充，第三审一般离案发时间和地点最远，实际

---

〔1〕 最高人民法院司法改革小组编：《美英德法四国司法制度概况》，人民法院出版社2002年版，第418页。

〔2〕 参见巴黎上诉法院网，https://www.tribunal-de-paris.justice.fr/75/les-services-civils，最后访问日期：2022年12月2日。

〔3〕 日本最高裁判所每年受理的民事、行政诉案件的量大约在7000余件。资料来源：日本国最高裁判所官网，http://www.courts.go.jp/app/sihotokei_jp/list_detail?page=114&filter%5Bkeyword%5D%5B0%5D=1&filter%5Btype%5D=1，最后访问日期：2019年6月1日。

〔4〕 参见［英］J. A. 乔罗威茨：《民事诉讼程序研究》，吴泽勇译，中国政法大学出版社2008年版，第274页。

上已经不具备查明事实的有利条件。所以，各国最高法院都只限于审查法律事项，而排除对事实问题的审查。

三、审判独立与审级独立

审判独立是现代法治国家普遍承认和确立的一项基本法律准则。作为一项宪法性原则，它调整着国家审判机关与立法、行政等其他职能部门的法律关系，确认审判权的专属性和独立行使性；作为一项司法审判原则，它确保法院审判权的公正行使，防止法官的审判过程和结果受到来自其他政府权力或外界力量的干涉和影响，使法院真正成为公民抵制专横权力、维护自身人权的最重要也是最后一道屏障。因而审判独立被认为是现代“法治的基石”。〔1〕

现代审判独立原则最基本的含义是指法院只依照法律从事裁判活动，而不受其他外部和内部的影响和干预。按照各国司法实践和学术界的普遍认识，完整的审判独立原则一般包括以下内容：（1）实质独立。法官在履行审判职能以及制作司法判决的过程中，只能服从法律的要求与其良心的命令。其他任何机构都不得对法院的审判活动予以干涉，司法权不能隶属于行政权，必须与行政权相分离；审判机关在独立行使职权过程中，不受行政机关的干预；司法权应当与立法权相分离。实质独立在德国又被称为“职能独立”，在美国则被称为“裁判独立”。法官在作出实体裁判时固然要保持其独立性，但由于处理程序上的申请、审查证据的证明力等作出程序方面的裁定等活动也属于其司法审判职能的组成部分，因而独立地从事这些活动也应属于“实质独立”的要求。（2）身份独立。法官执行审判职务的任期和条件应当得到充分的保障，以确保法官个人不受行政机关的

---

〔1〕 Shimon Shetreet and Sophie Turenne, *Judges on Trial: The Independence and Accountability of The English Judiciary*, Second edition, 2013, Cambridge University Press, p.1.

控制。(3)集体独立。司法机关作为一个整体而表现出来的独立性，即扩大司法审判机关参与其自身司法行政事务管理范围，如监督和控制法院的人事管理，进行法院财务的预算，维持法院基础设施建设等。(4)内部独立。法官在执行审判职务过程中应当独立于其同事和上级法院的法官。要实现法院的“内部独立”，法院的法官必须对其同事或上级保持“实质独立”，即在作出司法裁判时不受他们的控制和干涉。法官不仅拥有独立认定事实和独立适用法律的权力，而且在运用程序规则和证据规则处理法庭审判中的程序事项方面也拥有不受其同事或上级干预的独立性。〔1〕

之所以审判独立成为现代法治的一项基本原则，是因为，第一，审判独立是司法公正和司法正当性的保障。审判的独立性是由司法职能的特殊性所决定的。因为审判活动是对各种双方或多方冲突或纠纷的裁判，也是法律实施过程中的最后一道防线。法官作为裁判者，必然应当具有超然于任何一方当事人的中立的第三者地位，与任何一方当事人都不得有利益纠葛，也不得对任何一方存在好恶偏见，对双方当事人有着平等的重视和尊重。如果审判权不能独立，法院就有可能因种种因素的影响而背离公正和客观，或者使司法的正当性受到怀疑。审判的独立和中立是正当诉讼程序的重要内容，如当事人有权要求法官回避，这些程序设计都是为了保障法官始终保持中立和独立。如果没有保持独立和中立，则无论裁判结果如何，哪怕裁判结果在实体上是公正的，也不能够在当事人心中建立任何信任感。

第二，审判独立是国家权力分工监督制衡的需要。西方国家的审判独立与“三权分立”思想和体制有着很深的历史渊源。第一次系统阐述审判独立理论和原则的思想家，法国著名政治哲学家和法学家孟德斯鸠提出，为了保障人民在法律下的自由，必须对权力进行限制和制衡。因为政治自由只是在“国家的权力不被滥用的时候才存在。但是一切有权力的人都容

---

〔1〕 参见陈瑞华:《刑事审判原理论》，北京大学出版社1997年版，第164～165页；王利明:《司法改革研究》，法律出版社2000年版，第83～88页。

易滥用权力，这是万古不易的一条经验。有权力的人们使用权力一直到遇有界限的地方才休止”，“要防止滥用权力，就必须以权力约束权力”。虽然审判独立原则与“三权分立”存在历史联系，但是作为一项现代司法制度中的基本法律准则，审判独立原则目前已经突破了这种历史渊源上的限制，而在所有法治国家中都具有普遍意义和作用。[1]在社会主义民主和法治国家，一切国家权力属于人民，为了使国家权力的合理行使和防止权力滥用，就必须对国家权力进行合理分工，也导致了独立审判权的产生。特别是在行政诉讼中，审判独立原则的意义，旨在确保法院公正和无偏私地进行审判，并实现对行政权力的制约。

在审判独立原则与审级制度的关系中，最密切的莫过于审判权的“内部独立”。申言之，一方面，法官通过独任庭或合议庭的形式审理案件，不应受法院内部其他法官的不正当干涉，包括其同事及上级领导；另一方面，下级法院的法官在审判活动中，依法独立行使审判权，不受来自上级法院的不正当干预。对于下级法院正在审理的案件，上级法院的法官（包括院长）无权对之作出指示或命令。司法权与行政权之间有明显的差异。行政机关及其工作人员在行使行政权时，必须遵循命令与服从的原则，下级行政机关及其工作人员在处理行政事务或实施行政行为时，应当按照上级行政机关及其工作人员的命令或指示进行，不能违反上级的指示而自作主张。上级行政机关可以在下级行政机关处理行政事务的过程中对其进行指导；下级行政机关也应当根据处理行政事务的需要，将其行政活动中发生的情况或处理结果及时汇报、请示上级行政机关。因此，行政权在运行过程中注重的不是独立性，而是服从性和隶属性。[2]而司法权则不同，司法的性质是对社会纠纷的是非曲直作出权威性的裁判，从而确定冲突双方当事人的权利和义务。审判活动是对具体个案的裁判，司法决策标准需要

---

〔1〕 参见陈瑞华：《刑事审判原理论》，北京大学出版社1997年版，第167页。

〔2〕 参见张卫平等：《司法改革：分析与展开》，法律出版社2003年版，第133页。

考虑案件的具体细节；审判活动还要求法官的亲历性，遵守直接和言词原则，法官应当自始至终地参加审判，以便与所有证据和当事人辩论建立直接联系。即使在实行卷宗中心主义的间接审理主义和书面审理主义的部分大陆法国家和我国，也需要法官对卷宗的具体内容进行认真的研阅。如果法官的同事及上级领导在案件正在审判时，可以随时发号施令，或者作出裁判结果时需要听取上级的指示，这将违背审判活动的原理，可能产生不公正的裁判结果。

而所谓的审级独立，即为审判独立中“内部独立”的应有之义。审级独立，是指法院在自己的审级中独立审理并裁判案件，上下级法院分别对自己审理的案件有独立判断并作出裁判的权力，上级法院不应对下级法院正在审理的案件发布命令和指示。具体要求是：作为独立机关法人的各级、各地法院是独立的。法院与法院之间不应该分出具有依附关系的上级和下级，法院与法院之间，即使最高法院与基层法院之间，也只有审级而产生的位阶不同，最高法院也不能干涉基层法院的一审程序的审判，基层法院作出的生效判决与最高法院作出的生效判决效力相同。〔1〕近代世界各国普遍设立审级制度，乃在于为一次审判设置救济审。如果当事人对于原审法院的判决不服，可以在法律规定的期限内以上诉的方式，启动上一级法院对该案的复审。上诉法院经过审理，可以对案件作出“维持原判”“改判”或者“发回重审”的处理。上诉法院有权改变下级法院的裁判并不表明前者与后者之间存在行政意义上的上下级关系。也就是说，上下级法院之间不存在领导与被领导的关系。由于上级法院的终审权，使下级

〔1〕 就笔者有限的视野来看，“审级独立”之说是中国语境下的一个概念。在西方法治国家只有审判独立原则，并没有专门的“审级独立”原则。严格来说，审级独立不是一个完善的概念。因为如果一个案件在一审程序中，二审尚没有发生，也就不存在所谓的第二审级干预初审审级的问题。是故所谓的审级独立，实际上是上下级法院之间在审理具体案件的审判活动中应当独立之意。参见朱立恒：《刑事审级制度研究》，法律出版社2008年版，第30页；俞静尧：《司法独立结构分析与司法改革》，载《法学研究》2004年第3期。

法院自然会以上级法院的终审裁判作为样本来参照，以规范自身的审判标准。上级法院对下级法院是监督与被监督关系，上级法院通过上诉审程序（在我国还有审判监督程序）对下级法院的裁判进行事后的救济和纠错，不是行政化地随时主动发出指令进行干预。

应当看到我国宪法确立的审判独立原则与西方国家存在明显的区别。《中华人民共和国宪法》（以下简称《宪法》）和《中华人民共和国人民法院组织法》（以下简称《人民法院组织法》）规定，“人民法院依照法律规定独立行使审判权，不受行政机关、社会团体和个人的干涉”，确立了审判独立原则。但我国的审判独立原则具有以下特点：第一，我国审判独立原则是建立在民主集中制的政治制度即人民代表大会制度基础上的。我国是议行合一制度，国家权力由人民代表大会行使，国家权力机关依法产生人民法院，人民法院应当对权力机关负责，接受其监督。第二，立法权、行政权和审判权都是国家权力统一行使而不可分割的组成部分，我国的国家权力进行了科学的分工，但不是分立。第三，我国理论界一般认为，我国强调人民法院作为一个统一的整体，依法独立行使审判权。当然法官行使审判权具有一定的独立性，应当实现审理权与裁判权的统一，但是必须接受院庭长和审判委员会（以下简称审委员）的监督。

四、上诉制度的功能及其原理

（一）上诉制度的功能

法律的目的与功能是两个含义接近但又有区别的概念。法律的目的是国家作为立法者主观或客观上希望达到某种效果的预定，具有主观属性。[1]法律的功能（也有称法律的作用），一般是指法律对其他事物所产生

〔1〕 参见付子堂：《社会学视野中的法律功能问题》，载《郑州大学学报（哲学社会科学版）》1999年第5期。

的影响和作用，以及由其影响而带来的结果。[1]其主要是通过法律在社会中的实施、适用，从而对社会生活的各个方面所产生的影响、效果、效用及带来的变化，因而主要是强调法律在客观上恢复、维持和创造社会秩序的一种能力和趋向。另外，使用“法律功能”这一表述方式，不仅包含法律的目的，还包含法律产生非预期结果的重要趋向。[2]但是，在大部分情况下，法律的功能与目的内容总体上是一致的。

关于上诉制度的目的和功能，各国学者的看法基本一致。上诉制度一般被理解为当事人不服下级法院的裁决而启动的，由上级法院对下级裁判的监督，以纠正错误的裁判，从而实现法院裁判的正确性、公正性、统一性的价值。已有的研究已经充分揭示了上诉制度的目的。例如，英国杰斐·鲍曼勋爵在其1997年的《对上诉法院（民事审判庭）的评审》报告中指出，上诉程序既具有私人目的（a private purpose），亦有公共目的（a public purpose）。上诉制度的私人目的在于，纠正导致不公正结果的错误、不公或不当的法官自由裁量权；上诉制度的公共目的在于，确保公众对司法裁判的信心，并在有关案件中阐明并发展法律、惯例和程序，以及协助维持一审法院和审裁处的水准。[3]我国有学者认为，上诉制度的目的是为在一审中遭受不利判决的当事人提供救济，以增加判决的正当性；对一审法院进行审判监督，维护司法的公正；通过上诉法院的裁判，统一法律的解释与适用。[4]如前所述，上诉的目的（功能）有两大方面。第一，实现司法的公正，保护当事人的合法权利——民事上诉制度的私人目的。第二，保证法律的正确适用、统一适用，解释和发展法律——民事上诉制度的公共目的。具体包括：

〔1〕 参见刘作翔：《法律的理想与相关法学概念关系的法理学分析》，载《法律科学》1994年第4期；公丕祥主编：《法理学》，复旦大学出版社2002年版，第64～66页。

〔2〕 参见公丕祥主编：《法理学》，复旦大学出版社2002年版，第65页。

〔3〕 参见徐昕：《英国民事诉讼与民事司法改革》，中国政法大学出版社2002年版，第364页。

〔4〕 参见齐树洁：《民事上诉制度研究》，法律出版社2006年版，第22页。

1. 纠正下级法院裁判的错误，实现司法的正确性。这一功能是上诉制度最基本和最重要的功能，殆无争议。公正是司法最重要的价值追求，司法制度几乎所有的机制都是为了实现司法公正这一终极的目标，如审判独立、诉讼的三方结构、公开的庭审，以及上诉制度等。上诉制度的纠错功能在不同的法律文化和法律模式中都一样的原因在于，法官与所有的其他人一样，都会犯错误。即使所有的法官都法律业务出众、职业操守高尚、实践经验和社会阅历丰富，但他们也会对法律内容产生错误的理解，在认定事实方面也会出现差错。不仅如此，法官的偏私和腐败也会在一定程度上存在，一审法官在审理案件过程中有意歪曲法律和故意对事实作错误认定的现象可能难免。在当事人认为下级法院的裁判有失公正或产生错误而损害其正当权益时，可通过寻求上级法院的复审，通过上诉审程序纠正司法错误。从私人目的上来说，是在判决发生错误而使当事人受到利益损害时赋予他们获得救济的途径，保护了当事人的正当权益；从公共目的来看，是为司法机关提供纠正下级法院错误的机会，以维护司法的公信力，避免违背正义和公平的错误判决引起社会的不满和不安定性。

司法公正包括实体公正和程序公正。所以，裁判的公正性不仅体现在一系列公正的程序、诉讼参加人的每一项诉讼权利都得到充分尊重和保障方面，还包括通过正当程序进行审理后，作出实体上公平公正的裁判。但即使从理论上而言，这一目标也是非常难以实现的。罗尔斯把正义分为完善的程序正义和不完善的程序正义。他论证了审判是一种不完善的程序正义。“即便法律被仔细地遵循，过程被公正恰当地引导，还是有可能达到错误的结果。一个无罪的人可能被判作有罪，一个有罪的人却可能逍遥法外。在这类案件中我们看到了这样一种误判：不正义并非来自人的过错，而是因为某些情况的偶然结合挫败了法律规范的目的。不完善的程序正义的基本标志是：当有一种判断正确结果的独立标准时，却没有可以保证达到它的程序。”[1]由于审判独立性的要求，只有寻求更高一级的法院对案件进行再一次的审判，对可能存在错误的裁判进行纠正，以实现司法的公正。

当然，从理论上而言，两次审判并不必然比一次审判更正确，它甚至可能增加更多的错误概率。所以上诉制度的设置必须符合一定的原理才能最大限度地实现其纠错功能而不是制造新的错误。其机理如下：（1）上诉法庭的审判组织一般比下级法院的水平更高。世界各国一般通过法官遴选制度和上诉法院审判组织的设计来实现这一目标。在德国、日本、法国等大陆法系国家，司法人员进入法院工作的起点一般是基层法院，在经过若干年的工作后，其小部分优秀者才有机会被选拔至上级法院担任法官。在英国和美国，从律师中选拔的法官，一般也先从下级法院任法官开始，随后才有机会选拔至上诉法院，最高法院法官的遴选则更为严格。另外，基层法院审理案件更多地适用独任法官，而上诉法院则一般使用合议庭，由3名或5名法官组成合议庭进行审理，到三审中的最高法院，则一般采取大合议庭的形式进行审理。一般认为，合议制中和了法官的个性，并使其判断慎重且公正。另外，在合议制中，法官相互启发，有助于提高各自的技能。[2]（2）上诉法院的职能和注意力集中在比初审法院更窄的范围，可以在较小的案件压力下把更多的审判资源用于研究那些确实在认定事实和适用法律方面争议较大的问题。从司法实践的情形来看，大量的初审判决是事实清楚、法律关系明确的，法官可以行使的裁量权非常小，所作出的裁判也是正确的。当事人如果认为判决是正确的，甚至认为判决总体上是正确的，上级法院不可能改判就不会提起上诉。上诉制度正是通过这样一个过滤机制，将少量的真正具有疑难性质的、有争议的，或者错误的案件，纳入上诉审的范围。这样上诉法院会对这些案件进行认真而审慎的审理。（3）上诉审程序一般也会采取重新开庭方式，由当事人各方参加诉

---

〔1〕［美］约翰·罗尔斯：《正义论》，何怀宏、何包钢、廖申白译，中国社会科学出版社1988年版，第86页。
〔2〕参见［日］新堂幸司：《新民事诉讼法》，林剑锋译，法律出版社2008年版，第53页。

讼，最大限度地保证程序的公开和对审原则，以实现司法的公正。当然，对于是否允许提出新证据，以及是否对证据进行质证，正如前文所述各国有不同的模式。（4）上诉法院会对原审法院的裁判保持尊重，一般不会在没有理由的情况下对原审法院的裁判进行改判，所以改判一般是有说服力的和正确的。有意见认为，上级法院因为具有以自己的裁判代替下级法院裁判的权力，虽然这些权力可能受到当事人诉权以及下级法院审判事实等制约，但是上级法院完全有可能任意行使审判权。至少从理论上而言，可能增加一次裁判反而会增加一次错误的机会。但司法实践说明，情况并没有这样危险，上级法院一般在确有正当理由的情况下才会改判下级法院的案件。主要原因在于：第一，上级法院在复审下级法院的裁判时，其所面对的是已经存在的一审裁判文书，和情绪怨愤的败诉当事人。虽然一审裁判文书尚未生效，但这也是一份经正当程序产生的、公开的具有一定影响力的法律文书。这使上诉法官在改判时必须要有足够的理由，至少这理由具有一定说服力。第二，上级法院与下级法院同属于法院系统，作为法律共同体中的成员以及政治机构的成员，上级法院要维持其正当性和公信力，也要求其对下级法院裁判进行改判时应当有正当理由。

2. 实现审级制约作用，促使下级法院和上诉法院的司法公正。在任何一个设置上诉制度的国家，对于初审法院的裁判，都只有部分案件会因当事人不服提起上诉。因此，经过上诉审程序得以纠正错误的案件，只是初审判决的一小部分。

但是，上诉制度对于司法正确性的意义，不仅在于其可以对提起上诉的案件进行纠错，还在于上诉程序的存在本身构成了对一审程序的监督制约，使一审法官在裁判时会努力控制他们的恣意与偏私，以尽可能避免其判决被上级法院改判，从而减少了一审判决出现错误的概率。没有制约的权力必然意味着任意和腐败，司法公正要求法官独立，但是人们又设计出审级制度，在审判者之上设立审判者以限制法官的恣意。

但如果上诉法官的权力处于无所制约的状态，那么监督者制造错误的概率可能并不低于其纠正错误的概率。在大部分司法体系中，越来越多的国家采取中央集权的科层式司法权力结构。但是法院体系与行政体系不同，上下级法院之间是相互独立的，不存在隶属关系。审级的本质是为进行的审理活动和作出的判决设置纠错机制，下级法院并不是最高法院或上级法院对下的延伸。审级制度在保障司法正确性方面的原理在于：通过上下级法院之间权力分层或"分权"的技术设置，使上级法院在制约下级法院的同时，自身权力也处于制约之下，形成双向制约机制。〔1〕上级法院受到的制约一方面来自下级法院，如在普通法国家，一审法院认定的事实，原则上上诉法院不进行审查。只有在法官对陪审团有错误指示的情况下，才可以将案件发回重审。同时，已经质证过的证据和事实，也约束着二审法院。无正当理由，二审法院不得改判。在适用法律方面，在三审终审制的国家，二审法院还受到三审法院的制约。另外，二审程序还受到当事人上诉权的限制。一般来说，无论是在普通法系还是在大陆法系，对于民事上诉案件，二审法院的审查范围都为当事人的上诉范围所限，对于当事人没有提起上诉的，法院不得变更和改判。

3. 统一法律适用，发展和解释法律。有的意见甚至认为，这是上诉制度最重要的功能。〔2〕在法治社会下，法和正义是结合在一起的，正义是法律最高的价值。〔3〕因为正义是一个不能再溯及的伦理、法律哲学和社会哲学以及政治、社会、宗教与法律生活的基本概念，所以正义始终被赋予多层次、多方面的规定性或含义，如自由、平等、安全、共同福祉等。〔4〕但一个

---

〔1〕 参见傅郁林：《审级制度的建构原理——从民事程序视角的比较分析》，载《中国社会科学》2002年第4期。

〔2〕 江伟主编：《民事诉讼法专论》，中国人民大学出版社2005年版，第390页；陈荣宗、林庆苗：《民事诉讼法》（下），台北，三民书局2005年版，第669页。

〔3〕 参见［德］考夫曼：《法律哲学》，刘幸义等译，法律出版社2004年版，第228页。

〔4〕 参见［美］E. 博登海默：《法理学：法律哲学与法律方法》，邓正来译，中国政法大学出版社1999年版，第251页以下。

广泛达成共识的观念是，正义的核心内涵是平等。在法律之内的正义（司法正义）则更为明确。因为司法正义已经有一个明确的标准即法律存在，法官的义务是执行法律。确定性、连续性、一致性和可预期性是法律制度内正义的基本含义，要求“同样情况同样对待”，“不同情况不同对待”。在一个相对稳定的时期内，同一个司法辖区内的法院对具有基本相同法律要素的案件事实，作出基本相同的判决结论，也即“同案同判”是司法公正的基本要求。如果对相同的事实，同一个司法辖区内不同法院、不同法官在同一个时期内作出了差异悬殊的判决，那就没有司法公正而言，司法更无从确立必要的公信力。

在成文法世界，制定法不可能是一张细密到没有一丝缝隙的网。法律条文必须是简洁明确的，所以牺牲了必要的明确性。而立法者不是神，不可能将未来社会生活中可能发生的事件预测到事无巨细，并以法律条文作出规定；由于社会发展和变化，法律条文会滞后于社会发展的需要。另外，法律推理的过程也存在不确定性。上述因素都决定了不可能仅依靠法律条文就可以实现“同案同判”的公正目标。

不仅如此，在司法实践中，当法律适用于具体的案件时，由于不同的法官价值观、业务能力、知识背景和文化环境等方面的差异，其对法律条文可能有不同的理解和解释。由于初审法院总是按照一定的范围划分其辖区，因而通常是大量分散在全国各地的。这样就极有可能造成相同的案件在不同的一审法院判决时造成“同案不同判”的现象，成为影响司法公正的重要问题。上诉制度通过对多个下级法院设置共同的上诉法院，再在多个中间上诉法院之上设立更高一级的上诉法院，直至唯一的最高法院这样的金字塔形结构，使一些在适用法律上背离了国内统一规则的裁判，可以通过上诉到一个共同的上级法院予以推翻和纠正，以此实现法律适用和解释的统一。

上诉制度统一法律适用作用的重要性在两大法系国家之间具有不同

的意义。在普通法系国家，由于上级法院的判例对于下级法院有法律上的拘束力，所以上级法院在上诉审中创立的判例有着很强的统一法律适用的功能。在普通法国家，在一个庞大而复杂的社会中，一审法院太多而且太地方化，而上诉法院是更合适的，是故判例一般都是上诉法院创立的。〔1〕美国的司法造法活动大多发生在上诉法院中，英国上诉到枢密院司法委员会的体制也是一个很好的例子。在大陆法系国家，虽然立法机关制定的成文法典是法官适用法律的主要依据，原则上法官无权造法，即判例对下级法院没有法律意义上的拘束力。但是，自19世纪以来，大陆法系国家也越来越重视判例的作用。当今绝大多数大陆法系国家，虽然没有明确承认遵循先例原则，但是上诉审法院尤其是最高法院的判例，通过其精神权威，对下级法院的审判活动产生了事实上的拘束力。以德国为例，在司法实务中参照引用判例的情况越来越普遍。1990年至1995年，联邦宪法法院的判决中援引判例的比例是97.02%；1992年至1995年，联邦财政税务法院公布的判决有99.29%引用判例；在1990年至1994年，联邦行政法院判决中引用判例的比例是97.51%。〔2〕日本在这方面则比德国走得更远，在日本"判例难以成为制度上的法源，却是'事实上的法源'，具有事实上的先例约束力"，尤其是最高法院（或大审院）判例，违反判例是上告理由。〔3〕日本下级法院判决的先例拘束力虽不如最高法院的判决高，但也有相当程度的拘束力，如果没有特别的理由，判决一般不能偏离之前已经稳固的立场。〔4〕

就法律问题而言，上诉程序在普通法系国家具有更为重要的意义，它

〔1〕 应当注意的是，为了实现中央的集权化控制，中世纪的英国采取了另一种模式而不是上诉制度。从中央派遣一审法官巡回审判或坚持让起诉者到中央来接受审判。正是英国存在这种特别的全国性的一审法院，这种法院从本质上位于地方郡法庭和领主法庭之上，所以英国普通法的大部分内容是由一审法院这一法定组织创造出来的。参见［美］马丁·夏皮罗：《法院：比较法上和政治学上的分析》，张生、李彤译，中国政法大学出版社2005年版，第76页。

〔2〕 王玧：《判例在联邦德国法律制度中的作用》，载《人民司法》1998年第7期。

〔3〕 于佳佳：《日本判例的先例约束力》，载《华东政法大学学报》2013年第3期。

〔4〕 解亘：《日本的判例制度》，载《华东政法大学学报》2009年第1期。

不仅是一个简单地为保证初审法院在审判活动中保持某种一致性的设置，它还提供了一种通过判例连续地发展和稳健改良判例的路径，是普通法发展法律的主要途径之一。当社会政策稳定时，一审法院适用已经普遍接受的先例原则进行判决；然而，当新的社会和经济政策被引入时，上诉法院变得活跃起来，他们通过裁判上诉案件宣布新的原则或理论，并且创制或否定现行判例的例外。例如，在19世纪快速实现工业化的美国，当分担因工业事故而造成的损失成为一个重要的经济问题时，各州高等法院创制或扩展了混合过错原则、同伴工作原则和自担风险原则，从而对侵权行为中原有的过错责任原则和比较责任原则进行了发展和修改。〔1〕

4. 强化司法的正当性。审判活动无非有两种结果，要么达成司法上的和解或原告撤诉，要么作出一个两分式的判决。但是在适用国家制定的法律和由国家指定的法官来审判的前提下，即使判决是正确的和无偏私的，要让败诉的当事人接受一个对其不利的判决，也是有相当难度的事。审判的正当性由于三角关系平衡的破坏受到质疑。司法实践告诉我们，初审裁判确实因为有错误被上级法院改判的，仅占上诉案件的一小部分。但只要是作出一个两分式的判决，产生胜败兼服、皆大欢喜的效果是不大可能的。"'上诉权利'的功能之一就是能为审判活动中的败诉方提供一个情感宣泄的出口以及相应的社会保护。因为上诉允许败诉方在抽象层面上继续主张自己的权利而不会攻击法律体系的合法性或者拒绝遵从审判法院。确实败诉方的不满意将导致进一步提出关于法律体系合法性的主张。上诉到更高一级法院是以承认它的合法性为前提的。"〔2〕即使其提起的上诉被上诉审法院维持原判，上诉制度也增加了司法判决感觉上的正当性。因

〔1〕 参见[美]马丁·夏皮罗:《法院:比较法上和政治学上的分析》，张生、李彤译，中国政法大学出版社2005年版，第75页。

〔2〕 [美]马丁·夏皮罗:《法院:比较法上和政治学上的分析》，张生、李彤译，中国政法大学出版社2005年版，第68～69页。

为过于简易的决策过程往往使当事人对判决结果产生怀疑，不满于一次判决的当事人如果拥有一次倾泄不满的机会，获得上一级法院的复审，那么程序的复杂性、审查案件的法官人数的增加、审判者司法等级上的权威性，都可能令人感觉案件已经过慎重处理，这种感觉有助于获得和强化司法的正当性。〔1〕另外，如果只经过一次审理即作出终审判决，过于突然的停止争议方式也不容易化解当事人的不满，上诉程序将当事人的不满纳入理性的程序轨道，当事人的不满在上诉审程序中被吸收了。

5. 实现政治控制。正如美国政治法理学派的重要代表夏皮罗指出，虽然上诉制度的存在确实可能最终使一些审判活动中的败诉方的权利得到救济，正义得到伸张，以及重申司法的合法性和中立性，推动上诉制度得以建立最根本的动因，实质上源于中央统治者对于地方的等级化控制的需求，而并非仅出于对正义的追求，或是对败诉方的"安慰"。"上诉不仅仅是一个简单的为保证基层管理者在履行职责的时候保持某种一致性的设置，它也保证他们服从得到政权认可的规则、法律或社会控制方面的政策。上诉是一个将中央集权化的社会控制注入法院的争议解决活动的关键机制。因为上诉是一个中央政权保证从属于它的基层争议解决者朝着它所希望的方向适用法律规则来解决争议的机制。"〔2〕夏皮罗指出，首先，上诉在政治控制方面的主要功能是中央政治权威的向下延伸。"在存在一个独立的司法等级体制的地方，上诉一般是上级法院监督下级法院的主要模式。"〔3〕其次，上诉是一项中央对下级机构进行监督管理的信息机制。案件被当事人从基层向上级层层提出，是一个独立的信息渠道，而且这是对正

---

〔1〕 参见傅郁林:《审级制度的建构原理——从民事程序视角的比较分析》，载《中国社会科学》2002年第4期。

〔2〕［美］马丁·夏皮罗:《法院：比较法上和政治学上的分析》，张生、李彤译，中国政法大学出版社2005年版，第75页。

〔3〕［美］马丁·夏皮罗:《法院：比较法上和政治学上的分析》，张生、李彤译，中国政法大学出版社2005年版，第71页。

常的行政报告的高度补充。信息传递还可能是“自上而下”的，上级司法机构总是通过使人们了解何种上诉最容易成功来加强某种模式。如上诉法院对于何种上诉案件会作出改判，这些信息将会反馈至下级法院或当事人，地方官员也必然会依据上诉案件所反馈的信息对未来的司法行为作出调整。这样一种自上而下的信息反馈机制，也是中央政权通过对上诉案件的审理来控制地方司法的目的。〔1〕

6. 促进审判独立。上诉制度还有其积极的意义，它是司法体系内部一个重要的自我纠错和自我净化机制。审判独立原则要求法院体系有一整套自足的、完善的实现司法正确性的制度体系，包括审判公开原则、合议制度、上诉制度等。上诉制度通过一系列科学、正当的程序性设置，以实现纠正错误、统一法律适用、强化司法的正当性等职能，有效维护和促进了审判独立。〔2〕正如夏皮罗所指出的，上诉到更高一级法院是以承认它的合法性为前提的。

（二）不同上诉审级的不同功能

上诉制度具有诸多功能，这些功能中以纠正下级裁判错误和统一法律适用的功能为其核心，其他如审级制约、实现司法的正当性和独立性等功能，是前两个核心功能的辐射性效应。这两大功能直接反映了上诉制度的两大目的，一是上诉制度的私人目的，实现司法公正，保护当事人的合法权利；二是上诉制度的公共目的，保证法律的正确统一适用和司法的公信力。

在三审终审制的架构下，第二审和第三审是否均具有同样的功能，还是各有侧重？在理想的审级制度中，基于民事诉讼制度解决纠纷和维护法律秩序的双重目的，各审级根据各自的特点和技术原理在其关注的功能方

---

〔1〕 参见［美］马丁·夏皮罗：《法院：比较法上和政治学上的分析》，张生、李彤译，中国政法大学出版社2005年版，第72页。

〔2〕 参见［美］葛维宝：《法院的独立与责任》，葛明珍译，载《环球法律评论》2002年春季号，第10页。

面呈现职能区分的特点，在满足服务于当事人的私人目的和社会的公共目的二者之间进行权衡和妥协。设计的一般原理是，越靠近塔顶的程序在制定政策和服务于公共目的方面的功能越强，越靠近塔基的程序在直接解决纠纷和服务于私人目的方面的功能越强。一般来说，越关注个案纠纷解决的诉讼程序，其审级越关注具有个性特色的事实问题；而越关注规则或判例价值的诉讼程序，其审级则越关注具有普适意义的法律问题。因此，世界各国一般都将最基础的事实问题以及法律问题交由初审程序解决；终审法院则不审查事实问题，仅是法律审；而各国中级法院基于对公共目的和私人目的的关注的具体程度，以及各国一审制度的具体模式等因素，审查事实的范围和方式有所不同，从而形成不同的二审上诉模式。〔1〕

围绕纠正错误裁判和统一法律适用这两项功能之间的关系以及相互位置的理念，基于世界各国对于上诉的制度设计，法学界也越来越达成共识。如日本的通说认为，控诉审以纠正不当判决来给当事人救济为主，法令的统一只是附带的、补充性的；而上告审因其不允许当事人再以事实认定有误为由，只受理针对适用解释法律的问题而提起上诉的“法律审”性质，于是统一法律法令的解释适用就构成其中心或主要目的。〔2〕德国学术界一般也持类似的观点。〔3〕当然学术界也有一些反对的观点，主张存在贯

---

〔1〕 参见傅郁林：《审级制度的建构原理——从民事程序视角的比较分析》，载《中国社会科学》2002年第4期。

〔2〕 参见王亚新：《对抗与判定：日本民事诉讼的基本结构》，清华大学出版社2002年版，第310页。另可参见［日］三月章：《日本民事诉讼法》，汪一凡译，台北，五南图书出版股份有限公司1997年版，第514～515页。

〔3〕 如德国学者罗森贝克、施瓦布、戈特瓦尔德认为，“上诉是为了维护当事人通过对他们更有利的裁判取代对他们不利的裁判的合法利益。国家迎合了这种愿望，因为更高一级法院的重新审查能够更加保障裁判的正确性并提高民众对国家司法的信任。除此之外，由上级法院对下级法院进行监督、教育下级法院、提高其司法的质量并统一法律适用，这也符合国家的利益……2001年的《民事诉讼法改革法》……它将控诉的目的视为对一审在法律方面和事实方面的错误检查……上告的目的不仅在于维护当事人对案件取得正确、公平裁判的利益，而且也维护国家对司法统一的利益……正因为如此，所有的上告都集中在一个法院，即联邦最高法院，进行，由它负责司法的统一”。参见［德］罗森贝克、施瓦布、戈特瓦尔德：《德国民事诉讼法》，李大雪译，中国法制出版社2007年版，第1018～1020页。

穿二审和三审的统一性目的，他们认为，无论在二审的控诉审还是在三审的上告审阶段，上诉的主要目的都在于给予当事人救济，统一法律法令的解释适用自始至终都应该只是附带性、结果性的目的。[1]

1. 第二审程序的功能，以纠正一审的错误、保证司法的正确性为主，以统一法律适用为辅。一审裁判可能存在的错误包括事实问题和法律问题两个方面。就事实方面的错误而言，由于法律传统和文化的不同，以及对于上诉公共目的和私人目的的关注侧重点不同，不同国家的第二审采取的模式有所不同。如前所述，在普通法国家，二审程序对于一审事实问题给予最大限度的尊重，只在少数特殊情况下才会纠正一审事实问题的错误。而大陆法国家则一般对于一审事实方面的错误，会给予全面的审查。不同国家关于二审对于一审事实方面纠错功能的分野，从根源上而言与不同国家的意识形态类型和纠纷观有关。从国家对于权力的不同观念上而言，有两种类型的国家，一种是回应型国家，另一种是能动型国家。回应型国家政府的任务限定在为其追求自我选定目标的公民提供一个支持性框架上。解决纠纷是这类政府的主要任务，当然其法律程序应服务于解决纠纷的目的。所以在事实发现方面也完全采用程序优先的原则，坚持双方当事人的平等和举证责任以及辩论主义原则。在这种回应型政府的意识形态下，程序的对等与公正才是最重要的。而能动型国家，它信奉或致力于实践一种涉及美好生活图景的全面理论并且以它作为基础来设计一个在理念上面面俱到的、改善其公民之特质和道德境况的计划。在这种社会中，纠纷意味着对秩序的违反或扰乱，因为既然发生纠纷就说明至少有一方（有时甚至是双方）从事了有害于国家政策的行为。这种行为不仅

---

〔1〕 在日本主张这一学说的有新堂幸司、青山善充等近年来在日本民事诉讼法学界占有重要地位的学者，他们的观点也得到一些年轻学者的呼应。参见王亚新：《对抗与判定：日本民事诉讼的基本结构》，清华大学出版社2002年版，第310页。另可参见［日］伊藤真：《民事诉讼法》（第4版补订版），曹云吉译，北京大学出版社2019年版，第473页。

侵犯了他人权益，而且在规范或伦理道义上也是值得谴责的。在这一理念的支配下，“找出事实真相往往是实现其法律程序之目标的前提条件。正确的法律实施活动要求准确了解过去发生的事件并对将来的发展作出可靠预测”。[1]所以，出于其政策实施的目标及道义谴责的必要，也倾向于要求“按照其本来面目”认识或反映这些行为或事实。因此，政策实施型程序总是“在各种对其运作构成约束的给定条件下尽力达致最佳的事实发现准确性水平”[2]。一般而言，回应型国家和纠纷解决型法律程序，其诉讼制度不太可能承认主张一审判决认定的事实有误构成上诉的理由。相反，能动型国家和政策实施型法律程序，则在审级制度上倾向于通过二审对事实问题的继续审理，而最大化地实现发现“客观真实”的倾向也越大。一般认为，在真实世界中的大陆法国家更接近于能动型国家，而普通法国家更具有回应型色彩。[3]基于此，在普通法国家初审法院确定的事实一般不会受到二审的审查。相比之下，在大陆法国家，在初审法院与上诉法院之间，对于事实问题的审查功能并非那样泾渭分明，二审程序也会对一审裁判确定的事实进行审查和纠错。

对于法律问题而言，大陆法系和英美法系国家的二审程序都完全一致地对于一审裁判有审查和纠错的权力。其目的一方面当然是保证裁判正确适用法律以保证当事人的正当权利，另一方面为了正确适用并解释法律，保证法律适用在上诉审法院的辖区内实现统一。只不过由于第二审辖区较小，所以其统一法律适用的范围自然有限。但是审级制度正是通过二审、三审的“金字塔”形结构，让案件最后集中于唯一的最高法院，使法律

〔1〕 参见[美]米尔伊安·R. 达玛什卡：《司法和国家权力的多种面孔——比较视野中的法律程序》，郑戈译，中国政法大学出版社2004年版，第238页。

〔2〕 [美]米尔伊安·R. 达玛什卡：《司法和国家权力的多种面孔——比较视野中的法律程序》，郑戈译，中国政法大学出版社2004年版，第135～137页。

〔3〕 参见[美]米尔伊安·R. 达玛什卡：《司法和国家权力的多种面孔——比较视野中的法律程序》，郑戈译，中国政法大学出版社2004年版，第135～137页。

适用的标准得以统一。

2. 第三审程序的功能，以统一法律适用为主，以纠正下级法院裁判错误以救济个案当事人为辅。第三审是法律审的最终审级。在三审制的架构下，第三审法院一般是最高法院。〔1〕第三审作为法律审的最终审级，审级制的公共目的占主要地位，即一方面审查下级法院在适用法律上是否正确，另一方面在于谋求法律适用标准的统一、发展法律或解释法律，故其为法律审，不再审理事实是否错误。与我国不同的是，西方国家法院制定公共政策和解释法律的活动，是依附于对具体案件的裁判过程中的，而不作出一般的、法律解释性质的规定。在现代法治国家，最高法院具有重要的国家审判职能和社会控制职能。表现在：首先，最高法院通过裁判作出的法律解释，由于其唯一性和最高权威性，自然可以在全国起到统一裁判法律适用标准的作用。在法律解释方面，通过裁判这样的案件，英美法系国家以判例的方式形成有拘束力的法律解释的意见；在大陆法系国家，则通过其最高权威性，通过案件裁判作出法律解释或法律适用的模范。其次，最高法院在受理案件方面，都通过上诉许可或自由裁量，以决定受理极少数在统一法律适用标准、解释和发展法律方面具有重要意义的案件。最后，最高法院审理第三审案件仅为法律审，而对事实问题不再过问，彰显其主要目的是统一法律适用问题。夏皮罗甚至强调，“在单一制（与联邦制相对）的不属于普通法系的那些国内的法院并不享有宣布法律违宪的权利而且在存在中级上诉法院的国家中，可用来说明高等上诉法院为什么会存在的惟一的法律方面的基本理由是对制定法做出统一解释的需要”。〔2〕

---

〔1〕 第三审法院并不一定都是最高法院。在四级以上法院组织体系中，第三审法院可能不是最高法院，如德国、日本、英国等。最高法院也不一定都是终审法院，如某些英联邦国家的最高上诉法院是英国枢密院司法委员会，又如欧洲法院是有关国家具有欧洲因素案件的终审法院。因此，法律审呈现一定程度多极分权现象。本书主要讨论以最高法院为第三审的情形。

〔2〕 〔美〕马丁·夏皮罗：《法院：比较法上和政治学上的分析》，张生、李彤译，中国政法大学出版社2005年版，第77页。

当然，即使在第三审中，也是由当事人不服下级法院的裁判而提出上诉启动，还必须具备自身因下级审法律适用的错误而遭受不利的所谓“上诉的利益”这一要件，第三审作出的终审裁判对当事人双方有效，所以第三审也具有保护当事人合法权利的功能。只不过相比于其统一法律适用的功能而言，服务于当事人私人目的的功能较为次要而已。

应当注意的是，第三审还存在一种特殊的上诉制度——由检察官为法律之利益向最高法院提起上诉。例如，在法国，驻最高法院的总检察长，可以本人并且自动为了“原则之荣誉”，针对并未受到当事人提出上诉的裁判向最高法院提起上诉，以制止有时因某一法院违反法律而引起的“不安全”。对于下级法院的裁判上诉期间届满后当事人没有提出上诉（或者当事人已经执行裁判决定）的，如果裁判“与法律、条例或实施形式相抵触”，总检察长可以“为了法律之利益向最高司法法院提起上诉”，要求最高法院撤销该判决。然而，这种撤销不改变当事人之间的裁判结果，该项判决在当事人之间仍然保留其既判力，所撤销的只是该判决作为先例对日后其他案件的拘束力。〔1〕在意大利，最高法院也有类似的制度。〔2〕对于这种形式的特殊上诉制度而言，统一法律适用的功能就是其最重要、也是唯一的功能了。

两个上诉审级功能各有侧重的重要机制在于，审级制度呈塔形或梯形

〔1〕　参见［法］让·文森、塞尔日·金沙尔：《法国民事诉讼法要义》，罗结珍译，中国法制出版社2001年版，第1315～1317页。

〔2〕　2015年修订后的《意大利民事诉讼法典》第363条规定：“如果各方当事人都没有在成文法规定的期限内（第325条）提起申诉或都放弃了申诉（第306条、第329条、第390条），或者对该决定既不可向最高法院申诉、也不能以其他方式进行质疑，最高法院的一般公诉人可以要求最高法院为了统一适用成文法需要，而宣告一项法官在审理该案实体问题时应当遵循的法律原则。公诉人的上述要求（其中包含对案件事实和对作为该要求的法律依据的概括陈述）应当向最高法院的首席院长提出，首席院长在认为该问题足够重要时，可以决定组成全院审判庭宣告这一法律原则。当事人提起的申诉被宣告不予受理后，如果最高法院认为被决定的问题足够重要，也可以宣告上述法律原则。最高法院的法律原则的宣告，不能改变审理案件实体问题的法官已作出的决定。”《意大利民事诉讼法典》，白纶、李一娴译，中国政法大学出版社2017年版，第135页。

结构和案件数量由下往上呈递减趋势，使最高法院在保持较小规模的前提下得以实现统一司法的特殊功能，上级法院在相对宽松的案件压力下拥有对下级法院的监控和指导能力。初审法院审理一审案件，大部分案件的裁判因为其正确性而不会引发上诉审。少部分案件上诉至二审法院，二审法院经审理裁判后，大部分案件即发生既判力。而三审法院为了控制其审理案件的数量，一方面有赖于二审法院通过正确的裁判而促使更多的案件不会引发第二次上诉，另一方面通过自身的裁量权对无关紧要的第二次上诉进行过滤，使三审法院可以在小规模下审理具有法律统一方面重要意义的第三审案件。

五、上诉制度与再审制度的关系

原本作为审级制度中重要内容的上诉制度，与作为事后例外地对生效裁判进行纠正的再审制度完全是两码事。在西方法治社会的语境下，讨论上诉制度似乎没有必要涉及再审制度问题。但是，在当代中国语境下却有所不同。与世界上大部分国家不同，中国法律制度采四级两审终审的审级制度，对两审终审制带来审级不足的问题，立法者的对策是以审判监督程序（再审程序）以补充。正如有学者指出："这些边道与西方各国作为'紧急出口'或'消防通道'的救济机制差异在于，中国两审终审制主体结构建立在对再审程序依赖的基础上，审判监督程序作为三审程序的替代物设立，并掩盖着对三审程序的需求。"[1]在20世纪80年代至2000年左右，内地立法者和社会公众的认识上以及在司法实践中，普遍存在对于上诉制度与再审制度的区别认识不清的问题；以至于案件的裁判生效后进入再审程序的很多，对裁判的确定性造成恶劣的影响。所以，在中国语境下对上诉制

〔1〕 傅郁林：《审级制度的建构原理——从民事程序视角的比较分析》，载《中国社会科学》2002年第4期。

度的讨论，研究上诉制度与再审制度的关系很有必要。

各国对于已经确定或生效的错误或违法的裁判，一般均规定了救济或纠正的程序。英美法系国家，一般认为没有设置再审制度。但是英国、美国有“重新审理（审后动议）”程序，当审理法院无论是陪审团还是法官审判的案件，在裁决宣布并登记之后、上诉之前，不同意陪审团裁决的一方当事人可以请求原审法院作出补救行动。通过申请重新审理或申请不顾陪审团裁决而作判决，提出对此类补救的动议，以请求法院命令对案件重新加以审理。当审理中发生严重程序性错误，或者法官认为裁决与证据的证明力不符时，可以批准重新审理。但是，从比较法的功能原则来看，重新审理程序与大陆法系的再审程序完全不是一个类似的制度。〔1〕在大陆法系国家，当事人对已经确定的判决或生效的裁定，以诉讼程序上有重大违法或作为其判断的基础资料有严重缺陷为由，请求法院按照再审程序予以撤销或变更，这差不多是再审制度的基本含义。由于各国具体法律中规定的再审制度总有一些不同，所以对于“再审”也没有统一的概念，但核心含义是近似的。如日本学者新堂幸司认为，再审是当事人以诉讼程序存在重大瑕疵或作为判决基础之资料存在异常缺陷为由，针对确定的终局判决提起的，要求撤销该判决并重新审判案件的非常不服申请方法。〔2〕如果说上诉审可以被称为“常规救济程序”，那么再审则通常被视为“非常救济程序”。这是因为，相对于上诉审而言，再审的对象是已经发生法律效力（既判力）的判决或裁定；相对于绝大多数案件在生效裁判产生后诉讼活动即告终止而言，再审的提起要受到非常严格的事由限制和程序限制，因此可以说是一种“例外”或“非常”的救济程序。

---

〔1〕 有美国学者认为，民法法系中的上诉在功用上往往等同于陪审制当中的重新审理动议。参见［美］杰弗里·C. 哈泽德、米歇尔·塔鲁伊：《美国民事诉讼法导论》，张茂译，中国政法大学出版社1998年版，第153页。

〔2〕 参见［日］新堂幸司：《新民事诉讼法》，林剑锋译，法律出版社2008年版，第665页。

再审制度与既判力理论在诉讼程序中的适用紧密相关。法治的基本价值之一是法的安定性，其一方面要求法律规范明确、细密、稳定而不得朝令夕改，另一方面要求作为法律在现实生活中宣告的司法裁判一经确定不得随便更改。诉讼的安定性要求诉讼程序不能无休止地进行下去，而作为其对象的纠纷也被视为得到了最终解决，在一般情况下不能再次成为司法审查的对象。在西方法律文化传统及其法治社会中，既判力是一项诉讼的基本原则，为大陆法系和普通法系所共有，也是诉讼法上的基础理论之一。其基本含义是，判决确定以后，判决中针对当事人请求而作出的实体判断就成为规定当事人之间法律关系的基准，此后当事人既不能提出与此基准相冲突的主张来进行争议，法院也不得作出与此基准矛盾的判断。换言之，所谓既判力就是确定判决在实体上对于当事人和法院都具有拘束力或通用性。[1]判决产生既判力的前提是判决确定。所谓判决确定，是指判决不能通过常规的救济程序——上诉来变更或撤销的状态。主要有两种情形：一是制度上不允许上诉的判决（如最高法院作出的一审判决，或终审程序作出的终审判决），一经宣判即发生确定的效果；二是可以上诉的判决，但当事人在法定的上诉期间内没有提起上诉，则在法定期间届满之时判决即告确定。此外，在有的国家，如果当事人在法定期间内明确表示放弃上诉和双方当事人事先存在不上诉的合意等情形也能构成判决的确定条件。既判力体现了程序的止争原则。法谚云：判决是法律的格言，应被作为真理来接受。维护确定判决的既判力，符合公共利益的需求。既判力最重要的功能在于通过判决终局性的达成，来帮助在观念上确立一种规范的秩序并使其相对地固定下来，进而引导社会生活空间内的秩序的形成。

在现代法治社会中，由于既判力具有如此重要的意义，所以法治国家要求充分维护确定判决有既判力。对此，“实体法一向将判断确定什么是

---

〔1〕 参见王亚新：《对抗与判定：日本民事诉讼的基本结构》，清华大学出版社2002年版，第338页。

合乎正义看作是其一大使命。与此相对，程序法则毫无疑问将维护和贯彻判决的结果、顺应法的安定性要求作为一大重点”。[1]一些民事诉讼法学者甚至认为，“相对于破坏法律和诉讼的权威性和安定性而言，在具体案件上忍受错误判决的危害要小得多”。[2]但是，确定裁判在实体和程序上存在重大瑕疵的可能性也是存在的，当确定裁判存在重大瑕疵时，“从作出正确的、公正的裁判的理想来说，不管有什么样的瑕疵一律不准撤销已确定的判决，也是不合理的”。[3]所以应当设置一种途径以消除已发生既判力的有重大瑕疵的判决，再审制度便是在例外情形下允许冲破既判力的制度。在此意义上，再审可以说是从相反的方向上画定了既判力作用的边界。因此，立法者在设计再审程序时，既要考虑维护确定判决的既判力的要求，又要考虑纠正确有错误的裁判的要求，要在这两种相互冲突的价值中寻求平衡。为了维护确定裁判的既判力，再审程序就不能轻易启动。所以，德国、日本、法国、奥地利等国在设置再审制度时无不设置了严格的启动条件等控制性措施，如只有存在法定的再审事由时当事人才能够请求再审，对申请再审规定了严格的“不变期间”和“除斥期间”等；同时都遵循“提出再审事由的严格性”“适用再审程序的补充性”两大原则。

再审事由的严格性。立法者规定只有存在再审事由时当事人才能够请求再审。世界各国为了在保证实体正义与维护确定判决的既判力之间达到平衡，规定了极为严格的再审事由，一般有以下几类：其一，裁判主体本身构成不合法，德国、日本、奥地利三国均规定，如果作出判决的法院或法官在主体资格上不合法的，可以提起再审之诉。这包括法官没有作出该项判决的权力和作出判决的法庭构成违法的。其二，在原审诉讼中没有实现

---

〔1〕［日］三月章：《日本民事诉讼法》，汪一凡译，台北，五南图书出版股份有限公司1997年版，第29页。

〔2〕邵明：《现代民事再审原理论——兼论我国民事再审程序的完善》，载《中国人民大学学报》2007年第6期。

〔3〕［日］兼子一、竹下守夫：《民事诉讼法》，白绿铉译，法律出版社1995年版，第249页。

合法的代理。其三，判决所依据的证据不合法。例如，证据材料是伪造或变造的，证人、当事人等的陈述是虚假的。其四，判决的根据已经变更或被否定。其五，原审诉讼中可能影响判决公正性的其他因素。例如，外部因素影响了当事人提出攻击或防御的方法，应当判决的事项被遗漏等。再审事由主要以维护判决的实体正义为中心，只要会影响判决的实体正义的事由都应将其纳入再审事由。轻微的单纯违反程序性规定的事项似乎没有作为再审事由。〔1〕

奥地利民事诉讼法规定了判决无效之诉和再审之诉，提起判决无效之诉的事由是：(1)作出判决的法官，对该案件已经不能行使法律上的职务。(2)在诉讼程序中，代理人没有进行代理，或者应当有法定代理人或法定代表人代为进行代理，或者应当有法定代理人或法定代表人代为进行诉讼，但该法定代理人或法定代表人却没有进行诉讼，而且在他人实施诉讼行为后，又没有得到法定代理人或法定代表人的合法追认。提起再审之诉的法定事由有：(1)作为裁判依据的文书是伪造或变造的。(2)证人、鉴定人或对方当事人在询问中作了虚假陈述，而法院的裁判又是根据这些陈述作出的。(3)法院的裁判是在当事人的代理人、对方当事人及代理人实施了抢夺、欺诈、伪造文书、伪造特别保护的文书、移动界标等行为情况下作出的。(4)法官在裁判时或以前作出某一裁判时(该裁判成为本案裁判的依据)，违反职务上的义务，并应受到刑法的处罚，而法官的这些行为因与本案诉讼的关系，会给当事人造成不利的影响。(5)作为裁判基础的刑事裁判已被其他确定判决所取消。(6)当事人发现对同一请求或同一法律关系已经作出的确定裁判，在再审程序的当事人之间创设了新的权利，并且当事人还可以利用这种新创设的权利。(7)当事人发现了新的事实和证据方法，如果过去的诉讼程序提出这些事实或证据方法的话，法院将会作出

〔1〕 张卫平：《民事再审事由研究》，载《法学研究》2000年第5期。

对自己有利的判决。但是，如果当事人没有发现新的事实和新的证据方法是由于自己的过错所致，则不能构成再审事由。〔1〕

德国民事诉讼法将再审事由作出两类不同性质的区分，一种是取消之诉（或者称为无效之诉）的再审事由；另一种是恢复原状之诉的再审事由。这两类再审事由在内容和性质上是不同的：取消之诉的再审事由主要是关于严重违反法定程序的行为，是有关判决是否合法的问题；恢复原状之诉的再审事由主要涉及裁判基础错误的事项，是有关判决是否合理的问题。提起取消之诉的再审事由包括以下方面：（1）作出判决的法院不是依法组成的。包括本身合法的审判组织在审理或者裁判时没有按照规定组建，如法官开庭途中离席等。（2）依法不得执行法官职务的法官参与裁判，包括依法应当回避的法官参与案件裁判。但当事人主张此种回避原因而提出回避申请或提起上诉未经准许的除外。（3）法官因有偏颇的嫌疑应当进行回避，并且当事人的回避申请已经被宣告有理由，而该法官仍然参与裁判。（4）一方当事人在诉讼中未经合法代理，但当事人在诉讼进行中已经明示或默示地承认的除外。恢复原状之诉的再审事由主要有：（1）对方当事人宣誓作证，判决以其证言为基础，而该当事人关于此项证言犯有故意或过失违反宣誓义务的罪行。（2）作为判决基础的证书是伪造或变造的。（3）判决以证言或鉴定为基础，而该证人或鉴定人犯有违反真实义务的罪行，包括证人或者鉴定人没有经过宣誓的故意（而非过失）作出错误的陈述。（4）当事人的代理人或对方当事人或其代理人犯有与诉讼事件有关的罪行，而判决是基于这种行为作出的。主要适用情形是刑法意义上的诉讼欺诈，不仅包括错误的举证，而且包括当事人有意识地作出不真实的陈述。（5）参与判决的法官犯有与诉讼事件有关的、不利于当事人的、违反其职务上义务的罪行，主要是指法官枉法裁判。（6）判决是以某一普通

〔1〕 胡夏冰：《民事再审事由的比较分析》，载《人民司法·应用》2010年第17期。

法院或某一特别法院或某一行政法院的判决为基础，而这些判决已由另一确定判决所撤销。（7）当事人发现以前就同一事件所作的确定判决，或者发现另一种文书，依据该判决或文书，当事人能够获得对自己有利的裁判。德国民事诉讼法再审的一个基本精神是，新的事实原则上不能引起再审程序（只有在父亲身份上有新的鉴定等特殊例外）。[1]

日本民事再审事由可以分为三大类：一是在法庭的组成和代理权等方面缺少基本的程序保障而造成的再审事由（作出判决的法庭未按法律规定组成、不该参与作出判决的法官参与了判决、实施诉讼行为的代理人实际上没有代理权限）；二是因判决本身存在程序性或技术性的问题而引起的再审事由，具体指作为判决基础的其他法律决定后来被变更或取消、判决中遗漏了重要的事项，以及发生了判决之间的抵触等问题；三是判决本身的内容在实体方面存在重大缺陷或谬误而产生的再审事由。包括参与判决的法官在处理本案的职务行为上有犯罪行为、当事人因他人的犯罪行为而做出了非出自本人真实意愿的自白或未能提出能够影响判决结论的主张或证据、作为判决根据的书证或物证出自伪造或变造、虚伪的证言成为判决的基础。日本民事再审制度中有关再审事由的规定源于德国法，但又有自身的特点。从某种意义上而言，日本的民事再审制度可属对再审事由的限制最为严格的立法类型。首先，关于再审事由的法律规定采取“限制列举”而非“部分列举”的方式，即再审事由严格限定在条文中具体列举出来的事由上。其次，对于“发现新的重要证据”或“针对第三者的诈害诉讼”等在德国、法国等其他大陆法系国家民事再审制度中得到广泛承认的再审事由也未作规定。再者，以“存在有罪判决或类似的法律决定”作为针对实体内容有误的判决而发动再审的加重要件，意味着在再审事由的明白、确实程度上提出了最为严格的要求。[2]

---

〔1〕 胡夏冰：《民事再审事由的比较分析》，载《人民司法·应用》2010年第17期。

〔2〕 王亚新：《对抗与判定：日本民事诉讼的基本结构》，清华大学出版社2002年版，第356～359页。

再审补充性原则是指相对于上诉、申请复议等救济途径而言，再审是一种补充性救济方式。如果有条件提出常规的上诉却未提出的，在判决确定后不得请求再审。

就再审制度与上诉制度的关系而言，相对于作为基础的初审程序，两者都属于救济审的性质，因而具有一定的相似性。第一，它们都是当事人对已经作出的判决声明不服而启动的；第二，都是要求撤销原判决，通过对案件重新审理作出新的判决；第三，作出改判的事由也具有一定的相似性，都是原审判决存在实体错误和程序错误。特别是在三审终审制的国家（如德国、日本等国），第三审的性质是法律审，与第一次上诉不同，法律针对第二次上诉规定了上诉的理由，有些与再审的事由完全相同，如为判决的法院不是依法律组成，依据法律规定不能参与判决的法官参与判决，无诉讼能力的当事人在诉讼中未经合法代理等。

但是，两者的区别更应引起重视。其一，最为重要的是，再审的对象是已经确定的裁判（生效的裁判），而上诉针对的是未确定的裁判。其二，上诉制度是常规的纠错程序，而再审制度是例外的纠错程序，只是对上诉等常规救济程序的补充，是在一切常规程序都告终结后不得已的情况下才允许诉诸的一种例外的、非常规的救济程序。其三，在设置再审条件以及审判再审案件的司法活动中，要尽可能维护确定判决的终局性，把再审以及改判限定在一个较小的范围以内。审级制度的重要目的，是在于国家在常规的审级制度下设置上诉制度，并通过保障当事人至少一次上诉的权利的机制，以实现国家在常规的审级制度下，通过初审判决，以及上诉这样的纠错程序，实现判决正确性的目标。即在审级制度下实现判决这一“司法产品”的质量合格化。这里需要澄清的是，只要可以再提起上诉的法院裁判，是不成立既判力的。只有判决确定（生效）后才能产生既判力。当然，初审判决一经作出，即产生一定的效力，如对法院自身不得随意更改的“自缚性”,[1]以及假执行的效力,但是这与既判力是两回事情。所以,在审级制约的原理下,上诉虽然受到初审裁判的一定的限制,如当事人的争点、原审认定事实在一定程度上的约束,以及对于一审法院在自由裁量权方面的尊重外,对于初审法院的判决如果存在错误,尤其对于适用法律方面的错误,是不应该容忍而采取“可改可不改则不改”的态度的。因为国家设立上诉制度的首要目的即在于纠正错误,以实现司法正确性,这也正是确定判决具有既判力的前提和重要根据。从某种意义上来说,上诉制度是促进既判力正当化、实现确定判决既判力的重要机制,而不是损害确定判决既判力的因素。如果在上诉程序中不能充分履行职能而使上诉制度纠正裁判错误、统一法律适用标准的功能落空,而将纠错的功能寄希望于再审程序的话,则无疑将本末倒置,对诉讼的安定性和法律的稳定性造成巨大的伤害。再审程序的启动和在再审中对原判决的改判,是以牺牲判决的既判力为代价的,所以除了对其启动要进行严格的限制,在审理时也应当坚持维护确定判决的既判力的理念,除对于符合法定的再审改判事由的案件可以进行改判,以及遵循再审的补充性原则外,对于属于自由裁量权范围等事项,则应当对原判决保持足够的尊重,“可改可不改的则不改”,在维护判决的既判力和正确性两大目标之间取得适当的平衡。实行再审的补充性原则的另一层意义在于,以失权为压力,促使当事人尽量地运用上诉、申请复议这些常规的救济手段,使实体和程序方面的瑕疵在常规的审级制度内就能够得到处理,使审判的重心落在原审程序之内。

---

〔1〕 判决的自缚性,是指判决一经作出并向当事人宣判,即对法院本身发生称为“自缚性”的不可撤回的法律效果。这意味着即使是作出判决的法官或合议庭,只要在宣判之后,一般情况下已不再容许撤回该判决,也不能随意地对判决的内容加以更动改变(对于在特殊情况下确有必要修正的情形,按法律规定的情形予以“更正”或“变更”)。参见王亚新:《对抗与判定:日本民事诉讼的基本结构》,清华大学出版社2002年版,第334~335页。

第四章 中国上诉制度及实践的深层分析

新中国的民事诉讼制度，主要从1982年《民事诉讼法（试行）》开始逐步走向制度化的道路，此后经过数次法律的修订，配套司法解释的修改，形成目前的状态。[1]在中国的特殊语境下，“立法都只是制度在一定层面上的反映，法律条文与体现于相关司法解释的具体规则以及诉讼实务中相沿成习的操作方式一起才共同构成制度的整体”。[2]笔者从“法律条文+司法解释+实务操作方式”这个整体的视角，以及司法实务中固有的观念、做法等角度，力图全面地认识我国上诉制度的特征。同时，对于某些问题，还会从这一现象的起源和发展过程进行某种动态的考察，以便更好地认识其存在的阶段与规律。如对于中国上诉制度的模式、“一审责任中心主义”的生成，即某种程度上采取了这样的方法。本章主要围绕我国上诉制度的功能及其结构、上诉程序与一审程序的关系等问题展开讨论。

一、四级两审终审制

我国现行的审级制度是四级两审终审制。法院共分为四级：基层法院、中级法院、高级法院和最高法院。与西方国家按照功能区分而设立地

---

〔1〕 中国民事诉讼法的立法过程是：1982年制定《民事诉讼法（试行）》；1991年4月9日制定《民事诉讼法》，此后于2007年10月28日、2012年8月31日、2017年6月27日、2021年12月24日四次修改。

〔2〕 王亚新：《民事审判监督制度整体的程序设计——以〈民事诉讼法修正案〉为出发点》，载《中国法学》2007年第5期。

方法院（初审法院）、上诉审法院、最高法院不同，中国法院的管辖范围与行政区划一致。按照目前中国政权的等级设置，全国行政区域划分为中央、省、地级市（设区的市）、县、乡（镇）五级，与之相对应法院设置了最高人民法院、省高级法院、市中级法院、县（区）法院，另在部分乡镇、街道办事处设立人民法庭（基层法院的派出机构）。四级法院都可以作为初审法院，但在实践中根据现行最高人民法院有关管辖权的规定，基层法院承担了绝大多数民事案件的初审工作。中级法院审理部分一审民事案件，同时审理经基层法院审理后当事人提起上诉的二审民事案件。高级法院和最高人民法院审理第一审案件的数量很少。

我国在对大部分的民事案件适用两审终审制度的同时，在法律规定上也有一些例外的情况。（1）大部分裁定的案件。在我国民事诉讼中，没有设立像德国、日本专门对于裁定事项的上诉制度——抗告。除了驳回管辖权异议的裁定、不予受理的裁定、驳回起诉的裁定、管辖权向下转移的裁定以及驳回破产申请的裁定，大部分的裁定是不允许上诉的，因而对于这样的裁定，就是一审终审。（2）小额诉讼案件。我国过去原则上对民事案件一概实行两审终审制。2012年8月31日修改民事诉讼法时，我国借鉴了域外国家的小额诉讼立法经验，首次建立了小额诉讼制度，规定了基层法院审理简单民事案件，标的额为各省、自治区、直辖市上年度就业人员年平均工资30%以下的，在适用简易程序审理的情况下实行一审终审。在2021年修法时又将该比例调整为50%以下，并规定标的额超过上年度就业人员年平均工资50%但在2倍以下的，当事人双方也可以约定适用小额诉讼程序。

我国现行的四级两审终审制是由1954年《人民法院组织法》确立的。在此之前，1950年《中央人民政府最高人民法院试行组织条例》和1951年颁布的《中华人民共和国人民法院暂行组织条例》均确立了三级法院制和以两审终审为原则、三审终审或一审终审为例外的审级制度。在1979年恢复并经1983年、1986年两次修订的《人民法院组织法》中，两审终审制从内容到文字都完整保持了1954年的规定。1982年《民事诉讼法（试行）》和1991年《民事诉讼法》及其历次修改，均没有改变两审终审制的框架。应当注意的是，历次《民事诉讼法》的修改，不断拓展审判监督程序的内容，并逐步淡化了审判监督程序的“监督”性质而日益强化其“救济”性质，增强了整个审级制度对再审程序的依赖。

对于1954年确立我国现行审级制度框架的理由，通说认为主要是基于以下考虑：第一，我国地域辽阔，很多地方交通不方便，审级过多，不仅会给当事人双方造成大量人力、物力、时间上的浪费，而且容易使案件缠讼不清，使民事关系长期处于不稳定状态，不利于民事流转和社会的安定。实行两审终审，绝大部分民事案件可在当事人所在辖区解决，方便诉讼，减少讼累。第二，可以使高级法院和最高人民法院摆脱审理具体案件的工作负担，集中精力做好审判业务的指导监督。第三，我国的审判监督制度与两审终审制相互配合，可以弥补审级上的缺陷。对于确有错误的已生效裁判，可以通过再审予以纠正。第四，在三审制下，第三审仅作书面审和法律审，对案件事实部分不予过问，因而其作用极其有限。〔1〕这些依赖于官方解释的学术总结，结合我国民事诉讼法的相关立法资料，可以认为基本上解释了中国审级制度的技术思路。同时，我国两审终审制度的确立，

〔1〕 根据1954年《人民法院组织法》的有关立法资料反映，立法者建立两审终审制时的考虑是：“如果审级没有适当的限制，而使诉讼当事人一次又一次地受审，经年累月不能结案，就会使人民拖累不堪，造成社会人力、财力的极大损失，审级过多，对国家和人民都是不利的。同时，我们人民法院组织法还规定：最高人民法院对各级人民法院的终审判决和裁定、上级人民法院对下级人民法院的终审判决和裁定，有权提审或者指令下级人民法院再审；最高人民检察院对各级人民法院的终审判决和裁定、上级人民检察院对下级人民法院的终审判决和裁定，有权按照审判监督程序提出抗议……这都说明了二审终审判决后还有补救的办法，没有必要规定更多的审级，使人民受到长期的诉讼拖累……由此可见，我国人民法院组织法采用两审终审制，既充分保障了人民的诉讼权利，又避免了因审级过多而发生拖延诉讼的现象。这完全是一种实事求是、便利人民的审级制度。”参见本刊资料室：《对于我国人民法院组织法和人民检察院组织法中一些名词的初步理解》，载《法学研究》1954年第4期；柴发邦、刘家兴、江伟、范明辛：《民事诉讼法通论》，法律出版社1982年版，第89～91页；江伟主编：《民事诉讼法学原理》，中国人民大学出版社1999年版，第333页。

还有基于新中国成立之初的特殊国情和意识形态的因素。一是以苏联为样本的社会主义国家法制理念和司法结构。二是我国的基本国情和历代的审级制度传统。三是新民主主义革命时期根据地的司法实践。[1]在这三大因素中,基于立法当时的国际、国内环境,司法工作作为人民民主专政的有力武器服务于党的中心工作。这一职能定位构成我国司法制度的底色,也成为我国审级制度在移植和继承过程中的核心原因。所以,我国审级制度的基本技术逻辑是:以两审终审制为基础,对于两审制度带来的审级不足问题,通过审判监督制度予以补充。这一立法逻辑可以说是延续至今。

自1954年形成的四级两审的审级制度,其基本形态在此后我国不同发展阶段因政治治理、区划层次变更调整时都未有变化,只是近期在法院机构的设置上有所变革。为了克服司法地方化这一理论界和实务界公认的中国司法体制中的顽疾,中共十八届四中全会提出,"最高人民法院设立巡回法庭,审理跨行政区域重大行政和民商事案件。探索设立跨行政区划的人民法院和人民检察院,办理跨地区案件"。2014年12月2日,中国中央全面深化改革领导小组[2]通过了《最高人民法院设立巡回法庭试点方案》,同意最高人民法院分别在深圳、沈阳设立第一、第二巡回法庭。此后至2016年,又先后在南京、郑州、重庆、西安设立了第三、第四、第五、第六巡回法庭。

---

〔1〕 自中国共产党建立地方苏维埃根据地到建立全国政权,先后实行过两审制、三审制,再到三审制、两审制并行。新中国成立后首任最高人民法院院长董必武在1954年11月的讲话中提及,"尤其是法院组织法,还总结了我国土地革命以来人民司法工作经验"。1931年瑞金中华苏维埃共和国时期,实行四级两审终审制度:"如区为初审机关,则县为终审机关,县为初审机关,则省为终审机关,省为初审机关,则最高法院为终审机关,任何案件经过这两审之后,不能再上诉。"长征初到陕北后,先执行四级两审,五个月后调整为三级两审,废止区裁判部。1937年国共合作,苏维埃辖域改为中华民国陕甘宁边区。此前南京国民政府1935年实施新的法院组织法,将四级三审制改为三级三审,以地方法院为一审,高等法院为二审,最高法院为三审。因此,边区法院改行三级三审制:"县政府的承审员是第一级的初审,边区高等法院是第二级的复审,中央最高法院是第三级的终审。"但由于政治上等原因,第三审没有至国统区重庆的最高法院。而是在边区政府暂设一个五人组成的审判委员会,受理三审上诉。在陕北,权宜的、形式上的三审设计,在国共关系恶化后被废弃,回到苏维埃时期的两审制,以边区高等法院为终审。参见刘忠:《四级两审制的发生和演化》,载《法学研究》2015年第4期。

〔2〕 2018年3月,中共中央印发了《深化党和国家机构改革方案》,中央全面深化改革领导小组改为中央全面深化改革委员会。

但是这些巡回法庭均属于最高人民法院的派出机构，其性质不属于一个层级的法院，它的设立并没有改变我国四级两审终审的审级制度格局。

我国在四个法院层级的架构下实行两审终审制，这不仅是受诉讼法的技术原理影响，也与新中国的政治制度相关。中国政治运行的基本方式是：纵向上，中共中央领导地方各级党委、上级党委领导下级党委；横向上，党委对同一区划层级内的人大和"一府两院"及群团机构进行一元化领导，党委是各级政权层级的中枢。[1]所以，我国的法院层级设置总体上与行政区划和政权等级相一致，相应地形成四个司法层级。同时，我国传统法律文化中并无审级终审的观念，审级过多必然会导致当事人缠讼和不断控诉，矛盾上移，所以新中国成立初期中央决策层果断实行两审终审。我国审级制度中，没有建立专门的法律审——第三审，大大淡化了上诉制度统一法律适用的功能。

二、上诉审程序的模式：从复审制到续审制

我国上诉审的性质和模式，经历了由复审制（或指导性复审制）向续审制的发展历程。新中国成立之初，由于法律与司法制度几乎完全参照当时社会主义国家法制的样板——苏联法，因而其上诉制度带有极强的社会主义法系上诉模式特质：根据记录进行上诉；依据上诉法院对记录的审查，如果有新证据，也依赖于对新证据的询问。另外，这种模式的上诉审可以不受当事人所提出的事实和法律根据的约束，上诉法庭可以提出当事人未提及的事实和证据。即上诉法院不仅全面审查事实问题和法律问题，而且可以超越当事人上诉范围进行审理。按照达玛什卡的理论，苏联无疑可以归属于典型的能动型国家。"它信奉或致力于实践一种涉及美好生活图景

[1] 参见刘忠：《四级两审制的发生和演化》，载《法学研究》2015年第4期。

的全面理论并且以它作为基础来设计一个在理念上面面俱到的改善其公民之物质和道德境况的计划”，“能动型国家的法律并非生发于市民社会并反映着它的惯例，而是源自于国家并表达着它的政策”。在这种意识形态支配下的司法，法律只是国家实现其政策的工具。一起纠纷可以被看作向政府发出的信号，显示出政府干预的必要性。“从国家政策的角度来看，对案件的正确处理可能要求考虑当事人之间不曾发生争执的问题。个人之间的纠纷变成了寻求某一社会问题之最佳解决方案的由头，而这一社会问题是由于原告与被告之间的冲突才为政府部门所察觉的。”〔1〕在苏联的法律制度体系内，上诉制度是其法律监督理论的一部分。从理论上讲这种监督机制是为了保证法律在苏联的统一实施。法理就根本否认私法的存在，苏联领导人就直截了当地宣布：“我们不承认任何‘私法’。在我们看来，经济领域中的一切都是属于公法范围，而不属于私法范围。”“不是把corpus juris romani（罗马法典），而是把我们的革命法律意识运用到‘公民法律关系’上去……”〔2〕在不承认私法的前提下，国家干预自然是没有界限的。所以，上诉审的审理范围可以不受当事人所提出的事实和法律根据的约束，正是在这种国家意识形态支配下顺理成章产生的。

在我国，上诉程序的审理是否可以超越当事人上诉请求的范围，这一问题经历了一个转型的过程。1982年《民事诉讼法（试行）》第149条规定：“二审法院应对案件进行全面审查，不受当事人上诉请求的限制。”1991年《民事诉讼法》第151条规定：“第二审人民法院应当对上诉请求的有关事实和适用法律进行审查。”该内容此后历经多次修正（2007年、2012年、2017年、2021年）而没有改变。但是，1992年《最高人民法院关于适用〈中

〔1〕［美］米尔伊安·R.达玛什卡：《司法和国家权力的多种面孔——比较视野中的法律程序》，郑戈译，中国政法大学出版社2004年版，第120～128页。

〔2〕《列宁全集》第33卷，第587页。转引自张卫平：《民事再审：基础置换与制度重建》，载《中国法学》2003年第1期。

华人民共和国民事诉讼法〉若干问题的意见》规定，二审法院依法对上诉人上诉请求的有关事实和适用法律进行审查时，“如果发现上诉请求以外原判决有错误的，也应当依法予以纠正”。这一规定实际上扩大了立法的范围，体现了我国强职权主义的二审模式观念。在经历了多年司法改革和司法理念的变革后，最高人民法院在1998年《关于民事经济审判方式改革问题的若干规定》中限定了上诉审超越上诉请求范围行使审查权的条件，规定“第二审案件的审理应当围绕当事人上诉请求的范围进行，当事人没有提出请求的，不予审查。但违反法律禁止性规定、侵害社会公共利益或他人利益的除外”。“被上诉人在答辩中要求变更或补充第一审判决内容的，第二审法院可以不予审查。”在2015年《最高人民法院关于适用〈中华人民共和国民事诉讼法〉的解释》（以下简称2015年《民诉法司法解释》）中基本延续了这样的精神，此后该司法解释历经2020年、2022年两次修订一直保持此规定。上述规定显示，我国民事诉讼上诉程序在经历了强职权主义的审查模式后，开始认可民事权利的私法性质和当事人的处分权，与西方法治国家类似地采用了上诉审的范围受上诉请求的限制这一基本原则，还兼顾了国家利益和社会公共利益，对此采用职权干预主义。笔者认为总体是应当肯定的。〔1〕

上诉审允许提交新证据和新理由。民事诉讼法对当事人在二审中提

〔1〕 但是在司法实践中，我国还没有完全摆脱超越当事人的上诉请求而依职权全面审查的原则。如在广受社会关注的“郑州电梯劝烟猝死案”中，郑州医生杨某因在电梯内劝阻段某礼抽烟，两人发生争执。10多分钟后，69岁的段某礼突发心脏病死亡。段某礼的妻子田某兰将杨某诉至法院，要求其赔偿死亡赔偿金等共计40余万元。2017年9月4日，郑州市金水区法院作出一审判决，认定杨某行为与段某礼的死亡之间并无必然的因果关系，但段某礼确实在与杨某发生言语争执后猝死。依照《侵权责任法》的相关规定，受害人和行为人对损害的发生都没有过错的，可根据实际情况由双方分担损失，判决杨某向死者家属补偿1.5万元。田某兰不服一审判决，上诉至郑州市中级人民法院。原审被告杨某没有提出上诉。2018年1月23日，郑州市中级人民法院二审公开宣判，撤销要求杨某补偿死者家属1.5万元的民事判决；驳回田某兰的诉讼请求。该二审判决，受到了社会各界的广泛好评。但应当注意的是，此案中原审被告杨某并没有提起上诉。二审法院的审查范围已经超出了当事人的上诉请求，有违反上诉审中“不利益变更禁止原则”之嫌。参见《电梯劝烟猝死案劝组者终审判无责，死者家属拒绝捐赠》，载新华网，http://www.xinhuanet.com/2018-01/24/c_1122304068.htm，最后访问日期：2018年12月2日。

出新证据并没有明确的限制。虽然没有法条的明文规定，但是有一系列的条文和司法解释的信息支持这一结论。2012年《民事诉讼法》第169条规定："第二审人民法院对上诉案件，应当组成合议庭，开庭审理。经过阅卷、调查和询问当事人，对没有提出新的事实、证据或者理由，合议庭认为不需要开庭审理的，可以不开庭审理。"那么反之，如果有新的事实和证据或者理由提出的，要开庭审理。第170条规定："原判决认定基本事实不清的，裁定撤销原判决，发回原审人民法院重审，或者查清事实后改判。"此条也说明二审可以提出新的证据和新的事实。至于二审提出的新事实和新证据是否加以限制，最高人民法院在总结司法实践经验的基础上，对此作了一定限制。2001年《最高人民法院关于民事诉讼证据的若干规定》（以下简称《民事证据规定》）第41条第2项规定："二审程序中的新的证据包括：一审庭审结束后新发现的证据；当事人在一审举证期限届满前申请人民法院调查取证未获准许，二审法院经审查认为应当准许并依当事人申请调取的证据。"第43条第2款规定："当事人经人民法院准许延期举证，但因客观原因未能在准许的期限内提供，且不审理该证据可能导致裁判明显不公的，其提供的证据可视为新的证据。"该证据规定还通过诉讼费用配套抑制当事人在上诉中随意提出新证据，"由于当事人的原因未能在指定期限内举证，致使案件在二审或者再审期间因提出新的证据被人民法院发回重审或者改判的，原审裁判不属于错误裁判案件。一方当事人请求提出新的证据的另一方当事人负担由此增加的差旅、误工、证人出庭作证、诉讼等合理费用以及由此扩大的直接损失，人民法院应予支持"。[1]故可以认为，我国曾一度在规范层面对当事人在二审中提出新证据作出了严格的限制。但是，由于该规定脱离中国追求客观真实的法律文化传统和发展阶段的国情，在司法实践中一直争议不断，并招致当事人的强烈抵触，在执

〔1〕 2001年《民事证据规定》第46条。

行过程中各地法院也并不统一。〔1〕所以，我国法院修正严格适用证据失权规则的趋势变得越来越明显。〔2〕根据2008年《最高人民法院关于适用〈关于民事诉讼证据的若干规定〉中有关举证时限规定的通知》第10条的规定，人民法院对于“新的证据”，应当依照《民事证据规定》第41条至第44条的规定，结合以下因素综合认定：(1)证据是否在举证期限或者《民事证据规定》第41条、第44条规定的其他期限内已经客观存在；(2)当事人未在举证期限或者司法解释规定的其他期限内提供证据，是否存在故意或者重大过失的情形。2012年《民事诉讼法》修订时，总结2001年《民事证据规定》有关举证时限在司法实践中的施行情况，采取了区分逾期提供证据的不同情况、对应不同后果的处理方式，并未以证据失权作为一般原则。这一精神在2015年《民诉法司法解释》中得到进一步细化，并规定了“但该证据与案件基本事实有关的，人民法院应当采纳”，只是可以在采纳的同时对当事人予以训诫、罚款。〔3〕这样的规定，实际上对于当事人在二审中提出新证据的权利基本予以放开。2019年最高人民法院在修改《民事证据规定》时删除了原规定中有关新的证据的内容。〔4〕另外，在司法实践中，由于是否存在故意或重大过失难以认定，所以二审中只要当事人提出新证

---

〔1〕 参见齐树洁：《〈民事证据规定〉的困境及其启示》，载《证据科学》2009年第2期；李浩：《民事判决中的证据失权：案例与分析》，载《现代法学》2008年第5期。

〔2〕 2006年12月，时任最高人民法院民一庭庭长纪敏撰文指出：“但从将近5年的施行过程看，实践中对《证据规定》中个别条款内容的理解还存在一些问题，其中最主要的就是如何理解和适用有关证据失权的规定。对当事人而言，证据失权与其诉讼目的的实现关系重大。因此，每一位民事审判法官在适用《证据规定》第34条规定的时候，要格外慎重。如果孤立、片面或者机械地理解和适用该条规定，往往会在实践中导致对当事人合法权益的保护不周，甚至在很多时候还会严重损害当事人的合法权益。这种做法直接导致案结事不了，诱发涉诉信访，影响社会稳定与和谐。”参见纪敏：《全面理解和正确适用证据失权》，载《人民法院报》2006年12月25日，第5版。

〔3〕 2015年《民诉法司法解释》第102条规定：“当事人因故意或者重大过失逾期提供的证据，人民法院不予采纳。但该证据与案件基本事实有关的，人民法院应当采纳，并依照民事诉讼法第六十八条、第一百一十八条第一款的规定予以训诫、罚款。当事人非因故意或者重大过失逾期提供的证据，人民法院应当采纳，并对当事人予以训诫。当事人一方要求另一方赔偿因逾期提供证据致使其增加的交通、住宿、就餐、误工、证人出庭作证等必要费用的，人民法院可予支持。”

〔4〕 参见郑学林、刘敏、宋春雨等：《关于新〈民事证据规定〉理解和适用的若干问题》，载《人民法院报》2020年3月26日，第5版。

据的，二审法院一般均予以接受。

综上所述，我国1982年《民事诉讼法（试行）》规定的第二审程序，其审查的范围可以不受上诉范围的限制，当事人也可以提出新的证据资料，可以全新的立场重新认定事实而为判决，所以属于典型的复审制性质。在20世纪末开始的民事审判方式改革后，我国的上诉审开始具有了续审制特征。在经历了司法改革的持续推进，立法和司法解释不断演变，在理论界和实务界，主张将续审制明确作为我国的二审审理模式已经基本达成共识。〔1〕我国当下民事诉讼第二审程序中，审理范围原则上以当事人的上诉请求为限，允许提出新的证据和理由，目前我国的上诉审已经接近于续审制了。

三、科层式结构下的“二审职权中心主义”

达玛什卡为了分析政府管理体制的权力组织方式对法律程序的影响，提出了两种权力结构的理想类型——科层式理想型和协作式理想型。科层式理想型下的司法结构信赖全面而系统的上诉审查制度；而协作式理想型则以单一的决策层级为特征，初审判决被推定为最终判决。真实世界中某个国家的程序性权力和形式往往兼具两者的特点，他们广泛地分布于一条直线的各个点上——这条直线的一个理论端点是司法权力完全按照等级制组织起来，另一个理论端点是司法权力完全呈现单一层次组织结构。在现代政治体制下，世界各国都呈现一定的科层式特点，大多建立了金字塔形的法院结构，司法组织正在迈向越来越强的职业化、中央集权

〔1〕 在2015年《民诉法司法解释》起草过程中，“各方普遍认为一审和二审的审理范围既有联系又有分工，既在机制上符合系统论、控制论的基本原理，也顺应逐渐趋于当事人主义的民事诉讼发展潮流，而续审制克服了两审中诉讼行为互相孤立、诉讼操作重复的问题，符合我国的审判实际和当今世界民事审判方式的发展趋势，且续审制已经深入我国审判方式中，因而主张将续审制明确作为我国的二审审理模式”。参见李相波：《关于〈民事诉讼法〉司法解释第二审程序修改内容的理解与适用》，载《法律适用》2015年第4期。

化和有组织的专业化，即使是英美法系国家也概莫能外。但是各种传统的结构并没有被完全放弃，也并没有以相同的步伐步入现代化的趋势。无可争议的是，我国的司法权力结构具有明显的科层式模型的特点。中国是中央集权的统一制国家，其整个政权的有效统治建立在严格的等级化权力和下级服从上级、地方服从中央的政治秩序之上。我国的四级法院体制，作为国家政治权力机构的重要组成部分，完全排列于严格的等级秩序之下。

在科层式权力结构下，我国的上诉审程序被赋予更多监督和指导含义。新中国成立以后，司法制度和审级制度深受苏联影响，上诉制度和审判监督制度是根据苏联的法律监督理论建立起来的。我国1954年《人民法院组织法》确立的四级两审制民事审级制度，上下级法院的审级关系属于审判监督关系，亦即上级法院对下级法院的审判工作进行监督，这一精神沿用至今。所以，中国式审判监督权的含义十分丰富，既包括各级法院依据审判监督程序对自身判决和下级法院的生效判决的监督，也包括检察机关对各级法院和各类案件依据审判监督程序的监督，上级法院依据上诉程序对下级法院审理的案件改判或发回重审，也一度作为一种与审判监督程序完全等同的概念使用。〔1〕在司法实践中使用这两种程序纠正司法错误的意义（特别是政治意义）是完全相同的。正因如此，上诉审对于下级判决的审查普遍具有“监督”和“指导”的性质，这种关系也得到官方文件的正式确认。〔2〕监督职能强调的是一种单向的、形式灵活的、行政性质的

---

〔1〕 参见江伟主编：《民事诉讼法专论》，中国人民大学出版社2005年版，第343页。

〔2〕 2010年《最高人民法院关于规范上下级人民法院审判业务关系的若干意见》第1条规定：“最高人民法院监督指导地方各级人民法院和专门人民法院的审判业务工作。上级人民法院监督指导下级人民法院的审判业务工作。监督指导的范围、方式和程序应当符合法律规定。”第8条规定：“最高人民法院通过审理案件、制定司法解释或者规范性文件、发布指导性案例、召开审判业务会议、组织法官培训等形式，对地方各级人民法院和专门人民法院的审判业务工作进行指导。”第9条第1款规定：“高级人民法院通过审理案件、制定审判业务文件、发布参考性案例、召开审判业务会议、组织法官培训等形式，对辖区内各级人民法院和专门人民法院的审判业务工作进行指导。”第10条规定：“中级人民法院通过审理案件、总结审判经验、组织法官培训等形式，对基层人民法院的审判业务工作进行指导。”

权力。上级法院在二审程序中，不仅享有全面的审查权，而且在处理下级裁判的错误时享有广泛的自由裁量权：既可以发回重审，也可以亲自处理（改判或调解）。而初审法院相对而言，则不享有制约上诉审法院的权力。

前文述及，对于第一审程序和第二审程序的重要性，理论上有不同的认识，即“一审中心主义”和“二审中心主义”，前者认为第一审在审级制度中更为重要，后者则认为第二审比第一审程序更为重要。我国多数学者认为，在我国应当构建以一审为中心的审级制度模式，尤其是在事实审方面以一审为中心重构我国的第一审程序。〔1〕但是，在典型的科层式权力结构下，当下中国的上诉审程序呈现出明显的以二审为重心的特点。

第一，民事诉讼法对于上诉权给予了充分的保护，几乎没有设置任何限制性条件。世界上大多数国家没有对民事上诉权作出宪法性的保障，并且，在原则上确立第一次上诉为权利性质的同时，出于防止上诉权的滥用而损害司法资源、侵犯对方当事人的正当利益等考虑，许多国家和地区如法国、日本、比利时以及我国台湾地区等为了制裁恶意滥用上诉权以拖延裁判结果的发生、追求非正当利益的行为，建立了对恶意上诉行为的惩罚制度。德国和英美法系国家也都有类似的制度作为保障，〔2〕并且在尊重当事人的程序选择权基础上确立了上诉权舍弃制度。而我国则完全开放了所有上诉的渠道。现行《民事诉讼法》除了规定对小额诉讼实行一审终审外，对于当事人行使上诉权只是规定了相关的期限、主体等最基本的条件，至于行使上诉权是否要受到一定的限制、不得恶意滥用上诉权则未有相关的规定，上诉权基本上被认为是一种当然的权利。我国没有建立德国、法

---

〔1〕 参见李浩：《强化民事第一审程序：原理、路径与方法》，载《江海学刊》2009年第5期；龙宗智：《论建立以一审庭审为中心的事实认定机制》，载《中国法学》2010年第2期；胡夏冰：《构建“一审中心主义”的审级格局》，载《人民法院报》2011年9月22日，第2版；赵旭东：《民事诉讼第一审的功能审视与价值体现》，载《中国法学》2011年第3期；陈瑞华：《论彻底的事实审：重构我国刑事第一审程序的一种理论思路》，载《中外法学》2013年第3期。

〔2〕 参见本书第二章。

国、日本普遍存在的上诉权舍弃制度，即上诉权因当事人之间预先达成的不上诉的合意或者原审判决事后明确表示放弃而取消的制度，也没有建立对滥用上诉权行为的惩戒制度。

第二，一旦案件被提起上诉，在第二审程序作出终审判决之前，第一审判决暂时得不到执行。我国没有像德、法、日等在民事诉讼中建立假执行制度，更不像英美法系国家第一审判决即具有执行力。所以除了在极少数案件中出于解决当事人生活急需的原因可以先予执行之外，在第二审法院作出终审判决之前，判决因未“生效”所以不具有执行效力。

第三，第二审既审查法律问题又审查事实问题，当事人在二审中可以提出新的证据和理由，第二审可以对第一审进行全面而仔细的审查。前文述及，在更接近协作式理想型的英、美国家，二审程序一般不审查一审程序的事实问题，当事人在上诉审中不能提出新的证据和理由，故属于“一审中心主义”。在同属于科层式的德国、奥地利、意大利等国，为了防止审级的重心后移，在近年来司法改革中，更加严格地限制当事人在第二审中提出新证据的权利，二审法院原则上受第一审法院认定事实的约束。我国在经过多次司法改革后，第二审审理范围只限于当事人的上诉请求范围之内，但是仍然保留了“一审判决违反法律禁止性规定，或者损害国家利益、社会公共利益、他人合法权益”的部分，二审法院可以依职权进行审查并纠正的规定。在其他方面，也体现了第二审对第一审审查的充分性：其一，在总体模式上从复审制向续审制演变的背景下，第二审仍然属于事实审这一点没有变化。其二，虽然在2001年《民事证据规定》中对在二审中提出新证据作出一定的限制，但在2015年《民诉法司法解释》中已经作出了调整，所以根据目前的法律规定当事人在二审中提出新证据的权利基本上没有受到大的限制，只是如果是故意或重大过失而拖延到二审再提出的证据会承担部分诉讼费、罚款的代价。在对当事人证据的更新权没有作实质性限制的情况下，审级的重心完全有可能从第一审后移到第二审，在司法实践中“不打一审打二审”的现象屡见不鲜。至于当事人在二审中提出第一审中没有提过的新理由,立法上则没有给予任何的限制。

第四,中国民事诉讼中的“书证中心主义”,使二审法院在认定事实方面与第一审法院相比没有劣势。虽然在立法层面,我国对于书证、证人证言等证据种类给予了同样的待遇,但是在民事诉讼司法实践中,书证具有压倒一切的重要性,证人的作用极其有限。由于特殊的国情、文化等因素,法官对证人证言几乎极少信任,证人也很少出庭。〔1〕这样的实践状态,使二审程序在认定事实方面,相对于一审法官并没有弱势。所以在司法实践中,二审法院在认定事实问题上,就没有如英美法系法官出于尊重一审法官直接面对证人出庭作证的考虑,而对一审法官认定事实问题给予足够的尊重的传统与原因。既然同样是面对书面证据,同样的证据不会随着审级的增加和时间的迁移而弱化,二审法官就没有必要对于一审法官认定事实给予迁就。

第五,第二审法院在上诉案件的处理方式上,可以选择维持原判、改判和发回重审的广泛权力,但缺乏一审程序制约二审程序的制度安排。西方国家审级制度的功能之一是实现审级制约,这种制约并不是简单的上级对下级的单向制约,也包含来自下级法院对上级法院的制约。在我国,在两审终审制的架构下,二审法院在处理一审判决的错误时享有广泛的自由裁量权,在决定是自行审理查清事实后改判,或者发回第一审法院重审时,并不受当事人的上诉权或第一审判决因素的制约。而下级法院相对于上级法院而言,则受到上级法院的较为全面的监督和制约,所以一审法院在审理一审案件的过程中,即经由正式或非正式的请示汇报以寻求上级法院“指导”成为一种具有合法性的制度或惯例。

总之,在科层式权力结构下,我国的上诉审程序体现了对下级法院裁

〔1〕 参见徐昕:《法官为什么不相信证人?证人在转型中国司法过程中的作用》,载《中外法学》2006年第3期。

判极强的单向的监督指导职权，其在几个方面的显著特征，可以认为我国上诉制度属于科层式理论端点的典型，虽然在好几个因素上有淡化的趋势。这些制度性特点必然导致审级制度中审理的重心向二审后移，本书称为"二审职权中心主义"。

四、审级责任上的"一审责任中心主义"

"二审职权中心主义"是从审级法院之间的权力上而言的。但我国在审级制度保证司法公正、维护当事人的合法权益、实现纠纷的有效化解的任务方面，则某种程度上呈现了强调一审的责任，而忽视二审责任的倾向。具体而言是把化解纠纷、"案结事了"的责任压到一审程序。本书称为"一审责任中心主义"。〔1〕

（一）将矛盾化解在基层的司法理念

我国当代法院体制的架构，由1982年《宪法》及稍后修改的《人民法院组织法》确立，而这两部法律是以1954年《宪法》和《人民法院组织法》为基础拟定的。在1954年筹划国家新政治架构时，原有的"县级人民法院、省级人民法院、最高人民法院三级法院"的体制仍然没有变化。这一体制带来较大的问题，省法院一审的案件，二审即至最高人民法院，最高人民法院指导全国法院的职能则被挤占。在此情形下，设在省与县之间的专区一级分院被充分关注。1954年8月19日，彭真在政务院政法委会议上作关于法院组织法等草案说明中，明确设立中级法院。〔2〕从《人民法院组织

〔1〕"责任"意指一种职责和任务，其有两种基本含义：(1)分内应该做好的事，如履行职责、尽到责任、完成任务等；(2)如果没有做好自己的工作，而应承担的不利后果或强制性义务，如担负责任、承担后果等。前者称为积极意义上的责任(responsibility)，后者称为消极意义上的责任(accountability)。本书此处所称的"责任"主要是指应当履行的职责、应当完成的任务。参见麻宝斌、郭蕊：《权责一致与权责背离：在理论与现实之间》，载《政治学研究》2010年第1期。

〔2〕参见《彭真传》编写组编：《彭真年谱》(第2卷)，中央文献出版社2012年版，第481页。

法》的负责人之一，时任最高人民法院和司法部联合党组书记魏文伯所作的立法背景发言中，可以详见决策层为何对专区法院予以肯定，并将其设置为一个独立层级："过去几年设省（自治区）人民法院分院，是发挥了一定作用的。但是因为这种分院只是省（自治区）人民法院的派出机关，它的判决和裁定就是省（自治区）人民法院的判决和裁定，如果当事人不服，就只能直接向最高人民法院及其分院上诉，而不经过省（自治区）人民法院。这样就形成了三不便：群众上诉不便；省（自治区）人民法院掌握和监督全省（区）的审判工作不便；大量上诉案件集中到最高人民法院及其分院，使案件难于及时处理，形成拖延挤压，亦是不便。现在人民法院组织法规定在基层人民法院和高级人民法院之间设立中级人民法院，就可以克服这些缺点。"对于1954年《人民法院组织法》确立两审终审制的审级制度，魏文伯又作出如下强调："要做到正确而及时地审判案件，不在于增多审级，而在于健全各级人民法院的组织和制度的建设，特别是加强基层人民法院和中级人民法院的建设，使绝大部分案件能在这两级人民法院得到完满解决。"〔1〕1954年，一届人大对中国法院进行了层级和审级重构，法院层级由三级增为四级，审级由三审减为两审，通过"一增一减"确立了我国今日审级体制的基本形态。之所以这样设置，正是体现了案件主要交由基层和中级法院实现解决，最高人民法院和高级法院可以腾出手来，集中主要力量从事重要案件的审判和对下级法院的审判监督和指导等更为宏观的工作。

同时，为了实现案件化解在基层和中级法院这两个层级的目标，另外设置了两项重要的配套性制度：一是普遍建立基层民事调解机构，将人民调解作为分流进入诉讼的手段。二是在基层法院设立派出法庭。人民法庭作为基层人民法院的派出机构，成为独具中国特色的司法制度之

---

〔1〕 魏文伯：《对于"中华人民共和国人民法院组织法"基本问题的认识》，载《法学研究》1955年第1期。

一。[1]1954年法院组织法草案的说明中指出："人民法庭是我们在长期革命斗争中创造出来的，它可以直接联系群众，处理案件快，错误也比较少。"[2]其意义不仅在于可以更好地做到国家法律与地方习俗的融合，更好地司法便民，更好地服务于乡镇政治建设，在更为重要的意义上，体现了将矛盾化解在基层的政治逻辑和司法理念。

如果说新中国审级制度的设计之初，其基本理念还是将审级制度建设集中到重视基层法院和中级法院的工作，这无疑是具有一定的积极意义。但是在此后随着经济社会的不断发展，尤其是改革开放以后，法院在国家事权中承担着越来越重要的任务，更多的矛盾和纠纷通过诉讼的形式进入法院。在诉讼爆炸和上诉案件积案的压力下，法院系统内部又逐步形成了将矛盾化解的责任，或者是将圆满解决案件的责任更多地下压到一审法院的指导思想。直到20世纪80年代，最高人民法院在法院层级和审级上，基本思路依然是重心在基层。[3]1982年12月，法院编制为13.4万余人，期间中央不断给法院扩编，到1989年已经增加到24.7万人。[4]对增加编制的使用，时任最高人民法院院长郑天翔提出，90%左右要用于加强基层，特别是加强人民法庭。除充实现有人民法庭外，在全国要争取增设6000个左右新的人民法庭。[5]至2005年，"人民法庭办理的案件依然占全国法院受理一审案件总数的40%左右。绝大部分当事人服判息诉，上诉率仅为9.86%，二审改判、发回重审的仅占上诉案件的16.13%；很多人民法庭近年来的案件上诉率为零，不少法庭几年来没有被改判、发回重审的案件"。[6]2006年至

〔1〕 参见刘忠：《四级两审制的发生和演化》，载《法学研究》2015年第4期。

〔2〕 《彭真传》编写组编：《彭真年谱》第2卷，中央文献出版社2012年版，第482页。

〔3〕 参见刘忠：《四级两审制的发生和演化》，载《法学研究》2015年第4期。

〔4〕 参见刘忠：《规模与内部治理——中国法院编制变迁三十年（1978—2008）》，载《法制与社会发展》2012年第5期。

〔5〕 参见《继续加强法院的思想建设、组织建设和物质建设——在第十三次全国法院工作会议上的讲话（摘要）》（1987年6月4日），载郑天翔：《行程纪略》，北京出版社1994年版，第526页、第527页。

〔6〕 《最高人民法院院长肖扬在全国人民法庭工作会议上的讲话》。转引自刘忠：《四级两审制的发生和演化》，载《法学研究》2015年第4期。

2013年，全国人民法庭共审结各类案件1925.5万件，占同期全国法院办案数的23.76%。[1]

要理解我国审级制度的指导思想，离不开从政治的视角观察司法。在我国，乡村社会的国家政权建设始于清末新政，展开于民国时期，其主要内容是建立合理化的官僚制度，使国家行政力量深入农村基层，加强国家对乡村社会的动员和监控能力。在清末以前，国家行政权力的边陲是县级，王权止于县政，县以下实行自治，实行的是一种“官督绅办”的治理体制，王权通过亦官亦民的乡里组织和乡土士绅对基层社会实行管控。民国时期，地方政权最显著的变化是行政权力从县级下沉到乡镇级，乡镇从地方自治单位成为国家最基层的行政组织。国家以乡镇为边界来划分国家行政管理和地方自治。[2]而新中国成立以后，通过“政社合一”的人民公社体制，全面加强了对乡镇直至村（大队、小队）的管理和控制，实现了国家对社会政治文化生活及其他一切领域的控制。党组织不断扩大及下沉，是新中国基层治理的政治组织基础。在加强党建的同时，新政权同样高度重视基层政权建设。加强基层政权建设，就国家政权建设的角度而言，无疑确保中央国家权力的影响范围在地理空间和人群上不断扩大，覆盖渗透到广泛的社会领域。在纠纷解决以及法院审判工作领域，又形成了矛盾化解在基层的司法指导思想。

（二）“枫桥经验”在司法领域的延伸

矛盾化解领域这一思想的代表是“枫桥经验”。与延安时期的“马锡五审判方式”一样，“枫桥经验”已经成为中国共产党的法律制度中影响深远的主要传统之一。二者都是富有中国特色的政治与社会治理方式，都

---

〔1〕 参见孙佑海：《人民法庭工作不能削弱必须加强》，载《人民法院报》2014年7月10日，第2版。

〔2〕 参见于建嵘：《国家政权建设与基层治理方式变迁》，载《文史博览（理论）》2011年第1期；龙太江：《乡村社会的国家政权建设：一个未完成的历史课题——兼论国家政权建设中的集权与分权》，载《天津社会科学》2001年第3期。

坚持走群众路线，注重矛盾纠纷的化解。20世纪60年代初，在社会主义教育运动中，浙江诸暨枫桥镇干部群众创造了“充分发动和依靠群众，开展说理斗争，没有打人，更没有捕人，就地制服四类分子（地主、富农、反革命分子、坏分子）”的好经验。1963年，毛泽东对于“矛盾不上交，就地解决”的“枫桥经验”予以肯定，并且作出批示，“要各地仿效，经过试点，推广去做”。[1]同年11月，经过公安部和浙江省公安厅的蹲点研究和讨论总结，形成了《诸暨县枫桥区社会主义教育运动中开展对敌斗争经验》，“枫桥经验”由此诞生。1978年4月起，枫桥地区又在全国率先开展为“四类分子”评审摘帽的工作，得到公安部的首肯，并被介绍推广经验。到这一时期为止，“枫桥经验”的开展对象主要是作为阶级敌人的“四类分子”，它所处理的主要是敌我矛盾。1980年官方文件正式确定将“枫桥经验”的重点转向对违法犯罪人员的帮教改造工作。1982年诸暨在介绍“枫桥经验”时，提到要运用“枫桥经验”重视调解工作，“枫桥经验”纳入民事调解的经验。1993年，中央政法委、公安部、浙江省在诸暨市召开枫桥经验30周年纪念大会，提出“枫桥经验”是社会治安综合治理的典范。1998年又总结出“党政动手、依靠群众、立足预防、化解矛盾、维护稳定、促进发展”的时代特色。2003年中央领导又充分肯定了“枫桥经验”中“小事不出村、大事不出镇、矛盾不上交”的核心理念，并总结出以“四前工作法”为代表的各种工作方法，由此全面建立起一种由基本理论和意识形态为指导的、完善而又自成一体的“枫桥经验”工作方法的成熟体系。由此可见，“枫桥经验”本身是一个动态的发展的经验，它的内涵在不同的历史阶段被不断地发展丰富。但其基本精神和实质内涵都包含着将人民内部纠纷视为“矛盾”来处理和解决，其典型的体现就是所谓的“发动和依靠群众”和“小事不出村，大事不出镇，矛盾不上交”的基本模式和效果。深入“枫桥经

〔1〕 中共中央文献研究室编：《毛泽东年谱（一九四九—一九七六）》第5卷，中央文献出版社2013年版，第283页。

验”的核心内涵便不难发现，“枫桥经验”的一项重要内容就是在处理纠纷工作中的“抓基层、抓基础”原则。“‘枫桥经验’虽然诞生在农村，但其强化基层基础，就地解决问题的基本精神具有普遍的指导意义。”〔1〕正因为具备这种基层和基础作用，所以时至今日，中央认为这一经验不仅适用于农村，而且适用于城市；不仅适用于社会治安工作，而且也适用于其他各项工作。〔2〕

“依靠群众就地化解矛盾”是“枫桥经验”的精髓，也是对中国传统基层社会治理理念的传承和发扬。应该说，“枫桥经验”的本意并没有要将进入司法程序的纠纷案件在一审程序即圆满解决的意涵。对于基层社会产生的纠纷，要依靠基层的群众进行调解，实行能调则调、当化则化，从而避免将民间纠纷上升到司法案件，这才是“枫桥经验”的精神实质。一方面，是对中国传统社会对于基层纠纷依靠乡土精英进行社会自治的传统的继承。枫桥镇有大量社会自治组织参与基层社会治理，并在矛盾化解等方面发挥了实效。如枫桥镇成立了59个调解委员会，吸纳调解员391名，形成了镇、村、企全覆盖的调解组织网络和人民调解、行政调解、司法调解相结合的“大调解”工作格局。〔3〕另一方面，“枫桥经验”也与全球的“接近正义”运动的精神相契合。这一思潮的基本理念是，将正义与司法（法院）区分开来，重新理解和解释正义的内涵，使公民有机会获得具体而符合实际的正义，即纠纷解决的权利。这一理念所带来的是诉讼外纠纷解决机制（ADR）在全球范围的蓬勃发展，其思路是改变对法院在纠纷解决中的功能的狭隘认识。也就是说，法院的判决为社会提供了纠纷解决的交易基础，

〔1〕 习近平：《干在实处，走在前列——推进浙江新发展的思考与实践》，中共中央党校出版社2006年版，第506页。

〔2〕 参见杨明伟：《“枫桥经验”的历史来源和现实启示——毛泽东、习近平关注的一个重大问题》，载《毛泽东邓小平理论研究》2018年第9期。

〔3〕 郭星华、任建通：《基层纠纷社会治理的探索——从“枫桥经验”引发的思考》，载《山东社会科学》2015年第1期。

而绝大多数的纠纷应当交由当事人或其他组织根据这一基础、通过多种方式解决。而“枫桥经验”的核心精神是通过群众组织来对基层纠纷进行调解、化解，从而做到“小事不出村”“大事不出镇”，减少纠纷进入司法程序的数量，无疑与这一运动的精神是一致的。

我国法院系统在落实中央关于加强基层基础建设和学习“枫桥经验”的过程中，在具体案件的审判工作上体现了重视基层法院、中级法院工作的特点；在审级责任上，则逐步呈现将圆满审结案件，实现“案结事了”的责任更多地赋予一审程序的趋势。而一审程序的关键就是基层法院和“人民法庭”。〔1〕正如最高人民法院所强调的，“人民法庭是人民法院‘基层的基层’，是深化司法体制改革‘关键的关键’，在国家和社会治理特别是县域治理中承担的责任重大，任务艰巨”。“人民法庭根植基层，处在公正司法的聚焦点、司法为民的最前沿、化解矛盾的第一线……五十多年前毛泽东主席亲自肯定和推广的‘枫桥经验’，其精髓就是‘矛盾不上交’、‘把矛盾纠纷化解在基层’，当今的人民法庭依然是完成这一使命的生力军。”〔2〕

要考察中国的这一来自最高司法机关的指导思想，需要将目光回溯到20世纪80年代《民事诉讼法（试行）》刚颁布之时。在1982年召开的第三次全国民事审判工作会议上，时任最高人民法院副院长王战平在讲话中特别强调要“加强基层工作和基础工作”，“人民法庭是基层人民法院的派出机构和组成部分，对指导人民调解委员会的工作，起着重要作用……基层人民法院还要努力加强对人民调解委员会的业务指导，把司法工作立足于群

〔1〕 例如，“（西安市碑林区法院）积极打造实践与发展‘枫桥经验’的城市基层法院模式，取得了良好的法律效果和社会效果……提升审判质量、效率和效果，努力做到‘一审定纷争’。碑林区法院以‘枫桥经验’的‘大事不出镇’为基准点，通过提升案件的审判质量、审判效率和审判效果，进而提升当事人的服判息诉率，努力做到‘一审定纷争’”。参见《碑林区法院积极探索，实践与发展“枫桥经验”城市基层法院模式》，载中国共产党西安市委员会网，http://www.xasw.gov.cn/bmgz/201804/t20180413_257623.htm，最后访问日期：2018年12月15日。

〔2〕 孙佑海：《人民法庭工作不能削弱必须加强》，载《人民法院报》2014年7月10日，第2版。

众，立足于调解和防范，力求把纠纷解决在基层”。〔1〕但是，讲话并没有对上诉审程序的工作提出要求。在1984年召开的第四次全国民事审判工作会议上，王战平指出：“实践证明，一审民事案件办好了，上诉、申诉案件才能减少……人民法院的民事审判工作才能主动。而要办好一审民事案件，关键在于加强基层人民法院和它的派出机构——人民法庭。”在提出下一步工作要求时指出，“要加强基层和基础工作，把大部分纠纷解决在基层，减少诉讼，就是要提高办案质量，减少上诉、申诉，变被动为主动”。应当注意的是，这次会议在强调一审程序的同时，也对上诉程序提出了要求，“各级人民法院都要努力提高办案质量……各级人民法院都要切实负起责任来，争取做到一审案件结一案了一案。上诉的案件，二审人民法院一定要认真处理，不要使之变成申诉案件”。〔2〕2007年最高人民法院提出，“要正确理解‘案结事了’的原则。无论是裁判还是调解，都要以双方当事人胜败皆服为最高追求目标……无论是以调解结案还是以裁判结案，它们所追求的‘案结事了’，不仅应当是尽可能让当事人不上访、不缠诉，更重要的，是要让社会主义社会秩序得以维护，社会主义法治理念得以弘扬，社会主义思想道德得以伸张”。〔3〕2011年6月在浙江杭州召开的全国民事审判工作会议上，最高人民法院又提出，要“始终坚持改革创新，全面加强对下监督指导工作……努力提高一、二审案件裁判质量，降低上诉、申请再审、申诉上访的比例，从源头上预防和减少信访案件，最大限度就近、就地做好当事人服判息诉工作”。〔4〕可以看出，中国最高司法机关一直在提倡努力通过一审程序即实现“案结事了”的目标，体现了将诉讼终结于第一审

〔1〕 王战平：《在第三次全国民事审判工作会议上的报告》，载《人民司法》1982年第9期。

〔2〕 王战平：《振奋精神，努力开创民事审判工作的新局面——在第四次全国民事审判工作会议上的报告》，载《人民司法》1984年第8期。

〔3〕 杜万华：《加强监督指导，促进司法和谐，努力推动民事审判工作新发展——在成都、汕头召开的民事审判专题座谈会上的讲话》，载最高人民法院民事审判第一庭编：《民事审判指导与参考》2007年第3集（总第31集），法律出版社2007年版，第94～95页。

〔4〕 参见《全国民事审判工作会议纪要》（法办〔2011〕442号）。

程序的旨趣。

（三）二审程序对于一审裁判"依法维持、慎重改判"的指导思想

在两审终审的审级制度下，重视一审，尽最大可能地提高一审程序的审判质量，努力通过一审即圆满地解决纠纷，并起到良好的过滤案件作用，使少量确实具有争议、具有重要意义的案件上诉到二审法院，这一思路和理念无疑是值得肯定的。但是，重视一审功能的发挥，根据审级制度原理和世界各国的实践，理应通过充实一审程序，如更为扎实的审前准备程序、集中性的言词辩论以及充足的审理时间、高质量的程序完成度等路径以实现，同时通过在立法上限制当事人的证据更新权以避免审级重心的后移。另外，初审程序并不可能在程序、公正性等因素上达到完美，所以立法者设立上诉程序以制约一审程序，并纠正一审程序的错误。如前所述，为了实现终审判决的终局性，一审程序和二审程序应当协同发挥职能作用。所以笔者认为，二审程序应当重视其承担的制约和纠错职能，以实现审级制度的目的。但是在中国，二审程序的这一责任并未得到充分重视。我国司法实践中，二审法院普遍存在对一审裁判尽量维持、慎重发改的理念。正如最高人民法院一位高级司法官员在2007年某次全国民事审判工作座谈会上提出"二审法院应当在强化调解的基础上，树立依法维持，慎重改判，严格发回的办案思路"。〔1〕我国法院系统对第二审审判活动所遵循的基本理念体现了三个特点：第一，从总体上强调二审应当尽可能维持一审判决、慎重改判。尊重一审法院的自由裁量权，以维护一审法院的权威。对于可改可不改的，改判依据不充分的案件，二审法院以不改为宜。第二，没有区分事实问题和法律问题，一概对一审裁判采取上述二审的态度。这与

---

〔1〕 纪敏：《公正司法、一心为民、廉洁自律、一生平安——在全国民事审判工作座谈会上的总结讲话》，载最高人民法院民事审判第一庭编：《民事审判指导与参考》2007年第2集（总第30集），法律出版社2007年版，第64～65页。

英美法系对事实问题尊重一审法院的认定，但是对于法律适用问题则“绝不迁就初审法院法官在这些问题上的意见”[1]以统一法律适用的做法大相径庭。第三，以判决结果是否公正作为二审是否改判的功利性最主要的依据，而不是以裁判认定事实、适用法律是否恰当作为最主要的二审裁判标准。第四，这个理念基本上没有通过二审裁判统一法律适用标准的意图。对“新类型案件、法律没有明确规定或者涉及自由裁量权的案件，二审法院应当慎重，以不改为宜”。如果主张二审程序要发挥统一司法标准的功能，则二审理应对于“法律没有明确规定”的法律问题，以改判或维持原判的方式，对于同类上诉案件采取相同标准判决，以同一个声音说话。笔者认为，这一理念在很大程度上混淆了二审程序与再审程序的功能与要求，作为审级制度之内的常规的救济程序，第二审理应有错必纠，在正常的审级内最大限度地实现司法的正确性，保证生效判决的公正。而作为例外的对于判决既判力有巨大伤害的再审程序，则应持慎重启动、慎重改判的旨趣，以在依法纠错和维护确定裁判的既判力之间取得平衡。[2]

综上可以得出结论，在我国的审级制度的立法与实践中，一直把重视一审程序作为圆满完成审判任务，确保司法公正，实现“案结事了”的关键，而重视一审的关键又在于重视基层人民法院和基层人民法庭的审判工作。如前所述，重视一审无疑是受到各界广泛肯定的。但是重视一审，理应把充实一审的程序保障作为路径和方法。我国已经把重视一审上升为一种责任，而对于二审在保证确定裁判质量的责任方面则不够重视。除了在《民事诉讼法（试行）》颁布之初期还偶有提起，至晚近则越来越对二审

---

〔1〕［美］理查德·A. 波斯纳：《法律的经济分析》，蒋兆康译、林毅夫校，中国大百科全书出版社1997年版，第761页。

〔2〕有基层法院的法官撰文认为，“二审法院为了考虑上下级法院之间的关系，维护一审权威和公信，对一审裁判的改判极为谨慎，一般是能维持的尽量维持、可改可不改的不改，不轻易否定一审裁判”。参见《一审中心主义的解构与重建——以民事诉讼为视角》，载南京市玄武区人民法院网，http://www.njxwfy.gov.cn/www/xwfy/fydt8_mb_a39150511745.htm，最后访问日期：2018年12月18日。

的功能与责任予以淡化，反而提出了“依法维持、慎重改判”的指导思想。与西方国家在事实认定上尊重一审程序，在法律适用上强调二审统一法律适用、确保法律适用正确性的司法理念相比，差异是明显的。

五、审级关系的行政化

（一）上下级法院关系的行政化

司法活动的规律要求上下级法院的关系在案件审判上是相互独立的。审判权与行政权有重大的区别，法院在自己的审级中独立审理并裁判案件。世界各国普遍设立审级制度，功能在于为一次审判设置救济程序，而不表明上诉法院与原审法院有行政意义上的上下级关系。就立法上而言，应该说我国立法者注意到了司法权与行政权、检察权的不同属性，我国法院体系在制度设计上体现了上下级法院关系不同于行政机关与检察机关的上下级关系的理念。1951年《人民法院暂行组织条例》第10条规定：“下级人民法院的审判工作受上级人民法院的领导和监督；其司法行政由上级司法部领导。各级人民法院为同级人民政府的组成部分，受同级人民政府委员会的领导和监督。”第22条规定：“省级人民法院领导并监督所辖区域内各县级人民法院的审判工作，并在上级司法部领导下，掌管全区域的司法行政。”这些规定确定了上下级法院一种全面的领导与被领导关系，但这与新中国成立之初国家政权体系尚不完善的历史背景有关。至1954年《宪法》和《人民法院组织法》明确了法院独立审判的原则，并注意到法院系统内部应当保持相对独立，取消了上级法院对下级法院工作的领导，仅保留了监督权。[1]根据权威人士的解释，监督关系主要包含两方面含义：

---

〔1〕 1954年《宪法》第78条规定：“人民法院独立进行审判，只服从法律。”第79条规定：“最高人民法院是最高审判机关。最高人民法院监督地方各级人民法院和专门人民法院的审判工作，上级人民法院监督下级人民法院的审判工作。”1954年《人民法院组织法》第14条第2款规定：“下级人民法院的审判工作受上级人民法院监督。”

一方面，上级法院不能干涉下级法院对具体案件的审判，下级法院就具体案件的审判不应向上级法院请示，除死刑案件外也不报送上级法院审核；另一方面，上级法院除受理上诉案件外，仅按照“审判监督程序”纠正下级法院确有错误的生效裁判。〔1〕在经历了“文革”的混乱状态后，我国的社会秩序和法制建设逐步恢复。1982年《宪法》和1983年修订的《人民法院组织法》延续了有关上下级法院审判工作关系的规定。〔2〕此后，“八二宪法”历经数次修正直至2018年3月11日修正，《人民法院组织法》经过2018年10月26日第十三届全国人大常委会第六次会议修订，仍然确定了上下级法院是监督与被监督的关系。〔3〕这与我国的上下级检察院之间，上下级政府之间的领导与被领导关系是不同的。〔4〕

从上述回顾不难看出，全面地看待中国上下级法院的关系，就立法上而言，对于审判工作一直是确定了监督与被监督关系，而对于司法行政工作则确立了由法院自身管理的原则。法院对自身司法行政事务的管理，主要包括人事工作，对财物的管理和后勤保障，司法系统以及具体法院的机关事务管理（如办公场所、法庭、自动化办公、安全保卫、案卷管理等），与案件审判直接相关的司法行政工作，还包括立案登记、诉讼费用、司法鉴

---

〔1〕 参见陈杭平：《历史视野下的上下级法院关系》，载《人民政协报》2013 年1月7日，第8版。另有关资料反映，按照当时的解释，1954年《人民法院组织法》和1954年《宪法》规定的“法院独立审判”原则，包括四层含义：第一，法院在处理具体案件时，不受他人或其他机关的干涉；第二，上下级法院不属于行政从属关系，只是审级关系；第三，对司法人员的任免和产生进行程序保障；第四，法院服从法律进行审判，是司法人员的义务。参见刘崐林：《对“人民法院独立进行审判，只服从法律”的认识》，江西省司法厅编印：《业务学习参考资料》，1955年5月，第52页。转引自陈刚：《我国民事上诉法院审级职能再认识》，载《中国法学》2009年第1期。

〔2〕 1982年《宪法》第127条规定：“最高人民法院是最高审判机关。最高人民法院监督地方各级人民法院和专门人民法院的审判工作，上级人民法院监督下级人民法院的审判工作。”1983年《人民法院组织法》第17条第2款规定：“下级人民法院的审判工作受上级人民法院监督。”

〔3〕 2018年《宪法》第132条规定：“最高人民法院是最高审判机关。最高人民法院监督地方各级人民法院和专门人民法院的审判工作，上级人民法院监督下级人民法院的审判工作。”2018年《人民法院组织法》第10条规定：“最高人民法院是最高审判机关。最高人民法院监督地方各级人民法院和专门人民法院的审判工作，上级人民法院监督下级人民法院的审判工作。”

〔4〕 参见《宪法》第137条和第110条。

定等工作。而上级法院对于下级法院的司法行政事务的领导和管理工作，虽然也存在，但相对比较弱。[1]

但是，立法是一回事，司法实践的运作又是一回事。司法的行政化，以行政性的方式审判案件并管理法院和法官，已经是我国司法实际运行过程中长期存在并未能解决的问题。[2]全面地讨论中国法院体系的司法行政化，不是本书研究的重点，而上下级法院关系的行政化，才是影响审级制度和上诉制度的重要问题。

中国的上下级法院关系的行政化主要体现在两个方面，一是上级法院对下级法院的全面控制，使审级关系变为事实上的领导与被领导关系；二是下级法院就案件的审理向上级法院请示汇报、上级法院给予批复指示，使审级制度形同虚设，二审救济流于形式。[3]上级法院与下级法院形成事实上的领导与被领导关系，主要通过五种渠道：[4]第一，考核评价。尤其是设定考核指标并进行位次排序，使下级法院的工作围绕上级法院的“指挥棒”转。在过去则是通过上级法院对下级法院的检查工作，如对案件的审判工作进行大规模的评查，以发现并指出存在的不符合上级法院工作要求的问题，并要求下级法院进行整改。第二，业务管理。上级法院对下级法院的审判业务庭进行对口业务指导，上级法院审判庭通过召开会议、发布指导性的案例以及审理二审案件等方式指挥下级法院的审判工作。第

---

〔1〕 参见孙亚群：《法院司法行政管理事务管理权研究》，载《中国司法》2004年第7期。另外，中国实践中的法院司法行政管理事务，包括笔者了解的实际情况。

〔2〕 研究成果可参见张卫平：《论我国法院体制的非行政化——法院体制改革的一种基本思路》，载《法商研究（中南政法学院学报）》2000年第3期；谢佑平、万毅：《司法行政化与司法独立：悖论的司法改革——兼评法官等级制与院长辞职制》，载《江苏社会科学》2003年第1期；陈瑞华：《司法裁判的行政决策模式——对中国法院“司法行政化”现象的重新考察》，载《吉林大学社会科学学报》2008年第4期；王申：《司法行政化管理与法官独立审判》，载《法学》2010年第6期；龙宗智、袁坚：《深化改革背景下对司法行政化的遏制》，载《法学研究》2014年第1期；周永坤：《司法的地方化、行政化、规范化——论司法改革的整体规范化理路》，载《苏州大学学报（哲学社会科学版）》2014年第6期。

〔3〕 参见龙宗智、袁坚：《深化改革背景下对司法行政化的遏制》，载《法学研究》2014年第1期。

〔4〕 此为笔者结合大量的研究材料和多年在法院系统工作的经验进行的总结。

三，人事任命。下级法院的主要领导（一把手院长）很大程度上由上级法院领导决定，这种事实上的任命关系以及与之配套的业绩考评机制等，不可避免地加强了上下级法院之间的行政关系。第四，过去，还一度通过审判监督程序来实现上级法院对下级法院审判案件的控制。上级法院并不是通过受理对下级法院判决的申诉或申请再审的手段进行监督，而是主动对下级法院的审判进行全面的检查以发现下级法院裁判中的问题。如果发现问题，则启动再审程序，进行改判，或者通过提出整改意见的方式进行。2000年左右开始启动审判监督制度改革后，我国法院开始认识到审判监督制度对裁判既判力的损害，逐步淡化上级法院主动常规地依行政化的方法对下级法院判决的检查和监督，转向为以当事人的再审申请（或申诉）而启动的再审之诉模式。〔1〕第五，上级法院对下级法院审理中的案件进行主动的命令与指导。这主要是对于一些涉及信访的、较大社会影响的（如引起媒体广泛关注）、较大政治影响的案件等。在这一类案件的审判过程中，上级法院会出于防患于未然的考虑，在一审法院审理案件的过程中，即主动介入。一般通过听取汇报，提出指导意见等形式，对下级法院审理中的案件进行指导。

（二）上级法院对下级法院的行政管理化：考核下级法院的上诉率和发改率

对于上诉功能影响最大的是上级法院对下级法院提出的关于“尽可能将案件解决在一审程序”的工作要求，以及对于上诉率（或服判息诉率）和

〔1〕 参见虞政平：《关于完善我国再审程序的课题报告——以有限再审为前提构建再审之诉法律模式》，载《最新再审司法解释适用与再审改革研究》，人民法院出版社2003年版，第238页以下。

发改率的考核评价上。20世纪90年代以来，受西方“新公共管理运动”〔1〕的影响，政府机关的绩效评估机制开始在中国普遍适用，一些地方政府开始在其下属的职能部门探索绩效评估体系工作。法院作为国家机关的重要组成部分，在中央和各级党委政府的要求下，并且为了改变考核中只重经验和印象，轻视科学测评和定量分析的旧传统，开始积极探索建立绩效评估、案件质量考评制度。不仅建立了法院内部的针对各个审判部门和法官个人的审判绩效评估办法，还建立了一套完整的上级法院对下级法院的绩效评估体系。〔2〕这一系列以审判管理为运行方式的审判绩效考核评估制度包括：

1. 以“数目字管理”为特征的量化绩效指标体系。〔3〕2008年1月最高人民法院制定下发《关于开展案件质量评估工作的指导意见（试行）》（以下简称《指导意见（试行）》）。该意见规定了审判公正、审判效率、审判效

〔1〕 在西方国家，绩效管理真正运用到政府等公共部门的管理中肇始于20世纪50年代美国的绩效预算制度，而20世纪70年代以来西方发达国家掀起的“新公共管理运动”则使绩效管理、绩效评估在政府管理中得到了广泛运用。到20世纪80年代，西方国家开始全面推行政府绩效评估；至90年代，公共部门绩效评估在西方各国达到鼎盛时期。参见张军主编：《人民法院案件质量评估体系理解与适用》，人民法院出版社2011年版，第7～8页。

〔2〕 其发展历程大致分为三个阶段：一是局部试点阶段。从2002年下半年开始，四川省高级人民法院受最高人民法院委托开始对构建审判质效评估体系进行前期研究。2003年开始，上海、江苏、北京、浙江、湖南、西安等省、市各级法院也立足自身实际，开始探索建立案件质效评估体系。二是全国试行阶段。2004年《人民法院审判质量与效率评估体系》的研究与制定工作正式启动。2008年1月，最高人民法院颁布《关于开展案件质量评估工作的指导意见（试行）》，该意见的颁布，为各地法院开展质效评估工作提供了统一蓝本。三是完善提高阶段。最高人民法院试行意见颁布后，江苏、上海、重庆、湖南等地法院结合自身实际对审判质效评估考核体系进行了进一步完善。各地法院对考核体系进行了有益探索，丰富积累了全国统一审判质效评估体系的实践经验。参见重庆市第二中级人民法院课题组：《审判质效考核体系的考察与反思》，载《法律适用》2011年第2期。

〔3〕 美国历史学家黄仁宇先生在《万历十五年》《赫逊河畔谈中国历史》《中国大历史》等多部著作中提出“数目字管理”的概念，黄仁宇先生认为，资本主义社会是一种现代化的社会，能对整个社会施以数目字管理，即以事实为基础、以数据为核心的精确管理，中国落后的根源之一正是缺乏这种以数据为基础的精确管理。宋代以后，随着商品经济日益活跃，商品贸易往来愈加频繁，但因缺少“数目字管理”而逐步落后于西方社会。参见［美］黄仁宇：《赫逊河畔谈中国历史》，生活·读书·新知三联书店1992年版，第213页；［美］黄仁宇：《万历十五年》，中华书局1982年版，第259～274页；［美］黄仁宇：《中国大历史》，生活·读书·新知三联书店1997年版，第171～172页；程开明、李夏琳：《“数目字管理”与统计思想》，载《中国统计》2018年第4期。

果三个二级指标，二级指标由33个三级指标组成。在这一系列的评估体系指标项目中，上诉率是一项重要的指标，其评估的方式为上诉率的数据以一定的权重得出相应的得分数，上诉率越低，得分数越高；上诉率越高，得分数越低。2011年3月，最高人民法院经过对《指导意见（试行）》的修订完善而下发了《关于开展案件质量评估工作的指导意见》（以下简称《指导意见》）。《指导意见》将原有的33个三级指标改为31个，对部分不合理的、不科学的指标进行了完善。应当注意的是，原有的“上诉率”指标被修改为“一审服判息诉率”。

各个省、市基本上都大同小异，将上诉率作为重要的审判质量考评的内容。江苏法院的审判绩效考评体系是较为有代表性的 。2003年年底，江苏省高级人民法院制定出台了《关于建立全省法院审判质量效率统一指标体系和考评机制的实施意见（试行）》及其三个附件：《全省法院审判质量效率指标体系实施办法（试行）》《全省法院案件质量监督评查实施办法（试行）》《全省法院法官审判业绩考评管理实施办法（试行）》，开启了江苏法院审判管理改革。自此以后，又不断根据实践运行中发现的问题以及最高人民法院出台的相关规定多次修改和完善。江苏的指标体系分为“基础指标”和“分析指标”。2011年4月，为了与修改后的最高人民法院《指导意见》相一致，江苏省高级法院也修订了其指标体系，仍然分为“基础指标”和“分析指标”两大类，基础指标19项，包括：结收案比、法定正常审限内结案率、结案均衡度、18个月以上未结案数、调解率、撤诉率、一审判决案件改判发回重审率（错误）、二审改判发回重审率（错误）、生效案件改判发回重审率、一审服判息诉率等；分析指标18项：各类案件收、结、未结案数，立案变更率、“四项案件”未结案率，案件平均审理天数等。而其中的“一审服判息诉率”属于正向指标，即加分项。其分值的计算方法是“1-上诉案件收案数／一审结案数”。因此，可以认为“一审服判息诉率”只是“上诉率”的另一个翻版（见表4–1）。

表4–1　江苏省高级人民法院《全省法院审判质量效率统一指标体系》（2011年4月25日）

序号	基础指标		分析指标	
1	结收案比	+	各类案件收、结、未结案数	
2	法定正常审限内结案率	+	立案变更率	−
3	结案均衡度	+	“四项案件”未结案率	−
4	18个月以上未结案数	−	案件平均审理天数	−
5	调解率	+	超审限未结案率	−
6	撤诉率	+	当庭裁判率	+
7	一审判决案件改判发回重审率（错误）	−	一审简易程序适用率	+
8	二审改判发回重审率（错误）①	+	一审案件陪审率	+
9	生效案件改判发回重审率	−	二审开庭审理率	+
10	对下级法院生效案件再审改判发回重审率	+	裁判自动履行率	+
11	对下级法院生效案件提起再审率	+	再审审查询问（听证）率	+
12	一审服判息诉率	+	申诉复查案件撤诉和解率	+
13	调解案件申请执行率	−	再申诉申请再审率	−
14	执结率	+	执行案件程序终结率	−
15	实际执行率	+	信访投诉率	−
16	执行标的到位率	+	院人均结案数	+
17	再审审查率	−	院法官人均结案数	+
18	进京上访率	−	一线法官人均结案数	+
19	司法赔偿率	−		

资料来源：公丕祥：《当代中国的审判管理——以江苏法院为视域的思考与探索》，法律出版社2012年版，第284页。

注：表中“+”表示正向指标，“−”表示负向指标。

① 该“二审改判发回重审率（错误）”指标的统计口径为正向指标，即中级法院在审理二审案件过程中，对于因错误的原因而改判一审法院的判决的，对中级法院的加分项。

为了进一步加强对下级法院考评的排名，对各项指标的统计口径和权重又进一步明确。以全省中级法院指标的最低值和最高值为指标的最小值和最大值，采用幂函数功效系数和加权算术平均合成法，计算得出综合指数，作为被考评对象的考评得分。〔1〕以江苏2009年的考评办法为例，将民事行政案件上诉率、被改判发回重审率等14项指标作为省高级法院对中级法院的考评指标及权重，其中民事行政案件上诉率权重为7%，被改判发回重审率权重为11%。〔2〕在省内三级法院中，实现两级考评办法，即高级法院对中级法院进行考评，中级法院对基层法院进行考评。在这一要求下，江苏各中级法院均参照省高级法院对中级法院的考核指标，建立了对基层法院的考核指标和权重体系，都将“民事行政案件上诉率”和“被改判发回重审率”作为重要的考评指标。至2011年修订的考评办法，将“民事行政案件上诉率（7%）”改为对“一审服判息诉率（7%）”的考评和权重，应该是大同小异。而对于基层法院的考评，文件则直接作出了明确的规定，将结收案比、法定正常审限内结案率、结案均衡度、调解率、一审判决案件改判发回重审率等14项基础指标，立案变更率、一审案件陪审率等4项附加指标作为考核的指标体系。其中，一审服判息诉率权重为10%，一审判决案件改判发回重审率（错误）权重为8%。〔3〕可见，在江苏法院系统基层法院、中级法院的民事行政案件的上诉率和一审判决案件被二审改（改判）发（发回重审）率，是上级法院对下级法院考评的重要内容。

2. 对下级法院的考核由上级法院进行。广义的中国法院绩效评估制度，既包括法院内部对法官以及其他行政工作人员的工作业绩考核，也包

---

〔1〕 参见2011年江苏省高级人民法院《全省法院审判绩效综合考评办法》，载公丕祥：《当代中国的审判管理——以江苏法院为视域的思考与探索》，法律出版社2012年版，第315页。

〔2〕 参见公丕祥：《当代中国的审判管理——以江苏法院为视域的思考与探索》，法律出版社2012年版，第306页。

〔3〕 参见公丕祥：《当代中国的审判管理——以江苏法院为视域的思考与探索》，法律出版社2012年版，第314～323页。

括上级法院对下级法院的考核办法。与西方有些国家建立的司法质量评估体系有所不同。西方国家为避免行政机构或司法机构从各自的部门利益立场出发而失之偏颇，由独立机构对司法质量进行中立评估是大部分国家较为青睐的做法。如美国《民事司法改革法》由兰德公司负责评估，初审法院绩效评估体系是由国家州法院中心负责。加拿大新斯科舍司法发展计划则由专门的调查小组负责，北美洲的国家基本采用的是内部评估与外部评估结合的方式，欧陆各国则多将司法质量评估的职责赋予司法委员会。〔1〕在上下级法院之间行政化倾向的背景下，在中国则毫无例外地由上级法院对下级法院进行评估考核。

3. 评估标准体现了尽可能实现一审程序对案件的圆满解决的价值取向，具有“数目字管理”为标准的“竞争锦标赛”特征。中国的评估方法一直是采用单纯的数字高低为得分标准，以各个下级法院分值的排列名次作为得分高低的依据，排名越前则得分越高，而不采用区间评分法等模式。〔2〕而对于问卷调查法、抽样分析法和个案观察法等带有一定的主观评判的标准，则一概被弃之不用。因为在中国，标准必须尽可能客观化，以排除评估者主观判断的因素。可被称为“竞争锦标赛模式”。〔3〕

4. 审判绩效考核的结果具有评价和激励功能。明确的数目字成绩单

---

〔1〕 参见施鹏鹏、王晨辰：《论司法质量的优化与评估——兼论中国案件质量评估体系的改革》，载《法制与社会发展》2015年第1期。

〔2〕 世界其他国家如荷兰采用区间评分标准法，如对于案件的上诉率分为四类：行政案件上诉率、商事案件上诉率、家事案件上诉率、刑事案件上诉率。对商事案件上诉率的评分标准为5分制，上诉率≥40%的为1分，35%至40%的为2分，30%至35%的为3分，25%至30%的为4分，<25%的为5分。参见蒋惠岭、金晓丹编译：《荷兰司法质量评估体系（下）》，载《人民法院报》2013年4月12日。

〔3〕 周黎安教授提出了中国地方官员的治理模式“晋升锦标赛治理模式”理论模型的性质和特征，并提出它需要的技术前提：（1）上级政府的人事权力必须是集中的，它可以决定一定的晋升和提拔的标准，并根据下级政府官员的绩效决定升迁；（2）存在一种从委托人和代理人的角度看都可衡量的、客观的竞赛指标，而不是模糊和主观的标准；（3）参赛主体即政府官员的“竞赛成绩”是相对可分离和可比较的；（4）参赛的政府官员能够在相当程度上控制和影响最终考核的绩效；（5）参与人之间不容易形成合谋。本书提出的上级法院对多家下级法院的上诉率、发改率的考核办法，是符合周黎安教授提出的“晋升锦标赛治理模式”的。参见周黎安：《中国地方官员的晋升锦标赛模式研究》，载《经济研究》2007年第7期。

成为上级法院对所辖司法区下的法院进行工作成绩排名的重要依据。在这一制度盛行的巅峰时期,[1]绩效考核成绩几乎成为上级法院对下级法院审判工作评价的唯一依据。所有的审判工作被浓缩为几个数据,而这几个数据和指标就是一个法院一年工作的成绩单。审判绩效考核结果被作为立功受奖、评先评优,以及法院主要领导晋职晋级的重要依据。

中国的审判绩效考核制度受到了学术界理性声音的广泛批评,[2]尤其是对下级法院上诉率和发改率的考核制度存在的问题。

第一,片面强调将上诉率设置为对一审法院审判质量的评价标准是值得怀疑的。如果从理论上简单化地讨论,强化一审程序的质量,努力实现更多的案件通过一审程序即获得圆满的解决,这一目标似乎是合理的、可欲的目标。而上诉率无疑在某种程度上说明了当事人对一审裁判公正度的评价,一些学者的研究也持类似的观点。如苏力教授认为,"上诉率的变化透视这个社会中诉讼当事人对初审判决公正性的评价"。[3]因此,通过对一审法院上诉率的考评,似乎可以得出审判质量好坏的准确评估。但是这一判断并不完全正确而有其局限性。首先,上诉权是当事人的权利,不完全与法官审判工作的勤勉尽责和公正度保持同步。即使是客观、正确的裁判,败诉人也不见得信服。司法实践也说明,有许多案件的上诉是败诉方为了拖延时间等恶意上诉。其次,上诉审的重要功能之一,不仅在于制约一审程序,以使一审法官更为勤勉公正地行使审判权实现裁判公正。还在于司法作为公平正义的最后一道防线,上诉制度——尤其在一个科层式

〔1〕 2014年12月,最高人民法院决定取消对全国各高级法院考核排名。最高人民法院同时决定,除依据法律规定保留审限内结案率等若干必要的约束性指标外,其他设定的评估指标一律作为统计分析的参考性指标,作为分析审判运行态势的数据参考。自此,中国法院系统的审判绩效考核制度开始逐步淡化。参见《最高法取消对全国各高级法院考核排名》,载人民网,http://politics.people.com.cn/n/2014/1226/c70731-26284172.html,最后访问日期:2018年12月31日。

〔2〕 参见艾佳慧:《中国法院绩效考评制度研究——"同构性"和"双轨制"的逻辑及其问题》,载《法制与社会发展》2008年第5期;史乃兴:《司法公正评价机制的审视与健全——以人民法院案件质量评估指标体系为视角》,载《人民司法》2014年第5期。

〔3〕 苏力:《基层法官的司法素质——从民事一审判决上诉率透视》,载《法学》2000年第3期。

权力结构中的上诉制度，对司法质量的保证本来是假设通过两次审判才能实现目标，所以必然有一部分案件经过二审进行纠错才能保证司法的质量。同时，审理上诉案件也是上级法院对下级法院进行监督指导，以实现统一法律适用标准、解释和发展法律的重要途径。因此，上诉率在合理范围内有所波动完全是正常现象。其在一定程度上确实反映了一审案件的质量，但并不能说明一审质量必然有问题。当然，如果出现大幅度的上升或下降，或持续性地上升或下降，则需要引起管理者的警觉，对此进行认真的调查分析。

第二，片面地将一审判决案件发改率作为考核指标是不合理的。第二审程序对于一审裁判的处理结果，确实很大程度上是评价一审判决质量的重要指针。但是不加分析地仅以发改率评价一审裁判的质量，则不完全合理。首先，我国民事诉讼实行续审制。如果是由于二审中当事人提出的新证据和新理由而导致的改判，则不能归责于一审法官并对其进行否定评价。其次，第二审法官的业务水平更高，二审审判组织为法官组成的合议庭有利于相互启发，对于案件处理作出了更为合理、公正的判决。只要一审法官不是出于故意或重大过失而犯了低级错误，对一审法官给予否定性评价也不合理。最后，第二审法院对案件的改判，可能是出于统一司法标准的考虑。即该一审判决如果孤立地看不能简单评价为错误，但是因为在同一司法辖区内必须统一，所以作出调整。这种情形下对一审法官也不宜作出所谓“错误”的评价。更为重要的是，如果片面地以发改率作为评价第一审法官工作成绩的标准，一旦作为考核标准则完全可能产生制度悖论，导致制度预期相反的后果。例如，可能产生第一审法官为避免案件被上诉的结果而违背当事人的自愿性强制调解（因为对于调解书不能提出上诉）；在一审审理过程中即以书面请示的方式向上级法院请示；更常见的是通过口头的非正式途径向上级法院的庭长、法官等进行“口头请示”以在一审作出时即获得上级法院的指导与首肯。而这些后果要么侵犯了当事人的自愿性，要么侵犯了当事人的上诉权，与制度设计者的初衷背道而驰。

第三，对上诉审程序审判质量的评估指标付之阙如。在我国二审终审的审级制度下，二审程序即是终审程序。中国的上级法院（主要指中级法院、高级法院）的主要职能是通过审理二审案件，对下级法院实现审级监督。显而易见的是，二审程序是否得到充分、正确的履行，对于保证终审裁判质量，实现一个司法辖区内裁判标准的统一，具有重要的意义。然而，无论是2008年最高人民法院《指导意见（试行）》中的33项指标，还是江苏、上海等各有关省、自治区、直辖市的指标体系，除二审开庭审理率指标直接反映了上级法院办理二审案件的情况外，均没有直接反映二审案件办理的质量和效果的评价指标。层级较高的法院的审判质效考核内容出现重大遗漏。[1]换句话说，我国的审判绩效考评制度只有对于一审法院完成质量的考评，即上诉率越低越好；但是却没有对于二审程序质量考评的要求，即上诉审程序是否正确履行了其纠正一审错误、统一法律适用的职能。放眼西方如荷兰、美国的考评制度，似乎也找不到具有较强针对性的对于二审程序的评价方案。这不得不说是一个非常令人遗憾的现象。当然，这并不是说最高司法机关对此没有考虑。早在1984年召开的第四次全国民事审判工作会议上，最高人民法院就曾提出要求，“各级人民法院都要努力提高办案质量……各级人民法院都要切实负起责任来，争取做到一审案件结一案了一案。上诉的案件，二审人民法院一定要认真处理，不要使之变成申诉案件”。[2]此后30多年，随着法治建设的不断进步和深入，坚持司法公正，始终是中央和最高司法机关对审判工作的最重要的要求。司法公正自然是既包括一审程序的质量，也包括二审程序的质量。但最高人民

---

〔1〕 类似观点可参见重庆市第二中级人民法院课题组：《审判质效考核体系的考察与反思》，载《法律适用》2011年第2期。

〔2〕 王战平：《振奋精神 努力开创民事审判工作的新局面——在第四次全国民事审判工作会议上的报告》，载《人民司法》1984年第8期。

法院在多年来的司法实践中，并没有对二审程序工作提出特别的强调和要求，只是提出二审法院“依法维持，慎重改判，严格发回”的指导思想。当然，在我国二审终审制下，对二审程序是否存在质量问题缺乏可以作为评估标准的客观数据。如果要对二审程序进行质量评估，必然要引入问卷调查、抽样分析、个案观察等方法，但在一个追求客观化的评估标准的框架下，这些方法自然难以受到各方的认同。

另外，依赖一套“数目字管理”的“竞争锦标赛”模式的绩效考评体系来评价推进审判活动的科学性存在很大疑问。首先，不可否认的是，一套科学的案件质量评估体系在一定程度上可以反映某法院（或某法官）审判工作质量的某些状况，但这远远是不够的。案件的审判质量（公正、效率、妥当），不可能仅仅由案件平均审理天数、发改率等几个简单的数字说明。这些简单的数目字的取样，带来的是对司法质量评估的信息量的大量损失甚至失真，必然带来评估工作的效度失真。[1]其次，一旦这套只是部分反映了审判质效的指标体系，与行政化的管理模式相结合，被用于考核评价下级法院、法官的工作绩效时，必然会刺激被考核对象功利化地作出行动决策。当评估结果同法院领导和法官个人的政治前途、经济利益、社会荣誉建立了密切联系之后，具有趋利避害的决策者（被考核对象）必然会将数目字本身作为工作的目标，同时运用反而是影响司法公正、效率与质量的手段以造成数据的优化。这些方法在实践中不一而足，实不足与理论界讨论。总之，绩效考核制度以“数目字体系”来评估和评价审判工作的质量，在很大程度上背离了司法规律。虽然司法最高层已经调整改革策略，按照尊重司法规律的指导思想，对考核评价机制进行了调整，但新的具体

〔1〕“效度”是社会科学定量研究中评价测量结果的一种重要理论工具，“所谓测量的效度（validity），也称作测量的有效度或准确度。它是指测量工具或测量手段能够准确测出所要测量的变量的程度，或者说能够准确、真实地度量事物属性的程度……效度指的是测量标准或所用的指标能够如实反映某一概念真正含义的程度”。风笑天：《社会学研究方法》，中国人民大学出版社2009年版，第110页。

的改革思路与改革措施目前仍未成型。[1]全国部分地方法院仍然以审判绩效的考评作为评价审判工作质量和效率的重要标准。[2]

上下级法院之间是审级关系而不是行政上的领导关系。一审程序是审级制度的基础和重心，只有强化一审程序的质量，才能保证审级制度的良性运行。但是二审程序同样是重要的审级，一审是事实审的中心，二审是法律审的中心。二审程序要充分正确履行职能，对于确有错误，尤其是在法律适用方面不统一、不正确的一审裁判进行纠正，是保证终审判决司法公正的重要环节。也正是因为审判的常规程序有一审、二审给予充分的保障，才使确定判决的既判力有了正当性。而确保两个审级协调、配合以发挥审级制度的应有作用，要确认审级独立原则。我国上下级法院之间的关系，既有第一审程序与第二审程序的关系，又有着行政化的上下级关系。上级法院对于下级法院上诉率的考核评估制度，是上下级法院关系行政化的重要表现，在很大程度上违背了司法的规律。上级法院由于其自身在审级制度中的利益导致其评估结论失之偏颇，这在审级关系上加重了一审法院的责任，削弱了二审程序的责任，成为中国审级制度司法实践中的显著特点。

综上所述，司法权行使的最重要的价值目标是维护和实现社会公平正义。可以达成共识的是，实现法律之内的公平正义是司法权的基本公共责任，而公共权力是支撑其承担起这一基本责任的重要工具。当下中国两审终审的审级制度在实践中的权力与责任发生了一定程度的分离。一方面，“二审职权中心主义”模式，在科层式的司法权力结构下，二审被赋予了全方位的审查一审的职权，以及程序性制度的保障（如对上诉权的全面的开放、二审程序对事实和法律全方位的审查权、二审程序对当事人提出新证

〔1〕《最高法决定取消对全国各高级人民法院考核排名》，载人民网，http://politics.people.com.cn/n/2014/1227/c70731-26284244.html。

〔2〕可参见《桦川法院：召开审判绩效推进会议 全力冲刺年终绩效目标》，载佳木斯市中级人民法院网2018年9月18日，http://jmszy.hljcourt.gov.cn/public/detail.php?id=2260；《湖北省荆州区法院聚力提升审判绩效》，载人民法治网，http://www.rmfz.org.cn/contents/2/219517.html，最后访问日期：2019年8月15日。

据和理由的允许等）。就职权而言，第二审大于第一审，但是却没有要求第二审承担两个审级中相应更大的责任。这体现在将保证司法正确性的责任更多地压向一审程序，缺乏对二审程序质量的考核要求等。另一方面，"一审责任中心主义"模式下，一审程序被要求承担更为主要的保证司法质量，实现"案结事了"的责任，但是却没有赋予第一审程序更大的职权，给予一审程序更多的程序上的保障。如充实审前准备程序、促进审理集中化、扩充第一审证据收集的手段、限制当事人的证据更新权等措施。因此，显而易见的是，"二审职权中心主义"与"一审责任中心主义"存在冲突，这一不可调和的矛盾成为我国上诉制度功能出现异化的重要内在原因。

应当注意的是，本书提出的"一审责任中心主义"与传统理论中"一审中心主义"的区别。前者是指一审程序承担更大的责任，但是却未能授予其更大的职权和制度保障；后者是指通过充实和加强第一审程序的职权和制度保障，以实现第一审更为突出的重要性而言的。本书认为，从应然的角度来看，"一审中心主义"更为合理，也更有利于实现审级制度的目标和功能。

六、两审终审制下的司法终局性

审级制度的目标，在于最多通过N个审级的审理，使案件的裁判质量达到合格的要求，案件的裁判发生既判力。使"经过程序认定的事实关系和法律关系，都被一一贴上封条，成为无可动摇的真正的过去"，[1]以维护法的安定性，进而维护社会生活的秩序。当然，再审制度的存在是一种例外，其普遍存在于大陆法系各国的诉讼程序中。这一事实表明，与维护裁判的稳定性相比，司法公正仍然是第一位的目标。这在一定程度牺牲了裁判的稳定性，但是这种牺牲应当是以不会从根本上危及裁判效力的稳定性

〔1〕 季卫东：《法治秩序的建构》，商务印书馆2014年版，第18页。

为限度的，其理应作为审级制度之外的备而不用的"消防通道"存在，应该在极为个别的时候启用。但中国的两审终审制是建立在对再审制度的依赖之上的。因此，中国的再审程序与两审终审制既判力的维护存在某种紧张关系。

为了分析这一问题，有必要对我国审判监督制度作一回顾 。大陆法系普遍存在的再审程序在中国以审判监督程序存在于民事诉讼立法之中。〔1〕当然，中国的审判监督程序有自身的特点，体现了较强的职权主义和公权监督色彩。但其最核心的意义在于，对已经生效的确有错误的法院裁判启动的非常救济程序，这与西方再审程序的功能是基本一致的。在现行民事诉讼法下，民事再审程序的启动主体有三：法院、检察机关和当事人，其路径分别是上级法院或本院院长依职权启动再审、检察机关抗诉、当事人申请再审，这与世界上绝大多数国家的制度有所不同。大陆法系大部分国家的民事诉讼启动再审的主体，主要是当事人（包括与当事人有特别亲属关系的主体），少数国家如法国也将检察官列为主体，但是由上级法院和本法院院长作为再审程序的启动主体的，除苏联和俄罗斯之外，几乎没有其他国家有类似制度。除此之外，我国自2007年修订《民事诉讼法》开始至今，建立了"再审之诉"模式，〔2〕对再审事由作了明确细化的规定，

---

〔1〕 学术界对于中国立法中的审判监督程序与再审程序的关系，有过不同的认识，大体上有四种观点：一是等同说，认为审判监督程序就是再审程序。二是审判监督程序大概念说，认为审判监督程序包括再审程序。再审程序仅是指对已经发生法律效力的判决、裁定按照一审或者二审程序进行审理的程序，审判监督程序还包括当事人向法院申诉、检察院抗诉和法院决定是否提起再审的制度规定。三是并行说，认为审判监督程序乃是开启再审程序的前置程序。四是再审程序大概念说，即认为再审程序包括审判监督程序。但是我国诉讼法理论以及立法和司法实践中，普遍以审判监督程序等同于再审程序，并在三大诉讼法中普遍采用。本书所指中国的"审判监督程序"与"再审程序"是在同一个意义上使用的。参见褚红军主编：《审判监督制度实证研究》，人民法院出版社2004年版，第1～2页；王亚新、陈杭平、刘君博：《中国民事诉讼法重点讲义》，高等教育出版社2017年版，第284页。

〔2〕 "再审之诉"的概念在不同的场合或表达中可能有含义上的微妙差异，但一般来说，其大体意思就是应赋予当事人针对生效裁判而寻求救济的部分行动以"诉权"或"诉讼权利"性质，既给以充分的程序保障，又要求当事人承担相应的义务，以化解在中国民事诉讼制度和实际运作中一度存在的"申诉难"和"再审滥"问题。参见王亚新：《"再审之诉"的再辨析》，载《法商研究》2006年第4期。

形成了对当事人的再审申请进行形式审查决定是否立案受理、对当事人的再审事由是否成立进行审查、对原诉进行再审审理的“三阶结构”。

1982年《民事诉讼法（试行）》第14章关于审判监督程序的规定，实际上只存在一种启动再审的途径，就是法院依职权提起再审。当然根据该法第158条的规定，[1]当事人及法定代理人可以向原审法院或上级法院申诉。但是究其性质不过是向法院提供了是否依职权提起再审的线索，申诉或者信访本身没有受到相关程序的保障。1991年《民事诉讼法》在保留了法院依职权提起再审的规定之外，增加了上级检察机关对下级法院生效裁判的抗诉作为启动再审的法定途径之一。同时，该法首次明确规定当事人享有申请再审权，并设置了申请再审的事由和期限等条件。[2]但是1991年《民事诉讼法》和配套的司法解释并未规定法院审查再审申请的程序。同时，生效裁判应当具有既判力和终局性，不允许被轻易推翻，这一观念在20世纪八九十年代，无论对于当事人还是法院而言仍然十分陌生。所以在司法实践中出现了一系列问题，“申请再审难”成为社会关注的突出问题。另外，又产生了申请再审主体、时间、审级、次数、申诉和再审理由五个方面的无限制性等混乱局面，少数案件损害了法院裁判的既判力和权威性的“再审滥”问题。经过立法、学界和实践界的深入研究，对申请再审进行诉权化改造成为共识。

这一状况自进入21世纪以后有了很大改变。审判监督改革成为《人民法院五年改革纲要》（以下简称“一五改革纲要”）确定的重要改革内容。在2001年9月召开的全国法院审判监督工作座谈会上（这也是审监系统第一次全国性会议），最高人民法院明确提出了审判监督改革的总体目标：通

---

〔1〕 1982年《民事诉讼法（试行）》第158条规定：“当事人、法定代理人对已发生法律效力的判决、裁定，认为确有错误的，可以向原审人民法院或者上级人民法院申诉，但是不停止判决、裁定的执行。人民法院对已经发生法律效力的判决、裁定的申诉，经过复查，认为原判决、裁定正确，申诉无理的，通知驳回；原判决、裁定确有错误的，由院长提交审判委员会讨论决定。”

〔2〕 参见1991年《民事诉讼法》第178条、第179条、第182条等。

过规范和完善申诉和再审工作，将无限申诉变为有限申诉，将无限再审变为有限再审，既维护公民的申诉权，又维护法院裁判的权威性和稳定性。改革的重点为：一是改变过去“实事求是，有错必纠”为“依法纠错”原则，所谓依法纠错意指“只有当生效裁判存在依照法律应当纠正且必须纠正的错误时，才可以启动审判监督程序或者是再审程序”；二是规范当事人的申诉权利；三是合理界定发起再审的理由；四是明确再审的期限和次数；五是规范再审审理方式和审理范围。2001年11月1日最高人民法院出台指导性文件《全国审判监督工作座谈会关于当前审判监督工作若干问题的纪要》(法〔2001〕161号)，体现了收紧再审、慎重改判的指导思想。纪要要求，“再审案件的改判必须慎重，既要维护法院判决的既判力和严肃性，又要准确纠正符合法定改判条件且必须纠正的生效判决”。纪要还明确了有6种情形一般不予改判：“原判文书在事实认定、理由阐述、适用法律方面存在错误、疏漏，但原判文书主文正确或者基本正确的；原判结果的误差在法官自由裁量幅度范围内的；原判定性有部分错误，但即使定性问题纠正后，原判结果仍在可以维持范围内的；原判有漏证或错引、漏引法条情况，但原判结果仍在可以维持范围内的；原判应一并审理，但未审理部分可以另案解决的；原判有错误，但可以用其他方法补救，而不必进行再审改判的。”这些意见均体现了要慎重改判原生效裁判的理念。在顶层设计模式改革的强力推动下，改革取得了明显的进展。有关调查显示，至2003年某省法院的审监工作指导思想就实现了重大转变，在确保维护司法公正的前提下维护生效裁判的稳定性和权威性的司法理念已经基本确立。认同从“有错必纠”向“依法纠错”转变的高达90%，认同在确保司法公正的前提下维护生效裁判稳定性和权威性的价值观念基本确立的达80.5%。〔1〕

此后一段时期，申请再审难又一度成为社会关注的热点问题。20世纪初，“一些申诉得不到及时处理，有的被长期搁置，形成了‘申诉难’的局

〔1〕 褚红军主编：《审判监督制度实证研究》，人民法院出版社2004年版，第277页。

面，涉诉信访严峻形势前所未有。”[1]2004年改革民事、行政案件的审判监督制度，成为中央确定的司法改革方案的重要内容。[2]2005年最高人民法院在《人民法院第二个五年改革纲要（2004–2008）》（以下简称“二五改革纲要”，其他法院改革纲要同）中提出：“改革民事、行政案件审判监督制度，保护当事人合法权利，维护司法既判力。探索建立再审之诉制度，明确申请再审的条件和期限、案件管辖、再审程序等事项，从制度上保证当事人能够平等行使诉讼权利。”在此背景下，2007年立法机关对民事诉讼法作出局部修改，其中主要任务之一就是解决社会广泛关注的“申诉难”问题，对再审程序进行了较大的修改。确立了以当事人行使“再审之诉”作为启动再审程序的主渠道，建立了再审程序的“三阶结构”，确立了申请再审与信访申诉相界分的理念。主要修改的内容有：（1）明确了“申请再审上提一级”。旧民事诉讼法规定，当事人提出申请再审可以向原审人民法院或者上一级人民法院提出。这一具有灵活性的规定，产生了多头申诉、反复申诉、重复立案等问题。出于中国缺乏三审程序、增加再审程序权威性和公正性等考虑，立法机制作出了申请再审向上一级法院提出的规定。（2）细化、明确了再审事由。将旧民事诉讼法第179条规定的5项事由修改为13项加一款，对修改前过于笼统、简约、操作性不强的再审事由，予以明确化具体化，以在维护生效裁判的既判力和依法纠错之间取得平衡。（3）规定了再审事由的审查程序和审查期限。（4）规定了对再审事由的审查程序应当以裁定结案。在旧民事诉讼法期间，“申诉与申请再审，究竟有着怎样的内涵及外延上的差异，其法律性质有着怎样的不同，至今人们

---

〔1〕 孙祥壮：《民事审判监督程序的修改与配套司法解释的任务》，载《法律适用》2008年第4期；“十届全国人大每次会议期间，均有不少代表提出修改现行民事诉讼法议案，其中针对当事人‘申诉难’、‘执行难’，要求完善审判监督程序和执行程序的议案57件，占总数的近2／3”。参见最高人民法院审判监督庭：《民事诉讼法审判监督程序修改的意图及其实现》，载《人民司法·应用》2007年第23期。

〔2〕 2004年年底下发的中央21号文件中明确：为切实解决当事人申诉难问题，完善民事、行政案件再审制度，规定民事、行政案件当事人有权自裁判生效之日起一定期限内，依法定事由，向原审人民法院的上一级人民法院申请再审。参见孙祥壮：《民事审判监督程序的修改与配套司法解释的任务》，载《法律适用》2008年第4期。

仍认识不清，而且司法实践之中，对待申诉与申请再审，必乎皆是一如既往地通过复查，尔后要么通知驳回，要么由法院裁定再审，或者是不了了之”。[1]2007年《民事诉讼法》基本实现了申请再审的诉权化改造，从立法制度层面落实了申请再审权利。应该说，2007年民诉法的修订，将对生效裁判不服的申请再审行为与信访申诉分离出来。“上提一级”的管辖规定，也在一定程度上解决了多头申请再审问题。虽然对再审次数还没有严格的限制，但是由于最高人民法院出台的相关规定，[2]这一现象毕竟是个别的了。这次民诉法的修改，可以说是保证了当事人申请再审的权利，但同时，再审程序要尊重生效裁判既判力的理念没有变，其“13加1”的明确的再审事由，也体现了对生效裁判慎重改判的旨趣。

2012年对民诉法进行全面修改时，对审判监督制度又进行了进一步修改完善。立法者形成了“再审重在依法纠错，维护裁判权威”以及“落实终审和诉讼终结制度”的共识，修改的内容主要有：(1)关于申请再审的管辖法院，修改为以上一级法院管辖为原则，以原审法院管辖为补充。主要是针对申请再审“上提一级”后产生的上级法院工作量增加、矛盾上移等问题。(2)另一个重大修改是，以“三加一”路线图建立了有限再审的制度安排。为了进一步解决长期存在的“无限再审”问题，2012年《民事诉讼法》第209条规定，当事人不服法院驳回其再审申请裁定或再审判决有错误等，可以向检察院申请检察监督，但当事人不得再次申请监督。[3]结合民诉法二审终审制的规定，一个案件经过法院一审、二审、再审审查或再审、检察院的检察监督之后，就法律制度而言，诉讼程序就应该终结。这样的“三加一”路线图及其所蕴含的有限再审原则，为我国解决民事纠纷

---

〔1〕 虞政平：《我国再审程序的制度渊源》，载《审判监督指导与研究》2003年第1卷，人民法院出版社2003年版，第217页。

〔2〕 2002年《最高人民法院关于人民法院对民事案件发回重审和指令再审有关问题的规定》(法释〔2002〕24号)。

〔3〕 2012年《民事诉讼法》第209条。

构筑了程序主干道。与之相配套的2015年《最高人民法院关于适用〈中华人民共和国民事诉讼法〉的解释》也体现并强化了这一精神的落实。[1]当然，民诉法还保留了法院依职权再审、检察院依职权监督的规定，由于存在少量的此类特殊案件，以及目前仍无法回避的民事申诉信访现象，"三加一"路线图还只是民事诉讼的主干道，但是这并不影响中国民事纠纷终局性机制的总体构建。经过2012年《民事诉讼法》对审判监督程序的进一步修改，当事人向法院申请再审的次数受到严格的限制，基本杜绝了向法院重复申请再审的情况。[2]应该说，自2001年左右开始，中国对于再审判决问题，在依法纠错的前提下也要尊重生效裁判的既判力，对生效裁判的改变必须慎重的观念越来越强，相关的制度也越来越完善。

21世纪初，理论界有学者曾经惊呼，"自试行民事诉讼法颁布施行至今，中国二审判决被立案再审的比率逐年上升，至1999年已达25%。这一令人震惊的数字揭示了一个无法否认的现实：两审终审制已名存实亡，司法的终局性已荡然无存"。[3]日本学者铃木贤教授也有类似的评价：看一

〔1〕 2015年《最高人民法院关于适用〈中华人民共和国民事诉讼法〉的解释》第383条规定："当事人申请再审，有下列情形之一的，人民法院不予受理：(一)再审申请被驳回后再次提出申请的；(二)对再审判决、裁定提出申请的；(三)在人民检察院对当事人的申请作出不予提出再审检察建议或者抗诉决定后又提出申请的。前款第一项、第二项规定情形，人民法院应当告知当事人可以向人民检察院申请再审检察建议或者抗诉，但因人民检察院提出再审检察建议或者抗诉而再审作出的判决、裁定除外。"

〔2〕 当然当事人在向法院申请再审被驳回后，还有可能以申诉的形式向法院提出，但是这只是极个别的了。而且即使进行案件的复查，也是作为法院依职权启动的复查程序，申诉只是复查的线索来源而已。其所立的案号也与申请再审的案号有明显的区别的。可参见2016年江苏省高级人民法院《关于民事申请再审案件受理和移送若干问题的规定》(〔2016〕1号)第7条规定："当事人申请再审时，没有声明放弃向上一级人民法院申请再审的当事人一方人数众多或者当事人双方为公民的案件，原审人民法院审查驳回其再审申请后，当事人请求上一级人民法院审查其再审申请的，原审人民法院应当接受并移送上一级人民法院立案受理。"

〔3〕 江伟、廖永安：《论我国民事诉讼一审与上诉审关系之协调与整合》，载《法律科学》2002年第6期。文中写道："1996年，全国法院共审理一审民事经济纠纷案件4613188件，上诉的为244503件，占一审案件总数的5.3%。其中终审的裁判被再审的为54940件，占二审案件总数的22.47(应为22.47%——笔者注)。1997年，全国法院共审理一审民事经济纠纷案件4760928件，上诉的为270147件，占一审案件总数的5.8%，而终审的裁判被再审的为65442件，占二审案件总数的24.4%。1998年的情况与前两年情况大体相当，全国法院共审理一审民事经济纠纷案件4830284件，上诉的为285681件，占一审总数的5.9%，而再审的73741件，占二审总数的25.8%。"

下再审案件对二审案件的比率，民事案件占16%～26%，经济案件也达到了10%～20%。实际数量超过了5万件，达到上诉案件1/5或者1/4的再审无论如何也不能称为特殊的救济制度吧，而应看作无限制运用的近似于第三审的制度。[1]但是，当时的问题是否已经严重到如此程度，是值得怀疑的。[2]

在前述制度背景下，20世纪八九十年代关于审判监督案件的司法统计数据，其疑问很大。第一，所有“审判监督案件”中，有多少是针对生效一审判决启动的，有多少是针对生效二审判决启动的，一直是一个说不清楚的问题，直至今日仍没有看到权威的全国统计数据。[3]对此，有的作者说：“尽管再审的案件中也有一部分可能是未经二审直接申诉的，但可以肯定其中的大多数还是经历了二审的，即使扣除少量未经二审而被再审的案件，也完全可以得出二审终审后被再审的比例要远高于一审判决后提出上诉的比例这一结论。”[4]傅郁林教授则根据其对中部和北部两大城市中级法院申诉和再审案件的抽样调查，“对一审终审的案件申诉和再审的案

〔1〕 参见铃木贤：《对中国民事审判正统性的考察——以民事再审制度为题材》，载《湘江法律评论》第4卷，湖南人民出版社2001年版，第428页。

〔2〕 对于这些数据，在事隔20年后的今天进行核对已无从着手。最高人民法院虽然已经在1997年开始逐步推行司法统计的计算机信息化统计改革，但在相当长的一段时间内没有能在全国全面实现，相当多的地区仍然实行手工统计的方法。当年正式启动再审的案件数量是否有这么大，笔者走访了数位审判监督庭的资深法官。一位中级法院的已经退休的审判监督庭的法官说，“正式进入再审的案件是很少的，不多的，中级法院每年差不多审判一二十起案件。”另一位常年在高级法院告申庭、审判监督庭工作，后又调任最高法院审判监督庭的法官也说：“这个数据（1999年左右这么量大的审判监督案件数量）是值得怀疑的，当时法院对于申请再审复查案件和正式裁定进入再审的案件的区别，在认识上是模糊的。我凭工作经验感觉这么大的数量是失真的，有可能部分地区法院是将再审复查案件也统计进入了再审案件数中。”一些在基层工作的从事司法统计的法院工作人员就曾经认为，“司法统计数据不准确，可信度低……报表经常发生数据不准确、漏报项目、表间不平衡，遗忘法律文书，上报时间延后等现象”。参见张军主编：《人民法院司法统计：理论与实践》，人民法院出版社2012年版，第47页、第54页。

〔3〕 笔者对此进行了大量的调查和资料查询工作，也咨询了最高人民法院审判监督庭的资深法官，得出的结论是没有对于这一情况的公开的权威统计。并可参见孙祥壮：《民事审判监督程序的修改与配套司法解释的任务》，载《法律适用》2008年第4期。

〔4〕 江阶虎：《两审终审制：无法终审的现实——对我国民事诉讼审级制度的反思与重构》，载《中国律师》1999年第10期。

件仅占再审案件总数的0.68%，因而笔者对此忽略不计”。日本铃木贤教授则没有提出明确的分析理由。可见这些判断是缺乏有说服力的调查分析的。第二，在2002年以前最高法院司法统计中的“审判监督案件”数据的准确性存在疑问，审判监督案件究竟只是指正式启动再审的案件，还是也包括“立案再审复查”的案件，在当时的法院内部认识是模糊的。1991年《民事诉讼法》将原来表述的“申诉”修改表述为“申请再审”，[1]但是司法界对于申诉和申请再审，究竟有着怎样的内涵及外延上的差异，其法律性质究竟有着怎样的不同在相当长的一段时间内认识不清。[2]同时，在2007年修改《民事诉讼法》之前，尤其是2002年以前，[3]司法实践界对于申请再审复查案件和正式启动再审的案件，何为“审判监督案件”的认识模糊。1991年《民事诉讼法》规定了当事人可以申请再审，但是民诉法和司法解释[4]只规定了再审审判程序，对于当事人的再审申请是否有理如何审查则没有规定。学者张卫平教授将这种结构称为“一阶结构”。[5]而生效裁判是否确有错误，是否具有再审事由，法院有一个发现和确认的过程。由于法律和司法解释规定得不够明确，造成全国各地司法实践中的做法不一致。[6]为了解决立法规定不明确带来的问题和困难，在20世纪90年代中

〔1〕 1982年《民事诉讼法（试行）》第84条、第158条；1991年《民事诉讼法》第111条、第178条、第179条、第182条。

〔2〕 参见虞政平：《我国再审程序的制度渊源》，载《审判监督指导与研究》2003年第1卷，人民法院出版社2003年版，第217页。

〔3〕 最高人民法院于2001年修订司法统计指标体系，并于2002年1月1日起开始使用。在该指标体系中，将旧体系中的“审判监督案件”修改为“再审案件”，并明确将“申诉、申请再审案件”作为统计项（详见后文）。参见熊选国主编：《人民法院案件信息管理与司法统计》，最高人民法院研究室2001年12月编印内部资料。

〔4〕 1992年《最高人民法院关于适用〈中华人民共和国民事诉讼法〉若干问题的意见》第206条。

〔5〕 张卫平：《探究与构想——民事司法改革引论》，人民法院出版社2003年版，第241页。

〔6〕 参见《审判监督指导与研究》2003年第1卷，人民法院出版社2003年版，第220页。

国司法实践中，大部分法院均建立了申请再审案件复查工作机制。〔1〕即法院根据当事人或者利害关系人的申诉或再审申请，对已经发生法律效力的裁判实质性审查，以确定申诉或再审申请是否具备法定的再审事由，是否应当提起再审的审判活动。〔2〕上述制度，司法实践中对其称谓并不统一，有的称为申诉审查，有的称为再审立案审查。复查程序和再审程序是两个阶段、两个程序，历史上或者在不同的法院曾经由不同的审判庭承担，也有过由一个审判庭即审判监督庭承担的模式。〔3〕至2002年最高人民法院下发《关于规范人民法院再审立案的若干意见（试行）》，明确复查程序由立案庭承担。对于复查程序也予以正式立案，立一个复查案号。〔4〕经审查符合再审条件的，经过一定的决策权限（某些情况下要报请本院审委会讨论决定）裁定进入再审。对于正式决定进入再审的案件，要重新立再审案件的案号，由告申庭或移交审判监督庭审理。在司法实践中，进入复查程序的也只占申请再审的一部分，而正式进入再审的，又只占到复查的一部分。从性质上而言，虽然申请再审复查程序也有法院的正式案号，但其实质上

---

〔1〕 如深圳市中级人民法院制定的《关于申诉和申请再审的若干规定（试行）》，湖北省、上海市高级人民法院均制定了有关民事申请再审案件复查听证操作规范。江苏省法院系统自1999年4月申诉庭分立为立案庭与审判监督庭以后，分别制定了《关于适用审判监督程序若干问题的意见》《关于民事、行政再审申请审查听证制度的若干规定》等规范性文件。另外，各地负责进行再审申请复查的部门也不一致。褚红军主编：《审判监督制度实证研究》，人民法院出版社2004年版，第49页。

〔2〕 褚红军主编：《审判监督制度实证研究》，人民法院出版社2004年版，第43页。

〔3〕 自20世纪80年代末各级法院成立告申庭以来，申诉、申请再审案件的处理都统一归口到告申庭一个部门负责，也就是说，告申庭既是立案部门，又是审判监督部门，对申诉的受理、审查、再审，都由告申庭一个部门完成。至20世纪90年代末，各地法院在“立审分立”的理念下，将告申庭分设为立案庭、审判监督庭。在2000年11月最高人民法院成立审判监督庭之前，全国大多数高级法院和中级法院都成立了审监庭。成立了审监庭之后，各级法院的正式启动再审的案件的审理工作，就由审监庭承担了。参见《最新再审司法解释适用与再审改革研究》，人民法院出版社2003年版，第41页、第89页、第91页。

在立案庭、审监庭分设后，申请再审的复查工作和再审案件的审判工作分别由不同的部门承担。第一种，由立案庭对申诉申请再审案件进行形式上的审查，即登记立案后移送审监庭；第二种，由立案庭对申诉案件进行一定程度的实体审查，即立案庭审查至可能有错误并下发再审裁定或者决定后，才将案件移送审监庭；第三种，立案庭与审监庭对申诉案件联合进行审查，共同协商决定是否进入再审。参见《最新再审司法解释适用与再审改革研究》，人民法院出版社2003年版，第150～151页。

〔4〕 类似的实证研究可参见傅郁林：《民事审判监督制度的实证性分析》，载王亚新、傅郁林等著：《法律程序运作的实证分析》，法律出版社2005年版，第153页。

只是对再审事由存在与否的审查程序，并不对原生效裁判的既判力造成伤害。而启动再审，方是正式意义上的再审案件。所以仅仅进入复查程序，不能被视为“立案再审”。

但是在司法统计工作中，对于何为审判监督案件，进入“案件复查”与正式启动“再审”这两类案件区别，在相当长的一段时间内认识不清，各地法院的做法也不尽一致。最高人民法院的司法统计指标体系，从1991年以后至2007年之前，先后经历了1991年指标体系、1997年指标体系、2001年指标体系。〔1〕根据1997年指标体系，关于再审程序的统计数据有：“审判监督案件”数、“告诉、申诉来信、来访情况”数据这两项指标。虽然在官方说明中，“审判监督案件”是指“人民法院经过审查认为当事人申请提起再审的理由充分，以‘民监字号’作出裁定，决定提起再审的案件”。〔2〕但正如前文所指出的，当时全国各地部分法院对于审判监督案件的含义认识模糊。因此，由于对申请再审的复查程序也是立案号进行复查的，部分法院将其亦统计入审判监督案件的数量不是没有可能，从而引起全国司法统计中审判监督案件数据的失真。2001年最高人民法院对司法统计指标体系进行修改（于2002年1月1日起开始使用），该指标体系对再审案件的统计口径作了重大调整。一是将旧体系中的“审判监督案件”修改为“再审案件”统计项。定义虽然没有变化，但是名称改变了。二是2001年指标体系新设立了“人民法院申诉、申请再审案件”项目。官方的说明是，“人民法院负责处理申诉或申请再审工作的部门，对当事人的申诉或申请再审的信访进行审查，将其中一部分存疑的案件进行登记立案，编定案号后继续审理。这时，就进入了人民法院审理申诉、申请再审案件的阶段……人民法院对申诉或申请再审案件经过审理后，如果认为原生效裁判没有错误或不

〔1〕 参见张军主编：《人民法院司法统计：理论与实践》，人民法院出版社2012年版，第152～154页。

〔2〕 杨润时主编：《人民法院案件管理与统计》（上册），最高人民法院研究室1997年10月编印内部资料，第55页。

需要再审的，应当作出驳回申诉或申请再审的裁定或通知，或裁定终结申诉或申请再审程序，如果认为符合法律或司法解释规定的再审条件，应当作出再审的决定或裁定”。[1]由此可见，该项目即是对申请再审复查案件的统计数据。由于司法统计的指标体系明确区分了“再审案件”和“审理申诉、申请再审案件”，再审案件是指“已经发生法律效力的判决和裁定被提起再审”案件，[2]是故自2002年开始全国司法统计中再审案件的数据趋向客观，对于我们正确认识审判活动具有了重要的意义。对这一判断的重要佐证是“全国法院再审案件统计”（见表4-2、图4-3），2001年和2002年的再审案件数量，突然从93576件陡降至54159件，此后则趋向平缓。笔者的理解是，当年没有其他原因可以解释这么断崖式的变化，而统计口径的改变，可以很好地解释这一现象。

关于这个过程，可以参见表4–2、图4–3中统计数据的变化。从中可以观察到，从2002年以后再审案件的数量开始趋向于稳定。当年审结的一审案件有510万余件，其中有47.9万件提起上诉，进入再审的案件数为54159件。此后则大体上呈缓缓下降趋势，至2018年又回到49000余件，2021年又上升到71000余件。但是从表和图中我们可以清楚地发现，近年来的第一审案件和第二审案件已经大幅度地上升了。可见“终审不终”的现象，或者说通过信访申诉冲击生效裁判的既判力的趋势已经受到有效遏制。再审程序的随意启动问题已经得到有效控制，是否同时就说明第二审终审裁判的质量已经得到足够的保证了呢，这仍然是存在疑问的，需要我们进一步考察和研究。

---

〔1〕 熊选国主编：《人民法院案件信息管理与司法统计》，最高人民法院研究室2001年12月编印内部资料，第165页以下。

〔2〕 熊选国主编：《人民法院案件信息管理与司法统计》，最高人民法院研究室2001年12月编印内部资料，第233页。

表4–2 全国法院与各类再审案件相关的数据

年份	一审（结案）/件	二审（收案）/件	申诉申请再审（收案）/件	再审（收案）/件	再审占申请再审比例/%
1995	4533551	272792	—	70885	—
1996	5285171	323995	—	76094	—
1997	5249460	347651	—	86425	—
1998	5395039	380274	—	89687	—
1999	5698705	438313	—	98765	—
2000	5380611	466827	—	95290	—
2001	5336248	497858	—	93576	—
2002	5106798	479608	—	54159	—
2003	5139171	494036	—	51617	—
2004	5040184	501929	—	50500	—
2005	5139888	521650	198307	47902	24.16
2006	5178838	532427	196675	48214	24.51
2007	5504086	547151	191501	42505	22.20
2008	6258400	654044	146458	39719	27.12
2009	6684436	731950	126794	41575	32.79
2010	7022142	720976	121643	45710	37.58
2011	7534955	707498	98577	42359	42.97
2012	8321348	730053	100453	38417	38.21
2013	8585235	767852	115398	37500	32.50
2014	9164323	902797	126390	33493	26.50
2015	10873129	1139812	165327	32496	19.66
2016	12104782	1340207	183864	33890	18.43
2017	13185508	1410268	205279	38977	19.00
2018	13895320	1509214	254107	49185	19.36
2019	15524796	1683090	286984	81479	28.39
2020	14702336	1611625	279980	64935	23.19
2021	17315664	1956803	355653	71163	20.01

资料来源:《中国法律年鉴》。

注:案件类型包括刑事、民事、行政、行政赔偿。

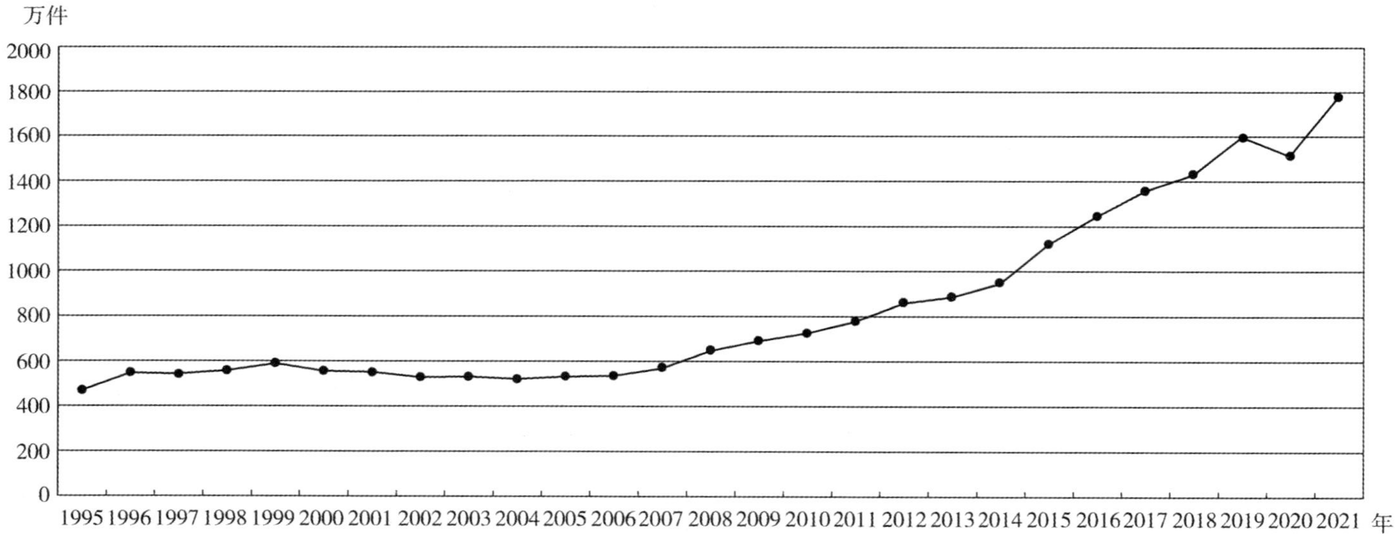

图4-1　全国法院一审案件结案数

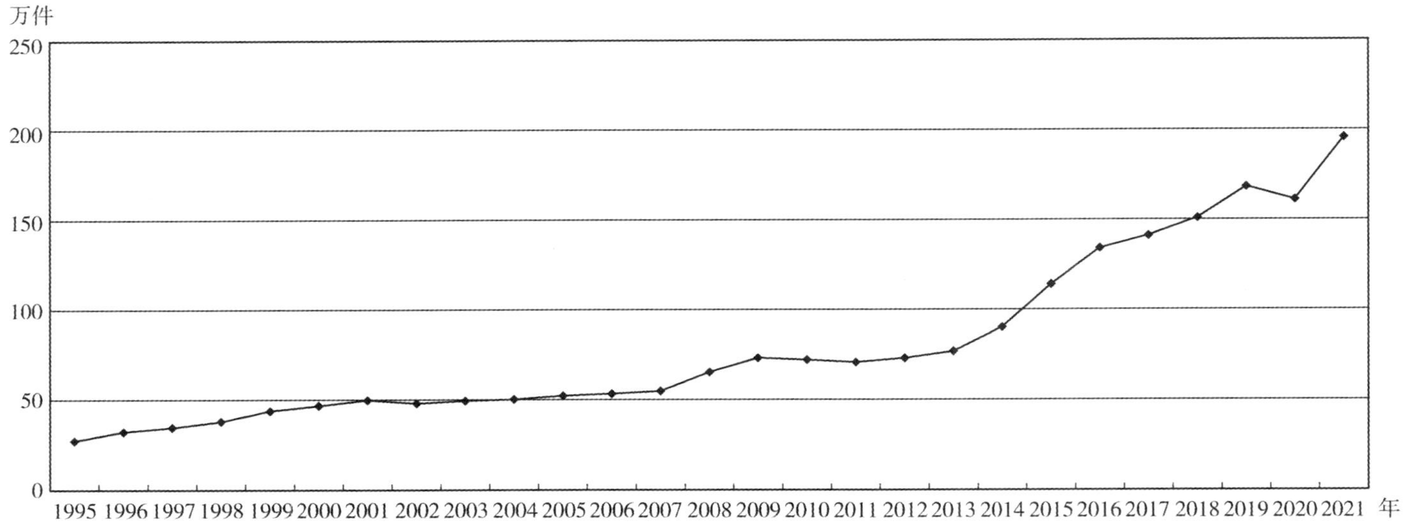

图4-2　全国法院二审案件收案数

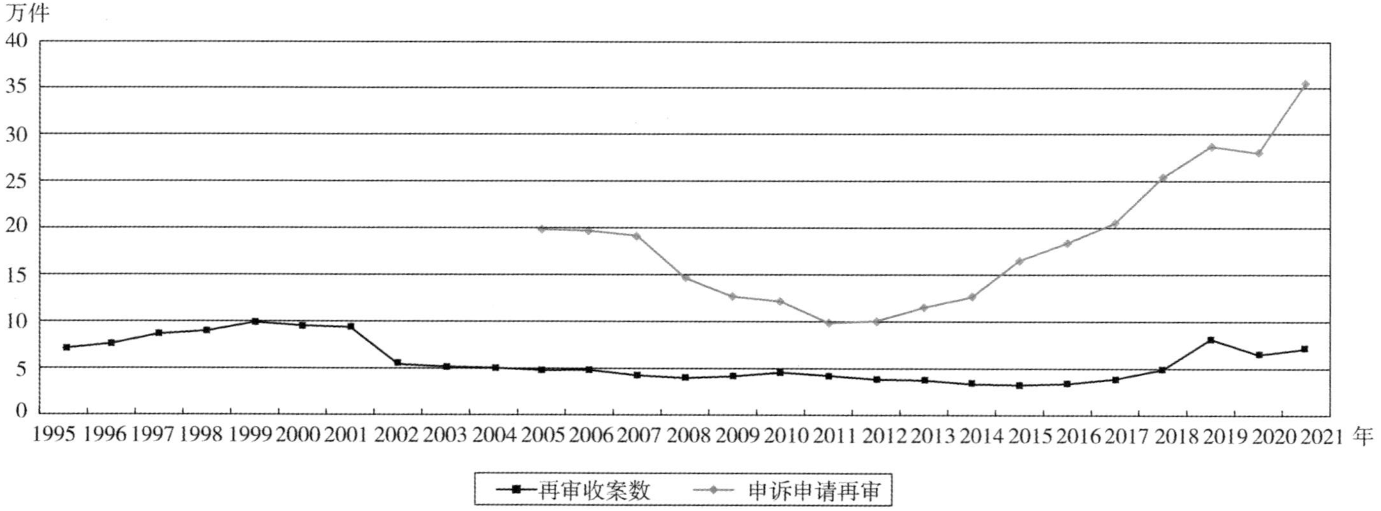

图4-3　全国法院申诉申请再审和再审案件收案数

第五章　我国民事二审程序纠错功能实践现状

在上诉制度的多项功能中，其最重要的功能是纠错功能和统一法律适用功能。第二审程序以纠正一审错误为主，统一法律适用为辅。在我国语境下，纠错是上诉制度最为重要的功能。在“二审职权中心主义”和“一审责任中心主义”两个矛盾的倾向之下，我国二审程序的功能在实际运行中的发挥情况究竟如何，值得认真考察和分析。由实然面的角度切入，从更深层次认识和把握我国二审制度的重要特点和固有问题，并以此讨论审级制度的改革和完善，使我国民事诉讼制度更为“公正”和“高效”地解决纠纷，实现民事诉讼法所设定的诸多政策目标和理想。具体而言，本章以中国东部长三角地区的一个地级市的中级法院和下辖基层法院的审判实践情况作为样本，来研究上诉审程序运作中纠错功能的实现情况。

一、背景与方法

W市是我国东部沿海长江三角地区J省的一个经济发达的地级市，改革开放以后，该地区处于前沿和乡镇企业的发源地，轻工业成为地区经济的支柱。私营经济等非国有企业的发展在中国内地处于前沿地位。民营经济是W市经济中的主要成分，2017年的民营经济生产总值为6895亿余元，占经济总量的65.6%。现下辖5个区和2个县级市。W市设有一个中级法院，5个区和2个县级市各设立一个基层法院。

W市中级人民法院设有民一、民二、劳动争议、金融、民三、速裁6个民事审判庭，[1]在这些审判庭内建立了相对固定的15个合议庭，目前共有38名法官从事民事审判工作。中级人民法院还设专事刑事案件审理的刑一庭、刑二庭，共有法官11人；行政审判庭1个，共有法官8人。各基层法院一般均成立了民一庭、民二庭等民事审判庭，并设有人民法庭审理民事案件。自20世纪80年代改革开放时起，民事案件的数量快速增长。W市两级法院每年审结的民事案件数量从20世纪80年代初的2000余件，上升至2018年的82000余件。民事案件也从20世纪80年代初占法院总案件量的40%多上升至2018年的90%左右，成为法院审判案件的主要类型。[2]

（一）数据资料的来源

本书进行研究所根据的资料，是利用J省法院系统建立的电脑原始资料库，以及最高人民法院的司法统计电脑系统。最高人民法院自20世纪90年代末开始，在全国法院系统逐步实现了司法统计信息化，收集的司法运作的原始资讯依托计算机系统进行统计。J省法院电脑系统数据库所采集的内容，包括各个法院案件基本信息、当事人信息、案件收案信息、原审信

〔1〕 在2017年之前，W市中级人民法院的民商事审判业务庭为5个。自2017年起，为了从总体上提高司法效率，对案件实行繁简分流以促进审判资源的合理配置，故设立了专门的审理相对简易案件的“速裁庭”，管辖案件类型亦为民商事案件。该庭的法官由原民事审判庭转岗而来，所以总体上民商事审判法官人数基本保持稳定。

〔2〕 根据W市中级人民法院《关于一九八四年工作总结和一九八五年工作打算的报告》中的数据进行统计，1984年W市两级法院的案件数据为：刑事案件，受理（旧存+新收）3200件，结3118件；民事案件，受理（旧存+新收）2242件，结2068件（其中执行了230件）；经济案件（笔者注：类似于今天指的商事案件），受理436件，结366件；刑事案件的复查纠错（审判监督案件）65件。案件总数：受理5943件，结5617件。结案中民商事案件2434件（占结案总数的43.33%）。需要说明的是，之所以要选择1984年度的数据，是因为1983年3月J省实行市管县体制改革，W市的行政区划和司法管辖范围发生了变化。此后至目前，一直保持总的管辖区域没有变化。2018年W市两级法院的案件情况为，总数：一审结案85243件，二审结案6726件，再审结案94件。申诉申请再审516件，赔偿案件14件，减刑假释案件3585件，执行案件56987件。审判案件中，民事一审结案76170件，民事二审结案5823件，民事再审结案87件。（资料来源：W市中级人民法院有关档案资料）

息、代理人信息、其他信息6类，案件基本信息又包括立案日期、结案日期、结案方式、承办部门等信息。由于这个信息库中的原始资讯，系法院工作人员对每一个案件就具体内容进行采集，所以可以排除抽样调查可能产生的误差，具有数据的全面性、可靠性等优点，使数据库可以成为观察司法实务运行状况的重要素材。

（二）本书所利用的数据库的范围

1.审级与法院。本书以W市全部7个基层法院的一审民商事案件（2016年以前为9个基层法院，2016年以后由于区划调整，有3个基层法院合并为1个基层法院）以及W市中级人民法院审理的民商事上诉案件为主要观察对象。因为研究的需要，还收集了相关再审案件和不服W市中级人民法院一审裁判上诉至省高级人民法院的案件情况等。

根据最高人民法院关于管辖范围的规定，我国目前已经定位为将大部分的民事案件交由基层法院进行第一审审理。就J省而言，根据相关文件规定，自2008年4月1日起，包括W市在内的三个城市的中级法院受理诉讼标的额为人民币3000万元以上不满2亿元，以及诉讼标的额在人民币1000万元以上不满1亿元且当事人一方住所地不在其辖区或者涉外、涉中国港澳台地区的第一审民商事案件。自2015年5月1日起，[1]高级法院和中级法院管辖标的额则分别为3亿元以上及5000万元以上。2018年1月1日起，最高人民法院又调整涉外民商事案件级别管辖标准为，[2]W市中级人民法院管辖诉讼标的额人民币1000万元以上的第一审涉外民商事案件。对于标

[1] 参见2015年4月30日《最高人民法院关于调整高级人民法院和中级人民法院管辖第一审民商事案件标准的通知》(法发〔2015〕7号)。

[2] 参见2017年12月7日《最高人民法院关于明确第一审涉外民商事案件级别管辖标准以及归口办理有关问题的通知》(法〔2017〕359号)。

的额在中级法院管辖标准以下的第一审民商事案件，由基层法院管辖。[1]

2.民商事案件类型为普通程序和简易程序案件。不包括小额诉讼案件和非讼案件[2]，因为这两类案件实行一审终审，对于研究上诉制度没有意义。

3.时间范围。为了尽可能地发现审判工作的基本规律，杜绝偶然因素的影响，同时考虑2007年我国对《民事诉讼法》有一次较为全面的修改，所以本书选取2009年至2018年度共10年的案件作为研究对象。

（三）本书其他资讯收集途径

其一，由笔者自行对部分案件进行复查。鉴于司法统计数据天然的局限性，不可能仅依靠数据即可以窥得司法实践运行的全貌，为了考察第二审裁判的正确性，笔者对10年来所有被再审程序改判的二审案件进行了复查和整理分析，还组织部分法官助理（和书记员）对有关上诉理由的情况进行了人工统计。其二，就有关问题对小范围法官进行了访谈。如上诉法官的理念问题。为了使访谈具有客观性，选择的民事法官几乎都有15年以上从事民事审判工作的经验，都担任过庭长等职务。他们既亲自审理部分案件，同时会主持法官会议讨论案件。因此，他们的意见不仅代表其本人，也会反映民事法官的情况。访谈在2019年1月至3月进行。

---

〔1〕 参见2018年7月17日《最高人民法院关于调整部分高级人民法院和中级人民法院管辖第一审民商事案件标准的通知》（法发〔2018〕13号）；2019年4月30日《最高人民法院关于调整高级人民法院和中级人民法院管辖第一审民事案件标准的通知》（法发〔2019〕14号）；2021年9月17日《最高人民法院关于调整中级人民法院管辖第一审民事案件标准的通知》（法发〔2021〕27号）。

〔2〕 2007年《民事诉讼法》中的非讼案件，包括第十五章特别程序中的选民资格案件、宣告失踪或者宣告死亡案件、认定公民无民事行为能力或者限制民事行为能力案件、认定财产无主案件，还有第十七章规定的督促程序，第十八章规定的公示催告程序。2012年《民事诉讼法》又在特别程序这一章内增加了确认调解协议案件、实现担保物权案件。另外还有破产程序等。

二、W 市两级法院一审判决上诉的基本情况

（一）具体数据选择的意义与局限

笔者所统计的案件数据，含有2009年至2018年判决的全部的民商事一审案件、上诉案件。但是，现有的数据库并不能对应地显示某案件一审判决后，是否针对本案提出上诉，只能显示某年度某法院审理的一审案件数量，以及该年度针对该法院一审判决的上诉案件数量。对于第一审判决提出上诉的期限是15日，上诉状可以向原审法院提出，也可以直接向上级法院提出。如果上诉状直接递交至二审法院，法律规定第二审法院应当在5日内将上诉状移交原审人民法院。原审法院收到上诉状，应当在5日内将上诉状副本送达对方当事人，对方当事人在收到之日起15日内提出答辩状。原审法院收到上诉状、答辩状后，应当在5日内连同全部案卷和证据报送第二审法院。这样，法定期限已共有45日。但是，一审法院在收到上诉状后过了一两个月再向二审法院移交的情况时有发生。这就产生一个问题，第二审法院在当年初收到的上诉案件，完全有可能是针对上一年度一审法院判决的案件提出的。所以某年度某基层法院的一审案件数和针对该法院的二审案件数是不完全对应的。但是从统计学上而言，由于这个错位是同步的，所以上诉案件数与一审案件数的比例基本上是客观的。另外，由于研究的跨度有10年，这些因素几乎可以忽略不计。

（二）基层法院的第一审案件被提出上诉的情况分析

1. 上诉率的情况

2009年至2018年，W市所有基层法院的民商事审判案件，其第一审判决案件数与被提起上诉案件数的比例，有所波动但维持在一个大体上稳定的状态。上诉率在12.93%～17.82%，大多数年份是在16%左右（见表5–1、图5–1）。

表5–1 W市基层法院第一审民商事案件结案情况、中级人民法院审理第二审（上诉）民商事案件情况

单位：件

年份	基层法院一审结案	基层法院一审判决	基层法院一审可上诉裁定	中级法院二审收案（上诉率）	中级法院二审结案	二审结案方式					
						维持（维持率）	调解（调解率）	撤回上诉（撤诉率）	发回重审（发回率）	改判（改判率）	其他
2009	47420	16112	282	2607（15.90%）	2537	1307（51.52%）	628（24.75%）	360（14.19%）	11（0.43%）	221（8.71%）	10
2010	48001	12709	243	2284（17.63%）	2379	1132（47.58%）	537（22.57%）	520（21.86%）	19（0.80%）	157（6.60%）	14
2011	53051	10560	184	1915（17.82%）	1970	873（44.31%）	474（24.06%）	502（25.48%）	20（1.02%）	93（4.72%）	8
2012	56250	11275	198	1843（16.06%）	1920	991（51.61%）	411（21.40%）	404（21.04%）	13（0.68%）	96（5.00%）	5
2013	58823	18684	226	2445（12.93%）	2194	1198（54.60%）	301（13.72%）	559（25.48%）	18（0.82%）	110（5.01%）	8
2014	58900	22666	424	3408（14.76%）	3124	1886（60.37%）	361（11.56%）	650（20.81%）	26（0.83%）	180（5.76%）	21
2015	63871	25701	553	4302（16.39%）	4041	2584（63.94%）	346（8.56%）	798（19.75%）	40（0.99%）	229（5.67%）	44
2016	69858	29190	472	4881（16.46%）	4911	3090（62.92%）	440（8.96%）	986（20.08%）	39（0.79%）	344（7.00%）	12
2017	73479	31144	549	5608（17.69%）	5319	3397（63.87%）	428（8.05%）	998（18.76%）	77（1.45%）	402（7.56%）	17
2018	75521	32016	576	5379（16.50%）	5823	3571（61.33%）	510（8.76%）	1066（18.31%）	87（1.49%）	557（9.57%）	32

注：1. 此为W市所有基层法院（2009～2015年是9家基层法院，2016～2018年是7家基层法院）的一审民商事案件的总数，以及对一审判决和裁定提起上诉情况和W市中级人民法院审理上诉案件情况。一审可上诉裁定包括不予受理裁定和驳回起诉裁定。出于研究目的，本表未将一审管辖异议裁定纳入统计。对一审管辖异议裁定可以上诉，但是属于一审案件程序中的裁定，不另立案号。另外，有相当部分对于管辖裁定的上诉属于诉讼技巧，不能真实反映一审质量，故没有纳入本书上诉案件的统计。

2. 术语说明：（1）上诉率＝二审收案数/（一审判决案件数+一审可上诉裁定数）；（2）发回率＝发回重审案件数/二审结案数；（3）改判率＝改判案件数/二审结案数；（4）发改率＝（发回重审数＋改判数）/二审结案数；（5）维持率＝维持原判案件数/二审结案数；（6）调解率＝调解案件数/二审结案数；（7）撤诉率＝撤回上诉案件数/二审结案数。（下文同）

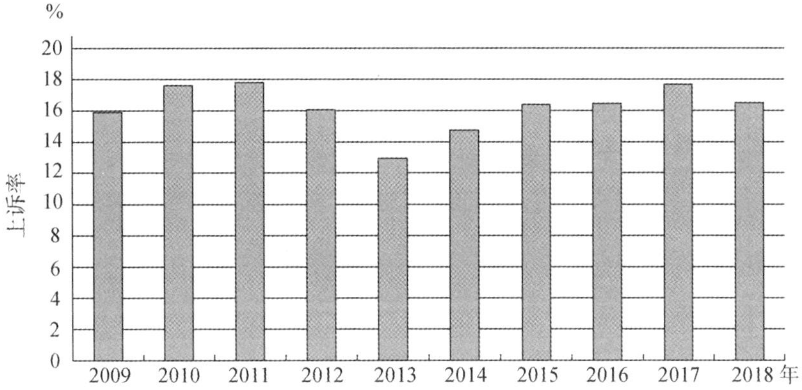

图5-1　W市基层法院民商事案件上诉率

本书还对W市中级人民法院审理的第一审民商事案件被提出上诉（上诉到省高级人民法院）的情况进行了考察。数据显示，针对W市中级人民法院的第一审民商事案件提出上诉的比率较高，达到21.57%～53.20%。这说明，随着标的额的增加，上诉的比例也增加，上诉率与诉讼标的额呈正相关关系（见表5-4）。这一结论与我国台湾地区黄国昌教授的研究成果是一致的，他的实证研究发现："上诉率之高低则与「诉争金额大小」以及「案件审理时间」均存有明显之正相关关系。亦即，当诉讼金额愈高时，上诉率亦愈高……"〔1〕

2. 针对事实问题的上诉占大部分，针对法律问题的上诉占少部分

我国第二审程序的审理范围包括事实问题和法律问题。从两个基层法院的第一审民商事案件提出的上诉理由分析，可以发现仅对事实问题提出上诉的占66.48%、56.08%；而有27.84%和40.45%的案件同时将事实问题和法律问题作为上诉理由；仅对法律问题提出上诉的只占5.68%和3.46%（见表5-2、表5-3）。因此，无论是上诉理由还是第二审程序的审理重点，事实问题都是二审程序审理中的主要问题。

〔1〕 黄国昌：《程序法学的实证研究》，台北，元照出版有限公司2012年版，第59页。

表5-2 JY市法院2016～2018年民事案件上诉理由

单位：件

年份	对JY市法院第一审案件提出上诉案件数	对事实问题上诉案件数（比例）	对法律问题上诉案件数（比例）	对事实和法律问题均上诉案件数（比例）
2016	1107	836（75.52%）	14（1.26%）	257（23.22%）
2017	1044	720（68.97%）	109（10.44%）	215（20.59%）
2018	1028	565（54.96%）	55（5.35%）	408（39.69%）
平均值	—	（66.48%）	（5.68%）	（27.84%）

表5-3 XS区法院2016～2018年民事案件上诉理由

单位：件

年份	对XS区法院第一审案件提出上诉案件数	对事实问题上诉案件数（比例）	对法律问题上诉案件数（比例）	对事实和法律问题均上诉案件数（比例）
2016	588	344（58.50%）	20（3.40%）	224（38.10%）
2017	563	274（48.67%）	13（2.31%）	276（49.02%）
2018	555	339（61.08%）	26（4.68%）	190（34.23%）
平均值	—	（56.08%）	（3.46%）	（40.45%）

3. 中级法院审理二审案件对于基层法院一审案件的发回重审、改判率很低

从统计的情况来看，中级法院审理二审案件发回重审和改判的比例（发改率）也维持在一个相对稳定的状态，2010年至2016年在5.68%～7.80%这个较小的范围内波动，只有在2009年、2017年、2018年三个年度较高，为9%～11.06%（见图5-2）。维持原判的比例在44.31%～63.94%范围内，可以看出这10年中维持原判的比例越来越高。但是，这并不一定说明一审裁判的质量越来越好，因为这有许多理由可以解释，如二审是不是怠于行使职能，对于该纠正的错误没有纠正，对此下文将有论述。另外一个解释是，在2004年至2014年，在中央提出建设和谐社会的政治方针大背景下，中国法院提出了“司法和谐”理念，[1]在民事诉讼中要“能调则调，当判则判，

〔1〕 2007年1月，时任最高人民法院院长肖扬在第七次全国民事审判工作会议上，提出民事审判工作应当坚持司法和谐的重要理念。参见赵沨：《社会主义民事审判制度的新起点——记第七次全国民事审判工作会议》，载《人民司法》2007年第1期。

调判结合，案结事了”，要求各级法院尽可能对民商事案件采取调解的方式结案，调解的方式可以贯穿一审、二审、再审的全过程。2014年以后，片面强调调解的司法政策逐渐降温，随之而来的是法院的调解率有所下降，从2009年的24.75%下降至2018年的8.76%（见表5-1）。一个合理的解释是，二审法院在审理上诉案件时，对于部分一审裁判没有差错应维持原判的案件，过去更多地以调解的方式结案，而后来则更多地以维持原判的方式结案。

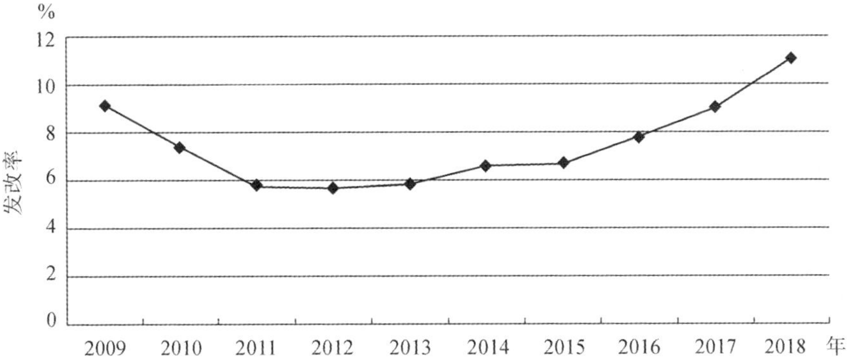

图5-2　W市中级人民法院民事上诉案件发改率

上诉人在二审期间撤回上诉的情况较多，2009年至2018年一直在14.19%至25.48%之间波动（见表5-1）。我国对撤回上诉采取鼓励性措施，当事人可以退回一半的诉讼费。[1]在这一政策下，上诉人在诉讼中经过二审法官的调解、双方当事人及律师的进一步磋商，在其觉得改判无望的情况下，撤回上诉无疑是一个很好的选择。

通过观察省高级人民法院审理对W市中级人民法院一审裁判提出上诉案件的审理情况，可见高级法院经审理后的发改率较高，大部分年度在20%左右，有三个年度甚至超过29%（见表5-4）。这说明，高级法院对于中级法院的第一审案件的纠错力度相对而言是比较大的。

---

〔1〕 2006年《诉讼费用交纳办法》（国务院令第481号）第15条规定：“以调解方式结案或者当事人申请撤诉的，减半交纳案件受理费。”

表5-4 W市中级人民法院一审民商事案件被提起上诉以及省高级人民法院审理情况

单位：件

年份	中级法院一审结案	中级法院一审判决	中级法院一审可上诉裁定	高级法院二审收案（上诉率）	高级法院二审结案	二审结案方式				
						维持（维持率）	调解（调解率）	撤回上诉（撤诉率）	发回重审（发回率）	改判（改判率）
2009	472	159	15	42（24.14%）	47	12（25.53%）	12（25.53%）	5（10.64%）	6（12.77%）	12（25.53%）
2010	453	116	10	45（35.71%）	54	20（37.04%）	8（14.81%）	10（18.52%）	3（5.56%）	13（24.07%）
2011	559	117	9	40（31.75%）	33	18（54.55%）	5（15.15%）	3（9.09%）	2（6.06%）	5（15.15%）
2012	852	210	9	60（27.40%）	60	32（53.33%）	8（13.33%）	9（15.00%）	4（6.67%）	7（11.67%）
2013	797	257	8	72（27.17%）	73	45（61.64%）	4（5.48%）	10（13.70%）	2（2.74%）	12（16.44%）
2014	694	377	17	85（21.57%）	82	32（39.02%）	6（7.32%）	20（24.39%）	2（2.44%）	22（26.83%）
2015	667	385	15	164（41.00%）	122	64（52.46%）	8（6.56%）	34（27.87%）	1（0.82%）	15（12.30%）
2016	451	187	16	108（53.20%）	118	59（50.00%）	6（5.08%）	29（24.58%）	3（2.54%）	21（17.80%）
2017	625	332	11	94（27.41%）	108	57（52.78%）	12（11.11%）	19（17.59%）	5（4.63%）	15（13.89%）
2018	650	216	35	95（37.85%）	89	51（57.30%）	5（5.62%）	13（14.61%）	1（1.12%）	19（21.35%）

注：1. 本表中高级法院的二审收案、结案，对应的原审裁判是W市中级人民法院的一审裁判。

2. 统计口径同表5-1。

三、问题和可检验的假说

（一）问题

近年来，司法实践中二审对于一审裁判的发改率比较低，特别是中级法院的二审程序对于基层法院一审裁判的发改率很低。W市的情况是，2009年至2018年，二审对于上诉案件的发改率大部分年度是在6%左右，仅在三个年度较高，达到9%～11.06%（见图5-2）。而如果从二审案件对所有一审可上诉案件的比例来说，这个比例仅在1%左右。也即基层法院以判决和可上诉裁定方式处理的案件中，每100个案件，只有1件左右会被中级法院的二审程序发改。这应当是一个相当低的数值了。虽然由于统计口径的差别和资料的限制，国外的数据非常有限。但从有限的资料比较来看，我国二审程序对于一审案件的发回重审和改判率应该是相当低的。〔1〕

当第二审案件的裁判出现改判率很低、维持率很高的现象，能透露出什么信息？它和第一审判决的司法质量有什么关系？答案可能有两种：一种是说明第一审裁判的质量很好，也即一审裁判的公正性、正确性非常高。另一种是一审裁判的质量并没有那么高，而是第二审程序质效下降，怠于行使职能，不负责任地大量维持原判，从而造成第一审判决质量很好的假象。从法院的角度出发，持第一种观点的理由是显而易见的。第二审程序作为初审程序的救济审，在没有其他评价一审判决正确性的权威标准和程序机制的情况下，第二审对于一审裁判质量的评判几乎是唯一的标准。况且，在两次审判的理念下，两次审判都作出同一判断，第一审判决的正当性也就增强了。但这一看法成立需要一些隐含的条件：（1）第一审法官的

〔1〕 同为大陆法系的德国，1996年基层法院作出的可上诉判决中有11%被上诉，这些上诉中有36%的案件胜诉了。地区法院作出的可上诉判决中提起上诉的占16%，其中胜诉的占42.5%。参见［英］阿德里安A. S. 朱克曼主编：《危机中的民事司法：民事诉讼程序的比较视角》，傅郁林等译，中国政法大学出版社2005年版，第217页。

司法素质越来越高或保持在一个较高的水平上，司法素质包括司法专业素质和公正廉洁素质。(2)第一审程序得到足够的充实，保证司法公正的诉讼制度越来越完善，并得到了切实的履行和保障。(3)第一审的审理时间和程序质量得到了合理充分的保证。公正和效率都是审判的价值目标，但是高速的审判和高质量的审判始终是一对矛盾体。总之，第一审要得到充分的强化，审理时间和审理程序运行质量要得到必要的保障。

然而，如果第一审的程序保障和运行质量不理想时，情况可能不是如此乐观。二审的发改率低，也许正好意味着第二审功能的弱化。二审功能的异化可能产生两种倾向，一种是由于二审法院的权力没有受到有效的规制，那么它制造错误的概率甚至可能大于纠正错误；另一种则是由于第二审程序没有发挥审级救济作用，对于大量错误的第一审裁判未能有效纠错，而是简单地以维持原判了事。而近年来中国司法实践的情况反映，这些条件的成立是有很大的疑问的。

第一，法官的专业素质和廉洁素质并没有多大的变化。一方面，正如苏力教授所说："一个社会或一个特定的社会群体的道德水准不大可能在短时期内有很大的变化，无论是坏的社会风气还是'正确的'道德教育都不大可能对一个成年人的行为起很大影响，因为道德是基于人们的内心确信和人的自然情感而产生的，现代的生物学特别是社会生物学研究表明，道德甚至受到基因的限制，而并非道德教育的成果……如果不是各种社会的制约因素有重大变化，任何社会的道德都既不可能存在所谓的'严重滑坡'的倾向，也不可能出现道德水准大幅度提高的可能。"[1]另一方面，在东部沿海省份经济较为发达地区，基层法院法官的来源多年主要由高校法律专业的本科生毕业后至法院工作，其法律专业素质也没有大的变化。

第二，第一审程序中保证案件质量的各项诉讼机制的落实情况堪忧。

---

〔1〕 苏力:《基层法官的司法素质——从民事一审判决上诉率透视》，载《法学》2000年第3期。

(1)简易程序被扩大适用。就民事诉讼法的立法本意而言，在第一审程序中应当以普通程序为原则、简易程序为例外。只有事实清楚、权利义务关系明确、争议不大的案件才适用简易程序。但是在后来的民事审判方式改革中，对一审程序大量适用简易程序。就全国而言，2000年至2002年3年中，基层法院适用简易程序审理的案件已经超过71%，有些法院甚至超过90%。[1]W市的情况也基本如此。2014年至2018年5年间，全市基层法院民事案件适用简易程序率分别为70.44%、71.49%、75.27%、76.03%、80.35%。[2]大量适用简易程序的主要原因是，案件大量增加，法院面临案多人少的压力。而简易程序由于适用独任法官，可以节约有限的司法资源，因而被大量地使用。简易程序虽然有利于案件的快速审理，但对于复杂案件的质量保证却有所削弱。(2)诉答阶段展开不充分。起诉和答辩是诉讼中双方当事人交换信息的起始阶段，可以使双方当事人了解对方的主张和理由及相关证据，法官可以初步了解双方的立场和争点。正是由于诉答阶段的重要作用，一些国家在民事诉讼法律中，都努力促进双方当事人利用这一程序进行充分的交流。[3]我国民事诉讼法也作出了类似的规定。但是在司法实践中，大部分法院为了提高效率，几乎都是在向被告送达起诉状副本的同时一并送达开庭通知书，开庭日期即确定在答辩期届满的第二天。这样的安排，虽然减少了法院的工作量，但无疑使诉答程序的功能大为减弱。(3)审前准备程序很少适用。审前程序可以帮助当事人获得与案件相关的信息，从而促使当事人达成和解，或者在未能和解的情况下

[1] 最高人民法院民事审判第一庭编著:《最高人民法院关于简易程序司法解释的理解与适用》，法律出版社2003年版，第250页。

[2] 上述数据为笔者委托W市中级人民法院审判管理办公室统计。以2017年为例，全市7个基层法院中，审理一审民事案件适用简易程序的比例最低的为63.14%，最高的为83.81%，平均值为76.03%。至2018年则进一步上升，比例高的法院达到88.76%。

[3] 如在德国，受诉法院的审判长或他所指定的法院成员不仅会给被告指定答辩的期间，命令其提出书面的答辩状，而且在收到答辩状后，还会把答辩状送交原告，命令原告在规定的期间针对答辩提出书面意见。参见《德国民事诉讼法》第275条、第276条，丁启明译，厦门大学出版社2016年版。

导向一个高效率的集中审判。我国的民事诉讼法虽然在第一审程序中规定了审理前的准备阶段，但是其内容主要是法院送达起诉状与答辩状、告知当事人权利义务和合议庭组成人员、法官审核诉讼材料和调取必要的证据、追加当事人等，同时规定可以通过组织证据交换、召集庭前会议等方式，进行审理前的准备。在目前的审判实践中，为了提高审判效率，大部分案件都是一步到庭，而且只开一次庭。由于没有充分的准备程序，一次庭审的质量大为贬损，能否保证审判的质量令人怀疑。(4)一些应当调查收集的证据未能收集。民事诉讼中的举证责任在当事人，为了保证当事人收集证据的权利，诉讼中在证据为对方当事人或者第三人占有的情形下，法律规定可以申请法院来调查证据，相关司法解释对当事人申请调查证据的种类和程序也作了详细的规定。〔1〕但是在司法实践中，由于案多人少的矛盾突出，对于大量的当事人提出的调取证据的申请，法院也无能为力。有的法院通过给代理律师签发“调查令”的方式代替，〔2〕有的法官则未能按照法律规定的精神对处于举证困难中的当事人给予调查证据，导致案件裁判的质量下降。(5)合议制严重变形。基层法院审理普通程序案件，中级以上法院审理第一审民事案件，都应当按照普通程序组成合议庭进行审理。合议制虽然有影响效率的劣势，但通过集体决策汇聚集体智慧，并可加强权力制约避免偏私，有利于案件得到更加慎重的审理。但是随着一审法院的人案矛盾不断加剧，不仅在基层法院普通程序的适用率越来越低，

---

〔1〕 参见2007年《民事诉讼法》第64条（该规定在此后《民事诉讼法》历次修改中均予以保留）；2001年最高人民法院《民事证据规定》第17条至第19条；2015年《民诉法司法解释》第94条至第97条。

〔2〕 我国《民事诉讼法》中并没有规定律师调查令制度。但是鉴于律师在民事诉讼中的调查取证一直困难重重，早在2006年，最高人民法院在《关于认真贯彻律师法依法保障律师在诉讼中执业权利的通知》(法〔2006〕38号)中就规定：“人民法院可以在民事诉讼中积极探索和试行证据调查令的做法，并认真研究相关问题，总结经验。”最高人民法院的支持态度激发了地方的自主创新。据不完全统计，全国先后已有上海、北京、江苏、河南等19个省市开展过律师调查令的地方实践。其基本做法是，律师在民事诉讼中无法取得相关证据时经申请，法院向律师签发的一种授权其向有关单位和个人收集证据的文件或令状。参见王杏飞、刘洋：《论我国民事诉讼中的律师调查令》，载《法治研究》2017年第3期；崔险险：《律师调查令制度在我国民事诉讼中的完善》，载《怀化学院学报》2019年第4期。

而且即使组成合议庭的普通程序，“形合实独”已经成为普遍的问题。另外，几乎所有基层法院的合议庭多为一名法官和两名陪审员组成，在陪审员的参与质量得不到保证的情况下，“陪而不审”问题比较普遍。在对S省D县人民法院2013年至2015年审结的民事审判案件中随机取得的325件案件中，约有271件存在“形合实独”问题，占比达83.38%。〔1〕

第三，第一审程序占用的审理时间越来越少，案件审理程序的充分性不足。近年来，随着经济社会的进一步发展，以及2015年我国对民事诉讼案件实行立案登记制等一系列因素的叠加，尤其在经济较为发达地区，民事案件的收案数在不断增长。但是，由于法院案多人少的矛盾进一步加剧，近年来法官审理案件的时间成本越来越少。笔者通过对W市部分基层法院的人均办案数和民事案件的平均审理天数进行统计分析，结果显示，该市5个基层法院2011年至2018年一线法官人均办案数、民事案件平均审理天数情况如下：（1）8年中各基层法院一线法官的人均办案数量基本均呈现先降后升的趋势。（2）W市基层法院一线法官人均办案数量变化趋势与案件平均审理天数的变化趋势呈正相关关系，人均办案数量最低时，案件的平均审理天数也最短，反之亦然。从2011年至2018年，民商事一审案件的平均审理天数都呈现先减少后增加的趋势，最低点基本都出现在2012年或者2013年，与一线法官人均办案数量的最低点同时期（见表5–5、表5–6、表5–7）。〔2〕

---

〔1〕 参见田源、高宇涵：《我国基层法院合议制运行中存在的问题及对策》，载《中共郑州市委党校学报》2016年第2期。

〔2〕 （1）统计样本中既包括城区法院，也包括县级市法院，样本具有广泛的代表性。（2）统计中的“一线法官”是指司法体制改革前具有审判职称（包括审判员和助理审判员），并且实际在立案、审判、执行等业务部门从事案件立审执工作的人员，排除了虽具有审判职称但被安排至综合岗位工作的人员。一线法官的人均办案量更能体现案件的实际审理进度。（3）由于目前的案件司法统计系统，在统计该项目时无法将执行案件与审判案件分离，故本部分的案件数量既包括审判案件，也包括执行案件。

表5–5 W市部分基层法院一线法官人均办案数

单位：件

年份	BH区法院	XW区法院	XS区法院	HS区法院	JY市法院
2011	138.09	257.19	229.15	180.62	228.97
2012	186.06	213.86	197.40	162.34	218.68
2013	176.82	186.38	174.22	176.90	212.55
2014	198.78	221.21	194.64	192.07	233.31
2015	144.22	201.93	241.23	187.38	264.85
2016	270	309	246	242	360
2017	271	357	258	247	351
2018	375	354	293	303	383

表5–6 W市部分基层法院民商事案件简易程序平均审理天数

单位：天

年份	BH区法院	XW区法院	XS区法院	HS区法院	JY市法院
2011	21.71	14.47	23.76	23.67	23.63
2012	15.51	17.06	21.83	26.09	18.82
2013	23.28	31.12	40.63	39.01	28.75
2014	44.50	47.96	48.37	49.07	35.77
2015	56.73	46.72	54.07	52.76	44.87
2016	63.48	51.71	60.12	61.74	52.53
2017	56.75	50.68	61.42	62.27	51.78
2018	45.50	46.19	55.49	64.69	52.74

表5–7 W市部分基层法院民商事案件普通程序平均审理天数

单位：天

年份	BH区法院	XW区法院	XS区法院	HS区法院	JY市法院
2011	127.65	74.73	120.08	86.21	98.58
2012	64.67	108.72	85.44	79.61	80.29
2013	62.34	83.18	105.61	89.72	77.04

续表

年份	BH区法院	XW区法院	XS区法院	HS区法院	JY市法院
2014	117.55	119.73	137.73	124.64	93.84
2015	156.67	136.41	154.72	139.39	125.12
2016	166.07	147.51	167.08	158.02	142.17
2017	176.70	157.65	163.98	157.5	141.35
2018	160.92	142.48	171.44	161.14	136.30

案件的实际审理天数＝所有法官的有效工作时间／特定时间内的案件审理数量。在法官人员数量和单个法官有效工作时间基本不变的情况下，特定单位法官的整体有效工作时间是基本固定的。因此，通过对一段时间内某单位法官的平均办案数量的研究，可以比较直观地反映该段时间内每个案件的实际审理天数。由上观之，从表面上看案件审理速度在逐渐变慢，每个案件的实际审理天数在不断延长；但是实际上，由于法官的人均办案数在不断上升，法官在每个案件上付出的时间成本越来越少，审判程序运行的充分性越来越不足。笔者对几位基层法院人民法庭工作的法官进行了访谈，他们的意见基本是一致的，每年审理的案件越来越多，花在每个案件上的时间越来越少，难免会忙中出错。

综上所述，在上述诸多因素都存在很大问题的前提下，第一审裁判的质量是令人怀疑的。在法院受理案件数量不断增加的现实下，中国司法机关要关注审理速度有其合理性和必要性，但是速度的提升也许是以牺牲一定的质量为其代价的。在加强第一审虽然有其责任性质的倡导和要求、但是却没有必要的制度设计和资源充分保障的情况下，加强第二审功能的发挥，通过二审的救济功能以实现司法的正确性目标，可以说是审级制度的第二道防线。10年中，当上诉案件发改率一直在低位徘徊时，一个中级法院每年却有约30件至40件的生效二审裁判被启动再审程序。仅这一现象就很难说原一审裁判的质量越来越优秀，而上诉程序已经不需要大量纠正一审裁判了。

（二）可检验的假说

困难在于，如何对于二审裁判的质量进行一个客观的、有说服力的评价，或者说是否存在一个足以衡量“裁判是否正确”的绝对指标？是令人怀疑的。不过，观察第二审裁判被提出申请再审的比例，和再审后被改变和维持的比例，仍然具有非常重要的意义。当然，数目字能起到的说明作用是有限的，对被再审的案件进行专业的复查必然有极为重要的意义。对此，有必要先加以论证说明。

第一，申请再审率是衡量确定裁判司法质量的重要指标。对于生效裁判提出不服的申请或者申诉，至少是体现了当事人主观上对裁判公正性的不信服。一个基本的假说，在理想的状态下，与上诉相类似，任何一个终审案件，判决只要不是让双方当事人都感到公正，就有可能引起申请再审。一般的情况是，感到判决不公平的人总是要比感到判决公平的人更有愿望提出再审申请。学术界虽然少有论述申请再审率对于测定终审裁判公正性的意义，但对于与申请再审率类似的上诉率的意义，则有着基本一致的意见。一般认为，上诉率是衡量初审裁判质量的重要标准。如苏力教授认为：“当人们对初审判决提出上诉时，这就意味着他／她（而不是其他的外在的人）认为这个判决不公正。”“因此，从原则上看，我们可以根据在一个司法制度中，上诉的多少来判断人们对判决的公正程度的感受。”他认为：“这个指标看起来很简单，不符合形而上的正义定义（而且这种定义很多，因此你不知应当符合哪一个），但是它是一个可以操作的定义，并且符合经济学上关于交易公正与否的理论。从经济学上看，任何一个交易，如果对于交易双方都是可以接受的，这个交易就是公正的。”[1]虽然，相对于上诉而言，再审程序是一项非常规的、例外的救济程序，上诉是权利性的，而再

---

〔1〕 苏力：《基层法官的司法素质——从民事一审判决上诉率透视》，载《法学》2000年第3期。类似的观点可参见黄国昌：《程序法学的实证研究》，台北，元照出版有限公司2012年版，第55页；艾佳慧：《制度环境、诉讼策略与民事上诉率变迁——理论模型与初步检验》，载《法制与社会发展》2017年第5期。

审是裁量性的；申请再审与上诉也有很大的区别，上诉一般只要提出不服原审裁判就得以成立，但是申请再审要得到法院受理，尤其经过2007年修改《民事诉讼法》对再审程序进行“三阶结构”改造以后，必须符合法律规定的“再审事由”。但是，申请再审与上诉仍具有很大的相似性，其都是对原审裁判提出不服的要求进入重新审判的请求。与裁定再审（正式启动再审）率相比，申请再审的比率更为直接地反映了当事人对原确定裁判的公正度的信服程度，可以作为衡量原生效裁判正确性的重要指标之一。特别是自2008年4月1日《民事诉讼法》实施以后，虽然可能在部分地区还存在申请再审不规范之处，但总体上申请再审的概念是清晰的，数据也客观化，基本准确反映了当事人对生效裁判不服的情况。

第二，再审的结果是评价原确定裁判正确性的重要标准。虽然再审程序是作为救济审的性质而存在的，但是如果纯粹从逻辑推演的角度而言，为什么再审裁判一定会较原审判决更为“正确”，却始终是一个难以证明的命题。如美国法官Frank M. Coffin说，上级法院因其所处的审级“高”，于是其判决被视为“正确”，而非因其“正确”而被视为“高明”。[1]但是如果理性地来分析这一问题，情况可能并没有如此悲观。

首先，如前文所述，21世纪以来，中国对于再审程序的观念与制度已经发生了巨大的变化，再审对原确定判决的改变越来越慎重。在依法纠错的前提下，也要尊重生效裁判的既判力，对生效裁判的改变必须慎重的观念越来越强，相关的制度也越来越完善。实践中的情况是，“案件经审查进入再审后是否改判，把握的标准更为严格”。最高人民法院的一位资深审判监督庭法官指出，在2007年修改《民事诉讼法》后的一段时期内，“再审改判实际标准远远严于启动再审的标准。当事人申请再审事由只要符合民诉法第一百七十九条规定中的任何一项，即可能使案件进入再审审

〔1〕［美］弗兰克·M. 柯芬：《来自上诉法院的思考》，载宋冰编：《读本：美国与德国的司法制度及司法程序》，中国政法大学出版社1998年版，第415页。

理。但即便事实认定证据欠充分，或者适用法律有瑕疵，乃至原审程序存在错误，均未必能导致裁判结果的改变，甚至有相当的案件经过再审审理后发现，所谓的错误实质涉及原审法院与原审法官自由裁量权的衡量与界定，只要不是特别地失当则很难改判。通俗而言，如果原裁判有‘伤’可以进入再审，但只有是‘硬伤’或者‘重伤’的，才可能导致改判。但有些本应依法改判的案件，却由于一些不合理因素的影响而导致没有最终得以改判”。另外，“疑难复杂案件多倾向于调解结案。在有的案件责任确实难以分清，或者牵涉社会稳定，以及改判社会效果不确定等情况下，法院为稳妥起见，往往更倾向于促成当事人和解，以求‘案结事了’、化解矛盾。如此一来，相当一部分原本应当依法改判的案件，最终得以调解结案，而事实上大多有理的当事人原本并不愿意进行调解”。〔1〕

其次，从审判决策机制上而言，再审也体现了严谨的做法。对本院的生效裁判（包括二审裁判）需要进行再审的，各级法院都采取了较为严格的决策机制。如果再审程序要对原判决进行改判，需要经过合议庭讨论、庭法官会议讨论、审委会讨论决定三级定案机制。如果是本院依职权启动再审的，要进入案件的复查程序，也需要经过审委会讨论决定。虽然审委会制度有诸多缺陷一直为学术界所诟病，但是其在增加决策的慎重性方面是起到积极作用的。这些努力，总体而言是收紧再审。

最后，判决的正确性也即公正性，如果仅从数目字上来观察的话，则其结论的客观性始终是有限的。数据会损失真实世界的大量的信息。所以，笔者为了观察再审审判和原审判决的质量，对W市10年以来所有被启动再审的334件案件进行了复查。面对一个已经产生既判力和执行力的裁判，此类案件必须经过立案复查、进入再审两个阶段的审查，审判组织必须是合议庭，“立案复查以决定是否进入再审”和“进入再审后作出再审

〔1〕 虞政平：《论我国审判监督程序的改革》，载《暨南学报（哲学社会科学版）》2012年第8期。

裁判”均必须经过审委会讨论决定，再审判决的正确性应当有足够的理由获得公众的信服。而当再审是上级法院提审形式时，由于上级法院的独立性和超然性，其再审纠错的公正性就更令人信服。在司法实践中，由上级法院提审的再审案件，其再审纠错率一般都会比本院启动再审和指令再审案件更高一点，这也充分表明了上级法院提审比指令再审更有利于再审纠错。

通过以上的分析，我们可以构建一系列的测定第二审裁判正确性的假说，然后分析现实与假说之间的差异。(1)如果对生效二审裁判的申请再审率一直在高位运行或者在上升时，那么说明二审裁判的质量是较低的或者是在降低，反之则说明二审裁判的质量较好或在上升。(2)如果再审裁判的改判率相对于所有二审裁判的比率较高的话，则说明二审裁判的质量较低，其纠错功能未能得到很好的发挥。(3)同时，基于第2项假说，可以进一步提出下面的假说。如果再审审查程序较为充分，符合条件的案件都进入再审，则再审案件的改变率更为客观地说明原审裁判的质量。如果对于申请再审的审查程序运行不充分，可能有许多存在错误的裁判未能裁定再审，则真实的案件存在质量问题的可能比目前裁定再审和再审改变的量更大。因为再审是裁量性的，仅是申请再审的数量和比例并不能说明应该进入再审的案件均进入了再审。依据这些假说，可以考察中国近年来第二审裁判功能实现的情况。

四、二审裁判被申请再审的情况分析

从全国的情况来看，最高人民法院某资深法官结合其内部调研的资料进行统计的情况是：2007年全国法院民事二审案件共审结422041件，民事申请再审案件审结近10万件，不服二审裁判申请再审的约占20%，远远高于不服一审裁判上诉的比例近10%(一审服判息诉率90.06%)。2008年全国民事二审共审结517873件，民事申请再审案件审结近10万件，一审服判息诉率89.69%，不服二审裁判申请再审的约占15.5%。2009年全国民事一审共审结5797160件，二审共审结598355件，民事申请再审案件审结近10万件，一审服判息诉率89.68%，不服二审裁判申请再审的约占16%。2010年全国民事一审共审结6112695件，二审共审结593373件，民事申请再审案件审结约10万件，一审服判息诉率90.29%，不服二审裁判申请再审的约占16%。2011年全国民事一审共审结6558621件，二审共审结571762件，民事申请再审案件审结8万余件，一审服判息诉率91.28%，不服二审裁判申请再审的约占14.56%。2012年全国民事一审共审结7206331件，二审共审结583855件，民事申请再审案件审结约8万件，一审服判息诉率91.9%，不服二审裁判申请再审的约占13.8%。2013年全国民事一审共审结7510584件，二审共审结612431件，民事申请再审案件审结约10万件，一审服判息诉率91.85%，不服二审裁判申请再审的约占16.4%。2014年全国民事一审共审结8010342件，二审共审结711018件，民事申请再审案件审结约11万件，一审服判息诉率91.12%，不服二审裁判申请再审的约占15.5%。2015年全国民事一审共审结9575152件，二审共审结901462件，民事申请再审案件审结12万余件，一审服判息诉率94.15%，不服二审裁判申请再审的约占13.87%。从以上9年的统计数据看，第一审裁判后的服判息诉率一般在90%左右，第二审裁判服判息诉率一般在85%左右，大约有15%的案件将成为申请再审案件。〔1〕

笔者考察了W市的生效二审裁判被申请再审的情况，对此进行了统计。根据立法的变化，2008年4月1日至2012年，不服W市中级人民法院的二审裁判的申请再审应当向J省高级人民法院提出。自2013年至今，“除了向上一级法院提出申请再审外，当事人一方人数众多或者当事人双方

〔1〕 孙祥壮：《民事再审程序：从立法意图到司法实践》，法律出版社2016年版，第239～240页。笔者按：该书相关数据的统计时间范围为2007年至2015年。

为公民的案件，也可以向原审人民法院申请再审”。所以申请再审会向省高级人民法院或W市中级人民法院提出。经统计，2009年民事二审案件作出改判或维持判决的共1528件，不服二审的申请再审45件，申请再审率为2.9%；2010年民事二审案件共作出判决1289件，不服二审的申请再审105件，申请再审率为8.1%；2011年民事二审案件共作出判决966件，不服二审的申请再审105件，申请再审率为10.9%；2012年民事二审案件共作出判决1087件，不服二审的申请再审85件，申请再审率为7.8%；2013年民事二审案件共作出判决1308件，不服二审的申请再审184件，申请再审率为14.1%；2014年民事二审案件共作出判决2066件，不服二审的申请再审368件，申请再审率为17.8%；2015年民事二审案件作出判决2813件，不服二审的申请再审354件，申请再审率为12.6%；2016年民事二审案件作出判决3434件，不服二审的申请再审503件，申请再审率为14.6%；2017年民事二案件作出判决共3799件，不服二审的申请再审484件，申请再审率为12.7%；2018年民事二审案件作出判决4128件，不服二审的申请再审731件，申请再审率为17.7%（见表5–8、表5–9、表5–10）。

经过对数据的分析可以发现，W市2009年至2018年的不服二审裁判的申请再审率，虽然各年度的数据有所起伏，但是10年来不服二审裁判的申请再审率从2.9%上升至17.7%，总体呈上升态势。即使排除2009年2.9%可能存在的偶然性因素，2018年也比2010年上升了119%，上升的速度是明显的（见表5–10、图5–3）。

表5–8　J省高级人民法院审理对W市中级人民法院生效二审民商事裁判申请再审情况

单位：件

年份	申请再审（收案）	申请再审（结案）	裁定再审
2008	241	189	10
2009	40	65	8

续表

年份	申请再审(收案)	申请再审(结案)	裁定再审
2010	102	79	7
2011	101	112	10
2012	80	97	21
2013	180	161	18
2014	367	324	13
2015	339	337	32
2016	462	376	33
2017	367	442	31
2018	497	433	33

资料来源:笔者委托J省高级人民法院审判管理办公室统计。

表5–9 W市中级人民法院审理对本院生效二审民商事裁判申请再审情况

单位:件

年份	申请再审(收案)	申请再审(结案)	裁定再审
2008	131	130	11
2009	5	5	2
2010	3	2	2
2011	4	4	2
2012	5	4	0
2013	4	4	0
2014	1	1	0
2015	15	3	1
2016	41	38	4
2017	117	116	8
2018	234	215	7

资料来源:笔者委托W市中级人民法院审判管理办公室统计。

表5–10　W市中级人民法院生效二审民商事裁判被申请再审情况汇总

年份	二审裁判（改判、维持）/件	申请再审（收案）/件	二审裁判被申请再审率/%	申请再审（结案）/件	裁定再审/件	裁定再审占申请再审比例/%
2008	—	372	—	319	21	6.6
2009	1528	45	2.9	70	10	14.3
2010	1289	105	8.1	81	9	11.1
2011	966	105	10.9	116	12	10.3
2012	1087	85	7.8	101	21	20.8
2013	1308	184	14.1	165	18	10.9
2014	2066	368	17.8	325	13	4
2015	2813	354	12.6	340	33	9.7
2016	3434	503	14.6	414	37	8.9
2017	3799	484	12.7	558	39	7
2018	4128	731	17.7	648	40	6.2
总数	—	3336	—	3137	253	（平均8）

注：此统计数据与表5–17等表不一致的原因在于，此表统计的数据仅为当事人申请再审的情形。而表5–17等表统计的数据中，裁定再审的案件还包括检察机关抗诉等而引发再审的案件数。

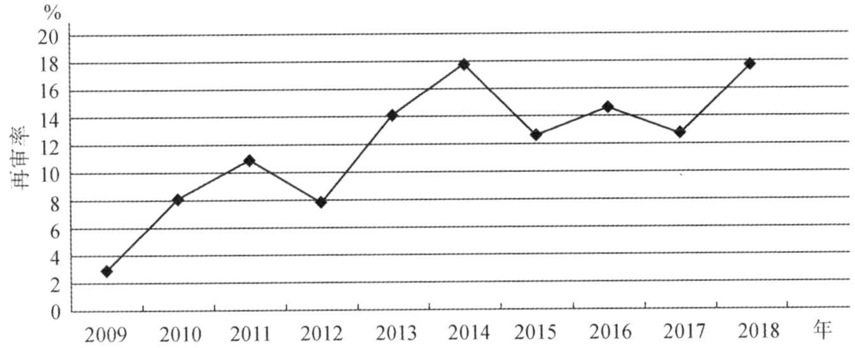

图5–3　W市中级人民法院二审裁判被申请再审率

五、生效二审裁判被裁定再审率和被改变情况的分析

（一）生效二审裁判被裁定再审情况[1]

我国的终审裁判被启动再审，可能由原审法院审理，也有可能由上级法院提审。虽然从理论上而言，最高人民法院也可能提起并审理对中级法院、基层法院的生效裁判的再审，但实践中极为个别。被提起再审的原裁判，可能是一审生效裁判，也有可能是二审生效的裁判。所以，笔者将W市两级法院（基层法院、中级法院）所有的对一审生效或者二审生效的案件提出的再审，作为W市的再审案件的数量。应当注意的是，表中的再审案件总数，并不是指W市两级法院审理的再审案件的总数，而是指以W市的生效裁判为对象提起的再审案件的总数。审理这些再审案件的法院，有基层法院、中级法院或者高级法院。根据统计，可以得出如下发现：

2009年至2018年这10年中，W市两级法院的生效裁判被裁定再审的案件数量在52件至107件之间波动。其中，针对二审生效裁判裁定再审每年有22件至42件（见表5–11、表5–12）。一般来说，再审程序的启动有以下几个来源：（1）当事人申请再审；（2）最高人民法院和上级法院对下级法院已经发生法律效力的判决、裁定、调解书，发现有错误的，可以决定启动再审。（3）各级法院院长对本院发生法律效力的判决、裁定、调解书，发现有错误的，可以经提交审委会决定后启动再审。（4）作出生效裁判的法院的上级检察机关，可以抗诉的形式启动再审。当然，实践中后三种启动方式，大部分也是基于当事人的申诉。申诉与申请再审几乎是类似的，其区别只是申请再审的条件必须符合《民事诉讼法》规定的13种情形，而申诉则没有这方面的限制，只要当事人提出理由认为原裁判不正确就可以了。而

---

〔1〕 2007年《民事诉讼法》第180条、第181条、第186条确认了再审程序的三个阶段：（1）对当事人的再审申请进行形式审查，以决定是否立案受理；（2）对当事人提出的再审事由是否成立的审查，不成立的，裁定驳回再审申请，成立的，裁定进入再审；（3）对原审裁判进行再审审理并作出裁判。所以，本书对于2007年以后正式进入再审程序的都表述为“裁定再审”。

且，后三种启动方式，是没有时间限制的，一个案件有可能在生效后的任何时候被提起。所以，当年度被提起再审的案件，其原审判决可能是上一年度的，甚至是前一个或数个年度生效的。所以，统计再审案件数占当年度作出的二审案件的裁判的比例意义不大。因此，笔者以10年的总数字作分析，这样在统计学上应该有一定意义，其结果是，10年中总的针对二审判决裁定再审的案件共334件，10年中总的作出实质性裁判的二审案件共22418件，两者的比例是1.49%（见表5–11、表5–12）。

表5–11　W市两级法院民商事案件被再审结案情况

单位：件

项目	2009	2010	2011	2012	2013	2014	2015	2016	2017	2018	总数
再审案件总数	85	89	107	69	65	52	60	63	96	96	782
针对一审案件的再审	57	49	67	35	23	26	31	41	62	57	448
针对二审案件的再审	28	40	40	34	42	26	29	22	34	39	334

应当注意的是，终审不终问题有很多是发生在一审生效的案件之中。2009年至2018年的10年中，W市两级法院的生效一审、生效二审裁判被裁定再审的案件共计782件。其中，针对生效一审裁判启动的再审案件448件，占比为57.29%；针对二审生效裁判启动的再审案件共334件，占比为42.71%。对于一审生效裁判启动再审的情况，因不是本书研究的重点而没有进行具体的复查和分析。[1]这一观察说明，至少在中国的基层法院和中级法院这两级法院中，并没有如学者们所推测的被裁定再审的案件大部分

〔1〕 经笔者对一位再审审判的资深法官进行了访谈，生效一审裁判被启动再审的情形主要有：（1）送达上出问题的。如一审法院在宣判时没有有效送达的，还有公告送达有问题的，如报纸是J省的报纸，但是当事人却不是J省的，而是外地的。（2）当事人提出新证据的。（3）委托手续不健全的。参加诉讼的被委托人，没有合法的委托手续的，最常见的就是委托书上的签名是他人代签的。（4）也有一部分当事人，故意不上诉，而直接申请再审。因为根据现有民事诉讼法以及有关诉讼费收费办法的规定，申请再审不需要交纳诉讼费。裁定再审案件只有两类要交费，一个是当事人提出新证据的，另一个是未上诉的。

都是生效的二审裁判。当然在全国范围而言，加之高级法院、最高人民法院的再审案件数，则以前文最高人民法院法官调研统计的数据为准。

W市二审判决被裁定再审的比例还是相当高的。国外的资料显示，日本2016年全国法院民事、行政诉讼案件新收案件总数为1470647件，当年再审案件（诉讼）的收案数为517件；2017年全国法院民事、行政诉讼案件新收案件总数为1529383件，当年全国民事、行政再审案件（诉讼）的收案数为549件，其比例是0.03%左右。〔1〕这么低的再审比率与日本实行三审终审制有关，另外还与日本具有比较强的确定裁判的既判力理念，对于再审设置了极为严格的启动事由有关。〔2〕我国台湾地区的情况是，2015年至2017年的情况大体上比较稳定。以2016年为例，台湾地方法院审结民事案件共1044638件，再审之诉结案共978件，正式进入再审共182件，〔3〕进入再审案件占民事案件比例为0.017%；高等法院审结民事案件共19023件，再审之

〔1〕 参见日本国最高法院官网，http://www.courts.go.jp/app/sihotokei_jp/list_detail?page=114&filter%5Bkeyword%5D%5B0%5D=1&filter%5Btype%5D=1，最后访问日期：2019年6月1日。

〔2〕 例如，对于是否应当把判决确定之后才发现足以导致判决内容改变的新证据也作为再审事由之一，日本最初的《民事诉讼法》也曾设有规定，在一定条件下承认当事人可根据新发现的重要书证提起再审之诉，但在1925年修订法律时，却在“从高度尊重判决的宗旨出发，还是以不承认这样的再审事由为佳”的立法理由之下，删除了这项规定。大陆法系许多国家如德国、法国、意大利的民事再审制度现在都存在类似的规定，因此，有些日本学者一直主张应在新的《民事诉讼法》中重新把发现新的重要书证作为再审的事由之一。但是，近年来新修改的现行日本《民事诉讼法》仍然没有承认这一再审事由。参见王亚新：《对抗与判定：日本民事诉讼的基本结构》，清华大学出版社2002年版，第363～364页。另可参见本书第三章。

〔3〕 我国台湾地区的再审程序，系当事人及其继受人对于已确定之终局判决声明不服，请求法院再开已终结之诉讼程序。当事人根据法定再审事由而提起的诉讼称为再审之诉。根据我国台湾地区民事诉讼的有关规定，再审之诉原则上专属于为判决之原法院管辖。依此原则，若对第一审确定判决不服，应向该判决第一审法院起诉；若对第二审确定判决不服，则应向该判决第二审法院起诉；若不服第三审法院判决，应向“最高司法机关”起诉。再审之诉的审理程序：一是撤销确定判决的撤销程序；二是恢复本案诉讼程序。前阶段的撤销程序又可再分为审查合法或不合法的阶段与审查有无再审事由的阶段。因此就全部程序来看，分为三个阶段。需要注意的是，对起诉是否合法的审查，如果经审查认为再审之诉不合法，以裁定驳回。在对有无再审事由的审查阶段，若再审之诉显无再审理由，则直接以判决驳回。若再审之诉虽有再审理由，法院认为原判决正当的，以判决驳回再审之诉。其他的则是在审理后作出废弃原确定判决，另作出适当判决。所以，笔者在统计时，对与大陆“裁定再审”同口径的“虽有再审理由结果并无不当而驳回再审、移送管辖、更为判决、和解、撤回、其他”情形作为类似于“裁定再审”的数据，笔者暂将之名为“进入再审”数据。参见齐树洁主编：《台湾地区民事诉讼制度》，厦门大学出版社2016年版，第199～221页。

诉结案共962件，正式进入再审共60件，进入再审占民事案件比例为0.32%（见表5–14、表5–15、表5–16）。与日本以及我国台湾地区的情况相比，W市中级人民法院的二审终审裁判中有1.49%被裁定再审，比例是明显高了。

表5–12　W市中级人民法院二审案件被裁定再审情况

项目	2009	2010	2011	2012	2013	2014	2015	2016	2017	2018	总数
针对二审案件的再审/件	28	40	40	34	42	26	29	22	34	39	334
二审作出实质裁判数（维持原判＋改判）/件	1528	1289	966	1087	1308	2066	2813	3434	3799	4128	22418
再审数占当年二审实质裁判数的比例/%	1.83	3.10	4.14	3.13	3.21	1.26	1.03	0.64	0.89	0.94	1.49

表5–13　2009～2018年针对W市中级人民法院二审案件启动再审案件结案情况

单位：件

项目	2009	2010	2011	2012	2013	2014	2015	2016	2017	2018	总数
中院对本院	21	31	35	22	29	12	17	11	8	12	198
省院对中院	7	9	5	12	13	14	12	11	26	27	136
合计	28	40	40	34	42	26	29	22	34	39	334

表5–14　我国台湾地区地方法院审理民事案件与再审案件情况

年份	民事案件（结案）/件	再审之诉（结案）/件	进入再审（结案）/件	进入再审占民事案件比例/%
2015	1029247	883	136	0.013
2016	1044638	978	182	0.017
2017	1070757	1016	153	0.014
合计	3144642	2877	471	（平均：0.015）

资料来源：我国台湾地区司法机构网站的司法统计下公务统计年报，https://www.judicial.gov.tw/juds/，最后访问日期：2019年5月31日。

表5–15　我国台湾地区高等法院及分院审理民事案件与再审案件情况

年份	民事案件（结案）/件	再审之诉（结案）/件	进入再审（结案）/件	进入再审占民事案件比例/%
2015	19240	946	49	0.25
2016	19023	962	60	0.32
2017	18162	937	57	0.31
合计	56425	2845	166	（平均：0.29）

资料来源：我国台湾地区司法机构网站的司法统计下公务统计年报，https://www.judicial.gov.tw/juds/，最后访问日期：2019年5月31日。

表5–16　我国台湾地区地方法院和高等法院审理民事案件与再审案件情况汇总（2015～2017年）

法院	民事案件（结案）/件	再审之诉（结案）/件	进入再审（结案）/件	进入再审占民事案件比例/%
地方法院	3144642	2877	471	0.015
高等法院	56425	2845	166	0.29
合计	3201067	5722	637	（平均：0.02）

笔者对W市两级法院2009～2018年所有被启动再审的案件进行了统计分析，需要说明的是，与大部分已有的研究方法不同，本书研究的对象并不是W市两级法院审理的再审案件的总体，而是所有针对W市两级法院的生效第一审裁判、生效第二审裁判而启动再审的案件。包括以下几类：（1）基层法院启动的对本院生效一审裁判案件的再审案件；（2）中级法院启动的对本院生效一审裁判案件的再审案件；（3）中级法院启动的对本院生效二审裁判案件的再审案件；（4）省高级人民法院启动的针对W市两级法院生效一审裁判的再审案件；（5）省高级人民法院启动的针对W市中级人民法院生效的二审裁判的再审案件。在此基础上，本书重点对两类案件进行分析研究，即W市中级人民法院审理的对本院生效二审裁判裁定再审案件、省高级人民法院对W市中级人民法院二审裁判提审的再审案件，以此来分析生效二审裁判被裁定再审、被纠错以及具体的纠错的原因。笔者采取的方法是，首先根据电脑数据库的数据进行统计，进而对所有的再审案件裁判文书进行逐份的查阅和分析统计。

表5–17　W市两级法院生效裁判被裁定再审及再审结果

单位：件

<table>
<tr><th rowspan="3">年份</th><th rowspan="3">再审案件总数（结案）</th><th rowspan="2" colspan="3">基层法院对本院一审生效案件再审案件数</th><th colspan="18">W市中级人民法院再审案件数（结案）</th><th colspan="10">省高级人民法院对W市中级人民法院案件再审案件数（结案）</th></tr>
<tr><th colspan="6">对基层法院一审生效案件再审案件数</th><th colspan="6">对中级法院一审生效案件再审案件数</th><th colspan="6">对中级法院二审生效案件再审案件数</th><th colspan="4">对中级法院一审生效案件再审案件数</th><th colspan="6">对中级法院二审生效案件再审案件数</th></tr>
<tr><th>改判</th><th>维持</th><th>调解</th><th>改判</th><th>维持</th><th>调解</th><th>发回重审</th><th>终结</th><th>其他</th><th>改判</th><th>维持</th><th>调解</th><th>发回重审</th><th>终结</th><th>其他</th><th>改判</th><th>维持</th><th>调解</th><th>发回重审</th><th>终结</th><th>其他</th><th>改判</th><th>维持</th><th>调解</th><th>发回重审</th><th>改判</th><th>维持</th><th>调解</th><th>发回重审</th><th>终结</th><th>其他</th></tr>
<tr><td rowspan="3">2009</td><td rowspan="3">85</td><td rowspan="2" colspan="3">25</td><td colspan="18">53</td><td colspan="10">7</td></tr>
<tr><td colspan="6">26</td><td colspan="6">6</td><td colspan="6">21</td><td colspan="4"></td><td colspan="6">7</td></tr>
<tr><td>13</td><td>9</td><td>3</td><td>5</td><td>8</td><td>3</td><td>8</td><td>2</td><td></td><td>4</td><td>1</td><td></td><td></td><td></td><td>1</td><td>5</td><td>6</td><td>3</td><td>6</td><td>1</td><td></td><td></td><td></td><td></td><td></td><td></td><td>2</td><td>4</td><td></td><td>1</td><td></td></tr>
<tr><td rowspan="3">2010</td><td rowspan="3">89</td><td rowspan="2" colspan="3">32</td><td colspan="18">48</td><td colspan="10">9</td></tr>
<tr><td colspan="6">17</td><td colspan="6">0</td><td colspan="6">31</td><td colspan="4"></td><td colspan="6">9</td></tr>
<tr><td>14</td><td>6</td><td>12</td><td>5</td><td>7</td><td>5</td><td></td><td></td><td></td><td></td><td></td><td></td><td></td><td></td><td></td><td>6</td><td>12</td><td>5</td><td>1</td><td>7</td><td></td><td></td><td></td><td></td><td></td><td>3</td><td>1</td><td>2</td><td>1</td><td>2</td><td></td></tr>
<tr><td rowspan="3">2011</td><td rowspan="3">107</td><td rowspan="2" colspan="3">39</td><td colspan="18">63</td><td colspan="10">5</td></tr>
<tr><td colspan="6">28</td><td colspan="6">0</td><td colspan="6">35</td><td colspan="4"></td><td colspan="6">5</td></tr>
<tr><td>12</td><td>9</td><td>18</td><td>5</td><td>3</td><td>15</td><td>2</td><td>1</td><td>2</td><td></td><td></td><td></td><td></td><td></td><td></td><td>12</td><td>5</td><td>9</td><td>5</td><td>4</td><td></td><td></td><td></td><td></td><td></td><td></td><td></td><td>5</td><td></td><td></td><td></td></tr>
<tr><td rowspan="3">2012</td><td rowspan="3">69</td><td rowspan="2" colspan="3">21</td><td colspan="18">36</td><td colspan="10">12</td></tr>
<tr><td colspan="6">13</td><td colspan="6">1</td><td colspan="6">22</td><td colspan="4"></td><td colspan="6">12</td></tr>
<tr><td>4</td><td>2</td><td>15</td><td>6</td><td>1</td><td>6</td><td></td><td></td><td></td><td></td><td>1</td><td></td><td></td><td></td><td></td><td>6</td><td>2</td><td>5</td><td>5</td><td>4</td><td></td><td></td><td></td><td></td><td></td><td>2</td><td>1</td><td>9</td><td></td><td></td><td></td></tr>
<tr><td rowspan="3">2013</td><td rowspan="3">65</td><td rowspan="2" colspan="3">10</td><td colspan="18">38</td><td colspan="10">17</td></tr>
<tr><td colspan="6">9</td><td colspan="6">0</td><td colspan="6">29</td><td colspan="4">4</td><td colspan="6">13</td></tr>
<tr><td>4</td><td>2</td><td>4</td><td>2</td><td></td><td>4</td><td>1</td><td></td><td>2</td><td></td><td></td><td></td><td></td><td></td><td></td><td>12</td><td>10</td><td>1</td><td>5</td><td>1</td><td></td><td>3</td><td></td><td>1</td><td></td><td>1</td><td>8</td><td>4</td><td></td><td></td><td></td></tr>
</table>

续表

年份	再审案件总数（结案）	基层法院对本院一审生效案件再审案件数			W市中级人民法院再审案件数（结案）																		省高级人民法院对W市中级人民法院案件再审案件数（结案）									
					对基层法院一审生效案件再审案件数						对中级法院一审生效案件再审案件数						对中级法院二审生效案件再审案件数						对中级法院一审生效案件再审案件数				对中级法院二审生效案件再审案件数					
		改判	维持	调解	改判	维持	调解	发回重审	终结	其他	改判	维持	调解	发回重审	终结	其他	改判	维持	调解	发回重审	终结	其他	改判	维持	调解	发回重审	改判	维持	调解	发回重审	终结	其他
2014	52	16			21																		15									
					8						1						12						1				14					
		8	3	5	1	2	2	3			1						4	6		2			1				6	2	6			
2015	60	30			18																		12									
					0						1						17										12					
		23	4	3											1		9	4	1	3							5		5	2		
2016	63	29			23																		11									
					12						0						11										11					
		22	3	4	6		2	3		1							6	1	1	3							3		6	2		
2017	96	44			25																		27									
					16						1						8						1				26					
		29	6	9	10	2		4				1					6	1	1				1				19	1	4	2		
2018	96	44			25																		27									
					13						0						12										27					
		27	6	11	9	1	2			1							4	3	3	2							17	1	5	2	2	
合计	782	290			142						10						198						6				136					

（二）二审裁判被再审改变的情况及分析

这334件针对生效二审裁判启动再审程序的案件，由W市中级人民法院审理的共198件（其中由省高级人民法院指令再审的87件，检察机关抗诉后省高级人民法院指令再审的78件，经申请再审或检察机关建议后由本院启动的33件，见表5-19）。由省高级人民法院审理（提审）的共136件（其中由省高级人民法院裁定提审的103件，由检察机关抗诉的33件，见表5-18）。

对334件再审案件的审理结果情况是：66件为维持原二审裁判，126件为改判原二审裁判，79件为调解结案，41件为发回重审，22件为终结（见表5-20）。需要解释的是，再审程序中的“终结审查”的结案方式，[1]系在再审审理过程中，申请再审人撤回申请、申请再审人无正当理由拒不到庭被视为撤回申请再审人、当事人已经在原生效裁判执行程序中达成执行和解等情况。当然，当事人撤回申请背后的原因是很复杂的，有可能确是对原生效判决的信服，也有可能虽然对原生效裁判不接受，但是经过执行程序或者双方案外的调停，双方当事人之间达成了改变原生效裁判的和解方案。所以实际上很难说终结的案件原生效裁判就没有错误。但是对这原因进行揭示已经不太可能，所以本书将终结案件归入对原裁判没有改变的类型，推定为原生效裁判没有错误。

---

〔1〕 2008年《最高人民法院关于适用〈中华人民共和国民事诉讼法〉审判监督程序若干问题的解释》（以下简称《审判监督司法解释》）第25条规定：“有下列情形之一的，人民法院可以裁定终结审查：（一）申请再审人死亡或者终止，无权利义务承受人或者权利义务承受人声明放弃再审申请的；（二）在给付之诉中，负有给付义务的被申请人死亡或者终止，无可供执行的财产，也没有应当承担义务的人的；（三）当事人达成执行和解协议且已履行完毕的，但当事人在执行和解协议中声明不放弃申请再审权利的除外；（四）当事人之间的争议可以另案解决的。”第34条规定：“申请再审人在再审期间撤回再审申请的，是否准许由人民法院裁定。裁定准许的，应终结再审程序。申请再审人经传票传唤，无正当理由拒不到庭的，或者未经法庭许可中途退庭的，可以裁定按自动撤回再审申请处理。人民检察院抗诉再审的案件，申请抗诉的当事人有前款规定的情形，且不损害国家利益、社会公共利益或第三人利益的，人民法院应当裁定终结再审程序；人民检察院撤回抗诉的，应当准予。终结再审程序的，恢复原判决的执行。”

表5–18 2009～2018年省高级人民法院对W市中级人民法院生效二审裁判启动再审案件情况

单位：件

省高级法院对W市中级人民法院生效二审裁判启动再审案件数（136）								
结案方式	维持	纠错						终结
		改判		调解		发回重审		
结案数	16	56		50		9		5
原生效二审裁判处理一审裁判方式		原二审维持一审 28	原二审改判一审 28	原二审维持一审 45	原二审改判一审 5	原二审维持一审 8	原二审改判一审 1	
合计	16	115（原二审维持一审81件，原二审改判一审34件）						5

表5–19 2009～2018年W市中级人民法院对本院生效二审裁判启动再审案件情况

单位：件

W市中级人民法院对本院生效二审裁判启动再审案件数（198）										
结案方式	维持	纠错								终结
		改判			调解		发回重审			
结案数	50	70			29		32			17
原生效二审裁判处理一审裁判方式		原二审维持一审 48	原二审改判一审 18	调解及其他 4	原二审维持一审 20	原二审改判一审 9	原二审维持一审 24	原二审改判一审 7	调解1	
合计	50	131（原二审维持一审92件，原二审改判一审34件，原二审调解及其他5件）								17

表5-20　2009～2018年对W市中级人民法院生效二审裁判启动再审案件情况汇总

单位：件

<table>
<tr><td colspan="11">对W市中级人民法院生效二审裁判启动再审案件数（334）</td></tr>
<tr><td rowspan="2">结案方式</td><td rowspan="2">维持</td><td colspan="8">纠错</td><td rowspan="2">终结</td></tr>
<tr><td colspan="3">改判</td><td colspan="2">调解</td><td colspan="3">发回重审</td></tr>
<tr><td>结案数</td><td>66</td><td colspan="3">126</td><td colspan="2">79</td><td colspan="3">41</td><td>22</td></tr>
<tr><td>原生效二审裁判处理一审裁判方式</td><td></td><td>原二审维持一审76</td><td>原二审改判一审46</td><td>调解等4</td><td>原二审维持一审65</td><td>原二审改判一审14</td><td>原二审维持一审32</td><td>原二审改判一审8</td><td>调解1</td><td></td></tr>
<tr><td>合计</td><td>66（占比为19.8%）</td><td colspan="8">246（占比为73.7%）
（原二审维持一审173件，原二审改判一审68件，原二审调解及其他5件）</td><td>22（占比为6.6%）</td></tr>
</table>

本书将再审案件的改判、调解、发回重审此三类结案方式，作为是对原生效裁判的纠错。这种归类方式，既为检察机关所采纳，也为部分学者所认同。[1]我国法院系统虽然官方没有将此三种方式作为纠错，但实际上最高人民法院在调研分析时也将其作为一个重要的指标。[2]本书认为，再审程序中的调解，也作为对原生效裁判的改变乃至纠错是合理的，其理由已如前文所述。

根据《民事诉讼法》和《审判监督司法解释》的规定，再审程序中改判原生效裁判的情形有以下几种：（1）原判决认定事实错误或适用法律错误的；（2）原判决认定事实不清，再审程序中可以在查清以后改判；（3）当事人在再审程序中提出的新证据，证明原判决、裁定确有错误的。而发回重审的事由有：（1）原生效判决认定事实不清的；（2）原生效判决违反法定程

〔1〕 参见王亚新等：《法律程序运作的实证分析》，法律出版社2005年版，第155页。

〔2〕 参见《最高法院审监庭负责人就"关于民事审判监督程序严格依法适用指令再审和再审发回重审若干问题的规定"答记者问》，载最高人民法院网2015年3月5日，https://www.court.gov.cn/zixun-xiangqing-13631.html。

序的；（3）原生效裁判漏列必须参加诉讼的当事人的。所以，对于被再审程序改判的案件，不能全部均认为原生效裁判有错误。其中的当事人提出新证据导致事实发生变化的情形，不能认为原生效裁判确有错误。

经过笔者的统计分析，再审改判共126件，具体原因包括：（1）原审适用法律不当的63件；（2）原审认定事实错误或认定事实不清的38件；（3）原审认定事实和适用法律均有误的15件；（4）出现新证据导致事实发生变化的10件。再审发回重审共41件，具体原因包括：（1）认定事实不清、证据不足的21件；（2）事实不清、适用法律不当的3件；（3）漏列必要的共同诉讼当事人的8件；（4）原审判决违反法定程序的2件；（5）原审当事人的委托手续无效，当事人实际未参加过诉讼的1件；（6）出现新证据的6件。关于再审程序中达成调解的原因，即原生效裁判究竟有哪些错误，导致当事人之间以调解的方式改变原生效裁判的结论，由于调解书中不会进行说明，故未能统计。据此可以得出：2009年至2018年10年中，W市中级人民法院所有民商事二审裁判被启动再审数为334件，其中被纠错数（改判、发回复审、调解数之和）为246件，占再审案件的73.65%。由此可知，在再审改判、发回重审的案件中，除了有16件是由于新证据、新事实的出现导致，如某个案件中出现原判决依据的一份判决书被撤销，从而引发的事实发生变化，这属于不可归责于一、二审法院的原因。其他230件原二审裁判（占被纠错案件的93.50%）应当认为属于确有错误，对此下文将继续考察论证。

表5–21　W市中级人民法院生效二审裁判被再审改判原因汇总

类型	案件数量/件	比例/%
认定事实错误或认定事实不清的	38	30.16
适用法律错误的	63	50
认定事实和适用法律均有误的	15	11.90
出现新证据	10	7.94
合　计	126	—

表5-22　W市中级人民法院生效二审裁判被再审发回重审原因汇总

类型	案件数量/件	比例/%
认定事实不清、证据不足	21	51.22
事实不清、适用法律不当	3	7.32
漏列必要的共同诉讼当事人	8	19.51
原审判决违反法定程序	2	4.88
原审当事人的委托手续无效	1	2.44
出现新证据	6	14.63
合　计	41	—

理所当然的是，在经过二审程序的案件中，二审裁判无论是改判了一审裁判，还是维持了一审裁判，生效的裁判即是二审裁判。所以，无论是二审维持了一审还是改判了一审，而以后又被发现原生效裁判是错误的，二审都难辞其咎。或者可以说，二审没有发挥其应有的纠错功能，或者说甚至制造了新的错误。进一步分析这些再审案件的情况，可以发现以下特点：

1. 在再审改判原生效二审裁判的126件案件中，有108件案件，再审程序在作出改判同时撤销了一、二审裁判，占85.71%。可以得出一个结论，在被再审程序改判的案件中，绝大部分案件的原一审裁判确实是错误的。只有极少部分案件，原一审裁判是正确的，反而原二审判决是错误的。这说明在部分原一审判决有错误的情况下，二审程序没有起到足够的纠错作用，而将这个纠错的任务留给了再审程序来完成。

2. 对上述案件进一步分析发现：（1）在被再审改判的126件案件中，原生效二审裁判维持一审的76件，原生效二审裁判改判一审的46件，原二审系调解结案的4件；（2）在被再审发回重审的41件案件中，原生效二审裁判维持一审的32件，原生效二审裁判改判一审的8件，原生效二审裁判调解结案的1件；（3）在再审以调解结案的79件案件中，原生效二审裁判维持一审的65件，原生效二审裁判改判一审的14件。综上所述，共246件再审纠错的案件中，原生效二审裁判维持一审的173件，占70.33%；原生效二审裁判改判一审的68件，占27.64%；原生效二审裁判调解及其他的5件，占2.03%。观察这一现象，可以得出如下之结论：二审纠错功能的弱化，首先表现为二审程序纠错功能的怠于行使。即本该通过二审程序认真的审理工作，以撤销确有错误的一审裁判，并用作出正确的二审裁判的方式纠正一审的错误。可是，大部分二审裁判错误的情况是，没有履行其纠错职能，而是任其错误继续存在于生效裁判之中。

3. 二审纠错功能出错的小部分，是二审对一审裁判进行了改判，即从形式上看是履行了其纠错职能，但是却没有改判正确。这里面又分为几种情形：(1)一审裁判是错误的，二审裁判只纠正了一审的大部分错误，留有小部分错误没有纠正。这说明二审改判的质量不高，改判不彻底。(2)一审裁判是错误的，二审裁判改判后也是错误的，最后被再审裁判采取第三种方案予以纠正。这两种情况都说明二审改判的质量不高。

4. 在再审作出改判处理的126件案件中，有18件是"撤销原二审判决，维持原一审判决"或者是基本回到原一审判决结论。换句话说，说明此18件案件的原一审裁判是正确的，但是原上诉审法院却将这些判决改判了，而改判的结果反而是错误的。这一现象说明，二审程序在对一审裁判进行监督和救济的过程中，对于极少数案件不仅没有纠正一审错误，反而制造了新的错误。这显示了一个无奈的制度设计困境，二审程序的目的当然是纠正错误而不是制造错误。但由于种种复杂的原因，二审程序也可能制造一些错误。特别是在续审制模式下，由于当事人可以提出新的证据和理由，这可能导致在二审中产生一些新的错误。这也是上诉制度设计中必须承受之痛。当然，二审改判的案件这10年来共有2389件，绝大部分改判的案件还是正确的。

综上之考察，在2009年至2018年的10年中，W市中级人民法院审理的民事上诉案件，作出实质性裁判（维持原判、改判）的共22418件。10年中二审裁判被裁定再审的案件共334件，即每年有平均33.4件，占生效二审裁判的1.49%。这样的比例无疑是过高的，再审程序已经不能说是一个例外的"消防通道"的存在了，对生效裁判的稳定性、既判力造成了非常负面的影响。上述334件再审案件中作出纠错的有246件，占再审案件的73.7%，这显示了再审程序的裁量性特点，即只有对确有错误或重大瑕疵的生效裁判才会启动再审，自然是大部分被再审的案件都纠错了。纠错的案件中绝大部分都是一审裁判有错误，二审程序没有依法予以纠正的。通过进一步分析可知，大部分案件系由于二审程序怠于行使纠错职能而导致有错误的一审裁判未能得到纠正；小部分的案件系一审裁判确有错误，二审裁判也进行了纠正，但是没有完全纠正原一审裁判错误；有极少部分案件系二审程序错误行使职能，将原来正确的一审裁判改错了的。这些情况说明，W市中级人民法院的上诉程序没有很好地履行纠正一审裁判错误的功能。

六、原二审裁判被再审改判原因的实证分析

为了更准确地考察被再审程序改判和发回重审的原二审裁判的质量，同时更为客观地评价再审裁判的质量，看一看再审判决是否一定就比原审裁判更为正确。笔者对所有被改判和发回重审的案件的判决逐一进行了复查，复查的方法为对再审的裁判文书进行认真研读分析。

再审程序对于原审裁判改变的三种形式：改判、发回重审、调解，其中以改判最为典型，撤销原审裁判的全部或者部分，并作出新的裁判结果。所以笔者对所有126件再审改判案件均进行了复查，以考察研究再审改判的具体原因。同时，对于各改判的原因笔者选取了较为典型的案例以说明之。

（一）原审裁判适用法律错误

再审改判中，因为原审裁判适用法律错误而改判的，占了大部分。原判决、裁定适用法律确有错误，是2007年《民事诉讼法》和2012年《民事诉讼法》均规定的一种再审事由，当然也是审判再审案件中改判的重要原因。

在调研中笔者发现，适用法律错误的具体情形主要表现为对事实和行为的法律性质的认定、民事责任的分担方面的错误和偏差等。具体主要包括以下方面。

1. 认定法律关系的性质发生差错

此类原因占法律适用错误方面的大部分。例如，认定是否存在劳动关系，是否属于表见代理，借款究竟属于单位借款还是个人借款，当事人的诉讼是否超过诉讼时效，保证是属于票据保证还是一般保证，加盖了公章的承诺书究竟是单位行为还是个人行为等。上述部分法律关系确实看似性质模糊、争议较大，但这些被改判的案件中，绝大部分法律关系的性质结合法律、法理、情理还是能得到某个正确的答案的，通过复查这些判决书给笔者的印象即是如此。这也许正是从反面说明，那些确属存在合理争议的法律关系性质认定的案件，没有被裁定再审或者被再审撤销并改判。并且，被改判的这些判决究竟认定此性质还是彼性质，对当事人的实体权利影响很大。此类情况共有20件，以下为2个较为典型的案例。

【案例1】2015年7月某日，甲支付48万元给A公司，购买了10份商业承兑汇票。汇票付款人为B公司，收款人为A公司，共计100万元，到期日均为2015年12月18日。同日，乙、丙对上述10份承兑汇票进行担保，承诺“票据均真实有效，保证到期能完全承兑，否则承担担保责任”。汇票到期日后，10份承兑汇票均被B公司拒付。甲遂向一审法院起诉乙、丙要求其承担担保责任。一审法院认定乙、丙二人对商业承兑汇票的到期全额兑付进行担保，应当承担保证责任，于2016年3月作出一审判决：乙、丙应支付甲100万元及利息损失。乙不服向W市中级人民法院提出上诉，认为双方担保关系不成立。法院经审理后作出了维持一审的终审判决。乙不服申请再审，W市中级人民法院经审查后裁定再审。再审经审理认为，根据《最高人民法院关于审理票据纠纷案件若干问题的规定》第62条的规定，保证人未在票据或者粘单上记载"保证"字样而另行签订保证合同或者保证条款的，不属于票据保证，法院应当适用《担保法》的有关规定。本案中乙、丙未在票据或者粘单上记载"保证"字样而是另行签订了保证条款，因此不属于票据保证，而是担保法规定的保证范畴，应当适用《担保法》的规定。本案主合同是甲与A公司之间的票据买卖，不属于票据法规定的流通，本质上是一种债权债务关系。保证人乙、丙只应对甲支付的对价款损失承担保证责任，而不应当对商业承兑汇票的票面金额承担保证责任。故于2018年7月作出再审判决：撤销一、二审判决，改判乙、丙支付甲48万元及利息。

笔者评语：本案的一、二审法院没有注意到票据保证和一般保证的区别，因而在本案的一审、二审判决中，虽然都没有对保证的性质下结论，但是实际上是按照票据保证的效力和原理来判决本案中的保证，从而导致适用法律错误。

【案例2】甲为A公司员工，在技术部担任主管工程师。A公司通用纪律条例规定"偷盗公司或他人财物者，一律除名"。2013年7月30日，A公司向公安机关报警称甲偷盗公司生产材料。同日，公司以甲"偷盗公司财物，严重违反公司规章制度"为由解除了与甲的劳动关系，为甲办理了退工手续。2013年7月31日，甲向劳动仲裁机构申请仲裁。2013年10月，仲裁机构作出裁决，支持了甲的大部分诉求。A公司不服仲裁裁决，诉至一审法院。一审法院经审理认为，甲多次私拿公司自喷漆，放在自己办公室抽屉内，又不能作出合理的解释，该行为违反了公司的规章制度(属于偷盗公司财物),故A公司解除与甲的劳动关系的行为合法。据此,一审法院判决:A公司无须向甲支付赔偿金。甲不服,向W市中级人民法院提出上诉,二审法院经审理认为一审判决并无不当,维持原判。甲不服向省高级人民法院提出申请再审,省高级人民法院经审查裁定再审,并提审本案。再审审理认为:《劳动合同法》第39条规定,劳动者严重违反用人单位的规章制度的,用人单位可以解除劳动合同。首先,A公司对于自喷漆的使用和管理存在一定的随意性,需要使用的人员在生产车间可以自行取用,甲存在到生产车间与工人一起作业的情形。其次,A公司于2013年7月30日报警后,警方也未对此作出认定和处理。最后,自喷漆价值每瓶8元。甲存放在其办公桌抽屉内的8瓶自喷漆价值只有64元,甲辩解其存放自喷漆系为了补漆时使用方便,该行为仅是违反了公司的领用料程序的意见具有合理性。综上,甲的行为尚不构成偷盗公司财物,亦不具有违反《劳动合同法》解除合同条款所规定的"严重性"。因此,A公司适用通用纪律条例的规定解除与甲的劳动关系不符合法律规定,一、二审判决对此认定有误。据此省高级法院于2015年6月作出再审判决,撤销原一、二审判决,改判A公司向甲支付违法解除劳动关系的相关赔偿金。

笔者评语:此案诉讼两造的主张似乎均有一定道理,原审判决也能自圆其说。但是,再审法院对于该行为法律性质的分析,是非常雄辩的,显然是合法和更为符合情理的。笔者再为之增加一条理由,法律上所谓偷盗,是指以非法占有为目的,秘密窃取他人财物的行为。本案中甲的行为,将价值极小的财物,从公司的车间拿出放在自己的办公桌内,仍然是工作场所,也未对之构成非法控制,何来偷盗性质一说?一审和二审判决对该行为法律性质的认定,显然是不恰当的。

2. 对法律或合同的解释不正确

我国是成文法国家,法官在适用法律时其实都要对法条含义进行解释和阐明。当然,大部分法律条文结合相关司法解释,其含义是明确的。再审发现原审法官对法律解释的错误,主要是明显违反最高人民法院司法态度、通说等错误。例如,《城市房地产管理法》第38条的规定是管理性规定,还是效力性规定;对于知假买假者,是否认定其属于《消费者权益保护法》中的“消费者”而给予1倍罚则(或3倍罚则);[1]如何理解民事诉讼中的“一事不再理原则”;在劳动争议纠纷中,单位对员工的经济赔偿金是否包括加班工资和公积金,等等。此类情形共13件,以下为典型案例。

【案例3】A公司于2008年注册成立。股东李某某系甲之母,甲是李某某股权的实际持有人;股东顾某某系乙之母,乙是顾某某股权的实际持有人。2010年3月11日,甲向乙支付300万元。次日,顾某某向A公司缴入300万元出资款。此后引发诉讼。第一次诉讼:2013年9月,甲将乙诉至一审法院,诉称2010年3月乙向甲借款300万元投资A公司,要求乙偿还借款本息。一审法院经审理后于2014年3月作出一审判决,认为虽然甲向乙支付300万元,但无证据证明双方存在借款合意,“乙所称技术转让款的意见具有一定的合理性”,据此判决驳回甲的诉讼请求。甲不服,上诉至W市中级人民法院。法院审理后判决驳回上诉,维持原判。第二次诉讼:2014年10月,甲再次诉至一审法院,诉称其为乙垫付了出资款投入A公司,乙及顾某某应当向其归还垫付款300万元。2014年11月,一审法院作出判决,认为甲对这一事实已以民间借贷关系向法院提起诉讼,法院已经作出生效判决。现甲属于针对一事再次起诉,故裁定驳回甲的起诉。一审宣判后当事人未上诉。第三次诉讼:2015年3月,甲再次诉至一审法院,以技术转让合同纠纷为由起诉乙及其母顾某某,称2010年3月11日甲向乙支付300万元,现乙和顾某某以300万元系专利转让款为由拒绝返还,然双方并无专利转

[1] 2009年《消费者权益保护法》第49条规定经营者有欺诈行为的,应当给消费者增加商品价款1倍的赔偿;2013年《消费者权益保护法》第55条将赔偿金额修改为3倍。

让的履行事实,请求法院判令乙和顾某某返还该300万元。一审法院经审理后认为,甲应按申诉处理,于2015年5月裁定驳回起诉。甲不服向W市中级人民法院提出上诉,法院经二审审理认为,甲在前次诉讼中已经选择以存在借款关系为由提起诉讼,虽然在本次诉讼中甲是以技术转让合同法律关系提起本案诉讼,与前次诉讼的起诉理由不同,但是与前次诉讼依据的事实完全相同,违反了民事诉讼一事不再理原则。于2015年8月判决驳回上诉,维持原判。甲不服向原审法院W市中级法院提出申请再审,法院经审查后裁定再审。再审认为,甲前两次起诉所依据的法律关系均为民间借贷关系,而甲在第三次诉讼中改变了诉讼理由,明确其请求权基础为技术转让合同法律关系,故诉讼标的与前两次并不相同,不应认定为重复起诉。据此撤销原一、二审裁定,指令原一审法院对该案进行审理。

笔者评语:民事诉讼中"一事不再理"原则在大陆法系和普通法系均得以承认,我国《民事诉讼法》中"对判决、裁定、调解书已经发生法律效力的案件,当事人又起诉的,告知原告申请再审"的规定,是我国关于"一事不再理"原则的法律渊源。2015年《民诉法司法解释》第247条规定:"当事人就已经提起诉讼的事项在诉讼过程中或者裁判生效后再次起诉,同时符合下列条件的,构成重复起诉:(一)后诉与前诉的当事人相同;(二)后诉与前诉的诉讼标的相同;(三)后诉与前诉的诉讼请求相同,或者后诉的诉讼请求实质上否定前诉裁判结果。"关于何为"诉讼标的相同",存在多种理论上的学说,主要有实体法诉讼标的理论(旧实体法说)、新诉讼标的理论(诉讼法说,包括二分支说、一分支说等)、新实体法说、诉讼标的相对论等。在我国,通说[1]和最高人民法院长期的司法态

[1] 参见张卫平:《重复诉讼规制研究:兼论"一事不再理"》,载《中国法学》2015年第2期;[日]高桥宏志:《民事诉讼法:制度与理论的深层分析》,林剑锋译,法律出版社2003年版,第26页。

度[1]均采实体法诉讼标的理论，即从实体法上的请求权出发来界定诉讼标的，认为诉讼标的乃是原告在诉讼上所为一定具体实体法之权利主张。依这种观点，该案中甲第一次起诉的请求权基础是借款关系，第二次起诉的请求权基础的实质仍是借款关系，属于重复起诉。第三次甲起诉的请求权基础是技术转让合同关系，不属于同一诉讼标的，因而不属于重复起诉。原生效二审裁判适用法律显然是错误的。

3. 合同效力、合同是否达成和履行认定发生错误

此类情况共8件，以下为典型案例。

【案例4】甲为丙之父。2009年5月3日，甲与乙、丙签订借款协议一份，约定甲向乙借款100万元，丙以本人位于上海房屋一套为该借款进行抵押担保。因该房屋处于按揭状态，故房产证原件暂交乙保管。协议签订后，乙向甲支付了40万元。借款期满后，甲分文未归还。乙遂诉至一审法院，要求甲归还借款本息，丙承担抵押担保责任。一审法院经审理后认为，三方协议合法有效，乙要求甲归还借款本息的请求成立；根据抵押担保条款，乙有权以丙的房屋价值优先受偿。据此作出一审判决：甲归还乙借款本金40万元和相应利息。乙有权以丙抵押的坐落于上海的房屋折价或者以拍卖、变卖财产的价值就前述还款义务优先受偿。一审宣判后，丙不服向W市中级人民法院提出上诉。二审经审理，判决驳回上诉，维持原判。丙不服向省高级人民法院申请再审，省高级人民法院经审查后裁定再审，指令W市中级人民法院再审。再审认为：丙在借款协议中自愿以其所有的房屋作为抵押担保，但双方未依法办理房屋抵押登记手续，房屋抵押权尚未设立，故不发生担保物权的效力。未办理抵押登记不影响抵押合同的效力。因此，抵押权人乙虽不能享有优先受偿权，但抵押人丙应依借款协议中的约

〔1〕 参见最高人民法院修改后民事诉讼法贯彻实施工作领导小组编著：《最高人民法院民事诉讼法司法解释理解与适用》（上），人民法院出版社2015年版，第634～635页。

定,对债务人甲不能清偿部分承担担保义务。综上,一、二审判决甲向乙还借款本金40万元及利息正确,但判令乙有权以涉案房屋价款优先受偿其债权系适用法律错误,应予纠正。据此改判:撤销本院二审判决,对原一审判决甲归还乙借款本金40万元和相应利息予以维持,改判丙对前述还款义务承担连带清偿责任。

笔者评语:本案的焦点是关于房产抵押权的设立,抵押权是否成立的问题。关于这个问题,2007年3月16日颁布的《物权法》有明确规定。该法第187条[1]规定:"以本法第一百八十条第一款第一项至第三项规定的财产或者第五项规定的正在建造的建筑物抵押的,应当办理抵押登记。抵押权自登记时设立。"《物权法》对于不动产及不动产物权抵押登记采"登记成立主义"。关于不动产抵押,立法例上有登记成立主义和登记对抗主义之别。依照登记成立主义,不动产抵押权未经登记,不发生效力;在不动产物权上设定的抵押权,亦同。依照登记对抗主义,不动产抵押权未经登记,并非不发生效力,抵押权因抵押人和抵押权人的抵押行为而设定,但不得以之对抗第三人;在不动产物权上设定的抵押权,亦同。因此,依据物权法原理,以发生物权变动为目的的原因行为,自合法成立之时生效。在不能发生物权变动的结果时,有过错的当事人应当承担违约责任。在以不动产和不动产物权设立抵押权的情形中,抵押合同属于原因行为,该行为是否生效,应当依据《物权法》第184条[2]以及《合同法》的相关规定来判断,而不能以抵押权是否设立登记为标准进行判断。如果抵押合同具备法律规定的生效要件,则应当认为合同关系已经生效,从而对抵押合同当事人具有约束力;若有违约情形,应承担违约责任。至于抵押权能否生效,则取决于是否存在处分行为即登记。该案中当事人签订抵押合同时为2009年,自当适用《物权法》的规定。原一、二审关于抵押权是否成立的

---

[1] 现为《民法典》第402条。

[2] 现为《民法典》第399条。

判决显然是错误的，属于适用法律错误。

4. 对民事责任的认定、财产利益的分配方面明显不当

此类情况共11件，以下为典型案例。

【案例5】2006年7月19日山东某市A公司与W市企业B厂签订加工承揽合同一份，约定：由定作方A公司委托B厂加工、安装、调试塑料电镀自动生产线一条，总价93万元。（1）承揽方应将定作物运至定作方指定的安装现场，任何一方要求提前或延期交付定作物，应当事先与对方达成协议；（2）承揽方应于9月10日前完成定作物的现场安装，并且完成定作物的调试工作，并约定了相应的违约责任。合同另附加约定：定作方手工生产线由承揽方免费搬移，地面由定作方提供材料，承揽方免费安装。加工承揽合同签订后，B厂将生产线的部分设备运至A公司。2006年8月，A公司共给付B厂定作价款计23万元。同年9月26日，A公司发函B厂称：B厂未按合同约定的时间将设备交付，已构成违约，要求B厂在2006年9月30日前将设备运至A公司，逾期则应赔偿损失并承担违约责任。B厂回函称：A公司未完成辅助准备工作，地面安装材料未及时提供，所以造成生产线无法进行安装，责任在A公司。同年10月12日，A公司再次发函给B厂称：因B厂违约，决定解除合同。已交付的部分设备不符合约定条件的应折扣价款或更换等。此后双方发生合同解除、设备款支付问题方面的争议。2006年10月30日，B厂诉至一审法院（W市某基层法院），请求判令A公司给付已交付的设备价款和承担违约金。A公司则提出反诉，请求判令解除合同，B厂返还设备款并承担迟延履行违约金。一审法院经审理认为，因A公司未完成必要的辅助工作和准备工作，造成B厂交货、安装、调试的期限延长，B厂迟延交付设备的行为不应认定为违约行为。A公司解除合同的行为，违反合同约定。一审法院于2007年6月作出一审判决：A公司应给付B厂设备价款35万余元和违约金9.3万元（共45万余元）。A公司不服一

审判决，向W市中级人民法院提出上诉。二审法院经审理认为，一审判决总体上正确，但是在计算设备价款时少扣了部分费用。据此二审法院于2007年8月作出终审判决：A公司应给付B厂设备价款31万余元、违约金9.3万元，其余维持原判。A公司不服生效判决，向检察机关申诉。J省人民检察院向省高级人民法院提出抗诉，省高级人民法院提审该案。再审经审理认为：首先，根据协议约定，“任何一方要求提前或延期交付定作物，应当事先与对方达成协议，并按协议执行”。该约定表明，合同履行时间的变更应经双方当事人协商。B厂提出因A公司准备工作未就绪而导致其迟延履行合同，但没有进行过协商。合同附款载明“定作方手工生产线由承揽方免费搬移，地面由定作方提供材料承揽方免费安装”，故拆除手动生产线是B厂的义务，并非A公司责任。B厂以手动生产线未拆除为由主张A公司未完成辅助准备工作，没有事实依据。其次，时至合同解除之时，B厂仍未能交付全部设备。故B厂没有按照合同约定交付设备并进行安装、调试，亦没有提供证据证明其在合同履行期间，就安装准备工作问题与A公司进行协商，其迟延履行行为已经构成违约。所以再审认为，原审判决对违约责任的认定错误。据此再审判决：撤销一、二审判决；A公司应支付B厂设备价款31万余元；B厂应支付A公司（迟延履行）违约金9300元。

笔者评语：在司法实践中的合同责任往往很复杂，纯粹是单方责任的很少。该案中B厂迟延交付定作物，A公司在收取了部分设备的情况下，一方面解除合同，另一方面又对已收到的设备进行了改装，导致对B厂交付的设备无法区分。关键的争点是，合同未能履行，主要是谁的违约责任。在判决中可以看到，双方争议的主要问题之一，交付设备之前的准备工作有哪些？应当由谁完成？原一、二审判决均认为，A公司没有做好准备工作是造成设备未能如期交付的主要原因，系A公司违约。但是再审指出的问题非常清楚，合同约定是“定作方（A公司）手工生产线由承揽方（B厂）

免费搬移，地面由定作方提供材料承揽方免费安装”。一、二审判决认为，由于定作方（A公司）未完成必要的辅助工作和准备工作，造成承揽方（B厂）交货安装调试的期限延长。笔者不禁要问，合同上的依据何在？再审判决对此问题作了明确和有说服力的分析：根据合同的约定，拆除生产线是B厂的义务，并非A公司的责任。进言之，如果B厂主张A公司有必要的准备工作没有完成，是造成其没有去拆除生产线的原因，那么其应当承担举证责任。事实上B厂没有提出事实依据。据此，原一、二审判决在认定违约责任时有重大偏差。再审改判是合法、公正的，令人信服。

5. 判决中部分内容的判决依据错误

此类情况较少，共2件，以下为典型案例。

【案例6】甲系A公司职工，2016年5月6日甲发生工伤（经鉴定为伤残十级）。后双方因解除劳动关系、支付工伤赔偿补偿等发生争议。经劳动仲裁机构仲裁，甲不服仲裁裁决向一审法院起诉，要求判决双方劳动关系解除、A公司支付赔偿费用等。一审法院审理后，依据2016年《J省人力资源和社会保障厅关于实施〈工伤保险条例〉若干问题的处理意见》（苏人社规〔2016〕3号）等规定，判决确认双方劳动关系解除，A公司支付甲伤残就业补助金、停工留薪期工资等共3万余元。但是未支持甲主张的“停工留薪期届满至劳动能力鉴定结束前”工资的诉请。甲不服提出上诉，二审法院经审理驳回上诉，维持原判。甲不服，向省高级人民法院申请再审，省高级人民法院经审查后裁定再审并提审本案。再审经审理认为，二审判决依据苏人社规〔2016〕3号意见错误。该意见生效日期为2017年1月1日，甲工伤事故发生于2016年5月6日，应当适用当时生效的2005年《J省劳动和社会保障厅关于实施〈工伤保险条例〉若干问题的处理意见》（苏劳社医〔2005〕6号）第21条关于“工伤职工停工留薪期满后，劳动能力鉴定结束前，原工资福利待遇照发，由所在单位按月支付”的规定。据此作出判决，在维持原来判决的基础上，增加判项“A公司支付甲工资6000余元”。

笔者评语：根据法不溯及既往原则，民事纠纷案件，原则上应当适用法律事实发生时的法律。在司法实践中，如本案这样明显地对于判决依据的法律适用发生错误的很少。一审发生错误后，二审又没有予以纠错的更少。但是由于我国法官总体素质尚欠理想等原因，这样的情况在司法实践中还是存在的。本案为其适例。

6. 违反法律的强制性规定

此类情况共5件。如有的案件，对于同一争议、同一诉讼标的、同一当事人的案件已经外地法院诉讼并有生效判决，但是W市一、二审法院又作出判决，违反“一事不再理”原则，进而被再审撤销并改判的。某案件中，W市中级人民法院在二审程序中超越了当事人在一审中的诉讼请求范围和上诉范围作出判项，违反了二审的审理范围不得超越当事人的上诉范围等规定。

7. 其他

如某继承析产纠纷案，原一、二审均作出判决，但是再审认为原当事人的诉请已经超过了最长诉讼时效20年的规定，不予保护，改判为驳回诉讼请求。某买卖合同纠纷案，其中一份用于支付货款的银行承兑汇票被除权。关于法院就票据作出除权判决后，后手是否有权依据基础合同关系向前手主张民事权利的问题，原一、二审判决认为可以。再审认为，根据《民事诉讼法》规定，“公示催告期间，转让票据权利的行为无效”，但公示催告之前，依法转让票据权利的行为仍然是合法有效的。据此对原一、二审判决作出改判，等等。

（二）原审裁判认定事实方面的错误

大陆法系各主要国家对于原审事实认定方面的再审事由规定得极为严格和具体。一般均为发现原审的证据是虚假、伪造、变造等情形，而没有将原审判决中法官根据证据、按照一定的规则推导出案件事实的过程不合理、不正确作为再审的事由。在世界上实行三审终审制的国家，事实审终结于第二审的原则也得到普遍的遵循，第三审是法律审，对事实问题不再审理。

我国现行《民事诉讼法》关于案件事实方面的错误所规定的再审事由，虽然相较于1991年《民事诉讼法》是具体和严格的，但是与西方国家相比还是比较宽泛的。《民事诉讼法》共规定4种情形：（1）有新的证据，足以推翻原判决、裁定的；（2）原判决、裁定认定的基本事实缺乏证据证明的；（3）原判决、裁定认定事实的主要证据是伪造的；（4）据以作出原判决、裁定的法律文书被撤销或者变更的。

其中应当着重予以说明的是“基本事实”。根据民事诉讼法理论，作为审判对象的案件事实分为主要事实、间接事实、辅助事实、背景事实。主要事实，是民事实体法规定的据以确定当事人之间民事法律关系性质、各自的权利义务和民事责任等主要内容的事实，它能够直接导致权利发生、变更或消灭的法律效果的发生。那些不能够直接导致一定法律效果的发生，只是用来推导主要事实真伪或存在与否的纠纷事实则被称为间接事实。辅助事实则是指如证人的性质、证人与当事人的关系等能够用来推测证据可靠性或证明力的事实。背景事实则是指纠纷发生的原因、经过、当事人的动机等的事实。主要事实与间接事实这一分类的重要性在于，辩论主义的原则只适用于主要事实，对于间接事实（包括作为广义上间接事实的辅助事实和背景事实），即使双方当事人都没有主张，法院也可以根据举证过程中呈现出来的情况作出判断。〔1〕《民事诉讼法》中“基本事实”的概念，一般认为相当于理论上的“主要事实”。〔2〕相关司法解释中“基本事实”的概念是指对原判决、裁定的结果有实质影响，用以确定当

---

〔1〕 参见王亚新：《对抗与判定：日本民事诉讼的基本结构》，清华大学出版社2002年版，第99～105页。

〔2〕 参见孙祥壮：《民事再审程序：从立法意图到司法实践》，法律出版社2016年版，第99页。

事人主体资格、案件性质、具体权利义务和民事责任等主要内容所依据的事实。[1]

问题在于,“原判决、裁定认定的基本事实缺乏证据证明的”表述实在不够明确,弹性很大,是被当事人申请再审时援引最多的事由之一,[2]也是法院较难掌握的一项再审事由。因为这涉及民事诉讼中的证明责任、证明标准、经验法则等问题。

1. 明显违反经验法则

现代诉讼制度采自由心证主义。我国《民事诉讼法》中没有明文确定自由心证原则,理论界一般认为最高人民法院通过司法解释确立了民事诉讼自由心证主义。[3]所谓法官的心证,就其内容和范围而言就是通过逻辑推理来评价证据价值和对待证事实是否成立进行判断认定。法官在评价证据的价值或对案件事实进行认定时,经验法则是这种认识或推理不可或缺的前提或根据,也是内在于法官这种认识过程中的一种具有客观性的制约。

经验法则具有无限性、一般性和盖然性的特征。其虽然具有一定的主观性,但在内容和存在形式上有客观的性质。从内容上看,经验法则来自人们个别经验的积累,是大量经验归纳和抽象的产物或结晶。经验的基础显示着作为经验法则的命题具有对应于客观事实这一意义上的客观性。从形式上看,经验法则不是个别人所特有的特殊经验,而表现为一般人或一定范围内的人们所共有的知识。尽管经验法则不以法律条文的形式来表示,也不一定以其他明示的、可见的方式而存在,但在超越个人的思考

---

〔1〕 2008年《审判监督司法解释》第11条;2015年《民诉法司法解释》第335条。

〔2〕 参见孙祥壮:《民事再审程序:从立法意图到司法实践》,法律出版社2016年版,第95页。

〔3〕 2001年《民事证据规定》第64条第一次在司法解释中确立了自由心证原则,此后被2015年《民诉法司法解释》(第105条)、2019年《民事证据规定》(第85条)等多个司法解释所承继。参见郑学林、宋春雨:《新民事证据规定理解与适用若干问题》,载《法律适用》2020年第13期;江伟主编:《民事诉讼法》(第5版),高等教育出版社2016年版,第198页。

并能够在一般人的理解中获得认可这一意义上，经验法则的存在形式也是客观的。所以，由于经验法则的这种客观性质，法官在经验法则的选择以及对其具体内容和盖然性程度的认识和运用上，都受到内在的制约。[1]在再审程序中，如果原审判决的法官根据经验法则对案件事实的认定，与普通大众的经验规则相去甚远，则会导致普通公众难以信服，这种情况可以判断为案件的基本事实“缺乏证据证明”。笔者在复查案件中，发现此类情况的案件占事实认定错误的大部分，共17件，以下为典型案例。

【案例7】(1)T公司于2006年6月15日注册成立，股东有2位，陆某认缴2600万元、徐某认缴2400万元。(2)2007年8月1日，陆某将其出资以2600万元价格转让给朱某。(3)2008年2月21日，S公司以货币形式出资3600万元，T公司注册资本由5000万元增至6600万元，同时徐某将其持有的19.2%股权计960万元、朱某将其持有的20.8%股权计1040万元分别以0元价格转让给S公司，此时股东为三人即徐某、朱某、S公司。(4)2009年4月23日，T公司股权发生重大变更，其中H公司出资3000万元受让徐某14.4%、朱某15.6%原始股权；C公司出资1000万元、D公司出资1000万元、E公司出资1000万元、F公司出资1000万元、袁金某出资999万元受让S公司各10%股权，袁龙某出资500万元、陈某出资500万元受让S公司各5%股权。这样S公司尚持有T公司10%股权，徐某、朱某退出T公司。(5)2011年11月28日，S公司、H公司将其股权以原价4000万元转让给袁金某，袁金某受让后共出资4999万元，占T公司50%股权，C公司、D公司、E公司、F公司将其股权以原价4000万元转让给袁龙某，袁龙某受让后共出资4500万元，占T公司45%股权。(6)2012年12月31日，袁金某将其全部股权以4999万元价格转让给袁龙某，此时公司股东为袁龙某(95%股权)与陈某(5%股权)。

---

〔1〕 参见王亚新：《对抗与判定：日本民事诉讼的基本结构》，清华大学出版社2002年版，第203～204页。

2013年4月25日，孙某与袁龙某、T公司签订借款合同并于次日履行，袁龙某向孙某借款1100万元（月息2.5%），T公司提供连带责任保证。后因袁龙某一直未还款，孙某遂于2013年12月起诉至一审法院，请求判令袁龙某归还借款本息，T公司对上述还款承担连带责任，陆某、徐某、H公司、C公司、D公司、袁金某在抽逃出资范围内承担连带赔偿责任。

一审法院在审理过程中，根据当事人的申请调查收集了相关证据。根据相关证据和证明责任，2006年6月15日T公司成立之时，公司验资后的资金在一天至二天内即全部汇出，不能给出合理解释。2008年2月21日、2009年4月1日S公司出资成为T公司的股东，但其出资经验资后也在一天至二天内即全部汇出，可认定S公司存在抽逃出资的事实。从2009年4月23日至2012年12月31日一系列股权变动过程中，除了H公司、D公司提供了部分财务凭证与说明，其他人（包括法人）均未能提供交易出资的依据。一审法院认为，H公司、D公司已对自身的主张提供了相应证据，可以认定其已经履行了出资义务。据此，一审法院根据《最高人民法院关于适用〈中华人民共和国公司法〉若干问题的规定（三）》第18条“有限责任公司的股东未履行或者未全面履行出资义务即转让股权，受让人对此知道或者应当知道，公司请求该股东履行出资义务、受让人对此承担连带责任的，人民法院应予支持；公司债权人依照本规定第十三条第二款向该股东提起诉讼，同时请求前述受让人对此承担连带责任的，人民法院应予支持”之规定，判决：袁龙某向孙某支付借款本息；T公司对第一项债务承担连带责任；陆某、徐某、C公司、袁金某对T公司不能清偿部分的债务承担补充赔偿责任；驳回对H公司、D公司的诉讼请求。

孙某、C公司、袁金某均不服，向W市中级人民法院提出上诉。二审法院经审理后，又查明以下事实：（1）H公司的3000万元银行承兑汇票、D公司的1000万元银行承兑汇票并未用于支付股权受让款。(2)H公司、D公司、C公司、袁金某在受让股权时应当审查陆某、徐某、S公司是否已完全履行出资义务。根据现有工商档案中的材料包括验资报告、审计报告等显示,前述受让股东无法得知转让股东存在抽逃出资的情形,即便是法院也是在依法行使调查职权后才在银行交易记录中发现存在将出资款转入公司账户验资后又转出的情形,对于前述受让股东而言,不能苛求其与司法机关具备同等的审查能力,也不能以受让股东未支付股权转让对价为由推定受让股东对转让股东有抽逃出资行为存在审查上的过错。因此,认定H公司、D公司、C公司、袁金某作为股权受让人均不知道(或不能认定为"应当知道")转让股东未履行或未全面履行出资义务。据此二审法院作出改判:维持第一审判决中令袁龙某、T公司、陆某、徐某还款的义务;撤销了第一审判决中令C公司、袁金某承担补充赔偿责任的判项;驳回了孙某要求H公司、D公司、C公司、袁金某承担还款责任的诉讼请求。

孙某不服,向J省高级人民法院申请再审,法院经审查后裁定再审并提审本案。再审经审理认为:在一系列股权变动过程中,袁金某、C公司因未提供任何交易记录,T公司也未提供财务凭证或其他经营资料佐证股东之间的交易行为,袁金某、C公司应承担举证不能的法律后果。H公司、D公司认为已履行出资义务,但其提供的银行承兑汇票并未用于股权受让款。因对瑕疵股权转让中受让人是否善意的认定是受让人承担法律责任的前提,T公司成立后陆某、徐某即将3000万元注册资本抽逃,S公司增资的6999万元也很快抽逃。C公司、袁金某、H公司、D公司受让股权时并未出资。等价有偿是民法基本原则之一,在商事领域尤其如此。C公司、袁金某、H公司、D公司在未支付股权对价的情况下成为T公司股东,又未能提供合理解释,故依据该事实认定其对徐某、朱某、S公司抽逃出资的行为是明知的。据此,再审作出判决,撤销原一、二审判决，改判为：袁龙某应支付借款本息；T公司对前述还款承担连带责任；陆某、徐某、C公司、袁金某、H公司、D公司对T公司不能清偿部分的债务承担补充赔偿责任。

笔者评语：因本案涉及事实的认定，故笔者尽可能把原判决书认定的基本事实和证据全面表述。总之，此案中股东变动多次，但是股东陆某、徐某、C公司、袁金某、H公司、D公司均未实际出资，或者是均未实际支付股权受让款。这些证据真实性，二审、再审的认识基本是一致的。问题在于，在双方当事人各执一词、主张完全相反的事实状态的情况下，法官如何根据已经认证查实的证据，推导出案件的主要事实。即受让股东是否"知道或者应当知道"有限责任公司的股东未履行或者未全面履行出资义务。法官的这一认识机制即为运用逻辑推理和经验法则来推导案件事实。二审法院对于心证进行了公开，让我们有机会对之进行检讨。笔者认为，二审法院的理由不符合普通公众一般的经验。其一，法院是作为一个事后的、中立的纠纷解决者的角色介入民事争议中的，不能把事件的当时实际参与者对相关事实的认识状态与法院相类比。其二，法律上这种情形下的明知，应理解为凭一般的生活经验应当明知。正如再审判决书中所说的，"等价有偿是民法基本原则之一，在商事领域尤其如此"。转让股权应当支付对价是商事领域的常识和惯例。但是其可以在未支付股权对价的情况下受让股权，成为T公司的股东，况且这些股权的价值又不是小数目，而是价值数千万元人民币。作为一个常人显然应当能够判断前手的股权的出资未履行。因为作为常人，把价值巨大的股权转让给他人，一般也不可能以0价格转让。正是这些理由，笔者认为原二审判决对事实的认定显然是违反经验法则的，而再审判决符合经验法则，令人信服。

2. 证明责任分配不当导致认定事实错误

民事诉讼中，在当事人主义诉讼结构下，证明责任成为这种结构下极为重要的基本制度，国外有些学者称为"民事诉讼的脊梁骨"（backbone)。[1]我国经过20世纪80年代后期审判方式改革后，实行辩论式诉讼，证明责任的概念及相关程序操作目前在我国民事诉讼立法、司法解释和诉讼实践中已经得到普遍的承认和广泛的运用。我国的民事诉讼制度中是以当事人举证为主，法院调查证据为辅的模式。证明责任包括两个层次的含义：一是客观的证明责任（或结果意义上的责任），是指证明失败、待证事实处于真伪不明状态时承担不利裁判结果的责任；二是主观的证明责任（或行为意义上的责任），是指当事人提出证据的责任。

关于“结果”和“行为”两种层次上的证明责任的关系及其功能作用，结果证明责任是更为根本的层次。这一命题包括两层含义：其一，由于一般情况下客观举证责任的所在根据实体法规范已经确定，当事人在诉讼开始之时就应知悉了解自己是否承担这种风险。负有结果举证责任的一方当事人为了避免结果的风险必须率先采取提出证据的行动——所谓“主观举证责任不过是客观举证责任的反映或反射，前者为后者的决定”。其二，如果承担客观举证责任的当事人已经率先提出证据，当对方当事人看到自己要是无所作为则法官的心证可能达到证明标准，其必须设法提出反证，且只需将上升了的心证程度“拉回”真伪不明的状态即可。对此，负有客观举证责任的一方又会感觉自己有必要进一步提出证据，以期使心证程度重新回到证明标准之上。如此循环往复一直到达成最高的解明度为止。在这个过程中，客观的举证责任成为双方当事人多个回合反复展开攻击防御的指针。[2]

关于证明责任的分配，我国民事诉讼实践的通说是法律要件分类说（又称规范说），其也是最高人民法院自2001年民事诉讼证据规定以来的一

---

〔1〕［日］高桥宏志：《民事诉讼法：制度与理论的深层分析》，林剑锋译，法律出版社2003年版，第421页。

〔2〕王亚新、陈杭平、刘君博：《中国民事诉讼法重点讲义》，高等教育出版社2017年版，第104页。

贯立场，在审判实践中被广泛接受。[1]2015年《民诉法司法解释》第91条比较明确地采纳了要件分类说的理论。

笔者复查再审案件，发现因举证责任的分配不当导致认定事实错误而被改判的案件共5件，占事实认定错误事由的第二大原因。以下为典型案例。

【案例8】2012年6月1日，甲通过银行转账向乙汇款200万元。2014年1月2日，甲诉至一审法院，要求乙归还借款200万元及利息。乙向法庭答辩，乙未向甲借款。甲汇给乙的200万元，是因为丙结欠乙款项，丙向甲借款归还给乙。乙提出如下证据：丙向乙出具的4张借条（金额共计1990万元）复印件，还提供证人孙某、吴某、程某出庭作证，证明丙通过向甲借款归还乙欠款的事实。甲对乙提出的证据均不予认可。一审法院认为，甲提供的200万元的银行转账凭证，既可以作为款项交付的直接证据，也可以成为证明其与乙之间存在借贷合意的间接事实。乙主张诉争200万元是丙通过甲归还给其的款项，乙应当就该项事实提供证据证明，否则应当推定甲的主张成立。乙提供的证据仅能证明乙与丙之间存在债权债务关系，但无法证明丙委托甲还款的事实，故对乙的主张不予支持。人民法院据此作出一审判决：乙应归还甲借款本金200万元及利息。

乙不服一审判决，向W市中级人民法院提起上诉，坚持原审的答辩意见，乙在二审中又提出了以下证据：(1)丙于2014年4月25日出具的证明2份及丙宣读证明的手机录像1段。丙在视频中称，“2012年6月1日，甲账上汇给乙人民币200万元整，是甲代我向乙归还借款……”(2)丙于2012年8月30日出具的借条1份，载明“今借到乙人民币1500万元正”。(3)证人徐某到庭作证，证明了丙与乙债权形成的过程。

---

〔1〕 最高人民法院修改后民事诉讼法贯彻实施工作领导小组编著：《最高人民法院民事诉讼法司法解释理解与适用》(上)，人民法院出版社2015年版，第316页。

（4）丙与徐某之间的银行流水、徐某与乙之间的银行流水，以佐证徐某的证人证言。甲对乙提出的新证据均不予认可。二审法院认为，乙的举证不足以证明本案200万元系丙对其的还款，不足以使法院对本案借款的真实性产生合理怀疑。据此二审判决：驳回上诉，维持原判。

乙不服二审终审判决，向W市中级人民法院申请再审，法院经审查裁定再审。再审经审理认为：原告基于借贷关系主张返还借款的，应当对借贷合意和款项交付等要件事实承担举证责任。本案中，甲提供了200万元的转账依据。但乙提供证人证言及丙出具的借条等证实丙与乙之间存在欠款事实，丙出具的证明更表明甲向乙划款200万元是还款而非借款，与乙的辩称相符。上述证据材料，足以对甲主张的借款关系产生合理怀疑。在此情形下，甲负有进一步举证义务，但其却未就与乙达成借贷合意提供证据，故其主张的借款事实不成立。甲应承担举证不能的法律后果。据此再审判决：撤销原一、二审判决，驳回甲的诉讼请求。

笔者评语：民间借贷案件的事实认定一直是司法实践中的疑难问题，经过复查发现，也是启动再审程序并改变原审裁判的多见案由之一。根据证明责任原理，民间借贷案件中，对于存在借贷关系及借贷内容等事实，出借人应承担举证责任。在原告仅能提供款项支付的事实，而无法提供借款合同的情况下，如何认定案件事实，需要讨论。对此，2015年《最高人民法院关于审理民间借贷案件适用法律若干问题的规定》作出了规定，“原告仅依据金融机构的转账凭证提起民间借贷诉讼，被告抗辩转账系偿还双方之前借款或其他债务，被告应当对其主张提供证据证明。被告提供相应证据证明其主张后，原告仍应就借贷关系的成立承担举证证明责任”。司法解释之所以明确该意见，是“考虑到一些借款合同的当事人确实存在缺乏法律意识，没有签订书面借款合同亦没有出具借据的情况下，出借人对于借款关系的证明存在一定困难，因而可以认为在提出金融机构转账凭证的情况下，出借人对双方之间借款合同关系的存在完成了初步举证责任”[1]。但实践中会出现在被告虽然提出相应证据，但证据的证明力难以达到确证其他债权债务关系存在的问题。在此情形下，司法解释明确，需要原告进一步举证。其原理为，民间借贷案件中证明借款关系存在的客观证明责任在出借方，该举证责任是由借贷合同的实体法所预先确定的，它的承担与诉讼证明的具体情势无关。出借方仅提出款项支付的证据，未提供借贷合意的证据，只能说完成了初步的举证责任，证明度达到了“大致的盖然性”或“较高的盖然性”[2]，而没有达到“高度盖然性”。只要被告提出的证据对原告主张的借款关系产生合理的怀疑，而不必达到确证其他债权债务关系的程度，举证责任将仍然回到原告方。如果原告不能进一步举证，将承担不利的裁判结果。这是根据司法解释意见和举证责任原理得出的必然结论。但是，二审法官对此认识存在偏差，不合法理，导致其认定事实错误。

3. 证据不合理但仍作为认定事实和民事责任的依据

因这一原因被改判的共3件。如在郑某（女）与苗某（男）离婚纠纷案[3]中，郑某向一审法院起诉离婚，在对财产进行分割过程中，法院将其中住宅房一套以购买价确定为57万余元，判归苗某所有，并据此价格判决苗某付给郑某归并款18.6万元。二审法院维持原判。但是再审查明，在离婚时以购买价确定离婚时共有房屋的价值不对，应当以离婚当时的房屋价值确定。经再审法院委托评估房屋价格为85万余元，再审据此改判苗某向郑某给付归并款42万余元。在孙某与源泽公司、英威伦公司、鑫马公

[1] 杜万华主编，最高人民法院民事审判第一庭编著：《最高人民法院民间借贷司法解释理解与适用》，人民法院出版社2015年版，第303页。

[2] 参见王亚新：《对抗与判定：日本民事诉讼的基本结构》，清华大学出版社2002年版，第217页。

[3] 江苏省无锡市中级人民法院民事判决书，(2017)苏02民再13号。

司、骏达机械厂房屋租赁合同纠纷案[1]中，一审被告孙某和源泽公司提出上诉后，二审法院的开庭传票通过“法院专递”邮寄方式送达上诉人，但是邮件投递时适逢法定假日，邮件上又未注明收件人联系电话，造成邮局将邮件退回法院。二审法院没有进一步通过电话联系等方式与上诉人核实，即草率作出按撤回上诉处理的裁定，属于程序违法，再审予以改判。在芦村公司与桑普公司租赁合同纠纷案[2]中，芦村公司在向桑普公司出租土地过程中，同时将正在建造中的厂房产权转让给桑普公司，价格按照芦村公司、桑普公司及建筑承包方三方审计认定，在交付后芦村公司依约完成了厂房的建造工程。但是在一、二审中，法院均将一份由芦村公司单方委托监理公司的造价审计，作为认定本案事实的一项重要证据。再审认为，合同明确约定桑普公司对造价审计有参与权，现有证据不能证明桑普公司对造价审计报告已经确认，据此作出改判。在这几个案件中，原二审裁判都是以明显不合理的证据认定了案件事实，属于认定基本事实缺乏证据证明的情形。

4. 其他

认定事实错误的还有其他一些情形。如对具体证据的内容研究不细。在某起房屋租赁合同纠纷案中，一审法院对于租赁合同的具体条款查明得不够细，导致对于违约责任的认定错误。二审法院对错误视而不见，对一审判决予以维持。再审程序对合同条款进行了认真的研究查阅，发现合同对双方权利义务有明确的约定，并据此作出了改判。有一些案件（5件）是遗漏或错误认定了部分事实，导致再审改判。有一案是关于是否需要重新鉴定问题。在福祈公司与恒大公司建设工程施工合同纠纷案[3]中，关于工程款数额合同约定以审计结论为准。在一审之前，涉案工程经上海申元

---

〔1〕江苏省无锡市中级人民法院民事判决书，（2014）锡商再终字第3号。
〔2〕江苏省无锡市中级人民法院民事判决书，（2009）锡民再终字第28号。
〔3〕江苏省高级人民法院民事判决书，（2018）苏民再219号。

公司作出审价报告。但福祈公司另委托审计机构对工程复审意见为申元公司审价报告有错误。一审法院根据申请另行委托相关机构进行司法鉴定,并按照司法鉴定的结论进行了判决。二审法院认为,申元公司的审价结论已经福祈公司与恒大公司在诉讼之前盖章确认,故不应再对工程造价重新鉴定,一审法院重新启动鉴定程序不当。二审法院依照申元公司最初作出的审价报告作为依据认定了工程造价,据此对一审判决作出改判。再审法院认为,重新鉴定理由充分,支持了一审判决的观点,作出改判。笔者对此案进行了认真的复查,认为二审的理由明显不成立,再审的结论及其理由是令人信服的。

同时,笔者在复查中也发现对于极个别案件(笔者认为有3件)[1]再审作出改判的,原生效二审裁判不能说是有明显的错误,但是再审判决比原审判决更合法合理。如2013年庞太某起诉庞玉某返还原物纠纷案[2],2009年某县一村民委员会在集体土地上建房,未办理建设工程规划许可证。村民庞太某购房1套后,出售给了庞玉某。庞太某于2013年向一审法院起诉要求庞玉某返还该房屋。一审法院经审理后,判决驳回庞太某的诉讼请求。案件上诉至W市中级人民法院后,法院经审理认为,该售房合同无效,据此撤销原判,判决庞太某返还庞玉某房款33万元,庞玉某将房屋返还给庞太某。2017年省高级人民法院再审认为,案涉房屋系在集体土地上建设的未办理建设工程规划许可的违法建筑。违法建筑的归属,应由有关行政机关处理,据此撤销原二审判决,改判为驳回庞太某的起诉。该案涉及我国法院审判权是否介入违法建筑的权属纠纷问题,该问题在相当长一段时期有争议,各地法院的做法也不尽一致。本案W市中级人民法院作出二审判决时,应该说也是符合当时的法律和政策的。但是省高级人

---

〔1〕 因为对于案件判决正确性的评价,确有部分事实认定或法律适用问题会有争议,或介于对与错、此与彼的模糊地带。所以对于这些极个别的疑难案件,笔者的观点仅供参考。

〔2〕 江苏省高级人民法院民事判决书,(2016)苏民再217号。

民法院近年来司法态度逐步明朗，认为法院不介入此类违法建筑物的权利归属问题，其再审判决即体现这个司法观点。可是笔者认为问题在于，原二审判决是一个已经生效的判决，具有既判力。在其没有明显违反作出判决时的法律的情况下，再审应当尊重原判决的既判力，不宜作出改判。在该案中，再审程序似乎有某种三审的趣旨，改变了原判决的法律适用问题。

综上所述，通过对再审对原裁判作出改判的126件案件进行的复查，可以得出以下结论：

第一，被再审改判的126件原生效二审裁判，除了10件是由于当事人提供了新证据、作出判决依据的法律文书被撤销等情形，以及3件原二审判决错误不明显之外，其余的113件判决，均存在明显的错误（或不公正）。再审判决是正确的和令人信服的。其中绝大部分案件，原审判决的错误较为明显，二审法官理应进行认真的审理，通过审级制度的第二道防线进行纠错，以保证终审裁判的正确性。但是70%的被再审改判的案件中，一审裁判存在错误后，二审法院没有予以纠正而是维持原判，导致案件不得已在再审程序中纠错。原审的错误是明显的，有两种情形：一种是作为一个法官本不应该犯的低级错误。如对于“一事不再理”原则的适用错误；应当适用民事行为时的法律而适用了行为后的法律，违反了法律溯及力的规定；对于抵押权成立规则适用错误等。另一种则是由于司法素质不高（法律业务水平不高、社会生活经验不足、综合判断能力不足等）导致的错误。如一般保证和票据保证的区别，对于员工的行为是否构成“偷盗财物”性质的认定，是否构成表见代理等。笔者向W市中级人民法院一位资深法官和一位专门对改判案件评查的资深法官进行了访谈，得出一致的结论：再审改判的案件，绝大部分是原生效裁判有明显错误；只有极个别案件再审改判的，原生效判决不能说有明显的错误，但再审判决也比原审判决更为合理、更令人信服。但是在复查过程中没有发现原生效判决正确，而再审改判结果却令人质疑的情形。只是说再审判决有极个别的改判,没有充分尊重原确定裁判的既判力。

第二,再审对原二审判决在认定事实方面错误进行的改判是令人信服的。最主要的因素是原审判决明显违反经验法则和违反举证责任的分配两种情形。这与英美法国家对事实问题的判定充分尊重一审法院意见的传统,以及德、法、日等大陆法系国家事实审终结于第二审的做法相比,展现了另一幅图景。中国的再审程序对事实问题进行改判的语境化的合理性在于,在我国民事诉讼的司法实践中,主要是“书证中心主义”。书证在民事诉讼案件中具有压倒一切的重要性,证人的作用极其有限。证人证言少,证人出庭少,法官对证人几乎不信任,成为一种较为普遍的现象。这一情况使二审程序、再审程序在认定事实方面,相对于一审法官并没有弱势。从而使再审法官对于案件中事实问题的改判是合理的,也是具有说服力的。但是,这同时反映出一个令人深思的问题:我国目前的案件没有通过一、二审程序实现认定事实的最大限度的正确性。如果这一问题没有解决,即使建立了三审终审制,由于第三审是法律审,那么三审制并不能从根本上解决中国部分判决认定事实上的错误问题。如果强行立法实行第三审只为法律审,那么司法裁判的公信力将何以实现?

七、申请再审被裁定再审比例的分析:从另一个视角看原审判决的质量

应当注意的是,上诉是权利性的,再审是裁量性的。2007年《民事诉讼法》建立了较为完整的再审之诉制度,当事人申请再审的权利得到了保障。但是为了在纠错的同时维护生效裁判的既判力,法律设置了较为严格的申请再审事由和审查程序。再审事由的审查程序至关重要,决定是否启动再审程序,可以说它是决定再审之门是否打开的关键环节。所以,再审

事由的审查程序是否得到全面而审慎的运行，不仅影响确定裁判的既判力是否得到充分的尊重，也影响确有错误的原审裁判是否能启动再审审理。换句话说，生效裁判被再审率和被改变率是否能客观反映原审裁判的质量，很大程度上依赖于再审事由审查程序的质量。

自2007年《民事诉讼法》开始确立再审程序的"三阶结构"以来，立法上明确了对申请再审的审查期限一般应当在3个月内，却没有明确对再审事由的审查方式。司法解释结合《民事诉讼法》的规定和各地审判实践经验，明确了三种审查方式：径行裁定、调卷审查和询问当事人，[1]由审查法官根据案情需要分别予以适用。毫无疑问的是，仅通过查阅判决书，与经过阅卷审查并询问当事人的审查方式相比，其对案件的审查程度必然是相对不充分的。司法解释对再审审查的方式作出了规定，但是没有明确每一种审查方式的适用范围。实践中，法院选择何种审查方式往往取决于法院案件数量的多少。为了避免超期审查尽量选择花费时间少的审查方式成为普遍现象。一是以书面审查为主，召集询问为辅；二是以不调卷审查为主，调卷审查为辅。最高人民法院某课题组在2010年进行的调研显示，不同法院在采取了不同的审查方式后的效果大相径庭。在不同的审查方式之间，审查效率与审查质量成反比。更多地采用审查当事人提交的书面材料和裁判文书方式审查的，虽然效率较高，但是裁定再审的比率较低；采用查阅卷宗、听证或询问当事人的方式审查的，虽然效率较低，但是效果

---

〔1〕 2008年《审判监督司法解释》第19条第1款规定："人民法院经审查再审申请书等材料，认为申请再审事由成立的，应当径行裁定再审。"第20条规定："人民法院认为仅审查再审申请书等材料难以作出裁定的，应当调阅原审卷宗予以审查。"第21条规定："人民法院可以根据案情需要决定是否询问当事人。以有新的证据足以推翻原判决、裁定为由申请再审的，人民法院应当询问当事人。"2015年《民诉法司法解释》第395条、第397条沿袭了上述第19条、第21条的精神，但对第20条的精神未作规定，因《审判监督司法解释》的上述规定与2015年《民诉法司法解释》的精神并不冲突，故可以继续使用。参见孙祥壮：《民事再审程序：从立法意图到司法实践》，法律出版社2016年版，第64页。

和质量较高，裁定再审的比率明显要高。[1]据此，笔者的初步判断是，如果对再审申请进行更加充分的审查，或许可以发现原生效裁判中更多的错误。数据显示，全国民事申请再审的再审比例自2012年至2018年以后越来越低。虽然申请再审案件数从100453件上升至254107件，但是裁定再审的案件数从38417件上升至49185件，变化不大，再审率（裁定再审案件数/申诉申请再审案件数）却从38.24%下降至19.36%。

从W市中级人民法院的二审生效裁判被申请再审和裁定再审的情况来看，虽然再审率远低于全国的平均值，但是其申请再审率则越来越高。数据的走向显示（见表5-10），生效二审裁判的再审率呈越来越低的趋势。2007年《民事诉讼法》将申请再审法院上提一级以后，对于W市中级人民法院的生效二审裁判申请再审，应当向省高级人民法院提出。所以省高级人民法院申请再审案件数量自2008年始呈井喷式增长，J省上升5倍。根据笔者对省高级法院法官的访谈，J省高级人民法院一直是全国审理案件的大省，"案多人少"矛盾突出。在没有明确的依据可以裁定再审的情况下，再审审查法官自然倾向于以驳回再审申请的方式结案。结合近年来申请再审率居高不下，甚至越来越高的数据来判断，真实存在的生效二审裁判质量问题可能比目前裁定再审的案件还要多，当然这只是一个"可能性"的判断，但同时也是一个合理的怀疑。

八、二审程序纠错功能弱化的原因分析

在"一审责任中心主义"下，初审程序没有得到制度上的充实。不仅如此，在案件数量快速上升背景下，主要的案件压力落在基层法院。现有

---

〔1〕 最高人民法院"关于规范与完善再审审查程序的调研"课题组：《再审审查程序的实证调研与分析》，载董开军、张卫平、俞灵雨主编：《民事诉讼法修改重要问题研究（中国法学会民事诉讼法学研究会年会论文集·2011年卷）》，厦门大学出版社2011年版，第70～73页。

的诸多诉讼机制落实情况堪忧，如简易程序被扩大使用、诉答阶段展开不充分、审前准备程序很少适用、证据收集调查并不充分、合议制严重变形等，这些因素导致一审程序可能无力承担保证裁判正确性的主要责任。但是在“二审职权中心主义”下，第二审程序被赋予更大的职权，却没有被要求担负更为重要的责任。笔者认为，这冲突是二审程序纠错功能弱化的内在原因，具体包括以下五个方面。

1. 尽可能维护一审法院的判决权威，第二审对于改判采取审慎控制的司法理念。我国民事诉讼法关于第二审的处理方式的规定，有维持原判、改判、发回重审三种，均有适用的具体情形和条件，并没有哪种方式优先的指导原则。可见，司法实践中出现的更多适用维持原判方式的倾向，法官的司法理念是重要原因。如前文所述，最高人民法院和各级法院多年来形成了这样一个司法观念，即强调二审程序应当尽可能维持一审判决，慎重改判。维护一审法院的自由裁量权，对于改判依据不充分的案件，二审法院以不改判为宜。毋庸讳言的是，该指导思想有降低当事人的期望值，避免二审法院改判率过高刺激败诉当事人上诉意欲的考虑。

2. 第二审有利于维持原判的审理方式，二审程序以不开庭审理为常态。二审案件的审理方式，我国多年来都采取了开庭审理与不开庭审理并存的模式，并在立法上明确以开庭审理为原则，不开庭审理为例外。2012年修改《民事诉讼法》时，为了进一步保证开庭审理的适用，规定了只有“没有提出新的事实、证据或者理由”的，才可以“不开庭审理”。[1]但是司法实践中的情况正好相反，是以不开庭审理为常态，开庭审理为例外。近年来这一现象更为严重。开庭审理与不开庭审理的重要区别在于当事人和合议庭成员的参与程度不同。显然，开庭审理模式下，合议庭所

〔1〕 参见2007年《民事诉讼法》第152条；2012年《民事诉讼法》第169条。

有法官均可听取当事人两造在法庭上的对抗、辩论、举证和质证，有利于更全面了解案情，从而导向高质量的、实质性的合议。不开庭审理时承办法官以外的其他合议庭成员的参与程度是较低的。该模式下，承办法官进行阅卷、组织双方当事人听证等。在合议庭评议时，其他两名法官了解案情，主要通过听取承办法官口头汇报和阅读原审判决书（或审理报告）。所以，处理意见更多是以承办法官为主导。除非在讨论中发现原审裁判比较明显的错误，合议庭其他法官很难主动提出改判或发回重审的动议。这一审理方式，成为二审案件更容易以“维持原判”方式结案的重要原因。

3. 第二审有利于维持原判的决策机制。多年来，二审法院形成了一个约定俗成的决策模式：对于合议庭意见维持原判的案件，可以由合议庭直接决策后作出裁判；对于合议庭提出改判（或发回重审）意见的，则要进一步把关。所以，对于作出发改处理的案件，必然要求承办法官对案情、处理意见有更为深入的研究，提出更具有说服力的理由。这无疑大大增加了承办法官的工作量。在各种因素的影响下，选择一个更快、更省力的结案方式也许是最为合理的选择，维持原判决定显然更为省力。当然，在司法资源有限的背景下，该决策模式体现了二审改判一审的审慎性。但这一理念是令人怀疑的，难道一个维持原判的二审判决，就不需要有更为慎重的决策方式吗？

4. 对二审法官的不合理的考核评价机制。如前文所述，我国对法官进行数目字式管理的绩效考核。以J省为例，考核法官审判绩效的指标是：结案数、结收案比、法定正常审限内结案率、超审限未结案率、民事案件调解率等。对于一审法官而言，指标有“被上级法院发改案件数”。这在一定程度上促使一审法官尽可能保证裁判质量，避免出现案件上诉后被二审法院改判。对二审法官，由于二审程序即为终审程序，很难有一个简单化的、客观的、有效的评价二审法官审判质量的评价标准。所以对于二审法官的评价，一般为办理二审案件数、法定审限内结案率等。既然二审改判一个案件工作量明显大于维持原判，这就必然导致部分缺乏追求公正情怀的法官，采取更为便捷的结案方式，以维持原判方式裁判二审案件。

5. “熟人社会”背景下，上级法院对下级法院行政化管理的制度悖论。多年来，发改率一直是评价下级法院审判质量的一项重要的、分值很高的指标。所以，基层法院及法官总是尽可能避免案件被上级法院改判、发回重审。当然，最为正当的方法是努力提高一审案件的审判质量。但在实践中，一方面，在判决前对于难以把握的案件，以向上级法院请示的形式获得上级法院批复后作出判决；另一方面，在案件上诉到上级法院以后，加强与上级法院的沟通、协调，积极争取二审法院不改判他们的案件，这两种方式更为常见。由于中级法院与基层法院所在地域一般是同一个地级市，在一个“低头不见抬头见”的社群里，上级法院的法官难免会更多地考虑同僚的“面子”和情感，尽可能避免对下级法院案件的改判。而高级法院对中级法院案件改判的比例明显要高于中级法院对基层法院改判的比例，高级法院与中级法院的物理距离相隔较远，法官之间的熟悉程度不够，或许是一个重要的原因。作为制度设计者的初衷，上级法院考核下级法院的审判案件的“被发改率”，一定是为了提高一审法官的责任性和公正性，努力提高案件的质量。但是在“熟人社会”因素的介入下，制度理性并未能完全实现，其结果无疑未能与制度设计的初始目标相吻合。

九、第二审纠错功能弱化带来的问题

（一）两审终审制的落空，确定裁判既判力受损

两审终审制设立之初衷，在于适应我国地域辽阔的特点，快捷公正地

审判案件。并以再审制度为补充，纠正常规的审级制度之内未能正确裁判的案件。这样既有利于及时解决纠纷，又能保证案件裁判的正确性。立法者认为，提高审判质量的关键不在于多设审级，而在于加强基层法院和中级法院的建设，使绝大多数案件能在基层法院和中级法院得到圆满解决。〔1〕应该说，这一思想至今仍然是值得肯定的。但是，再审制度是以牺牲生效裁判的既判力，损害法律的安定性为代价的，不应作为常规救济程序大量适用。那么如果二审程序功能得不到充分、正确的履行，如何保证终审案件的质量？如何建立司法公信力和司法权威？审级内常规纠错程序功能的不足，引起了社会的广泛不满。面对当事人“申诉难”的呼声，立法机关于2007年修改《民事诉讼法》作出回应。路径是建立再审之诉，进一步畅通再审纠错通道。2012年修法和之后司法解释对二审程序进行了一定的完善和改造，加强了二审开庭审理的制度设计，意图通过增加二审案件开庭审理的比例，强化第二审的质量，这对于促进第二审纠错功能的实现无疑具有积极意义。但是，由于司法理念、决策机制、考核机制等其他根本性的原因没有得到改变，二审纠错功能弱化问题仍然没有得到有效的改观。相反，再审程序的运行被进一步加强。实践中的情况是，对于申请再审无须交纳诉讼费，对于申请再审的案件原则上均进入复查程序。当然，正式进入再审的案件量尚没有发生大的变化，但是从发展的态势上而言，近年来再审案件的数量一直在高位运行，被改判发回重审的一审案件和二审案件居高不下。司法的终局性虽然不至于“荡然无存”，但生效裁判的既判力和稳定性从总体上必然受到严重损害，审级制所要实现的促进社会生活秩序的稳定、实现纠纷解决的终局性的目标毫无疑问在一定程度

〔1〕 参见曹杰等：《学习中华人民共和国人民法院组织法的体会》，载中国人民大学刑法民法教研室编：《中华人民共和国法院组织诉讼程序参考资料》第4辑，中国人民大学出版社1955年版，第160页。转引自傅郁林：《我国民事审级制度的历史考察与反思》，载易继明主编：《私法》第11辑·第1卷（总第21卷），华中科技大学出版社2013年版，第165页。

上落空。

（二）一审任务太重，裁判正确性的功能难以实现

无论实行三审终审制还是两审终审制的国家，初审程序都是整个审级制度的基础。一个健康运行的审级制度，必然以扎实的第一审程序为基础。如果一审程序在制度的完善、裁判的质量上有最大的保证，那么二审、三审都可以不必要。就国际上而言，许多国家近年来开展的司法改革运动都以强化第一审程序为其改革的重要内容。如德国20世纪末开展的司法改革运动，即是以降低上诉案件的数量作为一项法律政策的目标。法律界达成共识：减轻上诉法院的工作负担不能仅靠限制上诉来实现，还要通过强化第一审法院提高一审裁判的质量来实现。〔1〕二审程序的重构不能仅是对二审程序规则的变更，还必须与一审程序的强化结合起来。德国在改革前，民事诉讼实践中就存在上诉率过高的问题，随着上诉救济金额的降低与废除，上诉法院势必面临更大的压力。这就要求绝大多数的民事案件在一审中就能得到妥当的解决，而避免提起不必要的上诉。英美等普通法国家，在协作理想型的权力结构下，“是以先于而不是后于初审判决的决策公正性的保障（质量控制）程序措施为特色的”，上级审查（上诉）的非常规性使第一审程序处于特别重要的地位，为了保证初审程序的质量，从制度和时间上都给予其充分的保障。

我国以行政化的管理方式来促进“一审责任中心主义”在某种程度也体现了相同的考虑。但是，要提高第一审民事审判的质量，不能只压“责任”，更要强化“保障”。必须要充实第一审程序的制度机制，加强配备法官等审判力量，并保证诉讼程序运行的时间和质量。但遗憾的是，我国近年来的司法改革中，却没有看到对第一审程序完善充实的具体举措。繁简

〔1〕参见章武生、杨严炎：《德国民事上诉制度改革之评析》，载《比较法研究》2003年第1期。

分流的改革，更为侧重的方面是如何实现效率的提升。

效率和公正在一定程度上是矛盾的，基层法院一审案件的质量下降，已经成为不争的事实。一些原本可以通过完善的对抗过程、认真的集体决策程序、耐心细致的审理可以避免的错误，在高压和快速的办案压力中产生了。在这严峻的现实背景下，如果脱离实际地继续把保证裁判质量的任务强压给第一审来承担，是勉为其难的。第一审程序在高效产出判决这一司法产品的过程中，必然把更多的纠错的任务交给第二审程序来完成，以此方能实现审级制度下的司法公正目标。

（三）审判独立、司法公信受到损害

上诉制度作为法院系统内的自我净化机制，通过制约和纠错实现司法的正确性，从而有效维护和促进审判独立。如果司法错误已经无法通过上诉程序等予以纠正，则必然会引起外部机构介入法院的纠错机制，从而反过来侵犯审判的独立性，产生更大的问题。

信访制度就是较为重要的一项。早在新中国成立后不久的1953年的相关司法报告表明，当时民事案件已开始上涨，审判错误连连发生。面对案件急剧增长和错案率相应上升，司法改革采取了建立人民信访室、“运用审判监督程序大张旗鼓地进行改判”、建立人民陪审员制度三项应急措施。[1]21世纪以后，随着经济社会的不断发展，民商事案件大幅度上升，案件数量、案件类型都逐年呈大幅增长的态势。终审判决的错误率和对终审判决的不满率，以及大量涉法涉诉信访现象不断攀升。中国又一度对信访制度高度重视，将其视为化解矛盾、纠正错误的重要制度。对于法院的生效判决，如果产生了“涉诉”信访将会由相关部门牵头予以化解，甚至有的解决方法乃是在生效判决之外给予额外的补助或金钱的救助以化解信访。

---

〔1〕 傅郁林：《审级制度的建构原理——从民事程序视角的比较分析》，载《中国社会科学》2002年第4期。

它从某个侧面说明我国审级制度的运行已经越来越无法实现司法的正确性、正当性和终局性。

法院外部监督的另一途径是人大的个案监督。所谓人大个案监督，是20世纪80年代后期开始发展起来的一项对法院具体案件的监督工作。至20世纪90年代中期，个案监督在地方人大广泛开展，一些地方人大纷纷制定有关加强人大对重大违法案件监督的地方性法规。其主要做法是由人大的监督主办工作机构（一般是人大内务司法委员会或常委会法制工作机构或常委会信访工作机构）、常委会主任会议、常委会会议实施监督。其程序为通过受理公民的控告申诉、初查、立案、向法院发出监督意见的监督建议函、跟踪督办、向主任会议报告等。这一做法受到来自学术界和司法部门的强烈反对和质疑，此后随着2007年《各级人民代表大会常务委员会监督法》颁布，因为该法并没有确定个案监督的形式，此后这项改革逐步退出历史舞台。

法院外部监督之另一路径，是来自检察机关对民事审判的监督。检察机关对于法院民事审判活动的监督主要是对于生效裁判提出抗诉。以2008年11月中央政法委《关于深化司法体制和工作机制改革若干问题的意见》为标志的一轮改革，即是以加强权力监督制约为重点，紧抓影响司法公正、制约司法能力的关键环节，强调解决体制性、机制性、保障性障碍，力图建设公正高效权威的社会主义司法制度。〔1〕2012年的民事诉讼法的修改就是在这一改革意见的宏观指导下的作品，在这部民事诉讼法里，总体上体现了“强化对民事诉讼的法律监督，保证法律的正确实施”的指导思想，所以“完善审判监督程序”和“强化法律监督”是此次修法的重要内容。其中一项重要内容是强化检察机关对民事诉讼的法律监督。增加监督方式，在抗诉的基础上，增加了提出再审检察建议的方式；扩大监督范

〔1〕 徐昕、卢荣荣：《中国司法改革年度报告（2009）》，载《政法论坛》2010年第3期。

围，将民事执行活动纳入监督的范围，同时增加检察机关对于调解书（损害国家利益、公共利益的）可以提出再审检察建议或者提出抗诉的规定；强化监督手段，增加了人民检察院因提出再审检察建议或者抗诉的需要，可以查阅人民法院的诉讼卷宗，并可以向当事人或者案外人调查核实有关情况的规定。〔1〕但是在理论界，一直对检察机关对于民事诉讼活动的监督权表示质疑。除涉及国家利益和社会公共利益的民事案件外，对于属于私法范畴的民事诉讼活动，代表公权力的检察机关介入民事审判活动中的合理性一直是令人怀疑的。〔2〕作为单向的制约机制的审判监督程序和运动式的纠错方式，以及人大权力和检察权力过多地介入本质为私法领域的民事诉讼活动，正在逐步失去其正当性基础。但是其却在实践中得以产生、存在甚至加强，我国上诉制度的设计以及实际运行中，没有很好地实现司法正确性的目标，是一项重要的体制性和实践性的原因。

---

〔1〕 参见最高人民法院民事诉讼法修改研究小组编著：《〈中华人民共和国民事诉讼法〉修改条文理解与适用》，人民法院出版社2012年版，第24～32页。

〔2〕 参见李浩：《民事再审程序改造论》，载《法学研究》2000年第5期；贺卫方：《运送正义的方式》，上海三联书店2002年版，第166页；方如初：《民事抗诉权质疑和民事检察工作的基本思路》，载《法治论丛》1992年第2期；张卫平：《民事再审：基础置换与制度重建》，载《中国法学》2003年第1期。

第六章　我国二审程序的统一法律适用功能

理论上普遍认为，上诉制度的功能除了纠正原审错误、实现司法的正确性之外，另一个基本功能是统一法律适用。在三审终审制架构下，第二审以纠正一审错误为主，以统一法律适用为辅；第三审以统一法律适用为主，以纠正原审错误为辅。我国虽然是二审终审制，但是上诉制度仍应当具有统一法律适用的功能。本章将考察，我国二审程序运行中统一司法职能的履行和实现情况。笔者提出法院统一法律适用标准的两个理想型，"上诉制度统一模式"和"司法解释统一模式"，并借助这两个模型来观察分析我国上诉程序统一法律的功能。当然，建构这两个模型的材料源于真实世界，但是模型仅是概括了事物的几个典型特征。现实世界中的上诉制度并不会每个因素都符合这两个理想型，只是主要特征可以归属于这两个类型。笔者将通过考察指导思想和司法政策、上诉审法院的技术结构，分析相关的案例，并运用部分社会调查的成果进行综合分析。希望能得出我国上诉程序统一法律适用功能发挥现状的基本判断。

一、问题

立法的空隙交由法官行使自由裁量权，以实现公平正义。但由于每个法官的法律理念、社会阅历、业务水平的差别或者不同的价值考量，都会造成司法判决法律适用标准的不统一。我国当下普遍存在的"司法信任危机"的突出问题之一即在于裁判尺度不统一。近年来，随着诉讼案件的迅猛增长，新情况新问题层出不穷，司法责任制改革以及司法程序和组织的转型，又在一定程度上加剧了“同案不同判”问题的风险。大致在一个国家的范围内，裁判标准不一致的现象较为普遍地存在。小至一个中级法院的辖区内，裁判标准不统一的问题也相当突出。甚至在一个法院内的不同法官、不同合议庭之间，其判决的标准也不一致。“同案不同判”问题已经成为中国社会对当下法院审判公正不认同的重要因素，严重损害了司法的公信力和司法权威。

先来看两组案例：

【第一组案例】关于公司对外提供担保，相对人是否需审查公司内部决议文件

第一种裁判观点：相对人是否审查公司章程及内部决议文件，不影响对外担保的效力。

在重庆赞立置业有限公司（以下简称赞立公司）与何某某等买卖合同纠纷案中[1]，最高人民法院认为，《公司法》第16条对公司及股东等的相关行为进行规范，属于公司内部控制程序，不能以此约束交易相对人，相对人是否审查公司章程及相关股东会记录，均不应影响公司应当依法承担的民事责任。赞立公司关于许某某未经股东会同意以公司名义对外担保无效的主张，依法不能成立。

在山东兴康医疗器械有限公司与薛某某等民间借贷纠纷案中[2]，最高人民法院认为，《公司法》第16条第1款关于“公司向其他企业投资或者为他人提供担保，依照公司章程的规定，由董事会或者股东会、股东大会决议”的规定，系规范公司治理的管理性规范，在公司内部对股东、董事、监事及高级管理人员具有普遍约束力，但对外并不发生影响合同效力的法律约束力，债权人对公司担保是否经决议机关决议或

〔1〕 最高人民法院民事裁定书，(2017)最高法民申1696号。
〔2〕 最高人民法院民事判决书，(2016)最高法民再194号。

是否经股东同意不负审查义务。

在东方巨龙投资发展（杭州）有限公司（以下简称东方公司）与郑某民、余某民间借贷纠纷中[1]，浙江省高级人民法院认为，即使东方公司章程中有关于对外担保必须经股东决议的规定，《公司法》第16条规定对非上市的东方公司而言，不属效力性强制性规定，并不导致本案担保无效的法律后果。

第二种裁判观点：相对人需尽到合理的审查义务，否则公司对外担保无效。

在河北敬业担保有限公司（以下简称敬业担保公司）与永年县圣帝隆房地产有限公司（以下简称圣帝隆房地产公司）追偿权纠纷案中[2]，最高人民法院认为，《公司法》第16条第1款规定："公司向其他企业投资或者为他人提供担保，依照公司章程的规定，由董事会或者股东会、股东大会决议……"该规定在公司对外担保事项上对法定代表人的代表权进行了法定限制。因此，在判断公司法定代表人违反该规定越权签订担保合同是否对公司有效时，还应考察该行为是否构成《合同法》第50条规定的表见代表，相对人是否尽到了合理的审查义务，是否为善意。二审判决关于敬业担保公司未尽到审查义务、圣帝隆房地产公司不应对谢某明的越权担保行为承担保证责任的认定并无不当。

在赵某与太湖县新屹汽车城有限责任公司（以下简称新屹公司）、张某林民间借贷纠纷案中[3]，浙江省高级人民法院认为，新屹公司未在对账单中加盖公章，赵某亦未要求其加盖公章，也未要求其出示授权或董事会、股东会决定，故赵某未尽审慎的注意义务，涉案担保行为应认定无效。

---

〔1〕浙江省高级人民法院民事判决书，（2013）浙商外终字第131号。

〔2〕最高人民法院民事裁定书，（2016）最高法民申2633号。

〔3〕浙江省高级人民法院民事裁定书，（2015）浙民申字第2988号。

【第二组案例】关于公司为股东之间股权转让提供担保的效力

第一种裁判观点：公司为股东之间股权转让提供担保，违反了股东不得抽逃出资的规定，应认定无效。

在玉门市勤峰铁业有限公司（以下简称勤峰公司）、汪某峰、应某吾与李某平等股权转让纠纷案中[1]，最高人民法院认为，李某平等三人与汪某峰、应某吾等人原均为勤峰公司股东，其间发生股权转让由公司提供担保，即意味着在受让方不能支付股权转让款的情形下，公司应向转让股东支付转让款，从而导致股东以股权转让的方式从公司抽回出资的后果。公司资产为公司所有债权人债权的一般担保，《公司法》规定股东必须向公司缴纳其认缴的注册资本金数额，公司必须在公司登记机关将公司注册资本金及股东认缴情况公示，在未经公司注册资本金变动及公示程序的情形下，股东不得以任何形式用公司资产清偿其债务构成实质上的返还其投资。因此，还款协议中关于勤峰公司承担担保责任的部分内容，因不符合《公司法》的有关规定，应认定无效，勤峰公司不应承担担保责任。

第二种裁判观点：公司为股东之间股权转让提供担保，并不违反法律强制性规定，认定有效。

在广西万晨投资有限公司（以下简称万晨公司）、陈某官股权转让纠纷案中[2]，最高人民法院认为，股权转让发生在陈某官、胡某勇两个股东之间，陈某官出让自己持有的万晨公司60%的股权，胡某勇受让股权并应承担支付股权转让款的义务，股权协议书约定万晨公司承担连带责任，不存在损害其他股东利益的情形。万晨公司承担连带责任系经过公司股东会决议，是公司意思自治的体现，并不违反法律强制性规定。万晨公司是本案的当事人，在一审中对陈某官主张其承担连

〔1〕 最高人民法院民事判决书，（2012）民二终字第39号。

〔2〕 最高人民法院民事裁定书，（2016）最高法民申2970号。

带责任并没有提出异议，二审判决认定当事人对此不持异议，且法院主动对公司的自治情况进行司法干预不妥正确，二审判决依据本案事实判决万晨公司承担连带责任并无不当，万晨公司认为不应承担连带责任的申请再审理由不能成立。

上述7个案例，反映了在民事审判中的公司法领域两个比较典型的法律适用标准不统一的现象：一是关于公司对外提供担保，相对人是否需审查公司内部决议文件问题；二是关于公司为股东之间股权转让提供担保的效力问题。这两个问题长期以来在我国法院的裁判观点没有得到统一。〔1〕上述几个案例反映的问题，只是全国法院众多的裁判标准不统一的代表，我国法院裁判标准不统一的问题在民事审判、行政审判、刑事审判中均不同程度地存在，已经非常严峻。

二、"上诉制度统一模式"和"司法解释统一模式"

如何统一同一个司法区域乃至整个国家内不同法院之间法律适用的标准，是世界各国面临的共同问题。提高司法裁判标准统一性的路径有很多，如建立法律职业共同体、提高立法的确定性、确立判例的先例制度（或建立案例指导制度）、编写统一的法学教科书等〔2〕。这些路径一方面是法院外的，如立法机关立法的明确性、法律职业共同体的培养、编写统一的

〔1〕 随着2019年11月8日《全国法院民商事审判工作会议纪要》（法〔2019〕254号）、2020年《最高人民法院关于适用〈中华人民共和国民法典〉有关担保制度的解释》（法释〔2020〕28号）的出台，最高人民法院通过司法解释和规范性文件的形式对该问题提出了较为明确的法律适用意见。

〔2〕 如王泽鉴教授提出，"……此外就是像Harvard、Yale这样的national law school，他们使用的都是全美国的统一的教科书。也就是说，通过编教科书使法律统一。美国是一个普通法国家，它的侵权法、契约法这些都是各州的法律，那么五十个州就有五十种法律。但是它透过uniform law、restatement和教科书，将法律统一起来。全美国的学生读这些教科书的时候，就具有了共同的理念。所以我觉得大陆也可以这样做。大陆现在没有办法实行判例制度，但可以写一些restatement或统一的教科书。比如选出一些典型的案例来，然后由几个老师来做comments，然后在全国的学生中通用，然后慢慢形成统一的法律，云南也用它，内蒙古也用它，美国就是这样"。参见王泽鉴：《我看大陆法学研究》，载搜狐网2017年8月18日，https://www.sohu.com/a/165540027_187268。

教科书等；另一方面是法院内的，即主要是法院通过判例制度、制定抽象法律解释等方法，以实现裁判标准的统一。由于制定法与生俱来所具有的抽象性和一般性，所以法院在审判具体案件的法律适用过程中必然存在对法律的解释，据此，法院对其法律适用解释标准的统一所承担的责任，无疑是最为关键的。因此，在考察中国上诉制度统一法律适用功能的状况之前，有必要对各国法院统一法律适用路径的模式进行研究。笔者认为，中国统一法律适用模式与西方国家模式是有很大不同的。

西方国家的最高法院主要是通过组织法律培训和研讨，对遇到疑难问题的下级法院提供参考性的法律解释意见以及通过上诉审或其他法律监督程序，如检察机关的主动介入，对下级法院在具体案件中的法律适用问题加以监控。〔1〕西方国家普遍认为，法院拥有法律解释的权力主要是指法院在裁判具体案件的过程中对法律含义的一种阐明、发展等解释活动。离开对具体案件的审判活动，法院无权对法律作一般意义的解释。在典型的大陆法系国家如德国、法国、瑞士、奥地利等，以及典型的普通法系国家和地区如英国、美国等，其最高法院均无权事先发布具有一般法律效力的法律解释。〔2〕正如我国香港特别行政区终审法院在吴嘉玲、吴丹丹诉入境事务处处长一案判决书中所说："香港法院是在'审理案件'时才有权解释《基本法》条款。言下之意即是当法院并非在审理案件时，便没有这项权力。这情况反映出我们的制度内一套确立已久的原则：法院的职责是审判

〔1〕 最高法院仅就咨询它的具体案件的法律适用作出解释，通常只适用于具体事项。在法国，这种解释不具有约束力，在波兰、爱尔兰，提起咨询的下级法院必须遵循最高法院作出的解释。参见丁广宇：《欧洲各国最高法院保证法律统一解释的作用与机制》，载《法律适用》2007年第3期；金振豹：《论最高人民法院的抽象司法解释权》，载《比较法研究》2010年第2期。

〔2〕 在司法系统受苏联模式影响的东欧国家，其最高法院通常具有这种权力。但是波兰、格鲁吉亚、捷克和斯洛伐克已经于20世纪末先后放弃这种做法。到目前为止，仍保留此做法的还有俄罗斯联邦、立陶宛和保加利亚。See General Report by Roger Perrot, *The Role of the Supreme Court in Securing the Uniform Interpretation of Law*, sixth meeting of the Presidents of European Supreme Courts, 11–13 October, 2000, p.6.

裁决，而非提供参考意见。”[1]

上诉制度是西方国家法院统一法律适用的最为重要的制度保证，暂且将之称为“上诉制度统一模式”。如前文所述，其基本的原理是：通过金字塔形的审级制度的建立，多个下级法院的裁判通过上诉至少数的中间上诉法院，由上诉法院通过上诉审裁判统一辖区内法律适用标准。最后上诉至唯一的最高法院，由最高法院通过裁判统一国家法律适用的标准。其机制是通过上诉审的法官数量的少数和集体决策机制，或者通过分设审判庭进行专业化的审判以实现裁判的统一。上诉审法院通过审理上诉案件，对下级法院审判中的法律适用标准不统一之处，以判决的方式予以统一，为下级法院的审判活动确立样板，从而统一司法辖区内的法律适用标准。普通法国家适用遵循先例原则，上级法院的判例对下级法院有拘束力。在大陆法系国家，虽然没有判例拘束力原则，但是上诉法院尤其是最高法院因其精神权威，下级法院一般会以上级法院的裁判标准为榜样，从而实现司法统一。

按照“功能性原则”，[2]与西方法院统一法律适用标准的功能相类似的制度进行比较的话，中国法院统一法律适用的机制是主要依赖最高人民法院和各级法院发布的抽象“司法解释”以及与之类似的规范性文件的方式来实现，本书称为“司法解释统一模式”。[3]

---

〔1〕 我国香港特别行政区终审法院（终院民事上诉1998年第14号）吴嘉玲、吴丹丹对入境事务处处长案；（终院民事上诉1998年第15号）徐权能对入境事务处处长；（终院民事上诉1998年第16号）入境事务处处长对张丽华三案的判决书，宣判日期1999年1月29日。

〔2〕 功能性原则是在进行比较法研究中的基本原则，“各种不同的法律秩序的法律形式，只要具有类似的功能并且执行类似的任务，大概就有可能进行有意义的比较。功能是一切比较法的出发点和基础”。参见［德］K. 茨威格特、H. 克茨：《比较法总论》，潘汉典、米健、高鸿钧等译，贵州人民出版社1992年版，第76页。

〔3〕 与笔者类似观点，可参见陈杭平：《统一的正义：美国联邦上诉审及其启示》，中国法制出版社2015年版，第9～12页。另外，如何兵、潘剑锋提出，“目前，我国法院为保持执法的一致性，主要采两种方法：一是通过‘内请制度’对下级法院进行个案指导，在一定程度上保证执行的一致性；二是最高法院和各高院时常发布所谓的内部规定，统一下级法院对法律的适用”。何兵、潘剑锋：《司法之根本：最后的审判抑或最好的审判？——对我国再审制度的再审视》，载《比较法研究》2000年第4期。

（一）我国最高人民法院更多通过制定司法解释来统一法律适用的标准

最高人民法院的司法解释制度是一个有中国特色的制度。与绝大部分西方国家最高法院无权事先制定抽象司法解释不同，新中国建立法院制度和审级制度时，所持的是完全不同的观念。根据权威的资料，我国在1954年确立两审终审制的一项重要理由即是，“可以使高级法院和最高法院摆脱审理具体案件的工作负担，集中精力搞好审判业务的指导监督”。[1]可见立法者的本意就是要最高法院、高级法院脱离审判具体案件，而以文件等形式加强对下级法院的指导。

中国的司法解释是指我国最高司法机关根据法律赋予的职权，在实施法律过程中，对如何具体应用法律问题作出的具有普遍司法效力的解释。具有以下几个重要特征：（1）司法解释的主体是特定的，只有国家最高司法机关——最高人民法院和最高人民检察院才依法享有司法解释权。1955年6月全国人大常委会《关于解释法律问题的决议》规定：凡关于审判过程中如何具体应用法律、法令的问题，由最高人民法院审判委员会进行解释。1981年6月全国人大常委会在《关于加强法律解释工作的决议》中进一步确认了这一授权，并增加赋予最高人民检察院司法解释权。1983年9月修订的《人民法院组织法》第33条规定：“最高人民法院对于在审判过程中如何具体应用法律、法令的问题，进行解释。”这是“两高”有权进行司法解释的法律依据。（2）司法解释的对象是现行的法律条文。即有权作出司法解释的机关只能以现行法律规定的内容为解释对象。（3）司法解释系对法律条文进行更为细化、具体的解释，其完全是抽象的，而不是结合具体案例的审判出现在判决书中的西方式的法律解释。（4）司法解释具有普遍的司法效力。其一经作出并予以公布，便具有仅次于法律的效力。[2]

---

〔1〕 江伟主编：《民事诉讼法学原理》，中国人民大学出版社1999年版，第333页。

〔2〕 参见周道鸾：《论司法解释及其规范化》，载《中国法学》1994年第1期。

关于司法解释的形式。最高人民法院1997年颁布的《关于司法解释工作的若干规定》(已失效)明确基本形式有“解释”“规定”“批复”三种；至2007年《最高人民法院关于司法解释工作的规定》又明确为“解释”、“规定”、“批复”和“决定”四种。这些文件是效力最高的司法解释，各级法院可以在裁判文书中引用为判决的依据，有准法律条文的效力。但是事实上，除了上述四种形式，最高人民法院出台的具有几乎等同于司法解释效力的规范性文件，还包括安排〔1〕、意见〔2〕、纪要〔3〕、通知〔4〕、指示〔5〕、函〔6〕、复函〔7〕、答复〔8〕、解答〔9〕、联合通知〔10〕等多种形式。这些规范性文件，除了不能在判决书中明确引用外，与解释、规定、批复、决定这四种司法解释有着同等的普遍性的适用效力，同样是审判案件的“法律”依据，这无疑亦是司法解释性质的文件。通说认为，司法解释属于中国的法律渊源。1997年《最高人民法院关于司法解释工作的若干规定》第14条规定：“司法解释与有关法律规定一并作为人民法院判决或者裁定的依据时，应当在司法文书中援引。”2007年《最高人民法院关于司法解释工作的规定》第5条更是

〔1〕 如《最高人民法院关于内地与香港特别行政区法院相互认可和执行当事人协议管辖的民商事案件判决的安排》(法释〔2008〕9号)。

〔2〕 如《最高人民法院、最高人民检察院、公安部关于办理非法集资刑事案件适用法律若干问题的意见》(公通字〔2014〕16号)。

〔3〕 如《最高人民法院办公厅关于国家赔偿法实施中若干问题的座谈会纪要》(法办〔2012〕490号)。

〔4〕 如《最高人民法院关于适用〈中华人民共和国侵权责任法〉若干问题的通知》(法发〔2010〕23号)。

〔5〕 如《外交部、最高人民法院颁布“外人在华遗产继承问题处理原则”的指示》(发部欧54字第1689787号)。

〔6〕 如《最高人民法院关于朝阳兴诺公司按照建设部颁发的行业标准〈复合载体夯扩桩设计规程〉设计、施工而实施标准中专利的行为是否构成侵犯专利权问题的函》(〔2008〕民三他字第4号)。

〔7〕 如《最高人民法院关于交通银行香港分行与港云基业有限公司、云浮市人民政府等借款担保合同纠纷上诉一案〈承诺函〉是否构成担保问题的请示的复函》(〔2006〕民四他字第27号)。

〔8〕 如《最高人民法院关于如何理解最高人民法院法发(2009)19号〈会议纪要〉若干问题的请示之答复》(〔2009〕民二他字第21号)。

〔9〕 如《最高人民法院、最高人民检察院关于办理组织和利用邪教组织犯罪案件具体应用法律若干问题的解答》(法发〔2002〕7号，已失效)。

〔10〕 如《最高人民法院、中国人民银行关于人民法院查询和人民银行协助查询被执行人人民币银行结算账户开户银行名称的联合通知》(法发〔2010〕27号)。

明确“最高人民法院发布的司法解释，具有法律效力”；第27条规定“司法解释施行后，人民法院作为裁判依据的，应当在司法文书中援引”。〔1〕相较于法律条文而言，司法解释无疑细化了法律条文的规定，具体化了法律条文的含义。当然，也有许多司法解释的内容甚至对法律条文的含义有所突破和发展，受到一些学者的批评。但是，由于其更为具体、细化的规定，它也使粗糙、原则的法条更具有可操作性，从而统一了全国范围内各级法院的裁判标准。但是，由于司法解释脱离具体案件的裁判具有抽象意义，其形式也是条文性质的，因而其形式和特点更类似于立法机关制定的法律，因而在适用过程中仍然具有法律的一些缺陷，存在空隙和可操作性的空间大，不同理解的情况多，在司法适用的过程中“再解释”“再理解”等问题。因此，其统一裁判标准的功能必然是有限的。

（二）地方各级法院统一裁判标准的路径更多依赖于制定“规范性文件”

最高人民法院多次要求地方法院不得制定具有司法解释性质的规范性文件。早在1987年最高人民法院就明确要求“地方各级法院不宜制定司法解释性质文件”。〔2〕2012年“两高”又联合下发通知要求：“根据全国人大常委会《关于加强法律解释工作的决议》的有关规定，人民法院在审判工作中具体应用法律的问题，由最高人民法院作出解释；人民检察院在检察工作中具体应用法律的问题，由最高人民检察院作出解释。自本通知下发之日起，地方人民法院、人民检察院一律不得制定在本辖区普遍适用的、涉及具体应用法律问题的‘指导意见’‘规定’等司法解释性质文件，

〔1〕 胡岩：《司法解释的前生后世》，载《政法论坛》2015年第3期。

〔2〕 参见《最高人民法院关于地方各级法院不宜制定司法解释性质文件问题的批复》（〔1987〕民他字第10号，已失效）。

制定的其他规范性文件不得在法律文书中援引。”〔1〕2015年修改的《立法法》也明令禁止地方法院针对具体应用法律的问题制定解释性文件。〔2〕但是多年来，高级法院和中级法院在对本辖区的审判工作统一裁判标准的过程中，一直通过制定并下发规范性意见的形式进行指导。这一做法也逐渐受到最高人民法院的肯定，2010年《最高人民法院关于规范上下级人民法院审判业务关系的若干意见》规定，高级法院可以通过多种形式对辖区内各级法院和专门法院的审判业务工作进行指导，其中就包括制定审判业务文件。2020年最高人民法院在有关通知中又重申上述要求。〔3〕那么，何为司法解释性质的文件，何为审判业务文件，有何区别，没有一个明确的标准。如果一定要说，笔者认为，如果高级法院及以下法院出台的具有普遍指导意义的司法文件，与法律或者最高人民法院的司法解释矛盾的，或者有所突破的，则可以认为其属于司法解释性文件，反之则不属于。问题的另一个关键在于，在高度行政化的法院体制下，上级法院制定并下发的司法性文件，虽然在判决书中不能引用，下级法院是应当服从的。规范性文件提出具有抽象性质的法律适用的意见、或观点、或直接提出明确的要求，通过红头文件印发至下级法院，或者虽然没有以正式文件的形式出现，但是其内容由于出自高级法院，因而具有实际上的约束力。〔4〕

只有一种形式，比较典型地体现了二审裁判通过裁判案件以表明其司法立场，从而统一本司法辖区内的裁判标准，那就是改判案例的评析。条线会议是统一法律适用的一种重要方式，多年来高级法院、中级法院一般分审判条线，由各业务庭定期组织召开本条线的“审判条线会议”研究审

〔1〕《最高人民法院、最高人民检察院关于地方人民法院、人民检察院不得制定司法解释性质文件的通知》（法发〔2012〕2号）。

〔2〕参见2015年《立法法》第104条。

〔3〕参见《最高人民法院关于规范高级人民法院制定审判业务文件编发参考性案例工作的通知》（法〔2020〕311号）。

〔4〕参见林峰、王书成：《司法式立法及制度反思——以〈劳动合同法〉等法律的实施为分析样本》，载《法学》2012年第3期。

判工作中出现的问题，对一些裁判标准不统一的问题进行交流和讨论。其中一项重要的内容，就是对一段时期以来上级法院在二审程序中改判、发回重审的案件进行评析，分析下级法院存在的错误或问题，或者司法标准不统一的地方，并结合具体案件的二审裁判，表明上级法院改判的理由和司法立场，这无疑也起到了一定程度的统一裁判标准的效果。但是，这个方法与制定规范性文件相比，其统一法律适用的作用显得微不足道。因为，在二审裁判过程中，对于上级司法解释或者文件中尚没有定论的案件，或者对于裁判结果没有实质性影响的法律适用方面的不统一的地方，上级法院在二审程序中一般不会改判。真正改判的还是有定论的问题，以及上级司法解释有明确规定的问题，案件评析会的功能更多的是在提醒下级法院在审判案件活动中不要再犯某些明确的错误甚至是低级错误。

中级法院在本辖区内统一法律适用标准的方法和路径与高级法院如出一辙。所不同的是，中级法院由于其在法院体系中的地位较低，以及通过制定规范性文件统一裁判标准的职能更多由高级法院行使等原因，其制定的规范性文件较少，主要是以审判指南以及会议纪要等形式体现。

（三）类似司法解释性质的指导案例

中国历史传统上就有重视案例或判例在弥补立法不足、帮助法官准确理解和适用法律、维护法制统一方面的重要作用的现象。新中国成立以后，也在不同时期非常重视案例的指导功能，其成为最高人民法院长期坚持的工作方法并发挥了重要作用。如最高人民法院早在1956年召开的全国司法审判工作会议上就明确提出："要注重编纂典型判例，经审定后发给各级法院比照援引。" 1962年3月，毛泽东针对当时民主和法律方面存在的一些问题指出："没有法律不行，刑法、民法一定要搞，不仅要制定法律，还要编纂案例。""文革"结束不久，最高人民法院选编了"刘殿清案"等9个典型案例正式下发，具体指导全国各级法院正确适用法律和政策，纠正“文革”期间形成的“冤、假、错”案件。1983年，最高人民法院先后分三批选编了75个刑事案例下发至各级法院，指导在全国范围内开展的严厉打击严重危害社会治安的刑事犯罪活动。特别是，1985年《最高人民法院公报》开始发行，其中刊载大量典型案例。此后，又先后出现了为教学、研究和指导审判工作需要选编审判案例的多种载体，如《人民法院案例选》、《中国审判案例要览》以及最高人民法院各业务庭主编的各类审判参考和指导类图书、刊物中登载的案例等。〔1〕至2010年，最高人民法院建立案例指导制度，〔2〕规定“对全国法院审判、执行工作具有指导作用的指导性案例，由最高人民法院确定并统一发布”，“各级人民法院审判类似案例时应当参照”。〔3〕

但是判例和案例一字之差，容易使人误解中国特色的案例指导制度即为“判例制度”。最高人民法院通过正式文件、公报等形式选编发布的案例，以及2010年建立的案例指导制度与西方判例制度存在的关键差异包括：(1)就产生的机制上而言，中国最高人民法院发布的“案例”是最高人民法院从全国各级法院的生效判决中遴选出来的，作出该判决的法院可能是基层法院、中级法院、高级法院或者最高人民法院。发现的机制是下级法院向上级法院报送，或者是社会人士推荐，或者最高人民法院的业务庭推荐。〔4〕(2)“案例”产生效力的来源是最高人民法院的确认。“案例”

---

〔1〕 20世纪90年代至今，最高人民法院下属单位或业务庭先后出版的多种案例书刊主要有：国家法官学院与中国人民大学法学院联合编写的《中国审判案例要览》(分刑事、民事、经济、行政4卷)；中国应用法学研究所编写的《人民法院案例选》；最高人民法院各审判业务庭分别编写的《刑事审判参考》《民事审判指导与参考》《民商事审判指导》《行政执法与行政审判》《审判监督指导与研究》等。另外《人民司法》还推出每月一期的案例版。

〔2〕 2010年11月26日，最高人民法院印发《关于案例指导工作的规定》(法发〔2010〕51号)，据此建立案例指导制度，其遴选、发布和效力均区别于以往的最高人民法院以正式文件、公报等形式发布的案例。最高人民法院将“指导性案例”的称谓特定化，要求今后地方各级法院及其业务部门发布的案例不得再称为“指导性案例”。参见《最高人民法院关于做好案例指导工作的通知》(法明传〔2011〕197号)。

〔3〕 参见胡云腾、于同志：《案例指导制度若干重大疑难争议问题研究》，载《法学研究》2008年第6期。

〔4〕 参见2015年5月13日《〈最高人民法院关于案例指导工作的规定〉实施细则》(法〔2015〕130号)。

基本上类似于一个司法解释制定的过程。[1]案例之所以成为一个具有指导性、拘束力的案例，是因为这个案例具有最高人民法院认为的正确性、具有指导意义的特点，而被确认或者采纳为一个指导性“案例”。这个案例就其本质而言，已经不是产生于“审判”，而毋宁说是产生于“制定”。(3)就其效力而言，2010年以前的最高人民法院以正式文件或公报形式发布刊登的所有“案例”，均只有指导意义，没有实际拘束力。[2]至于最高人民法院有关部门为教学、研究和指导审判而选编的案例，其发挥的主要是科研教学的功能，权威性就更不能与公报案例相提并论了。2010年以后最高人民法院根据《关于案例指导工作的规定》而发布的指导性案例，则明确要求“各级人民法院审判类似案例时应当参照”，所谓应当参照即为有拘束力的。同时需要注意的是，2010年最高人民法院建立案例指导制度后，并没有排斥其他载体和各地方法院继续登载和发布各类具有指导借鉴功能的“案例”。当然，这两类案例是具有本质的区别的，前者是具有约束力的；后者只是具有指导意义，而没有约束力。

从上述分析可以得出如下清晰的印象：中国法院系统选编的各类案例，主要是供审判活动中学习、借鉴，而不具有先例遵循的意义。而2010年后根据案例指导制度下发的指导性案例，对全国法院审判具有拘束力，其性质与西方的判例有相似之处，但更有着本质的区别。相似之处在于，由于案例具有与制定法相比抽象性程度较低、更为具体，因而具有更强的指导性和约束力的特点，并且填补了立法的一些空隙，限制了法官的自由裁量权。最

[1] 根据2007年《最高人民法院关于司法解释工作的规定》，我国最高人民法院司法解释制定的程序一般分为：立项；最高人民法院审判业务部门负责起草，研究室审核后向审判委员会报送；最高人民法院审委会讨论；发布与备案等几个阶段。

[2] 虽然许多学者强调最高人民法院发布的案例应当具有约束力，但是这些理论上的意见、观点，并未在最高人民法院的正式文件中明确表达。即使是最高人民法院的法官也仅是强调一种制度设计的意愿：“应当赋予指导性案例以强制约束力，以保证法官在审判工作中适用指导性案例，从而实现案例指导制度统一法律适用的目的。”参见李友根：《指导性案例为何没有约束力——以无名氏因交通肇事致死案件中的原告资格为研究对象》，载《法制与社会发展》2010年第4期；郎贵梅：《中国案例指导制度的若干基本理论问题研究》，载《上海交通大学学报（哲学社会科学版）》2009年第2期。

根本的区别在于，其本身更类似于一个司法解释，而不是一个判例。

三、中国式的司法理念：上诉制度的主要功能在于纠错而不是统一法律适用

前文述及，在西方法治社会传统下，上诉制度最重要的功能一是纠正错误裁判；二是统一法律适用。二审法院通过审判上诉案件承担着统一其司法辖区内法律适用标准的职能，只不过由于其辖区较小，相对于第三审程序而言，统一法律适用的范围有限。在中国两审终审的审级制度下，基于“司法解释统一模式”的观念，从制度的预设目的和功能而言，新中国对于上诉制度的主要功能，更加强调的是其纠错功能。[1]在改革开放之初，最高人民法院对于上诉制度和审判监督制度的功能的区分是认识不清的。在1978年召开的第二次全国民事审判工作会议上，最高人民法院对上诉制度的工作要求是“上诉制度是保护当事人的诉讼权利，实行审判监督的一项重要程序制度”，要保护当事人的上诉权利，“审理上诉案件也要深入群众，调查研究，核对事实，保证上诉案件的正确处理”。“上级人民法院通过处理民事上诉案件和申诉案件，以及人民来信来访，发现下级人民法院处理显然不当的案件可以直接改判，也可以提审或指令下级法院再审。”“民事审判干部要以对党对人民负责的态度，根据‘有错必纠’的原则，对原审事实有出入，处理不当的案件，要实事求是地改判。”[2]在1982年召开的第三次全国民事审判工作会议上，最高人民法院强调要“加强审判监督工作”（审判监督程序），但是对于上诉工作没有专门提及。在1984年召开的第四次全国民事审判工作会议上最高人民法院要求，“各级人民

---

〔1〕 与本书类似的观点可参见傅郁林：《审级制度的建构原理——从民事程序视角的比较分析》，载《中国社会科学》2002年第4期。

〔2〕 曾汉周：《在第二次全国民事审判工作会议上的报告》，载《人民司法》1979年第1期。

法院都要提高办案质量……争取做到一审案件结一案了一案。上诉的案件，二审人民法院一定要认真处理，不要使之变成申诉案件”。在2000年10月召开的第六次全国民事审判工作会议上，“关于统一司法标准问题，代表们一致认为，统一司法标准，避免因法律理解和适用的差异而导致裁判不一，最高法院司法解释的统一是个关键。因此，建议最高法院指导和监督下级法院审判时，各部门之间要注意沟通，避免执法不统一的问题”。〔1〕2007年1月召开的第七次全国民事审判工作会议上提出要“坚持司法统一，注重正确行使自由裁量权”。“通过积极推动民事立法，及时制定司法解释，建立案例指导制度，建立审判组织之间法律观点协调机制，统一司法尺度，统一裁判标准。”〔2〕从最高人民法院的各次民事审判工作会议上，几乎看不到有关强调二审法院要通过审理上诉案件，以统一辖区内法律适用标准的工作要求。

从最高人民法院的历次改革方案中，也可以看出中国法院的观念。在1999年开始至今的5个人民法院五年改革纲要中，仅“二五改革纲要”“四五改革纲要”“五五改革纲要”中有统一法律适用标准的内容，但是均未提出通过审级制度和上诉制度统一法律适用的举措。

一项关于“同案不同判”问题的实证调查研究结果也显示，二审程序统一法律适用标准的作用并没有得到司法实践界法官们的充分认识和重视〔3〕。关于解决“同案不同判”的对策，根据问卷调查的统计，受访法官

---

〔1〕 刘嵘：《抓住机遇 迎接挑战 建立和完善现代民事审判制度——全国民事审判工作会议综述》，载《人民司法》2000年第12期。

〔2〕 赵沨：《社会主义民事审判制度的新起点——记第七次全国民事审判工作会议》，载《人民司法》2007年第1期。

〔3〕 2017年江苏省高级法院民一庭、民二庭分别组成课题组，对“同案不同判”问题进行了实证研究。他们向省法官学院商事审判员额法官培训班218位学员开展问卷调查，先后深入宜兴、丹阳法院，南京中院、徐州中院开展座谈调研，通过问卷调查与座谈走访相结合的方法展开调研。参见江苏省高级人民法院民事审判第一庭：《民事审判中的“同案不同判”问题》，载《审判研究》2017年第8期（江苏省高级人民法院内部刊物）；江苏省高级人民法院民事审判第二庭：《商事审判“同案不同判”问题调研报告》，载《审判研究》2017年第8期（江苏省高级人民法院内部刊物）。

认为应当采取以下措施：(1)优化审核把关机制。(2)推行审判专业化。(3)及时统一裁判尺度。(4)提高培训针对性；加强立法精神传递；加强裁判方法培训。(5)遵循先决裁判，强化案例指导。(6)建立健全法官会议机制。(7)采取信息化手段，加强大数据、云计算等信息化建设，构建类案识别机制等措施。

课题组还向一线197名民事法官发放了调查问卷。调查中，大家普遍认为发布规范性文件、案例指导、业务培训等方式有助于缓解“同案不同判”的问题。具体为，通过规范性文件(审委会纪要、解答等)占37%，通过业务培训占28%，通过案例指导(公报案例)占27%，通过个案监督(发回、改判等)占7%，其他占1%。课题组总结，在应对“同案不同判”问题上主要采取了以下措施：一是开展民事条线业务培训；二是积极开展民事审判调研工作；三是定期召开民事审判条线会议，统一裁判尺度；四是适时出台审理指南类业务文件(见图6-1)。

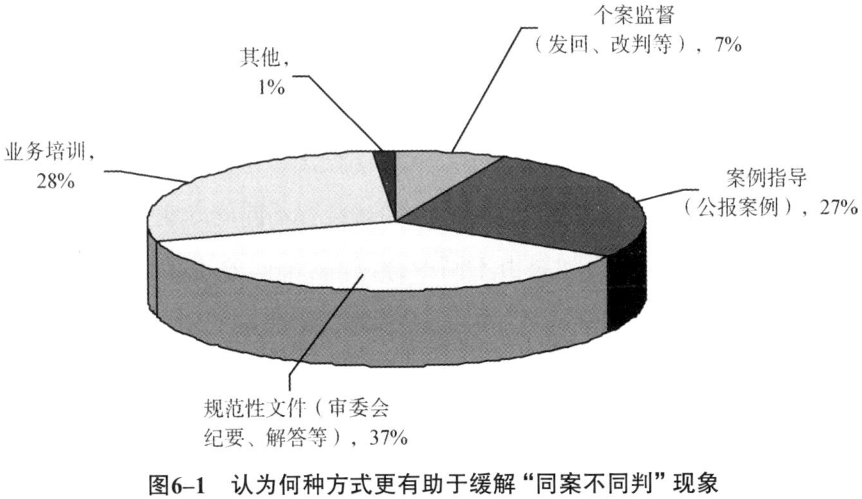

图6-1　认为何种方式更有助于缓解“同案不同判”现象

资料来源：江苏省高级人民法院民事审判第一庭：《民事审判中的“同案不同判”问题》，载《审判研究》(江苏省高级人民法院内部刊物)2017年第8期。

上述资料和实证调研结果显示，无论是中国最高司法机关还是中国的基层、中级、高级法院的法官，对于上诉制度统一裁判中法律适用标准的功能都没有足够的认知。文献和调查结果都显示，我国法院统一司法裁判标准具有鲜明的“司法解释统一模式”的特征，调查中的“规范性文件”、“案例指导”、审理指南类文件，其性质均是类似于司法解释的抽象法律适用意见。仅有的一项调查显示个案监督（发回、改判等）方式有助于统一法律适用，但这种“个案监督”，显然没有区分二审程序和再审程序。况且，也只占到7%微不足道的因素。既然如此，第二审法院进行的纠错，就是对于违反最高人民法院或者上级法院的司法解释、规范性文件的错误进行纠正，而对于上级法院没有明确的问题，自然称不上纠错。是否进行改判就成为有争议的问题，各个上诉法院甚至同一个法院的不同合议庭之间的看法就不一致了。

四、上诉审法院缺乏统一内部不同审判组织和机构之间法律适用标准的有效机制

上诉法院承担统一法律适用的功能，其技术原理要求终审法院保持很小规模，并实行集体主义决策机制，或者如德国法院采取的模式，由于没有办法控制进入最高法院的案件数量，通过设置不同的专业业务庭专事类型化的案件审理。因为如果由不同的合议庭、不同的法官来解释适用法律，就难免会产生认识不一致。从统一法律适用标准的角度而言，在终审法院中，最为理想的状态是只有独一无二的审判组织并采取合议制。但是在现实世界中，由于案件的数量的影响，上诉法院也必须在质量和效率之间作出平衡和妥协。尤其在中国这样一个幅员辽阔、人口众多、案件量巨大的国家，在现实的案件压力和“司法解释统一模式”的双重因素下，中国的上诉法院（中级法院、高级法院、最高人民法院）拥有大量的法官。同时，由于审判的专业化和指导下级法院审判等需要，按照案件的类型分工

设置多个审判庭主管不同类型的案件，并在审判庭内部设立众多的相对固定的合议庭。[1]例如，W市中级人民法院民事审判设立了民一庭、民二庭、民三庭、金融庭、劳动争议庭、速裁庭6个业务庭；在同一个业务庭内，各合议庭是没有进一步专业的分工的。即同一类案件如保险合同纠纷各个合议庭都可能审理。

多年来，在司法行政化的权力结构下，司法实践中存在一种非正式制度，各地法院自下而上探索总结出形式大致相同的业务庭内的案件讨论机制如"审判长联席会议"，[2]在2014年以来启动的本轮司法改革下得以完善和继承，目前一般称为"法官会议"或"主审法官会议"。这一工作机制的基本内容是：一般在某个业务庭内部建立，由员额法官参加，主管该庭的院领导一般参加会议；对合议庭有争议的新类型、疑难复杂案件、拟改判发回重审的二审案件进行讨论；法官会议的多数意见供合议庭参考。应该说，法官会议在一定程度上起到了不同合议庭、不同法官之间的适用法律标准统一的作用。但是启动法官会议机制仍是"合议庭或者独任法官可以提请主审法官会议讨论"，可见启动权原则上还是在法官，没有建立与德国、奥地利类似的"背离判例报告制度"。[3]即合议庭要作出与本院或上级法院以往判决不一致的判决时，必须提交法官会议讨论的强制性的制度

---

〔1〕 目前全国各地法院和四级法院在合议庭设置上没有采取完全相同的模式，就最高人民法院而言，目前采取的是临时合议庭模式，即在具体案件的审理过程中组成合议庭，合议庭的组成法官成员不是固定的。在高级法院、中级法院、基层法院，大部分地区还采用相对固定的合议庭模式。

〔2〕 参见芦磊、黄志远：《司法改革视野下审判长联席会议的去留》，载《人民法院报》2017年4月26日，第8版。

〔3〕 在德国，除联邦宪法法院外，没有适用判例的立法。但是法律要求建立一种报告制度，即当法院要背离判例另行判决时，必须向上级法院报告。例如，某个联邦最高专业法院（在德国按不同的专业如劳动法、行政法等分为五个最高专业法院）要背离另一个最高专业法院的判例时，必须向联邦最高法院普通审判庭报告。这种报告制度表明，德国虽然不承认判例的正式约束力，但出于司法统一性的考虑，德国司法机关对于判例的重视程度非常之高。参见最高人民法院：《判例在联邦德国法律制度中的作用》，载《人民司法》1998年第7期；Cornelis Hendrik (Remco) van Rhee & Yulin Fu, *Supreme Courts in Transition in China and the West: Adjudication at the Service of Public Goals*, Springer, 2017, p.137。

性要求。[1]

同时，不同的业务庭之间、不同的合议庭之间法律适用见解的冲突，始终是长期存在而困扰裁判统一的顽固问题。虽然在不同类型案件中的具体的法律适用问题，由于中级法院、高级法院和最高人民法院一般均由具体的专业化的审判庭予以主管，在同一个审判庭一般会形成相对一致的司法见解。但是对于一些民法总则部分或诉讼法上的问题，则难免有不同的意见。如何为重复起诉的问题、表见代理的认定标准与尺度等。值得注意的是，最高人民法院的巡回法庭的设置，其性质均属于最高人民法院的派出机构，在审级上等同于最高人民法院，其判决效力均为终审判决。其受理案件的性质为行政案件、民商事案件，不包括刑事案件。六个巡回法院受理的案件是按地域片区划分的，但是审理案件的类型却是相同的。换言之，同一个土地出让纠纷案件，如果是从广东法院上诉的，就由一巡审理；如果是从河南法院上诉的，就由四巡审理；如果是从江苏法院上诉的，就由三巡审理；而最高人民法院本部只管辖河北、山东、内蒙古自治区、北京、天津5个省级辖区的案件。大量巡回法庭的分设，必然导致裁判标准的不统一，已经引起社会各界的关注和质疑。有的观点指出，如何统一各巡回法庭之间以及巡回法庭与院本部之间的裁判标准问题是新出现的问题。众多合议庭以及巡回法庭的设置，必然会产生各合议庭、业务庭之间法律适用标准不统一的问题，也必然会导致上诉审难以承担统一法律适用的功能。而这正是问题的关键，终审法院内在的分歧和裁判标准的不统一，是破坏司法统一性和可预见性的根源。

笔者的调研还发现，有些地方中级法院出于提高司法效率等考虑，推

〔1〕 在修订后的指导意见中，该要求有所强化，提出"有必要统一法律适用的"案件应当提交专业法官会议讨论。参见2021年1月6日《最高人民法院关于完善人民法院专业法官会议工作机制的指导意见》(法发〔2021〕2号)。

行所谓“大庭制”改革。[1]如W市中级人民法院自2015年以来推出“大庭制”和“速裁制度”改革。大庭制改革的主要做法是，除了建设工程合同纠纷、医疗纠纷、专利权纠纷等约20个案由的案件仍由原审判部门专业合议庭审判之外，对所有其他民商事一、二审案件取消各部门原审理案件类型界限，实行统一分案、统一审理。也就是说，除这20个案由以外的所有民事案件可能由5个民事业务庭的任一个庭的法官审理。不仅是中级法院审理的一审案件如此，二审案件也是如此。[2]基层法院的法官反映，同一类型的一审案件，由于上诉到中级法院后由不同的审判业务庭审理，裁判不统一的问题越来越严重了。[3]W市中级人民法院的“速裁制”改革的基本做法是，对于所有上诉到中级法院的民事案件，先进入负责“速裁”的审判庭进行审理，对于较为复杂的则移送至负责正常案件审理的审判庭审理，这样同一案由的案件由不同审判庭审理的情况又进一步严重。多地中级法院有类似的做法，如北京市第三中级人民法院将民商事审判庭划分为快审庭和精审庭，精审庭也不区分民事案件和商事案件，除极少部分案由（如破产案件）相对集中外，实行电脑随机、平行分案。[4]深圳在基层法院和中级法院均设立专门的速裁庭，对于基层法院由速裁庭审理的简案，上诉后全部交由市中院速裁庭审理。[5]

---

〔1〕 参见王薇：《微观视角下人民法院的“大部制改革”——人民法院内设机构新模型的构建》，载北京法院网，http://bjgy.chinacourt.gov.cn/article/detail/2016/03/id/1817089.shtml，最后访问日期：2019年7月16日。

〔2〕 参见《无锡法院推出16项司法改革举措 民告官案将异地审判》，载新浪无锡网，http://wx.sina.com.cn/news/2015-04-01/detail-iawzuney1874497.shtml。

〔3〕 需要注意的是，这项改革与全国有些法院的“大部制”改革有所不同。“大部制”改革一般是指大部门制改革，即改变过去法院内部业务庭设置细化分工的模式，为分工尽可能少，或没有分工的模式。如四川省成都市中级人民法院从2017年上半年开始进行的“大部制”改革，审判业务按商事、民事、刑事、行政设四个审判部门，将原设十余个审判业务庭归并这四个内设单位。参见龙宗智：《法院内设机构改革的矛盾及其应对》，载《法学杂志》2019年第1期。

〔4〕 邵新：《司法体制改革背景下繁简分流的法理论证》，载《法治现代化研究》2018年第4期。

〔5〕《案例13广东省深圳市中级人民法院——创新办案配套机制 繁简分流提升改革效能》，载《人民法院报》2018年1月19日，第4版。

可以看到，上述巡回法庭的设置、中级法院“大庭制”“速裁制”等改革举措，其价值取向主要是矛盾下移、提高司法效率等，但是对于由于大量相同类型的案件分由不同的法官、合议庭甚至分庭来审判可能造成的法律适用标准不统一的问题则予以容忍。同一法院内设业务庭之间以及法官与法官之间没有建立强制的统一协调机制，导致“你判你的，我判我的”现象发生。

五、两审终审制与第三审的阙如

通过上诉程序统一法律适用标准的基本原理和技术结构，是通过金字塔形的审级结构，在三审终审的制度框架下，案件可以通过上诉到达高层级法院。高层级法院的少数性和最高法院的唯一性是实现裁判标准统一的制度保证。中国与此不同，我国是世界上少数实行两审终审制的国家，而且四级法院的职能呈现“直筒状”的特征：四级法院都有权审理一审案件，中级以上的法院都有权审理二审案件。二审程序实行续审制，既审理事实问题也审理法律问题。结合相关的管辖规定，该架构带来几个问题，第一，绝大部分案件的终审法院是中级法院，终审法院的级别过低、数量太多，不利于法律适用标准的统一。如前文所述，根据近年来法院级别管辖权的调整，自2021年10月1日以后，基层法院的管辖权已达标的额5亿元以下，[1] 这使绝大部分的民事一审案件均由基层法院审理，中级法院即为终审法院。少数案件的一审程序由中级法院受理，高级法院为终审法院。高级法院管辖的一审民事案件则更为少数。最高人民法院虽然从理论上还可以管辖第一审民事案件，但按相关司法解释的设计，实践中基本上是没有了。在此制度框架下，大多数民商事案件的终审法院即是中级法

〔1〕 参见2021年9月《最高人民法院关于调整中级人民法院管辖第一审民事案件标准的通知》（法发〔2021〕27号）第1～2条。

院，在整个国家范围上而言，中国有400多家中级法院，显然是不利于在全国统一法律适用标准的。第二，由于缺乏第三审的制约，第二审程序必然容易产生怠于行使职能或者滥用职权的倾向。正如有学者所指出："在职权主义诉讼模式下，一审法官的事实调查权不受来自当事人事实调查权和陪审团事实裁判权的制约，因而一审法官的权力只能通过赋予二审法官较为宽泛的事实审查权来实现监督，由于没有三审程序专门对法律问题行使监督权，这种上诉模式使二审法官权力过大。同时，中国超职权主义模式下的全面审查制不仅赋予二审程序超越上诉人申请的事实审查权，而且赋予其广泛的事实调查权，使之大大超越'续审'的角色而近乎于'重新审理'，加之法律赋予二审法院根据自己调查的事实改判或发回重审的裁量权，二审／终审法院的权力既不受来自诉讼程序内当事人处分权的控制，也不受来自审级制度内职能分层的控制。这种状态客观上容易造成权力滥用和错误频生，在感觉上也容易导致不信任而影响司法的正当性。"〔1〕前文所作的实证研究，很好地说明了这个问题的存在。当然，本书的实证研究表明，第二审程序对于一审裁判法律适用方面的错误没有纠正的问题多于滥用权力，是目前我国司法实践中存在的突出问题。第三，再审程序上提一级的制度设计，某种程度上使再审程序承担了第三审程序的替代性角色。与大部分西方国家的再审程序由原审法院审理的制度设计不同，中国在2007年修改《民事诉讼法》的重要内容之一是建立了再审程序上提一级的规定。即对于当事人不服原生效裁判的申请再审应当向上一级法院提出，再审程序由原审法院的上一级法院管辖。〔2〕该规定虽然在2012年《民事诉讼法》再次修改中有所削弱，但总体上大部分案件的再审程序还是由

〔1〕 傅郁林：《审级制度的建构原理——从民事程序视角的比较分析》，载《中国社会科学》2002年第4期。

〔2〕 2007年《民事诉讼法》第178条规定："当事人对已经发生法律效力的判决、裁定，认为有错误的，可以向上一级人民法院申请再审，但不停止判决、裁定的执行。"

原审法院的上级法院管辖。[1]对于这一制度设计,“之所以不采取世界通行的三审终审,很大原因在于我们通过审判监督程序,在一定程度上补充了上诉审审级的不充分”。立法机关将申请再审上提一级的制度设计,以将再审程序承担某种第三审职能的立法意图,是显而易见的。[2]然而,再审程序的功能与上诉程序的功能是有很大区别的,虽然我国再审事由包括了适用法律错误的方面,但是再审程序的补充性、例外性的特性决定了再审是以纠错为其主要功能。统一法律适用的功能,理论界对此一般未予认可。当然,笔者认为,缺乏第三审只是我国上诉制度统一法律功能薄弱的次要原因。换言之,两审终审制正是我国不依赖于上诉程序统一法律适用标准观念的结果而非原因。

六、上诉审中裁判不统一的实例和具体表现

根据相关的资料反映,以及笔者对相关审判业务庭的座谈会、法官访谈,在法院审判活动中裁判尺度不统一的主要领域是法律、司法解释以及上级法院的规范性文件没有明确规定或指导的领域,法律规定过于抽象、模糊的地方。在刑事、民事、行政三大诉讼领域均存在,在不同时期又有不同的问题比较突出。随着经济社会的发展,社会生活中新的纠纷进入诉讼领域,裁判标准存在冲突和观点不一致的问题也在发生新的变化。但应当说明的是,近年来我国审判实践中,在“法律条文+司法解释+规范性文件”以及“指导性案例”的共同作用下,民商事审判领域的法律适用标准不统一的问题总体上而言仍然较少,由于受到社会的广泛关注,从而凸

---

〔1〕 2012年《民事诉讼法》第199条规定:“当事人对已经发生法律效力的判决、裁定,认为有错误的,可以向上一级人民法院申请再审;当事人一方人数众多或者当事人双方为公民的案件,也可以向原审人民法院申请再审。当事人申请再审的,不停止判决、裁定的执行。”

〔2〕 参见最高人民法院民事诉讼法修改研究小组编著:《〈中华人民共和国民事诉讼法〉修改的理解与适用》,人民法院出版社2007年版,第18~19页。

显为影响法院公信力的突出问题。[1]

根据有关的实证研究成果，江苏省高级人民法院通过面向全省法院收集梳理民商事审判领域亟待统一的法律问题，调查显示近年来在实体法方面裁判标准不统一比较突出的情况如下。

在民事审判领域，主要有建设工程类案件、民间借贷案件、劳动争议案件、婚姻家庭案件、消费者权益保护案件五个方面共30个问题。例如：

问题一：关于建设工程价款优先受偿权与保证的关系问题。承包人对发包人拖欠的建设工程价款享有优先受偿权，同时保证人为发包人的工程欠款向承包人提供保证的，此时承包人是否应当先行使建设工程价款优先受偿权？对此存在两种观点：第一种观点认为，建设工程价款优先受偿权属于承包人的法定权利，不是《物权法》和《担保法》规定的物的担保，承包人是否行使建设工程价款优先受偿权不影响保证人保证义务的承担。第二种观点认为，建设工程价款优先受偿权属于法定优先权，效力上高于抵押权，因此应当优先行使建设工程价款优先受偿权。

问题二：关于建设工程价款优先受偿权的时间起算点问题。建设工程价款优先受偿权是我国合同法的制度创新，《合同法》第286条规定："发包人未按照约定支付价款的，承包人可以催告发包人在合理期限内支付价款。发包人逾期不支付的，除按照建设工程的性质不宜折价、拍卖的以外，承包人可以与发包人协商将该工程折价，也可以申请人民法院将该工程依法拍卖。建设工程的价款就该工程折价或者拍卖的价款优先受偿。"根据该条规定，建设工程价款优先受偿权的起算点应从债权未受清偿时起

---

〔1〕 根据2017年江苏省高级人民法院民一庭所作一项调查显示，课题组向一线197名民事法官发放了调查问卷，偶尔遇到"同案不同判"现象的占78%，时常遇到的占9%，从未遇到的占13%。同年，江苏省高级人民法院民二庭所作的一项研究，课题组向省法官学院商事审判员额法官培训班218位学员开展问卷调查，表示偶尔遇到"同案不同判"现象的占79%，时常遇到的占13%，从未遇到的占8%。这两项实证调查的结果大体上是一致的。参见江苏省高级人民法院民事审判第一庭：《民事审判中的"同案不同判"问题》，载《审判研究》（江苏省高级人民法院内部刊物）2017年第8期；江苏省高级人民法院民事审判第二庭：《商事审判"同案不同判"问题调研报告》，载《审判研究》（江苏省高级人民法院内部刊物）2017年第8期。

算。而2002年《最高人民法院关于建设工程价款优先受偿权问题的批复》（以下简称《建工批复》）第4条规定："建设工程承包人行使优先权的期限为六个月，自建设工程竣工之日或者建设工程合同约定的竣工之日起计算。"因此，《建工批复》出台后，在大量的建设工程施工合同案件中，建设工程价款优先受偿权都是从实际竣工之日或者合同约定竣工之日起计算。2004年《最高人民法院关于审理建设工程施工合同纠纷案件适用法律问题的解释》第6条肯定了垫资的效力，至此，在实际竣工之日或合同约定竣工之日，工程款债权可能尚未届期，此时建设工程价款优先受偿权如何起算？对此存在两种观点：一种观点认为，应根据《建工批复》的规定，从实际竣工之日或合同约定的竣工之日起算。第二种观点认为，应回归《合同法》第286条的规定，从债权应受清偿时起算。实践中，对于已经竣工的，法院一般认定优先受偿权从实际竣工之日起算。对于尚未竣工的，如果合同由于发包人的原因解除或终止履行，法院一般认定优先受偿权的期限自合同解除或终止履行之日起算。

问题三：关于借名借款的效力问题。实践中，出现名义借款人和实际使用人并存的情况。出借人和名义借款人签订借款合同，实际交由第三人使用，应由谁承担还款责任？对此存在三种观点：第一种观点认为，根据合同相对性原则，名义借款人为借款合同的相对人，应由名义借款人承担偿还责任。第二种观点认为，民事法律行为应当探究当事人的真实意思，实际使用人为真实的借款人，应由实际使用人承担偿还责任。第三种观点认为，名义借款人与实际使用人为借款综合体，应由双方承担共同偿还责任。〔1〕

在商事审判领域，主要有金融借款案件、企业破产案件、保险法问题、公司法相关问题、其他实体问题五个方面共22个问题。例如：

---

〔1〕 参见江苏省高级人民法院民事审判第一庭：《民事审判中的"同案不同判"问题》，载《审判研究》（江苏省高级人民法院内部刊物）2017年第8期；江苏省高级人民法院民事审判第二庭：《商事审判"同案不同判"问题调研报告》，载《审判研究》（江苏省高级人民法院内部刊物）2017年第8期。

问题四：关于最高额抵押相关问题。《最高人民法院关于适用〈中华人民共和国担保法〉若干问题的解释》第83条第2款规定："抵押权人实现最高额抵押权时，如果实际发生的债权余额高于最高限额的，以最高限额为限，超过部分不具有优先受偿的效力；如果实际发生的债权余额低于最高限额的，以实际发生的债权余额为限对抵押物优先受偿。"对条文中的"最高限额"的范围如何理解？第一种观点认为，"最高限额"应指本金及利息、违约金、实现债权的费用等合计不超过"最高限额"，超过部分不在最高额抵押权的担保范围之内；第二种观点认为，没有约定或约定不明的，应当全部包括利息、违约金、实现债权的费用等，即只要本金不超过登记，利息等均应在优先受偿之列，如此有可能突破登记额度。

问题五：债权人与债务人以股权转让的方式为债权实现设立担保的，合同效力应如何认定？应如何处理？以股权转让的方式进行债权担保实质是股权的让与担保。第一种观点认为，违反物权法定原则，合同无效。第二种观点认为，《合同法》规定的无效情形，合同应当有效。

问题六：保险合同中的免责条款内容涉及专业术语时保险人说明义务的标准问题。第一种观点认为，依据《最高人民法院关于适用〈中华人民共和国保险法〉若干问题的解释（二）》（以下简称《保险法司法解释（二）》）第11条第2款的规定，保险人对合同中有关免除保险人责任条款的概念、内容及其法律后果以书面或者口头形式向投保人作出常人能够理解的解释说明的，才能够认定为保险人履行了明确说明义务。对于免责条款中涉及的专业术语也应当作出常人能够理解的解释和说明。第二种观点认为，只要在保险单等合同文本的显著位置对包含专业术语的免责条款作出足以引起投保人注意的明显标识，就可以证明尽到明确说明义务，而对于非保险专业术语的理解，则根据《保险法司法解释（二）》第17条"保险人在其提供的保险合同格式条款中对非保险术语所作的解释符合专业意义，或者虽不符合专业意义，但有利于投保人、被保险人或者受益人的，人民法院应予认可”的规定，只需符合专业意义即可。[1]

事实上，由于社会生活和案件事实的多样性，以及成文法和抽象司法解释天然的局限性，上述几个方面的问题只是裁判标准不统一比较突出的“冰山一角”而已。

笔者访谈了W市中级人民法院的几位资深法官，他们反映：在审理民商事上诉案件的过程中，会发现各个基层法院的裁判在适用法律方面不统一的问题还是很多的。有许多问题，也不能说几种观点中哪一个正确、哪一个不正确，只能说是不同的理解而已。上述这几个问题是比较有代表性的问题，由于法律规定不够明确，在司法实践中一度争议很大。所以在上级司法机关特别是最高人民法院、高级法院有明确的司法解释或者规范性文件、指导性案例有一个明确的观点之前，中级法院一般不会改判下级法院的判决。不管采用哪种观点判决，二审法院都予以维持。在刑事审判中，对于大体相同的犯罪行为情节，在不同的基层法院往往量刑会差别很大，定罪量刑的法定情节等在不同的基层法院的认定标准区别也很大。但是即使上诉到中级法院后一般只要不是明显违反罪责刑相适应原则的，二审法院均会维持原判。而这也是长期以来影响刑事被告人认罪服判的重要因素。[2]

七、二审程序运行中统一法律适用功能弱化带来的问题

统一裁判标准，实现“同案同判”，是司法活动中形式公正的最基本

〔1〕 参见江苏省高级人民法院民事审判第一庭：《民事审判中的“同案不同判”问题》，载《审判研究》（江苏省高级人民法院内部刊物）2017年第8期；江苏省高级人民法院民事审判第二庭：《商事审判“同案不同判”问题调研报告》，载《审判研究》（江苏省高级人民法院内部刊物）2017年第8期。

〔2〕 通过笔者的访谈，类似的情况在W市中级人民法院不同的审判业务庭、不同的法官之间也有不同的做法。有少数的业务庭庭长介绍，他们会对于本辖区的某些裁判尺度不统一的二审案件，以改判方式予以统一。

的要求之一。典型的大陆法系和普通法系国家，都将“通过上诉审统一司法”作为重要甚至主要的路径。而我国则属于以最高人民法院及高级法院等制定抽象司法解释和规范性文件，以及发布司法解释性质的“案例”以统一裁判标准主要路径的“司法解释统一模式”。通过上诉审统一司法并没有被足够认识和重视。

但是，依赖抽象的司法文件统一裁判标准的做法，其效果是有限的。第一，司法解释性文件由于其抽象条文式的规定，因而其确定性有限。司法解释和规范性文件效力的不同。前者是公认的法源，必须在司法过程中遵守并可以在判决书中引用；后者只能实际上照此办理，不能在判决书中引用。其共同之处在于，都是通过与成文法条文相同的“立法”模式形成的具有普遍适用效力的、抽象的（脱离具体个案的案情的）条文式的“法律性文件”。由于其类似成文法的特点，决定了其不可能、也不应该特别确定或具体。另外，这些抽象的司法解释既没有具体案件事实的支撑和逻辑论理的过程，也缺少以立法资料为基础的历史背景、依据和立法目的，所以它在相当程度上无法为下级法院和法律共同体所理解，或者得出一致的理解。第二，司法解释必然具有一定的滞后性。司法解释的制定与立法是类似的，其制定的动议或启动，往往依赖于司法实践中问题的积累以及研究的深入成熟，然后经过最高人民法院内审判人员、研究人员的层层讨论汇报，最后交由审判委员会讨论作出。所以，其对于新类型案件的、法律观点尚不成熟统一的、具有区域性的裁判标准的不统一问题，几乎是无能为力的。第三，条文式的司法解释由于其抽象性，必然是对一些裁判标准问题不适合作出规定的。如刑事审判中的量刑标准问题。所以也难以对类案作出条文式的量刑标准意见。对于类案，在司法实践中，通过案件之间的相互比照，来达到相同情况相同对待、类似情况类似对待，以实现裁判标准的统一才是最合适、最合理的。

指导性案例对于统一裁判标准的作用，其有效性是明显的。因为其与案件事实相联系，更为具体更为细节化。但是，正如前文所述，其产生的方式与过程类似抽象司法解释的制定，这决定了它在数量上是极少的。因为其需要层层遴选，经过最高人民法院的反复论证，并最终经最高人民法院审判委员会讨论决定。由于其产生程序的复杂性，自2012年1月起至2022年7月6日止，最高人民法院共发布32批共185个指导性案例。[1]其中刑事指导案例27个，行政指导案例29个，民事指导案例110个，民事执行案例15个，国家赔偿案例4个。对于许多法律问题，可能对于全国而言，尚不够成熟或观点不够统一，但是对于同一个地级市或者同一个省而言，理应在同一个司法辖区内实现法律适用的统一，但这些正是指导性案例所无力做到的。

至于其他参阅案例和示范性案例等，由于其刊登主体、选择方式等的多样性，缺乏官方确认的强制性，也不能代表某上诉法院官方认可的观点，因而缺乏必要的权威性，这类案例更多地成为启发法官的办案思路，学习借鉴的对象，对于统一法律适用的标准的功能就效果甚微了。

法谚云，“没有强制力就没有权威”（Where there is no authority to enforce, there is no obedience）。如果没有程序上的审级制约，对于不参照上级法院判例所确立的适用法律的尺度的裁判，通过二审裁判予以改判，那么所谓的案例可能只是一纸具文，或者顶多成为学术讨论研究、启发法官裁判思路的资料。上诉程序因为具有移审效果，可以作出判决以代替初审判决，因而是具有一定强制力保障的统一法律机制。如果下级法院的法官不参照此标准进行，那么他很可能冒着被上级法院改判的风险。即使中国的司法改革过程已经逐渐摒弃对下级法院的案件以“被发改率”进行考核评价，任何一个法官也不愿意看到自己判决的努力付诸东流。而且，由于其紧贴着审判实践的发展，因而更具有时效性和及时性，适于统一同一

〔1〕 参见中华人民共和国最高人民法院官网，http://www.court.gov.cn/shenpan-gengduo-77.html，最后访问日期：2022年8月8日。

司法管辖区内法律适用的标准。另外，如果没有二审裁判对于不适用司法解释，不参照规范性文件、指导性案例的强制性的改判和监督，上述统一法律适用的方法也必将没有一个强制性的程序性保障。

值得注意的是，由于对通过上诉制度统一司法不够重视，相关配套机制安排自然也不健全。同一个上诉审法院内，"同案不同判"现象屡屡出现，其造成的负面效更为突出。下级法院往往无所适从，在检索到的不同裁判标准的案例中更加困惑。"司法解释模式"的内在缺陷和对上诉制度统一司法的不够重视，使"同案不同判"现象长期难以解决，甚至有愈演愈烈之势，已经"成为司法责任制改革中一块难啃的'硬骨头'"。[1]

---

〔1〕 曹士兵、范明志、李玉萍、杨奕：《统一法律适用标准在实现人民法院宪法职能中的原则、机制与路径——〈最高人民法院关于完善统一法律适用标准工作机制的意见〉解读》，载《中国应用法学》2020年第5期。

第七章　完善我国审级制度　强化上诉程序功能的进路

中国的上诉制度实践呈现“二审职权中心主义”和“一审责任中心主义”的特点，四级法院和两个审级在价值目标、职能配置和运作机制方面都没有严格区分，上诉程序在实践运行中出现纠错功能、统一法律适用功能弱化的问题，已经成为影响人民法院司法公正和司法统一的重要原因，必须加以认真对待。本章将在分析我国上诉制度的缺陷和总结程序运行中问题的基础上，借鉴域外国家地区成功的法治经验，提出改革完善我国民事上诉制度的思路，以期对当下中国的司法改革作出贡献。需要说明的是，任何局部制度要得到良好运行并取得预期效果，必须适合其运行的社会背景，简单地移植外国的规则显然不是本书的基本立场。同时，法律程序的运行绝不简单的是一个技术问题，它关涉司法权力的配置和行使方式，本章将结合这些背景展开讨论。

一、转变我国上诉制度的功能定位和指导思想

1. 改革传统“直筒状”审级职能定位，确立分级分层的审级功能定位。我国长期以来四级法院两个审级，均以准确查明事实、实现个案公正为职能，看似科学合理，实则不仅不利于审判资源的优化配置，也是产生司法标准不统一等问题的重要原因。从审级制度理论而言，初审程序是审级的基础，是个案公正的首要保证，其功能更侧重于全面审理、准确查明

事实，确保在当事人之间实现公正。初审程序就其性质而言，很难胜任统一裁判标准的职能，实现法律适用统一是其目标而不是贡献。上诉审程序则不仅具有纠正错误以实现个案公正的功能，还具有统一法律适用标准的效果。而且，越是高层级法院的上诉审程序，由于其在科层制中更高的地位和更大的管辖范围，统一司法的功能越强。这一认识和观念在我国理论界已经基本形成共识，但遗憾的是在司法实践界的认识尚比较模糊。当前亟须的是，在我国立法和司法决策层建立上诉制度统一司法的理念，通过顶层设计和思想动员形成共识，将理论研究的成果转化为实践的力量。

2. 应当同等重视一审程序和二审程序功能的发挥。强化一审是基础。第一审具有基础审、全面审、事实审的中心等特点，是司法公正和判决质量的首要保证，“一审中心主义”是更为理想的状态。在强调一审责任的同时，应该在程序的成本维度、时间维度等方面加强一审程序，审级制度才能得以健康运行。从实践上加强一审的路径在于放慢一点速度，更加充分的审前程序、充分地发挥当事人举证责任、更完备的集中庭审等。同时要完善多元化纠纷解决机制，实行繁简分流，使法院集中司法资源对疑难复杂案件进行精细化审理。加强二审也是关键。一审法院不犯错误是不可能也不合理的，即使不犯错误也可能出现裁判标准不一致问题，在当前“诉讼爆炸”日益严重的形势下更是如此。上诉审程序还具有吸收当事人的不满、强化司法正当性的功能。一定量的案件进入上诉程序也是二审法院发现问题、指导一审的重要途径。二审程序纠正裁判错误、统一裁判标准等责任应该受到强调。“最好的上诉制度是初审判决的双方当事人都不觉得有必要动用的上诉制度。”[1]这也许只是一个乌托邦。在现实世界中，通过初审和上诉审共同履职并发挥作用，才是符合司法规律的。本书揭示

〔1〕［英］J. A. 乔罗威茨：《民事诉讼程序研究》，吴泽勇译，中国政法大学出版社2008年版，第285页。

的一审裁判质量难以保证，二审纠错功能实现不足的问题，启发我国应当在重视一审的同时，更加重视二审功能的发挥。

3. 更加重视上诉审纠错功能，实现二审有效终审。中国社会历来缺乏确定判决不能轻易撤销的观念。经过几十年司法实践的经验教训，以及法学研究的不断深化，理论界和实践界越来越认识到再审制度的补充性功能和利弊兼具的“双刃剑”作用。再审程序不应当作为一项常规性的救济程序来定位，理应作为例外的不服申诉的手段。随着中国市场经济的不断发展，市场主体对于法的安定性和纠纷解决终局性的观念和需求也与日俱增，因而需要对再审程序进行必要的限制。我国审级制度应当逐步摆脱对再审程序的依赖，当下重点是要区分上诉审与再审功能在指导思想上的不同。应更加重视上诉程序的救济功能，改变过去“依法维持，慎重改判”，以及部分法官在二审程序中尊重初审裁判“既判力”的错误认识，对于初审裁判“有错必纠”。申言之，对于事实认定问题，上诉审程序尚可以适度尊重初审裁判的认定，但是对于法律适用问题必须“有错必纠”，否则就不能实现两审终审制的正当性。值得强调的是，二审程序也是终审程序，因此二审法院的维持与改判均应当极为慎重，做到“慎重裁判，有错必纠，确保公正”。

4. 在促进法律适用标准的统一上，更多地发挥上诉制度的功能。法院通过制定抽象的司法解释以及规范性文件等准司法解释以统一法律适用标准的做法，这种“司法式立法”在理论界一直受到广泛的质疑。[1]法院权力的性质是审判权，审判权是对具体个案的审判。法院拥有法律解释、法律续造的权力，但是法律解释、法律之内的法律续造或者超越法律的法的续造，主要发生在司法裁判的过程中，这是当代世界的普遍观念。制定抽象意义的司法解释，在很大程度上发生在司法裁判过程之外，与立法活

〔1〕 参见林峰、王书成:《司法式立法及制度反思——以〈劳动合同法〉等法律的实施为分析样本》，载《法学》2012年第3期。

动类似。不仅如此，即使是司法解释等规范性文件统一法律适用的功能也是有限的，由于它们的抽象性，在适用的过程中需要再解释、再理解。具有司法解释特征的案例指导制度，确实具有更为有效的统一法律标准的效果，但是由于其产生的过程、数量少等原因，也不可能满足地方法院大量司法实践的需要。

通过上诉审统一裁判标准有利于弥补我国传统“司法解释统一”模式的不足。第一，上诉审紧贴审判实践，因而具有及时性。二审法院直面大量司法实践中争议较大、亟须统一的法律问题。是故二审程序会及时对新情况、新问题在裁判案件中明确其司法意见。第二，上诉审通过裁判对法律问题的解释，具有更强的具体性。在判决中确立的规则不能完全精确地与成文的“法律规范”相等同，这一特性使判决的司法意见含义较为精确，在裁判活动中通过类比方法，相较于司法解释具有更强的统一裁判标准效果。第三，上诉制度有利于对类型化事实作出一致的性质判断，以实现“同案同判”。统一裁判标准还要求对同类型的法律事实作出相同的性质判断，对于事实的判断不同于对数字的判断，它以对人类行为的解释为基础，必然包含价值判断的因素。由上诉审对具体案件裁判确立某些规则，其他审判通过类比方法更有利于“同案同判”。第四，对于一些司法活动中的裁量性事项，如刑事审判中的量刑问题、民事审判中的侵权之诉的损害赔偿金额的判定，通过上诉审的判决确立标准、样板的方式以统一法律适用的标准，具有不可替代的作用。第五，上诉制度具有强制效力。上诉程序因为具有移审效果，可以作出判决以代替初审判决，是统一裁判标准的程序性保障。综上所述，笔者认为，通过上诉制度统一法律适用标准，是司法解释制度和案例指导制度的必要补充，是中国特色司法制度的自我完善。从渐进的改良论的立场来看，本书主张我国统一法律适用标准的模式，应转变为“司法解释统一模式”和“上诉制度统一模式”的结合。

二、四级两审终审制度框架下的改良：改革完善上诉程序的制度机制

（一）健全具有普遍法律适用意义、重大法律适用分歧案件提级管辖制度

在我国四级两审终审的审级制度下，由于没有设置第三审，大部分案件可能达到的审级天花板是中级法院，没有通过上诉程序进入更高层级法院的渠道，这显然不利于通过审级制度统一司法。需要建立具有普遍法律适用意义、裁判标准不统一的案件进入高层级法院——高级法院、最高人民法院的路径。理由主要有三：第一，高层级法院的数量少、司法辖区大，有利于通过审判案件统一其司法管辖区的法律适用标准；还可以相应提高终审法院的层级，有利于通过上诉制度统一司法。第二，高层级法院的审判专业水准一般高于中级、基层法院。即使在我国没有实施如大部分西方国家的法官逐级遴选制度，上级法院法官从来源上而言与下级法院并无明显优势。但是，高层级法院具有以下特点：视野更广阔，其面临的是下级法院通过各种正式和非正式制度如上诉、申请再审等过滤后汇聚至他们那里的疑难争议问题；陷入事无巨细、堆积如山的案件中的困境更少，相对来说有更多的思考研究的时间等因素。总体而言，高层级法院法官的法律理论和专业水平相对更高。第三，高层级法院的审判活动受地方各种非正常干扰的因素较少，其审判的中立性、独立性增强，有利于依法公正独立审判。

对于审判活动中具体案件法律适用的争议问题，我国长期以来通过案件请示制度进入上级法院，这是统一司法标准的重要方法。目前为止，“批复”仍然是司法解释的一种重要形式。但是，由于案件请示制度违背审级独立、侵犯当事人上诉权、导致诉讼效率低下等弊端，除了关于抽象法律问题的请示仍然有其一定的正当性、合理性之外，对于案件请示制度进行诉讼化改造，在理论界和实践界已经基本达成共识。即对于具有普遍

法律适用意义的案件，下级法院可以根据诉讼法中的相关规定将案件移送给上级法院审理。

事实上，在司法政策层面，最高人民法院已经提出一系列的改革举措。“二五改革纲要”中提出，“对于具有普遍法律适用意义的案件，下级人民法院可以根据当事人的申请或者依职权报请上级人民法院审理”。2010年《最高人民法院关于规范上下级人民法院审判业务关系的若干意见》又进一步明确基层法院和中级法院对于已经受理的部分第一审案件，必要时可以报请上级法院审理，对此上级法院也可以决定提级管辖，其中包括“具有普遍法律适用意义的案件”。2021年9月开始启动的四级法院职能定位改革试点，最高人民法院在《关于完善四级法院审级职能定位改革试点的实施办法》〔1〕中提出的一项重要内容即“完善案件提级管辖机制”，对于上提的案件类型除“具有普遍法律适用指导意义的”外，还进一步明确了对于法律适用分歧案件的具体标准“上一级人民法院或者其辖区内各基层人民法院之间近三年裁判生效的同类案件存在重大法律适用分歧，截至案件审理时仍未解决的”。总体而言，这一改革举措无疑是符合审级制度原理的。但问题在于，是否能确保改革的要求有效落实是问题的关键。目前的进展情况是，2021年第四季度，各高、中级法院依职权提级管辖案件66件，各试点中、基层法院报请提级管辖特殊类型案件144件，其中被上级法院提级管辖的65件。2022年第一季度，各中、高级法院共依职权提级管辖案件23件，各试点中、基层法院报请提级管辖案件268件，被上一级法院提级管辖的83件。〔2〕改革试点工作取得了初步成效，但也暴露出改革的障碍因

〔1〕 全国人大常委会2021年8月20日决定授权最高人民法院在本院和北京、天津、辽宁、上海、江苏、浙江、山东、河南、广东、四川、重庆、陕西12个省、直辖市的人民法院组织开展四级法院审级职能定位改革试点工作。参见《全国人民代表大会常务委员会关于授权最高人民法院组织开展四级法院审级职能定位改革试点工作的决定》(2021年8月20日第十三届全国人民代表大会常务委员会第三十次会议通过)；《最高人民法院关于完善四级法院审级职能定位改革试点的实施办法》(法〔2021〕242号)。

〔2〕 参见最高人民法院司法改革领导小组办公室印发的《司法改革动态(四级法院审级职能定位改革试点工作专刊)》。

素仍然存在。目前改革方案的上提机制为，下级法院发现后的向上报请，和上级法院发现后的主动提审。但不管是从理性的分析而言，还是运行一阶段的效果发现，上提机制存在以下主要问题：(1)案件的识别标准有效性不足。目前试点方案提出的移送案件的标准，即“同类案件存在重大法律适用分歧”，和“法律、司法解释规定不明确或者司法解释没有规定，需要通过司法裁判进一步明确法律适用的案件”。在笔者看来，该标准已经属于法理视角下尽可能具体明确的标准了，对这类问题不应该也不可能作出更为明确的定义。但是由于我国中、基层法院法官总体法律素养的现状，还是有大量的意见认为该标准仍较为概括，并不具备较强的可操作性。〔1〕(2)提级管辖的动力不足。下级法院希望上移的案件，主要是管辖的利益不大，在事实认定和法律适用上较为疑难复杂的案件，或者是容易引发信访和舆情的案件。而对于裁判标准不统一或普遍法律适用的案件，可能其审理的难度并不大，下级法院自然也没有动力向上移送。(3)案件的发现机制不完善。目前的试点实施方案中，上述案件主要依赖第一审法院在审理中发现，或者上级法院主动发现。但是，对于该类具有普遍法律适用意义的案件，需要发现者具有更高的法律专业素养，收集更多的案例检索资料和进行更为认真的研究，这对于身陷大量办案事务中的中、基层法官，显然是困难重重的。

笔者认为，在现有制度框架下，引入当事人和律师的参与和申请机制，也许能在一定程度上促进案件提级机制的落实。一是赋予当事人提级申请权和异议权。虽然促进法律适用统一是审级制度的公共目的，但是也一定会对当事人的私人权利产生影响，因而当事人一般希望案件提级管辖以得到公正审理。同时当事人也会更有动力收集相关的案例检索资料等。二是建立提出申请律师强制代理制度。对于提出这类申请的理由，不具有

〔1〕 参见张卫平、戴书成：《对最高人民法院职能定位调整的思考》，载《学习与探索》2022年第6期。

法律专门知识的人员往往难以胜任，所以由律师参与是较为合理的。三是在诉讼法或司法解释中，将具有案件普遍适用意义的案件、具有法律适用分歧的案件，纳入案件提级管辖的法定理由。

（二）恪守并完善上诉审法院内部“案由专业化”式“分庭治理”模式

新中国成立以来，我国各级法院对于审判权力的内部组织方式一直采用设置多个专业审判庭，分别主管不同性质案件的“分庭治理”模式。在1979年之前相对简单，法院内部的审判庭一般只设刑事、民事审判庭。[1]改革开放以后，随着经济的活跃和社会交往的复杂，法院承担审判任务也越来越多样和专业。1979年《人民法院组织法》对于基层法院的规定与1954年表述相同，但是对于中级法院、高级法院和最高人民法院则增加了授权性弹性规定，如中级法院设刑事审判庭、民事审判庭，根据需要可以设其他审判庭。[2]随之以后，地方法院先后逐步设立了经济庭、行政庭、经济二庭、立案庭、告申庭、审判监督庭等，此后又经历不断地分化和整合，直至目前仍在变革过程之中。对于各审判庭室设置和分工的逻辑，最高人民法院至今也没有提出明确的指导意见，地方法院各种做法都有。这种分庭治理模式主要有以下几个特点：（1）各个审判庭以管辖案件的专业化进行分工，一般不是平行承担相同性质的审判任务。（2）有按照诉讼阶段为标准进行的分工，如立案庭负责所有立案工作，各审判庭负责进入审判阶段的审判工作，执行庭（局）负责判决生效后的强制执行工作。（3）有部分审判庭是按照诉讼活动的类型为标准进行分工的，如负责民事审判的民事审判庭（民一庭、民二庭、民三庭等），负责行政审判的行政庭，负责刑事审判的刑事审判庭（刑一庭、刑二庭等）。（4）有按照审级进行的分工，这一

---

〔1〕 参见1951年《人民法院暂行组织条例》第14条、第23条、第31条。1954年《人民法院组织法》第16条、第21条、第24条、第29条。

〔2〕 参见1979年《人民法院组织法》第19条、第24条、第27条、第31条。

般在中级法院、高级法院既具有初审管辖权又具有二审管辖权的法院，如历史上有的中级法院经济审判第一庭负责一审案件的审判，经济审判第二庭负责二审案件的审判（针对基层法院一审案件的上诉）。设立审判监督庭负责审判监督程序案件的审判，应该是我国四级法院共同的做法。我国法院内部分庭管理模式有多方面因素的考虑：一是功能的专业化分工以应对社会需求的复杂性，就像在其他社会组织中的功能分化现象一样。如在医院内部的胸外科、五官科等各种科室的设立，政府部门内部的各种处、科的设置。二是科层式权力结构下的政治因素。我国法官的政治地位和社会评价上，是以院长、副院长、庭长、副庭长这一“金字塔”形权力结构为标准的，多设立一个审判庭就可以增加行政职位。三是从法院内部权力的分工制约的考虑。如“一五改革纲要”沿用了20世纪80年代末90年代初开始推行的审执分立、立审分立和审监分立（“三个分立”）从而设置立案庭，以及审判监督程序对于原审程序的制约设置专门的审判监督庭。四是以案件题材（案由）为标准的审判庭分工机制安排，有助于提高审判人员的专门化审判业务水平。五是基于“繁简分流”提高司法效率的考虑，以案件的“繁”“简”为标准分配不同审判庭的工作分工。如近年来多地中级法院在传统审判庭之外成立专门的速裁庭或速裁团队，依托立案环节的案件甄别机制，将简单案件交速裁审判庭负责，复杂案件交传统审判庭审理。[1]当下实践中主流的做法是，除对立案庭、审判监督庭、执行局系根据

〔1〕 如上海一中院、上海二中院采取的“立案庭模式”，在立案庭内设立速裁合议庭。浙江省丽水市中级人民法院组建速裁团队，下设在诉讼服务中心。速裁团队负责50%以上相对简单的民商事案件，民事第一、二、三、四团队负责剩余50%的民商事案件。深圳市中级人民法院设立专门的速裁庭，一审适用速裁的案件上诉后全部交由中院速裁庭审理。江苏省13个中级法院中，无锡、徐州、淮安、常州、宿迁5家法院均成立了专门速裁庭。北京三中院将民商事审判庭划分为快审庭和精审庭，精审庭也不区分民事案件和商事案件，除极少部分案由（如破产案件）相对集中外，实行电脑随机、平行分案。四川省南充市中级人民法院也采用此模式。参见庞闻淙、何建：《中级法院推进案件繁简分流的实践思考》，载《人民司法（应用）》2017年第10期；浙江省丽水市中级人民法院课题组：《深入推进“分调裁”机制改革——以丽水市两级法院的实践为样本》，载《人民法治》2018年第24期；邵新：《司法体制改革背景下繁简分流的法理论证》，载《法治现代化研究》2018年第4期；姜郑勇、陈国兵、越英颖：《内涵式破解人案矛盾——四川南充中院推进民事案件繁简分流改革调查》，载《人民法院报》2018年10月18日，第5版。

诉讼阶段进行的分工外，关于审判庭设置一般是根据案件题材类型（案由）进行分工设置。

虽然“分庭治理”模式也许是缘起于众多并无明晰预设目标的自发生成，但这样的制度安排在历史上无疑具有语境化的合理性。其一，有利于解决我国法官审判业务能力不足的问题。法官从事类型化的专业化事项的审判工作，有利于对业务的熟悉和掌握，进而有利于培养某领域的专家型法官。客观地说，在我国目前的法官培养、遴选机制下，拥有全面的业务能力，兼通某类诉讼（民事、刑事、行政）的各类案由，甚至兼通刑、民的法官凤毛麟角。其二，专业化审理有利于法官对专门事项的熟悉，实现司法效率和司法质量的双提升。其三，同类题材（案由）由少数几个法官审理，并通过合议制、法官会议等机制配套，有利于形成统一的司法见解和裁判标准。但问题是，也有很多分庭的逻辑不清，目的模糊。

从审判权力运行的原理来讨论，上诉审法院实行“分庭治理”模式更加有利于统一法律适用标准。审级制度要实现统一法律适用功能，依赖于科学合理的制度安排。上诉审法院尤其是终审法院应当保持小规模，或者通过分设专业审判庭，以尽可能实现审判同类事项的法官的统一，这样有利于终审法院法律意见的一致。对此，西方国家采取两个方案，一是严格控制进入终审法院的案件数量，如美国、英国等；二是终审法院采取“分庭治理”模式，如德国、法国等，值得我国结合具体的社会条件予以借鉴。同时，对于我国司法制度传统中的合理部分应当坚守并予以完善。

按照案由分工的“分庭治理”模式，是在我国这样大规模案件下的上诉审法院（中级法院、高级法院、最高人民法院）实现审级制度统一法律适用功能发挥，迅速处理案件的合理方案。应该说，该制度在建立之初，除了出于法院工作专业化分工的考虑，另一重要原因是我国法院长期存在的行政化审判权运行和管理方式，通过设立审判庭和庭长行政化职位，以有效组织审判力量和对审判工作进行行政化管理。当然，随着司法改革的不断深入，尤其是2015年以来以“让审理者裁判、由裁判者负责”为目标的司法责任制改革的推进，该问题已经大为改观。但是，“分庭治理”模式在新的司法权运行模式下仍然具有很强的生命力和合理性。法律规定的诉讼程序被嵌入法院组织框架内运行，审判庭的组织因素对法律程序的运作有巨大的影响。[1]在我国典型的科层式权力结构下，案由分工式“分庭治理”在司法责任制背景下的合理性有以下几个方面：第一，特定的审判庭由同一个分管院长、庭长主管，院、庭长可以通过发挥监督指导功能，对“四类案件”进行个案监督指导，主持或参加专业法官会议等路径，统一案件的法律适用标准。第二，可以有效地组织常态化的专业法官会议讨论案件，开展审判业务学习，这既有利于形成相同的司法观念，又有利于对案件的裁判形成统一意见。该问题后文还将讨论。第三，我国上级法院有一项重要功能是指导下级法院审判工作。“分庭治理”模式有利于该审判庭就主管案件的裁判尺度、司法政策等，对下级法院的指导意见保持统一，也与上诉审案件的司法标准统一。如果不同审判庭对相同案由均有管辖权，那么不同审判庭产生法律意见分歧的可能性将大为增加。

之所以提出要坚持案由分工的“分庭治理”的观点，是因为当前司法实践界已然出现的对“分庭治理”模式的背离现象。特别是在“繁简分流”改革中，多地中级法院为了按照“繁”与“简”对案件进行分流，通过设立专门的速裁机构（速裁庭等）审理“简易”案件，传统审判庭则负责审理“疑难”案件，造成相同案由的案件可能由不同审判庭审理，产生裁判标准不一致的现象大为增加。类似的问题，在更高级别的法院中也有存在，如最高人民法院的巡回法庭。在笔者看来，司法改革应该坚持守正创新，对于经过实践检验的科学合理的制度应当坚守和完善，不应违反司法原理和规律而片面谋求创新，按案由分工的“分庭治理”模式是应当恪守的制

〔1〕 参见王亚新：《社会变革中的民事诉讼》（增订版），北京大学出版社2014年版，第134页。

度安排。

(三)上诉审程序应当恪守合议制

我国从1982年制定《民事诉讼法(试行)》开始,就一直将合议制确立为民事审判的基本制度。在一审程序中,普通程序必须适用合议制审理,只有简易程序才能适用独任制。在二审程序中,则一律采用法官组成合议庭审判案件。这一制度在历次修法中均未受到动摇。直到2021年12月《民事诉讼法》修订出现重大突破。这次修法中的一项引人注目的主题是"独任制的扩大化",除了规定一审程序中的普通程序亦可以由独任制审理,更为重要的是规定了"中级人民法院对第一审适用简易程序审结或者不服裁定提起上诉的第二审民事案件,事实清楚、权利义务关系明确的,经双方当事人同意,可以由审判员一人独任审理"。上诉审程序必须适用合议制的禁区被突破。

在上诉审程序中适用职业法官组成的合议庭审判案件,是大陆法系国家和普通法系国家共同遵守的原则。苏联和东欧国家的民事诉讼制度深受大陆法系国家如法国、德国的影响,我国《民事诉讼法(试行)》的制定则主要受苏联法律的影响。[1]在上诉审程序中适用合议庭制度,也受到我国理论界几乎一致的认可。为何有此观念和制度安排,主要基于以下认识:第一,合议制有利于发挥集体智慧,更有利于保证审判质量。重大、疑难、复杂案件应当采用合议制审理,单个法官难免出现知识面局限、法律业务能力不足、思考判断问题不全面等问题,合议庭则有利于互相启发,互相补充。上诉案件是经过一审程序过滤后,有争议并往往是疑难的案件,所以应当适用合议制。第二,合议制有利于对权力的制约,体现了司法民主。合议庭成员在决策时享有平等的权利,对审判共同承担责任。这

〔1〕 参见张卫平:《审判资源程序配置的综合判断——以民事诉讼程序为中心的分析》,载《清华法学》2022年第1期。

不仅有利于防止判决意见的偏颇，还有利于防止司法不公与司法腐败。第三，在我国两审终审制语境下，第二审程序即是终审程序。同时二审程序还有监督指导下级法院，统一法律适用标准的功能。应当适用更为完善和严格的审判组织制度，合议制无疑优越于独任制。上诉审合议庭必须具有更强的法律专业能力，所以均由职业法官组成，这也几乎是大陆法系和普通法系国家的通例。时至今日，这一制度还在世界上绝大部分国家被坚守，只有德国是个例外，其在2001年司法改革中有所突破，前文已有介绍评价。德国的改革是否合理，运行的效果如何尚缺乏足够的资料予以考证。我们更应该认真关注我国的社会土壤、政治制度、法律文化和发展阶段，虽然法律已经修订，但这次修法建立的新制度的合理性仍然值得深度追问。

应当注意到，该项修法方案在《民事诉讼法（修正草案）》正式通过前的征求意见阶段，就引起社会各界的广泛关注，存在很大的争议。修正草案规定："中级人民法院、专门人民法院对第一审适用简易程序审理结案或者不服民事裁定提起上诉的第二审民事案件，事实清楚、权利义务关系明确的，可以由审判员一人独任审理。"〔1〕对此，一方面的意见持支持肯定态度，主要来自法院系统。该项修法建议的方案源于法院系统2019年开始启动的"民事诉讼程序繁简分流改革试点"〔2〕。经过近两年的试点，据来自司法系统的调研报告显示，试点法院二审独任制适用率为29.3%，独任制二审案件提起再审率为0.6%，案件质量指标一定程度优于合议制案件。有

---

〔1〕 参见《民事诉讼法（修正草案）征求意见》，载微信公众号"最高人民法院"2021年10月23日，https://mp.weixin.qq.com/s/VvUitMlX62EgTp4mau10Gg。

〔2〕 2019年12月28日，第十三届全国人大常委会第十五次会议作出《关于授权最高人民法院在部分地区开展民事诉讼程序繁简分流改革试点工作的决定》，授权在15个省（区、市）20个城市的法院开展为期两年的民事诉讼程序繁简分流改革试点，在优化司法确认程序、完善小额诉讼程序、完善简易程序规则、扩大独任制适用范围、健全电子诉讼规则五个方面开展试点工作。最高人民法院随之出台《民事诉讼程序繁简分流改革试点实施办法》（以下简称《实施办法》）等文件，《实施办法》第18条、第20条明确了在民事诉讼二审程序中适用独任制的规则，规定了对于第一审程序简易程序审理结案的、不服民事裁定的，在审理上诉案件时可以由法官一人独任审理。

的试点法院“强化二审独任制与专业法官会议、审判委员会的有机结合，加大对拟改判发回的独任制二审案件的专业把关力度”。[1]二审程序有条件地适用独任制是质量可控的，受到来自法院内部主流意见的肯定。另一方面的意见持否定态度，这一阵营主要是理论界。多数学者对于在二审程序中适用独任制持反对意见，认为其可能导致当事人程序权利无法得到保障，难以保证案件的公正。[2]最终，2021年《民事诉讼法》正式修改，决定对于独任制在第二审程序中的适用采取了折中方案，既规定了中级法院对第一审适用简易程序审结或者不服裁定提起上诉的第二审民事案件，可以适用独任制；又规定了适用独任制需要“经双方当事人同意”。[3]这样，既在二审程序中建立了独任制，又保护了当事人的程序选择权。施行一段时间以来，地方法院努力推进法律的落实，如河南某中级人民法院自新修改的《民事诉讼法》施行至2022年9月，共审结二审民事案件2296件，二审独任审理568件，适用率为24.74%，仅1件进入再审。江苏某中级人民法院则在侵犯商标权、侵害作品信息网络传播权、著作权侵权、特许经营合同四类案件中适用独任制，适用率达35.4%，无一起案件进入再审。[4]但是，笔者也听到截然相反的情况，某高级法院的部分法官反映，他们在办理申请再审案件过程中发现，二审适用独任制审理的案件质量明显较差。[5]

---

〔1〕 周强：《最高人民法院关于民事诉讼程序繁简分流改革试点情况的中期报告——2021年2月27日在第十三届全国人民代表大会常务委员会第二十六次会议上》，载《全国人民代表大会常务委员会公报》2021年第3期。

〔2〕 参见《云端论剑：本轮民事诉讼法修改大家谈》，载微信公众号“法学学术前沿”2021年11月10日，https://mp.weixin.qq.com/s/CCoE_zRBgDk6X80-UQpe8A；《会议综述：民事诉讼法修改理论研讨会》，载微信公众号“民事程序法研究”2021年11月9日，https://mp.weixin.qq.com/s/dDSQ6LfhldGtDG_6FpgwpQ。

〔3〕 参见《全国人民代表大会常务委员会关于修改〈中华人民共和国民事诉讼法〉的决定》（2021年12月24日第十三届全国人民代表大会常务委员会第三十二次会议通过）。

〔4〕 参见《河南省濮阳市中级人民法院构建“三精”管理模式确保二审独任制落实见效》，载《人民法院报》2022年9月28日，第3版；《江苏省无锡市中级人民法院构建精准化规范化工作机制稳步推进二审独任制适用》，载《人民法院报》2022年9月26日，第3版。

〔5〕 笔者于2022年8月参加某高级法院召开的某方面审判业务工作会议时获悉。

立法机关采纳最高人民法院的修法动议并最终将“二审程序中的独任制”付诸立法，理由主要有以下几个方面：(1)“案多人少”的矛盾日趋严重。最高人民法院在修正草案的说明中说，“矛盾纠纷数量持续高速增长，民事审判工作形势发生深刻变化，民事诉讼法的有些规定已经不能完全适应人民群众对公正、高效、便捷解纷的司法需求，制约了司法资源的优化配置和司法效能的有效提升，有必要进一步予以完善”。[1]最高人民法院提出本轮修法建议的最重要的动因，“带有明显提高诉讼效率这一功能目的指向”，[2]这也是学术界的一致看法。(2)“形合实独”现象在二审程序的司法实践中已非常普遍。二审程序中的合议制，特别是开庭审理要求的合议庭共同听审的虚化，在我国多地法院民事诉讼司法实践中已经存在相当长的时间。“囿于与日俱增的审判压力，大多数一审案件与大多数二审简单案件，实际上均是由承办法官一人审理……审判实践亟待明确审判组织的适用标准，推动司法资源与案件特点精准匹配，清除‘形合实独’等错误做法的制度土壤”。[3]也有意见提出，《民事诉讼法》2021年12月修正前在程序中安排审判组织时，严重忽视了合议制实施的有效性，存在“立法与实践脱节严重”，这一制度的合理性和正当性存疑。[4]因此，改革应当去形式化，以独任制取代有名无实的合议制。(3)一审适用简易程序审理的案件，属于“事实清楚、权利义务关系明确”的简易案件，是故二审程序可以给予较弱的程序保障，不会导致审判质量的下降。“在合理控制二审独任制适用范围的基础上，推动二审案件繁简分流，防止所有案件‘平均用

---

〔1〕 周强：《关于〈中华人民共和国民事诉讼法（修正草案）〉的说明——2021年10月19日在第十三届全国人民代表大会常务委员会第三十一次会议上》，载《全国人民代表大会常务委员会公报》2022年第1期。

〔2〕《会议综述：民事诉讼法修改理论研讨会》，载微信公众号“民事程序法研究”2021年11月9日，https://mp.weixin.qq.com/s/dDSQ6LfhldGtDG_6FpgwpQ。

〔3〕 龚成、张引千：《独任制改革试点的发展路径与思路探索》，载《法律适用》2021年第6期。

〔4〕 参见陈文曲、易楚：《民事审判独任制之适用范围研究》，载《常州大学学报（社会科学版）》2018年第3期。

力'，提升司法整体效能。"独任制在二审程序中的扩张体现了案件繁简分流的目的。[1]从实施的情况看，二审程序适用独任制的案件启动再审的只是极个别现象，案件质量得到了保证。

但是，这几个理由是存疑的。第一，"案多人少"虽然是困扰法院审判工作的痼疾，但是诉讼制度应当兼顾多项价值取向，首先应当是公正优先，这正是法律制度区别于经济制度等其他社会领域的重要特征。司法是公平正义的最后一道防线，正如有学者所说，"司法的产品是正义，而不是案件本身"，[2]如果司法可以更快、更多地生产出裁判，但是却不能实现公正，那么效率也就没有意义。民事诉讼的价值包括正当性、公正性、经济性、迅速性等，[3]各价值之间往往产生紧张和冲突，民事诉讼制度的建立需要的是兼顾各个价值利益之间的平衡，但公正是最为重要的。第二，制度的可行性与有效性是合理性和正当性的重要因素，但是这一观念和逻辑如果走向极端是非常危险的。因为它混淆了应然和实然的关系，某项事物的实际存在不能说明其存在是应当的，是符合人类社会的正当价值的。如果某个制度或程序在不能实际落实、徒有其名时，该制度就应当被取代或废除，这将会导致人们不愿意落实该合理制度的要求，丧失程序正义建构的理想。第三，一审适用简易程序审理的案件，并不一定是"事实清楚、权利义务关系明确、争议不大的"案件。我国《民事诉讼法》对适用简易程序的案件标准采取的是概括性的规定，并没有对案件标的额进行限制。在审判任务压力等多种因素影响下，多年来我国简易程序在司法实践中产生了"简易程序适用扩大化"现象。在我国基层法院，几乎所有的民事案件立案后都会安排给独任法官适用简易程序审理，只有在3个月正常审限内

---

〔1〕 参见占善刚、曹影：《民事诉讼独任制扩张的制度逻辑与中国路径》，载《内蒙古社会科学》2021年第5期。

〔2〕 傅郁林：《"司法提速"需要科学化和系统化》，载《上海法治报》2021年11月26日，B7版。

〔3〕 参见［日］谷口安平：《程序的正义与诉讼》，王亚新、刘荣军译，中国政法大学出版社1996年版，第52～57页。

无法审结的案件才转为普通程序审理。大部分基层法院民事案件简易程序适用率在80%左右，有的法院甚至达90%左右。[1]所以简易程序审理的一审案件并不说明案件就是法律关系简单，事实清楚。第四，二审程序适用独任制作出的裁判被再审的数量并不必然能说明案件的质量得到了保证。暂且不论数据的中立性、客观性和全面性，由于再审制度是非常规的纠错程序，不管从启动条件、纠错标准上而言都要更严于上诉程序。而且，启动再审是裁量性的，没有被裁定再审并不必然说明案件质量没有问题。

另外，二审程序适用独任制还存在以下几个问题。第一，忽视了我国法官队伍的现状和社会土壤的语境。“徒法不足以自行。”人的因素是建构法律程序制度的重要因素，包括司法主体和司法对象。英美法系国家的法官，由于其社会环境和法律文化、培养和遴选制度等因素，一般具有深厚全面的法律业务素养、较好的品行素质、丰富的社会经验，享有很高的政治地位和社会地位，具有较高的社会公信力。大陆法系国家的司法传统和文化则有较大的区别，对于法官的培养和遴选要求也没有英美法系国家那么严格。我国的现状是，一方面，法官的道德素养还远未达理想水平。与之相应的是，社会对于司法的信赖度和满意度是偏低的。在我国特有的熟人文化传统影响下，司法人员与社会人情关系的影响隔离存在一定困难。如果对于一审程序即是独任审理，二审程序再进行独任审理，这些程序因素的叠加无疑带来的巨大的廉政风险。合议制的相互制约和制衡功能，至少比独任制更有利于预防被“勾兑”。另一方面，法官的总体业务素质还未达理想水平。虽然近年来法官的主要来源，已经至少是法学本科毕业的学院派，有些发达地区甚至已经是硕士研究生以上学历。但无论是目前学历的含金量还是法官培养机制，在员额制改革过程中，实际上远未实现把真正优秀合格的审判人员进入员额法官的理想目标。不容否认的是，一些

---

〔1〕 参见本书第五章。

业务能力不尽如人意的人员，目前正担任员额法官的岗位。合议制在我国长期以来有着语境化合理性的一个重要原因是，它可以弥补我国单个法官司法能力不足的问题。如果二审案件采用独任制，那么终审裁判的质量如何保证，令人深为担忧。而这一认识，越是对中、基层法官素质现状有深刻的了解和认识，也许会有更深的体会。第二，忽视了上诉制度统一法律适用功能的要求。合议制的多名法官通过相互制约、司法民主，“中和了法官的个性，并使其判断慎重且公正”，[1]有利于实现上诉审法院内部的裁判标准的统一，这是世界各国终审法院采用多名法官组成合议庭审理上诉案件的原理。所以就其技术原理要求而言，上诉程序适用合议制审判是合理的。一审适用简易程序审理的案件、事实清楚的案件并不意味着就在法律适用上没有争议、不需要统一。应当注意的是，上诉程序统一司法标准的功能具有反向效应，如果上诉审法院内的裁判标准不统一，那么下级法院就会因为榜样的不统一而更为困惑，会引起司法辖区内法律适用标准混乱。不同的独任法官审理二审案件，不仅难以承担统一司法的责任，产生裁判标准冲突的可能性也大大增加。

综上所述，笔者认为，不管是为了实现上诉制度的纠错功能，还是发挥上诉程序的统一司法功能，合议制是应当坚守的原则。而且，随着法院层级的提高，应当适用更多法官组成合议庭审理上诉案件。

当然，面对日益严重的人案矛盾，司法程序资源根据案件的金额、重要性和复杂性进行分配，有其合理性和正当性，对于二审程序的合议制可以进行必要的改革。在我国民事审判实践中，法官对案件的审理活动主要包括以下几部分：查阅案卷，开庭审理，庭后合议，制作裁判文书。在笔者看来，对二审程序合议制进行繁简分流的路径可以考虑：第一，适当软化二审开庭审理的条件。我国在2012年对《民事诉讼法》进行全面修改时，

---

〔1〕［日］新堂幸司：《新民事诉讼法》，林剑锋译，法建出版社2008年版，第53页。

将二审程序的审理方式修改为，只要当事人提出新的事实、证据或者理由的，都要开庭审理。[1]当时的修法指导思想显然是以公正优先、程序规范为价值导向的，这样修改“主要目的在于倡导尽可能地公开审判，最大限度地保障当事人的诉讼程序中的权利，并提高二审裁判的透明度”。[2]当然，在此后的司法实践中，该规定并没有得到全面落实。笔者认为，在无法有效缓解法院人案矛盾的形势下，可以将二审开庭审理的条件规定为“提出新的重要事实、重要证据的”，而对于提出新的理由、新的背景性事实证据或补强性证据的，可以不强制要求开庭审理。在这些情况下，上诉理由一般都可以书面形式提交，加之主审法官进行听证，一般可以保证合议庭审理的全面性。但是对于案件发生重大变化，事实上、法律上有重要意义的案件，还是应当开庭审理。第二，可以明确规定主审法官听证程序。借鉴旧德国法中 的“受命法官准备裁判”制度的某些做法，[3]规定对于非重大案件，合议庭可以指派一名主审法官进行调查各种证据、听取当事人意见。而对于合议制中的合议活动、裁判文书签发审核活动，必须由合议庭成员共同参与，这是在当前中国语境下应当坚守的底线。

（四）健全不同审判组织法律适用意见统一制度——从审判委员会到专业法官会议

在西方法治国家，为了保证上诉审法院内部裁判标准的统一，在审判组织安排上采取的是上诉审适用合议制，合议庭组织人数随着上诉审级的提高而增加，并随着案件的疑难程度或统一法律的重要性而设置更多法官组织的大合议庭。其原理在于，西方法治国家强调法官独立审判，审判权

---

〔1〕 参见2007年《民事诉讼法》第152条，2012年《民事诉讼法》第169条。

〔2〕 最高人民法院民事诉讼法修改研究小组编著：《〈中华人民共和国民事诉讼法〉修改条文理解与适用》，人民法院出版社2012年版，第367页。

〔3〕 参见《德意志联邦共和国民事诉讼法》（2000年版）第524条，谢怀栻译，中国法制出版社2001年版，第121页。

的运行以法官为本位，法官或合议庭在审理案件活动中在法院内部享有排他性的裁判权。法院内部的其他法官包括上司不能干预法官在审判中的裁判权。但是，在上诉审法院，尤其是终审法院适用大合议庭甚至满席审判模式，其前提条件是要能控制进入上诉法院的案件量。以法官独立为基础的审判权运行方式，需要具备系统的政治、社会、经济和文化等因素的条件的匹配和支持。在西方社会和政治背景下，法律职业共同体的全面形成和法官的突出地位，以及深厚法治传统对法官的熏染和影响，法官条件的精英化和遴选机制的成熟，法官职业保障制度的完备和法官相对优渥的薪酬待遇等，共同构成了西方社会下法官本位的司法模式的社会基础。

但是中国语境下的政治和社会条件是不一样的。第一，我国确立了法院独立行使审判权原则，当然我国尊重一定程度上的法官独立的审判权。第二，我国法院的权力结构逻辑，不管是在上下审级法院之间还是法院内部，都属于科层制权力模式。我国法院运行的制度基础是宪法所确立的共产党领导下的国家权力体系，我国政党和国家权力合一的政治结构当然深刻影响着法院制度，这些因素是必须坚持的前提。法院首先是政治机关，法院审判权力的运行从来就不只是技术问题，必须在政治背景下开展。第三，我国法院的案件数量太大，上诉审承受的案件量同样巨大。这是由于我国人口的超大规模和经济社会发展的活跃等诸多因素产生的。由于法律文化传统和司法公信力水平较差，我国在短期内也看不出有限制第一次上诉权的正当理由和社会条件。所以，上诉审法院普遍采用大合议庭审理案件的机制缺乏合理性和现实可行性。如前文所述，上诉法院适用合议制的底线也已经被突破，更遑论设置大合议制的二审程序。

由于大量案件进入上诉审法院，上诉法院内部有众多的法官和合议庭，即使采取了按题材分工的“分庭治理”模式，但是每个审判庭内一般会存在数个合议庭。对每个办案团队或合议庭再进行专业化的分工，不仅可能造成法官视野的局限性和司法能力的下降，还有可能产生较大的廉政风险，因此不可避免会发生不同合议庭之间的裁判标准分歧问题。同时，对于一些共同的法律问题，各个民事审判庭之间也会出现认识不一致情况。如何统一不同审判组织之间的法律适用标准，需要建立科学合理的上诉法院审判权内部运行机制。

出于统一法院内部裁判标准的需要，我国长期以来建立了一系列相关的制度机制，除了前文提及的“分庭治理”外，主要包括：审判委员会制度，作为法院内部的最高审判组织，通过制定规范性文件，讨论重大、疑难案件的法律适用问题等方式，统一法律适用标准；〔1〕院长、庭长审核案件，通过对不同审判组织的裁判意见进行审核、把关的方式统一法律适用；审判长联席会议、法官会议等，通过对不同合议庭乃至审判庭之间的相似法律问题研究讨论，形成共识或多数意见，对于统一法律适用起到了积极作用。〔2〕

对于院长、庭长通过行政化的审批案件方式介入审判权的运行，由于其违反审判的亲历性等司法规律，形成“审者不判，判者不审”的弊端，已经成为社会各界的共识。院长、庭长对于合议庭（或独任法官）的权力关系，经历了从“一五改革纲要”的“还权于合议庭”，到“二五改革纲要”的“强化院长、副院长、庭长、副庭长的审判职责”，在落实过程中又演变为将裁判决定权从合议庭（或独任法官）中部分甚而大部分上收。“一五改革”初期“从窗户中扔出去”的行政管理模式，又堂而皇之地“从正门中走了回来”。〔3〕在本轮司法改革中，在以“让审理者裁判，由裁判者负责”为目标的司法责任制改革下，院长、庭长对合议庭的审判权明确为“监督指导”职责，但是主要被局限于四类案件之内，并不能直接改变合议庭意见。应

〔1〕 参见胡嘉荣、伍涛：《审判委员会统一法律适用的功能定位与完善路径》，载《人民法院报》2016年7月6日，第8版。

〔2〕 参见蒋惠岭：《法律统一适用机制再认识》，载《法律适用》2007年第3期。

〔3〕 顾培东：《人民法院内部审判运行机制的构建》，载《法学研究》2011年第4期。

该说，从其原理和实践的情况而言，一方面促进了裁判标准的统一；另一方面可能由于其权力的不受制约而产生的恣意，造成裁判标准的混乱。因而不应成为协调不同审判组织法律适用标准的主要机制。

关于审判委员会制度。作为一项中国特色的制度，其存在的合理性一直有正反两方面的评价。但审委会作为中国法院审判权内部运行的一个重要主体，则是不争的事实。因为其性质上是被法律明确规定的法院内部最高审判组织，合议庭（或独任庭）对其所作的决定应当执行。在运行方式上又通过会议集体讨论决定疑难、重大或复杂的案件，理论上而言，可以对审委会强化其统一法院内部裁判标准的功能。"二五改革纲要"和新一轮的司法改革都对其寄予厚望。但是，审委会有以下一些原因导致其难以扮演统一法院内部裁判标准的主角。第一，资源的稀缺性。由于审判委员会的组成人员一般是院长、副院长和庭长，而这些人员不仅承担着大量的审判管理工作，还承担大量的行政工作任务，需要参加各种会议等活动，所以很难进行大量的案件审理工作。实证研究也显示，一般法院的审委会以每周的例会形式召开，每次讨论案件3～5件；不仅如此，近年来由于对审委会定位的调整，讨论案件的次数和数量越来越少。第二，组成人员的官僚化。审委会委员大部分都是具有行政职务的法官，虽然近年来随着司法改革的深入，一些地区法院在审委会中充实了部分专家型法官，但是总体上委员中存在较多职务较高但审判业务水平一般的人员，仍然是不容回避的事实。第三，专业能力的不足。审委会委员大部分是资深审判人员，所以他们对一些更多依赖生活常识和社会经验判断的案件，在能力上具有一定优势。但很多委员的法学理论和审判业务水平一般，对于法律专业性更强的问题，总体水平则不尽如人意。

笔者认为，在中国特有的法院内部审判权力运行模式下，专业法官会议应当塑造成为协调不同审判组织（合议庭或独任庭）之间法律分歧的主要机制，并与审委会制度配套共同发挥作用。作为中国审判权运行中的非正式制度，法官会议产生的具体时期已不可考。根据笔者的司法实践经验，自20世纪70年代末我国法院制度重建后，即根据审判工作实际需要在司法实践中形成了法官会议机制。其产生的原因，一方面，与当时的司法实践需求有关，法院在重建之初，审判力量来自各行各业，毕业于正规院校的审判人员比例不到10%，当地招考或政府其他部门调入法院的约30%，而转复军人的人数比例一度达50%以上，[1]审判业务专业能力严重不足。另一方面，随着改革开放的深入，经济关系越来越复杂，大量疑难、新型案件涌入司法领域。法官的知识和技能并不能有效满足社会转型对审判活动司法技术理性的需求。法官会议有利于发挥集体智慧，弥补法官审判业务水平的不足。此外，这与当时我国对于法院审判权运行的独特性认识不足有关。在当时大部分国家机关中，普遍存在行政化的运行方式，对于工作决策通过民主集中制进行决定是政治领域各项工作的共同要求。自2000年以来，在全国法院开展审判长选任之后，各地法院开始逐步探索审判长联席会议制度，将此前参加会议的人员限制为审判长职级以上人员，其主要功能仍然与之前基本相同。由于审判长的定位和选任要求要严格于其他审判人员，审判长联席会议意见的权威性和被认可度更高，解决同类案件裁判尺度不一问题的功能逐步强化。[2]此后，最高人民法院在多份司法文件中对建立法官会议制度提出要求，如2013年《关于审判权运行机制改革试点方案》、2015年《关于完善人民法院司法责任制的若干意见》等。2018年11月，最高人民法院出台《关于健全完善人民法院主审法官会议工作机制的指导意见（试行）》。2021年1月最高人民法院又在试行的基础上，对意见进行修改形成《关于完善人民法院专业法官会议工作机制的

〔1〕 参见苏力：《基层法院法官专业化问题——现状、成因与出路》，载《比较法研究》2000年第3期。

〔2〕 参见王延延：《论法院案件集体讨论机制的变迁——从审判委员会到法官会议》，载《北京理工大学学报（社会科学版）》2020年第3期。

指导意见》,对法官会议的定位、功能、组成和运行规则作了更为具体系统的规定。可以认为,虽然没有在法律中进行正式规定,法官会议已经成为我国法院审判权运行的正式制度。

为什么说专业法官会议应当成为我国统一不同审判组织法律意见分歧的主要角色?理由有以下几点:第一,为合议庭(或独任庭)提供咨询意见的功能定位,本质上更符合由合议庭(或独任庭)行使裁判权的合法性要求,契合"让审理者裁判,由裁判者负责"的司法改革目标。其合法性基础显然要高于审判委员会模式。第二,法官会议的组成人员,都是从事某领域日常审判案件活动的法官,可以说是集中了该法院内部具体专业领域审判业务的行家里手,组成法官集体的法律素养更高。第三,法官会议的运行模式也更具有合理性。其大体运行方式是,审判庭内部的员额法官和法官助理均参加,所有法官均有发表意见的权力,最后由主持人总结归纳形成讨论意见。所有合议庭法官均参加会议并发表意见,这将无疑能更为全面地将合议庭意见反映在集体讨论会议之中。法官会议的运行中,一般也能展开充分的讨论与争论,更有利于形成正确的意见。与之形成对比的是,审委会由于资源稀缺等因素,在实际运行中一直只能由一名法官进行汇报。由于汇报人(一般是承办法官)与委员的行政等级上的差距,一般也难形成真正的讨论和平等的对话。第四,法官会议一般建立了例会制度。讨论的时间得到了很好的保证。法官会议公开、留痕、集体决策所形成的制约机制,也有利于集体讨论所形成的法律适用意见,形成一段时期内相对稳定的统一的裁判标准。

为了充分发挥上诉制度统一法律适用的功能,笔者建议对法官会议制度作出以下完善。

首先,上诉审法院尤其应当重视法官会议的健全与运行。法官会议制度功能是多元的,一是具有发挥集体智慧的功能;二是具有相互制约,限制法官自由裁量权的功能;三是通过集体决策,具有统一法律适用标准的功能。尤其在基层法院,前两个功能更为突出。在上诉审法院,其统一法院内部法律适用分歧的功能更为突出。

其次,上诉审法院内应当建立跨部门专业法官会议。有些法律适用问题,会在不同的审判庭都有适用;各个审判庭也更容易产生适用法律的分歧,因而跨部门法官会议的建立尤其有重要意义。值得注意的是,在我国科层制权力结构模式下,各个审判庭一般均设有不同的分管院领导,要保证跨部门审判庭的法官会议的有效组织和运行会受到诸多因素的制约。应当建立强制性的跨部门法官会议的启动条件,以保证会议的有效组织召开。

再次,建立裁判标准不一致案件强制上会讨论制度。如果在一段时期内,同一法院内部有裁判标准不一致的现象,国民对于法院的公正性就会提出批评。如果发生在上诉审法院,则问题尤为严重。因为上诉审法院的裁判意见在该司法辖区内是起到榜样和示范意义的。是故,在上诉审法院内部有法律适用分歧,可以借鉴德国、日本的做法,应当要求强制性启动提交法官会议讨论机制。经过法官会议的讨论,对于较为重要的裁判标准问题,还要在法官会议形成意见之后,提交审委会讨论决定,以提高法律适用的慎重性和合法性。在形成专业的咨询意见后,转化为合议庭意见或审委会意见。

最后,在长期司法实践中形成的流弊,也亟须加以克服和解决。在上诉审法院内,须提交法官会议讨论的案件和问题,主要是合议庭争议较大的案件、需要作出改判或发回重审裁判的二审案件。对于合议庭意见是维持原判的二审案件,则一般不会提交法官会议讨论。但是正如前文实证研究结果所示,许多确有错误的一审裁判被草率地维持原判。笔者认为,要加强法官会议统一法律适用标准的功能,不能以改判、发回重审案件作为上会讨论的唯一标准,应该强调合议庭将审判团队、审判庭、审判专业领域之间或辖区法院内需要统一法律适用的案件,提交法官会议讨论。

（五）改革完善相关配套机制

上诉制度的改革完善是一项系统工程，其不仅涉及上下级法院审判权的配置、法院内部的审判权运行等，还关系当事人上诉权行使、审判管理机制等的耦合联动。本书认为，有以下几项制度值得重视。第一，改革完善科学合理的诉讼收费制度。司法是有限的公共资源，应当根据案件的价值及重要性进行公平和正当的分配。而且，对上诉权的过度保护，往往是以牺牲正确裁判的胜诉者的利益为代价的。因此，对于民事诉讼上诉权进行必要的限制，是世界上大部分国家的普遍做法。但是，鉴于我国目前的总体司法质量和司法公信力的考虑，对第一次上诉权进行限制似乎并不具备成熟的条件。通过诉讼收费制度的调节功能，给予撤回上诉、达成调解的当事人更大的诉讼收费优惠，也许是更为合理的方案。建议借鉴我国台湾地区的做法，[1]改革对于撤回上诉和调解的案件减半收费为减至1/3（或1/4）收费，以鼓励更多的撤回上诉。这有利于将有限的上诉审司法资源用于更为重要和法律普遍适用意义的案件。第二，建立科学的考核制度，放弃对案件效率的简单数字的迷思，以此促进法官对案件质量更加关注。这当然对各个审级都有影响，但对上诉审程序的意义更为巨大。因为对于一审程序而言，是考核办理案件数量、法定审限内结案率等，还是要考核上诉率、被发改率，会引导其关注审判的公正性。但是在二审程序中，因为已经存在初审判决，如果过分强调对审判效率的评价，则必然会导致法官倾向于维持原判或发回重审，造成二审程序空转浪费的后果。

三、重构我国审级制度，建立三审终审制

定型于新中国成立之初的四级法院两审终审的审级制度，至今已经跨

〔1〕 参见黄国昌：《程序法学的实证研究》，台北，元照出版有限公司2012年版，第33页。

过70个年头，中国的经济、社会、国情已经发生了巨大的变化，经济体制和政治体制改革持续推进，司法实践运行积累了丰富的经验，法学理论对于审级制度的研究和认识也更加深化。尤其进入20世纪90年代以来，对于完善和重构我国的审级制度，我国学术界和实务界展开了持续的讨论和深入的研究，积累了丰富的理论成果。时至今日，四级两审终审制带来的审级不足，引起上诉制度的各项功能难以有效发挥，已经越来越成为理论界的共识，建立三审制已经为理论界大部分意见所主张。[1]笔者认为，应当改革我国的审级制度，建立有限的四级三审制度。司法体制机制应当符合经济社会发展的需要，守正创新，与时俱进，改革和完善审级制度已经成为新时代的迫切需要。

（一）新时代背景下建立三审终审制的理由

第一，四级两审制难以实现审级制度统一法律适用的职能。新中国成立之初确立四级两审制，是立足于当时的国情和务实的认识，没有预设通过审级制度统一法律适用的功能。主要考虑的因素包括法院设置与国家四级行政建制对应；便利群众诉讼，迅速结案；防止案件过多集中到最高人民法院等。至于统一国家法律适用的职能，立法者寄希望于最高人民法院通过作出司法解释、加强指导等方式来完成，而不是通过审判案件以实现。随着社会发展和法治建设的不断深入，即便通过司法解释、规范性文件、案件请示制度，到中国特色案例指导制度的不断完善，多年司法实践和改革经验告诉我们，“司法解释模式”存在其先天不足和理论上的缺陷，裁判标准不统一，“同案不同判”问题已经成为我国法院工作的痼疾。本书的研究已经充分说明，应该更多依赖审级制度和上诉制度统一司法。但

〔1〕 参见廖中洪主编：《民事诉讼改革热点问题研究综述（1991—2005）》，中国检察出版社2006年版，第772～779页；孙祥壮：《民事再审程序：从立法意图到司法实践》，法律出版社2016年版，第238～239页。

是，两审终审制框架下，终审法院的层级太低、地处分散，难以促进司法统一；缺乏法建审设置，难以凸显统一法律适用功能；案件很难通过正常的审级制度进入最高人民法院。审级制度已经不能适合法治建设和社会公众对于公平正义的要求。

第二，案件提级管辖机制是难以全面落实的美好图景。为了克服案件请示制度的弊端，同时提升案件的层级，以实现审级制度保证重大案件质量、统一法律适用的功能，我国从“二五改革纲要”提出对案件请示制度进行提级管辖的诉讼化改造，到2010年《关于规范上下级人民法院审判业务关系的若干意见》的深化推动，再到2021年提出的四级法院审判职能定位改革试点，进一步明确案件的识别标准和流转的操作流程。但正如前文所说，历史的经验显示，由于案件请示的需求因素并未消除，案件上提的需求错位和动力不足等原因，改革的障碍因素可能并不主要是缺乏明确标准和操作流程。即使通过试点期间的考核激励和强力组织推动，案件上提机制可能显示初步成效。但是制度常态化运行仍然可能因为难以消解的内在矛盾，不能得以有效推行，成为中看不中用的美好图景。

第三，缺乏第三审制约是第二审程序质量难以保证的重要原因。在三审终审制度下，由于第三审一般为法律审，并且越来越多的国家将第二次上诉构建为许可性上诉，绝大部分案件的终审仍然止步于第二审。但是，审级制度的建构原理在于，一方面通过上诉审程序的实际运行以纠正错误；另一方面通过审级监督制约，使下级法院的法官放弃其“游侠骑士”的自由，而认真履行其审判职责。但是在两审终审制下，二审程序既不受第一审程序提出证据、认定事实等方面的制约，又缺乏第三审程序法律适用方面的制约。而再审程序，由于是以牺牲确定裁判的既判力为代价，是一种类似于“消防通道”的非常规性程序，其价值取向是依法纠错和维护裁判的稳定性相结合，应当确定更加严格于上诉审的改判条件。所以，不应当将其建构为一种常规性的制约程序。也正是由于这一原因，前文的实证研究已经表明，我国目前过低的二审发改率，也许说明的并不是第一审程序的质量已经得到充分的保证，而是一审裁判质量本来已经每况愈下，二审程序又怠于履行职责草率维持，造成终审裁判质量欠佳、终审不终。

第四，“再审代替三审”方案存在无法调和的矛盾。两审终审制设计之初，设计者意识到审级不足，但是认为审判监督程序可以弥补。这多少有点在苏联审判监督理论指导下，对于再审制度的性质和原理认识不足原因所造成。随着司法实践的运行，出现了一方面申请再审难，另一方面又无限再审的看似矛盾的困境，带来的是对于裁判稳定性的极大损害。2007年修改《民事诉讼法》时开始建立的“申请再审上提一级”制度，到2021年开始的四级法院职能定位改革试点，从再审上提一级和最高人民法院择案而审的总体设计来看，显然有将再审打造成“替代性第三审”的趣旨。但该方案面临重大的价值冲突。首先，再审程序是针对生效裁判的严重错误而设置的特别救济程序，是以牺牲生效裁判既判力和程序安定性为代价的，将高层级法院设计为规模化、专门化地对生效案件进行再审有违法理，造成再审纠错方式的路径依赖，常态化损害生效裁判的稳定性。正如有学者所言：“再审程序对司法终局性和权威性的破坏已经威胁到整个社会对司法的信心，从而从根本上动摇着司法的正当性。”〔1〕进而有损法治化营商环境的形成。其次，再审制度必须考虑依法纠错与维护生效裁判权威的价值平衡，与作为常规救济制度的上诉程序有一定的区别。所以，再审的启动条件、改判条件都必须是生效裁判出现严重错误。上诉审由于面对的是一个未生效的裁判，对于原审裁判的错误可以做到有错必纠。通过再审程序统一司法标准，并不适合于常规审级制度的纠正错误和统一法律适用。最后，从法理上而言，不能以裁判生效后的标准来评判已经生效的裁判，所以再审程序与原审程序的关系，应该是“事后审制”而不是“续审制”。

---

〔1〕 傅郁林：《审级制度的建构原理——从民事程序视角的比较分析》，载《中国社会科学》2002年第4期。

例如，对于原审作出裁判时，某个法律问题尚未形成统一裁判标准的，对原生效裁判所持的裁判观点就不能评价为错误，因而再审程序就不应当以事后的法律适用标准改变原生效裁判。再审程序所能够纠正的法律适用问题，应当是与当时的裁判标准不统一问题。那么这个意义上的统一法律适用标准的意义就极为有限了。

第五，我国再审制度改革成果为三审制建立提供了理论和实践准备。虽然再审制度与上诉制度价值取向和技术设计有明显的区别，但是相对于原审裁判而言，两者都属于救济审性质，具有诸多相似之处。我国2007年修改《民事诉讼法》建立的再审上提一级的制度设计，以及再审事由的13种情形，已经使再审程序与第三审程序的实际效果极为接近。加之目前的申请再审制度并不需要交纳诉讼费，而上诉制度则反之，所以从某种意义上申请再审的条件比提起第三审还要方便容易。再审制度改革历程，为三审制在我国的建立提供了丰富的实践经验。应该说，无论是在我国1954年确立两审制的考虑，还是近年来面对理论界几乎一致的三审制立法呼吁，顶层决策者始终未能作出三审制改革的决心，一个主要原因就是担心矛盾上移。但就实际效果而言，再审制度的上提一级设计，已经为三审制度的建立进行了10多年的试点，积累的经验不可谓不丰富。实践的运行证明，三审制可能带来的矛盾上移完全是可以承受的，三审制具有可行性。

（二）建立三审制的基本思路

审级制度是民事诉讼体制的基础性制度，是我国司法体制改革中的重大问题。“我们今天的各种决定、各种选择实际上受到历史因素的影响。”〔1〕制度变迁过程存在“路径依赖”效应，报酬递增和自我强化机制，使制度变迁一旦走上了某一路径，它的既定方向会在以后的发展过程中得

〔1〕 马广奇：《制度变迁理论：评述与启示》，载《生产力研究》2005年第7期。

到自我强化，甚至被“锁定”在某种状态而导致停滞，我国的审级制度正是如此。建立三审制的方案不属于那种在现有四级两审制框架下的改良或形式变革，实际上是一种制度变迁的过程，无疑存在“路径依赖”问题，需要认真加以克服和解决。一方面，制度的转轨当然要尊重审级制度的理论和基本原理，学习借鉴域外法治国家和地区的先进经验。另一方面，要结合我国政治制度和社会文化等制度背景，考察制度方案发挥实际效用的先决条件，探索真正适合中国具体情况的制度安排。

1.四级三审终审制

我国是大一统的中央集权国家，最高人民法院、高级法院、中级法院、基层法院四个层级法院的设置，既是我国推动案件分流、配置审判资源的需要，也与我国的四个行政层级相对应。人民法院作为国家政治机构的重要部分，四级法院设置是需要坚守的前提条件。在现有的四级法院两审终审制为主、一审终审为辅的基础上，改两审终审制为有限的三审终审制，对于符合一定条件的第二审法院裁判不服的，可以向上级法院提起上诉。

第三审的上诉定位为许可制上诉，第三审为法律审。设置一定的条件，由上级法院审查决定是否受理。具体条件可以是：(1)二审裁判适用法律确有错误的；(2)二审法院裁判违反上级法院同类案件的生效裁判的法律适用标准的，同一辖区内的其他法院作出类似不同的判决的；(3)认定事实确有错误的。严格限制当事人更新权，当事人不得在第三审中提出新证据。对于第三审上诉采取裁量性上诉的理由是，允许多少层级的上诉是个立法政策问题。当今世界，越来越多的国家出于对上诉制度价值认识的转变、诉讼爆炸的压力等考虑，对第三审上诉采取裁量性上诉或许可性上诉。当前我国案件量的超大规模也是必须考虑的因素，如果不加限制地均允许第三审，确实可能发生我国1954年确立审级制度时担心的缠讼和矛盾上移问题。所以第三审的功能，应该定位为以统一法律适用标准为主、纠正错误为辅。同时，当前和今后一个相当长的时期内，对第一审、第二审裁判的审判质量还不容过于乐观，第三审保留一定范围对案件事实的审判权限是可以考虑的方案。即不允许当事人提出新的证据，将对事实问题的审理限制在经验法则的范围，其性质仍然属于法律审。[1]对于发现新证据证明事实确有错误的，可以通过再审程序纠错。向最高人民法院的第三审上诉的条件要更加有所限制，增加具有普遍法律适用指导意义的案件；对于最高人民法院要严格限定于法律审。

第三审的审理方式以书面审理为主、开庭审理为辅。第三审法院在审理对下级法院的第二审裁判提出的上诉时，不要求开庭听取当事人或者代理人的口头辩论。其法理上的理由在于，第三审原则上为法律审，已经没有必要考虑新证据的质证和事实的查明问题。法官通过查阅卷宗，阅看当事人提交的书面上诉状和答辩理由，已经完全可以查明案情和法律争议。采取书面审有利于提高审判效率，优化审判资源。当然，第三审的审理方式也无必要绝对禁止开庭审理或调查式审理。必要时，法院也可以决定开庭审理，或者当面听取当事人各方的意见。

第三审实行律师强制代理制度。第三审的性质是法律审，而且其审理范围在于具有普遍法律适用意义，以及需要统一法律适用标准的问题，是法律适用和实践中的专业性问题。这与第一审、第二审程序的诉讼价值和功能的重心有所区别。因此，诉讼参与人如果不具有法律专业知识，乃至较为深厚的法律理论功底和丰富的法律实践经验将难以胜任。当事人显然不具备这样的专业知识和能力，采取律师强制代理制度具有合理性，也将有利于提高第三审的质量和效率。另外，我国的法律援助制度已经发展较为成熟，对于经济条件较差的当事人，可以由法律援助机构的律师提供无偿法律服务。

---

〔1〕 参见［日］新堂幸司：《新民事诉讼法》，林剑锋译，法律出版社2008年版，第639页；［德］罗森贝克、施瓦布、戈特瓦尔德：《德国民事诉讼法》，李大雪译，中国法制出版社2007年版，第1095页。

2.审判职能分级分层

针对长期以来广受批评的四级法院职能基本一致的“直筒状”结构，在建立了四级三审制后，将能够依审级制度的原理予以理顺。第一审重在准确查明事实，正确适用法律，保证个案公正；第二审重在依法纠错，确保个案公正，统一法律适用，实现绝大部分案件的终审；第三审则以统一法律适用标准，发展和解释法律为主，以实现个案公正为辅。

关于四级法院的级别管辖权限的设置。应当取消高级法院、最高人民法院的第一审管辖权。首先，高层级法院的职能，主要在于通过对上诉案件的审判，统一国家和大区域范围内法律适用的统一。因此，高级法院、最高人民法院行使初审权，与其功能设置相悖。其次，高级法院、最高人民法院行使初审权将损害当事人的审级利益。审级利益是指当事人有权获得多个审级的法院对其案件进行审理的程序性利益，在当代世界的大部分国家，第一次上诉被认为是权利性上诉。那么从法理上而言，当事人享有至少一次的上诉权利。如果最高人民法院行使初审权，显然当事人就没有上诉的可能。如果高级法院行使初审权，则对当事人的审级利益也会产生一定影响。

在过去相当长一段时期，我国基层法院、中级法院、高级法院均承担一定量的第一审案件。近年来，出于推动审判重心下移的考虑，最高人民法院多次调整第一民商事案件级别管辖权。随着最高人民法院〔2019〕14号文、〔2021〕27号文的下发，对全国各地法院设置了无差别的级别管辖标准。其用意应该是通过大幅度提高中级法院、高级法院的受案标准，将一审民事案件下沉至基层法院管辖。然而，这一方案存在明显的缺陷。一方面，该制度安排对于我国基层法院法官队伍的专业水准和廉洁素养显然过于乐观，也没有考虑我国幅员辽阔国情下的地区差异。特别是大部分基层法院人案矛盾本已突出，案件进一步下沉后，给基层法院保证审判质量带来巨大挑战。初审程序是基础，如果第一审的质量得不到保证，审级制度将难以良性运行。另一方面，在我国现有的法官培养和遴选机制下，如果中级法院长期不能审理一定量的一审案件，其直面法律的争议问题将减少，审判能力水平也难以得到保障并提升。由中级法院承担部分高标的或重要案件的初审权，由基层法院、中级法院两级分担初审案件的压力，将是更为合理的方案。

3.建立第三审移送管辖制度

在四级法院三审终审的框架下，最高人民法院并不一定是逐级而上的第三审法院。为了实现由最高人民法院统一全国法律适用的目的，从比较法的视野看，有两种模式可供借鉴：一是德国模式。德国的第三审上诉（上告）一律向最高法院提出。德国是四级法院设置，从低到高是初级法院、州法院、州高等法院、联邦最高法院。根据现有法律的规定，所有控诉审（第二审）法院的判决都可以成为上告审的对象，这就包括了对州法院、州高等法院的控诉审判决，均可以向联邦最高法院提出上告。二是日本模式。日本对于初审法院为简易法院的案件，经过地方法院控诉审，高等法院是上告审法院。日本建立了上告审移送管辖制度，在上告法院是高等法院的情形下，当其意见与最高法院等的判例相反时，应当将案件移送给最高法院审理。[1]笔者认为，鉴于我国案件量巨大、防止案件过于上移因素的考虑，日本模式更具有可行性，值得借鉴。我国建立三审终审制后，当高级法院为第三审法院时，如果经过审理认为案件的法律问题具有特别重要的意义，需要由最高人民法院审理更为合适的，应当移送给最高人民法院进行第三审审理。

（三）改革再审制度

在大陆法系国家传统中，普遍实行三审终审制，但是一般均设置再审

〔1〕 参见本书第二章德国、日本部分。

制度。就其原理而言，再审制度与第三审程序的目的功能、价值取向、具体构造是有所区别的。因为我国现行事四级两审终审制，所以我国目前的审级制度是建立在对于再审制度的依赖之上的。如果建立了三审终审制，再审制度理应回归其本来的功能和定位，作为例外的、非常规的对已经生效的确有错误判决的救济程序而改革。其价值取向应当兼顾维护确定裁判的既判力和依法纠错的平衡。在其制度构造上，对于再审的事由作出相对于上诉更为严格的限定。再审的管辖法院，应是作出被提出再审申请的生效判决的法院，"上提一级"再审管辖规则应予改变。同时，为了防止当事人缠讼和不断控诉，从政策上而言应当严格限制再审的申请和启动。审判质量的保证，不应把重心寄托于非常规的监督纠错制度和非正式制度，而应当加强审级内各审级职能的履行和发挥，这是确保司法公平正义的关键。

结　语

上诉制度是一个世界范围内普遍存在的现象。上诉固然是当事人的诉讼行为，但是从制度上而言，是诉讼制度对原审法院判决不服的救济程序。当今世界大部分国家建立了层级化的审级制度，以三审终审制为基础建立了金字塔形的审级制度主体结构。上诉制度具有纠正错误裁判，实现审级制约，统一解释和适用法律，实现司法的正当性，实现中央对地方的政治控制，促进和保证审判独立等诸多功能。但就其最基本、最重要的功能而言，则有两项：一为纠正原审裁判的错误，系为当事人的私人目的；二为统一法律的适用，系为社会公共利益。其他功能或为这两项功能的延伸性效应，或为从法律之外的视角考察的结果。在以苏联为样本和继承新民主主义革命时期建立的根据地政权的司法经验下，与世界上绝大多数国家的三审终审制不同，新中国成立以来确立了两审终审制。我国审级制度另一个重要特点是，由于审级不足的短板，其是建立在对审判监督程序的依赖之上的。

本书对当代中国上诉制度的理论和实践进行观察研究，从比较法的视角对我国的法律制度进行考察，以域外法制为参照，这有利于更全面理性地认识和理解我国的制度。我国上诉制度有以下特点：第一，对于上诉制度与再审制度功能的区别认识不足，认为都是对原审裁判的纠错程序。没有建立将裁判的正确性必须努力在正常审级内予以解决的理念。对再审程序纠错功能的重视，甚至反而超过了上诉制度。第二，对于一审程序与二审程序的关系而言，存在“二审职权中心主义”和“一审责任中心主义”两个模式的冲突。一方面，二审作为唯一的上诉审程序，在科层式司法权力类型下享有全面超过一审程序的职权。另一方面，却过多地将保证裁判正确性，实现“案结事了、服判息诉”的责任压至一审程序，产生权力和责任的分离。基于以上思想基础，我国上诉制度功能实现的不足，没有受到理论界的足够重视，也没有受到立法者和最高司法机关的重视。第三，对于上诉制度统一法律适用标准的功能认识不足。

笔者认真考察了制度与实践结合下的上诉程序，这与以前的研究成果有着较大的区别。已有的讨论主要呈现两种倾向，一是把法律规则当作事物本身，大部分理论界的研究基本如此；二是对实践的研究过于碎片化，没有进行类型化的观察和提炼。笔者努力将制度与实践结合起来考察，研究的是社会运行中的法律程序。另外，我国理论界缺乏对于上诉制度的系统详尽的实证研究，本书对于上诉制度实践运行的功能、需求、预设目的、实际效果等作了更有说服力的考察。

维护国家法制的统一适用，是世界各国面临的共同任务。比较法方法论的功能性原则认为，“比较法的问题不是关于不同国家的法律制度的概念结构，而是它的法律制度的功能，比较法的方法是对不同社会秩序解决问题的办法重新从它们各自的现实，从它们所实现的各自社会目的进行相互比较”。[1]关于法院在统一法律适用标准方面扮演的角色，笔者提出了一对理想类型，“上诉制度统一模式”和“司法解释统一模式”。基于本书的讨论，一个新的理论框架已经基本确立，通过它们，可以考察一国法院基于其权力性质和权力边界认识的区别，统一司法标准的核心路径和方法。该框架揭示的法院在统一司法标准过程中的办法，已经为法学家所指出，笔者试图单向侧重概括其中某些典型特征而建构一种理想化类型，使法律程序为人们所理解。这对理想类型也可以帮助人们在对世界各国法院众多的统一法律适用的武器库之间进行观察和比较时，找到某种方

〔1〕［德］K. 茨威格特、H. 克茨:《比较法总论》，潘汉典、米健、高鸿钧等译，贵州人民出版社1992年版，第56页、第80页。

向感，对它们相似性和差异性的感受有望更为显著。本书认为，我国法院统一司法标准的办法，虽然采取了多项举措，但是其核心特征具有鲜明的“司法解释统一模式”特点，而忽视通过上诉制度统一司法。通过对高级法院和中级法院的实证研究结果说明，上诉法院普遍没有树立通过上诉审判以统一解释、适用法律的理念，上诉制度在审判实践中统一法律适用的功能是非常薄弱的。

本书对于上诉制度运行状况的实证分析是对一个中国地级市的中级法院和其辖区内的基层法院为样本的一个微观分析结果。在这个有限范围内进行的调研观察的现象无疑是属于局部性的，但也有着比较广泛的意义。人文世界里“一切事物都在一定条件下存在的，如果条件相同就会发生相同的事物。相同条件形成的相同事物就是一个类型”。〔1〕本书观察研究的这个城市同当代中国绝大多数其他城市一样，具有共同的政治权力架构、经济社会体制和大体上相同的发展阶段。中国是高度中央集权的大一统国家，其制度、法律、政策和指导思想都强调与中央保持一致。所以W市中级人民法院虽然不是中国全部法院的典型，但不失为中国许多法院所共同的“类型”，由此可以了解中国司法制度实践的一些显著特征。当然，也应当看到本书的限度，上诉程序不仅发生在中级法院，还发生在高级法院和最高人民法院。中国幅员辽阔、文化复杂、经济社会发展不平衡，笔者的研究必然不能代表中国法院上诉制度的全貌，但这并不否定它在限度内的价值。

简单地把域外法律制度作为法治社会的标准来评价我国制度是缺乏说服力的，本书反对这样的立场。“在折服于一项外国规范的魅力之前，改革者们首先应当认真思考这项规范与本国的整个规则系统之间形成良性互动关系的可能性。”“改革的成败主要取决于新规则与某一特定国家的司

〔1〕 费孝通：《重读〈江村经济〉序言》，载费孝通：《江村经济》，上海世纪出版集团2007年版，第285页。

法管理模式所植根于其中的文化和制度背景的兼容性。”[1]基于以上认识，本书并不是在批评上述现象和问题，笔者只是想更深刻地认识和理解中国制度本身。关于问题的对策，笔者提出了简要的改革方案，试图立足于中国的制度背景，将法律程序规则与司法权力的运行方式紧密结合起来展开讨论，希望对于改革的顶层设计者有所启发。

在启动的新一轮司法改革中，中共中央提出了“完善审级制度，一审重在解决事实认定和法律适用，二审重在解决事实法律争议、实现二审终审，再审重在解决依法纠错、维持裁判权威”的改革思路。[2]2021年，最高人民法院又启动四级法院审级职能定位改革试点，提出“基层人民法院重在准确查明事实、实质化解纠纷；中级人民法院重在二审有效终审、精准定分止争；高级人民法院重在再审依法纠错、统一裁判尺度；最高人民法院监督指导全国审判工作、确保法律正确统一适用”[3]的目标，无疑值得我们寄予新的希望。在系统的政治体制改革背景下的司法体制机制改革中的审级制度改革，面临司法责任制改革、上下级法院关系改革、案多人少矛盾不断加剧、司法公信力尚未建立等一系列因素的影响。不管怎样，法治的进程在不断推进，司法改革体系化在不断深入，在这场法治道路建设上的审级制度改革，值得我们拭目以待！

---

〔1〕［美］米尔伊安·R. 达玛什卡：《司法和国家权力的多种面孔——比较视野中的法律程序》，郑戈译，中国政法大学出版社2004年版，第2页。

〔2〕《中共中央关于全面推进依法治国若干重大问题的决定》（2014年10月23日中国共产党第十八届中央委员会第四次全体会议通过）。

〔3〕参见《最高人民法院关于完善四级法院审级职能定位改革试点的实施办法》。

参考文献

一、中文类

（一）著作

1. 公丕祥主编:《法理学》,复旦大学出版社2002年版。

2. 周永坤:《法理学——全球视野》(第3版),法律出版社2010年版。

3. 季卫东:《法治秩序的建构》,商务印书馆2014年版。

4. 黄茂荣:《法学方法与现代民法》,中国政法大学出版社2001年版。

5. 风笑天:《社会学研究方法》(第3版),中国人民大学出版社2009年版。

6. 王利明:《司法改革研究》,法律出版社2000年版。

7. 费孝通:《乡土中国》,上海世纪出版集团2007年版。

8. 费孝通:《江村经济》,上海世纪出版集团2007年版。

9. [美]黄仁宇:《赫逊河畔谈中国历史》,生活·读书·新知三联书店1992年版。

10. [美]黄仁宇:《万历十五年》,中华书局1982年版。

11. [美]黄仁宇:《中国大历史》,生活·读书·新知三联书店1997年版。

12. 宋冰编:《读本:美国与德国的司法制度及司法程序》,中国政法大学出版社1998年版。

13. 黄国昌:《程序法学的实证研究》,台北,元照出版有限公司2012

年版。

14. 宋冰编:《程序、正义与现代化——外国法学家在华演讲录》,中国政法大学出版社1998年版。

15. 沈达明编著:《比较民事诉讼法初论》,中国法制出版社2002年版。

16. 常怡主编:《比较民事诉讼法》,中国政法大学出版社2002年版。

17. 常怡主编:《外国民事诉讼法新发展》,中国政法大学出版社2009年版。

18. 汤维建主编:《外国民事诉讼法学研究》,中国人民大学出版社2007年版。

19. 乔欣、郭纪元:《外国民事诉讼法》,人民法院出版社、中国社会科学出版社2002年版。

20. 江伟主编:《民事诉讼法学原理》,中国人民大学出版社1999年版。

21. 江伟主编:《中国民事诉讼法专论》,中国政法大学出版社1999年版。

22. 刘荣军:《程序保障的理论视角》,法律出版社1999年版。

23. 柴发邦主编:《民事诉讼法学新编》,法律出版社1992年版。

24. 江伟主编:《民事诉讼法专论》,中国人民大学出版社2005年版。

25. 江伟主编:《民事诉讼法》(第5版),高等教育出版社2016年版。

26. 常怡主编:《民事诉讼法学》(第4版),中国政法大学出版社2013年版。

27. 谭兵主编:《民事诉讼法学》,法律出版社1997年版。

28. 王亚新、陈杭平、刘君博:《中国民事诉讼法重点讲义》,高等教育出版社2017年版。

29. 齐树洁主编:《民事司法改革研究》,厦门大学出版社2006年版。

30. 陈荣宗、林庆苗:《民事诉讼法》,台北,三民书局2006年版。

31. 王甲乙、杨建华、郑健才:《民事诉讼法新论》,台北,三民书局

1998年版。

32. 齐树洁主编:《台湾地区民事诉讼制度》,厦门大学出版社2016年版。

33. 陈荣宗:《举证责任分配与民事程序法》,台北,三民书局1984年版。

34. 王亚新:《社会变革中的民事诉讼》,中国法制出版社2001年版。

35. 范愉:《非诉讼纠纷解决机制研究》,中国人民大学出版社2000年版。

36. 最高人民法院司法改革小组编:《美英德法四国司法制度概况》,人民法院出版社2002年版。

37. 陈光中主编:《刑事诉讼法学》(新编),中国政法大学出版社1996年版。

38. 樊崇义主编:《刑事诉讼法学》,中国政法大学出版社1999年版。

39. 陈瑞华:《刑事审判原理论》,北京大学出版社1997年版。

40. 蔡墩铭主编:《两岸比较刑事诉讼法》,台北,五南图书出版股份有限公司1996年版。

41. 蔡墩铭:《刑事审判程序》,台北,五南图书出版股份有限公司1992年版。

42. 陈朴生:《刑事证据法》,台湾海天印刷厂有限公司1979年版。

43. 左卫民等:《诉讼权研究》,法律出版社2003年版。

44. 江伟、邵明、陈刚:《民事诉权研究》,法律出版社2002年版。

45. 陈光中、江伟主编:《诉讼法论丛》第1卷,法律出版社1998年版。

46. 民事诉讼法研究会:《民事诉讼法之研讨》(一),台北,三民书局1986年版。

47. 刘敏:《裁判请求权研究——民事诉讼的宪法理念》,中国人民大学出版社2003年版。

48. 齐树洁:《民事上诉制度研究》,法律出版社2006年版。

49. 尹丽华:《刑事上诉制度研究——以三审终审为基础》,中国法制出版社2006年版。

50. 顾永忠:《刑事上诉程序研究》,中国人民公安大学出版社2003年版。

51. 朱立恒:《刑事审级制度研究》,法律出版社2008年版。

52. 王超:《刑事上诉制度的功能与构造》,中国人民公安大学出版社2008年版。

53. 熊选国主编:《人民法院案件信息管理与司法统计》,最高人民法院研究室2001年12月编印内部资料。

54. 张卫平:《探究与构想——民事司法改革引论》,人民法院出版社2003年版。

55. 褚红军主编:《审判监督制度实证研究》,人民法院出版社2004年版。

56. 张军主编:《人民法院司法统计:理论与实践》,人民法院出版社2012年版。

57.《人民法院案件管理与统计》(上册),最高人民法院研究室1997年10月编印内部资料。

58. 公丕祥:《当代中国的审判管理——以江苏法院为视域的思考与探索》,法律出版社2012年版。

59. 公丕祥主编:《审判管理理论与实务》,法律出版社2010年版。

60. 蔡定剑:《历史与变革——新中国法制建设的历程》,中国政法大学出版社1999年版。

61. 刘家琛:《诉讼及其价值论》,北京师范大学出版社1993年版。

62. 最高人民法院审判监督庭编:《审判监督指导与研究》第1卷,人民法院出版社2003年版。

63. 最高人民法院民事诉讼法修改研究小组编著:《〈中华人民共和国民事诉讼法〉修改的理解与适用》,人民法院出版社2007年版。

64. 最高人民法院民事诉讼法修改研究小组编著:《〈中华人民共和国民事诉讼法〉修改条文理解与适用》,人民法院出版社2012年版。

65. 王亚新、傅郁林、范愉等:《法律程序运作的实证分析》,法律出版社2005年版。

66. 孙祥壮:《民事再审程序:从立法意图到司法实践》,法律出版社2016年版。

67. 廖中洪主编:《民事诉讼改革热点问题研究综述(1991—2005)》,中国检察出版社2006年版。

68. 最高人民法院民事诉讼法调研小组编:《民事诉讼程序改革报告》,法律出版社2003年版。

69. 最高人民法院修改后民事诉讼法贯彻实施工作领导小组编著:《最高人民法院民事诉讼法司法解释理解与适用》(上),人民法院出版社2015年版。

70. 程汉大、李培锋:《英国司法制度史》,清华大学出版社2007年版。

71. 毛玲:《英国民事诉讼的演进与发展》,中国政法大学出版社2005年版。

72. 何勤华主编:《英国法律发达史》,法律出版社1999年版。

73. 徐昕:《英国民事诉讼与民事司法改革》,中国政法大学出版社2002年版。

74. 齐树洁主编:《英国司法制度》(第2版),厦门大学出版社2007年版。

75. 陈杭平:《统一的正义:美国联邦上诉审及其启示》,中国法制出版社2015年版。

76. 张卫平、陈刚编著:《法国民事诉讼法导论》,中国政法大学出版社

1997年版。

77. 冷罗生:《日本现代审判制度》,中国政法大学出版社2003年版。

78. 王亚新:《对抗与判定:日本民事诉讼的基本结构》,清华大学出版社2002年版。

79. 中共中央文献研究室编:《毛泽东年谱(1949—1976)》,中央文献出版社2013年版。

80.《彭真传》编写组编:《彭真年谱》,中央文献出版社2012年版。

81. 习近平:《干在实处 走在前列——推进浙江新发展的思考与实践》,中共中央党校出版社2006年版。

82.《元照英美法词典》,薛波主编、潘汉典总审订,法律出版社2003年版。

(二)译著

1. [美]E. 博登海默:《法理学:法律哲学与法律方法》,邓正来译,中国政法大学出版社1999年版。

2. [德]考夫曼:《法律哲学》,刘幸义等译,法律出版社2004年版。

3. [英]哈特:《法律的概念》,张文显、郑成良、杜景义、宋金娜译,中国大百科全书出版社1996年版。

4. [法]孟德斯鸠:《论法的精神》,张雁深译,商务印书馆1959年版。

5. [美]约翰·罗尔斯:《正义论》,何怀宏、何包钢、廖申白译,中国社会科学出版社1988年版。

6. [法]托克维尔:《论美国的民主》,董果良译,商务印书馆1989年版。

7. [美]约翰·亨利·梅利曼:《大陆法系》,顾培东、禄正平译,法律出版社2004年版。

8. [美]H. W. 埃尔曼:《比较法律文化》,贺卫方、高鸿钧译,清华大学出版社2002年版。

9.［美］格伦顿、戈登、奥萨魁：《比较法律传统》，米健、贺卫方、高鸿钧译，中国政法大学出版社1993年版。

10.［美］本杰明·卡多佐：《司法过程的性质》，苏力译，商务印书馆1998年版。

11.［美］理查德·A. 波斯纳：《法律的经济分析》，蒋兆康译，中国大百科全书出版社1997年版。

12.［日］谷口安平：《程序的正义与诉讼》，王亚新、刘荣军译，中国政法大学出版社1996年版。

13.［德］马克斯·韦伯：《社会科学方法论》，李秋零、田薇译，中国人民大学出版社1999年版。

14.［德］K. 茨威格特、H. 克茨：《比较法总论》，潘汉典、米健、高鸿钧、贺卫方译，贵州人民出版社1992年版。

15.［美］米尔伊安·R. 达玛什卡：《司法和国家权力的多种面孔——比较视野中的法律程序》，郑戈译，中国政法大学出版社2004年版。

16.［美］马丁·夏皮罗：《法院：比较法上和政治学上的分析》，张生、李彤译，中国政法大学出版社2005年版。

17.［美］迈克尔·D. 贝勒斯：《法律的原则——个规范的分析》，张文显等译，中国大百科全书出版社1996年版。

18.［意］莫诺·卡佩莱蒂编：《福利国家与接近正义》，刘俊祥等译，法律出版社2000年版。

19.［英］阿德里安·A. S. 朱克曼主编：《危机中的民事司法——民事诉讼程序的比较视角》，傅郁林等译，中国政法大学出版社2005年版。

20.［英］J. A. 乔罗威茨：《民事诉讼程序研究》，吴泽勇译，中国政法大学出版社2008年版。

21.［日］小岛武司等：《司法制度的历史与未来》，汪祖兴译，法律出版社2000年版。

22.［日］芦部信喜:《宪法》(第6版),林来梵、凌维慈、龙绚丽译,清华大学出版社2018年版。

23.《英国民事诉讼规则》,徐昕译,中国法制出版社2001年版。

24.［美］杰弗里·C. 哈泽德、米歇尔·塔鲁伊:《美国民事诉讼法导论》,张茂译,中国政法大学出版社1998年版。

25.［美］理查德·D. 弗里尔:《美国民事诉讼法》,张利民、孙国平、赵艳敏译,商务印书馆2013年版。

26.［美］史蒂文·苏本、玛格瑞特·伍:《美国民事诉讼的真谛——从历史、文化、实务的视角》,蔡彦敏、徐卉译,法律出版社2002年版。

27.［法］让·文森、塞尔日·金沙尔:《法国民事诉讼法要义》,罗结珍译,中国法制出版社2001年版。

28.［德］奥特马·尧厄尼希:《民事诉讼法》(第27版),周翠译,法律出版社2003年版。

29.［德］罗森贝克、施瓦布、戈特瓦尔德:《德国民事诉讼法》,李大雪译,中国法制出版社2007年版。

30.［日］兼子一、竹下守夫:《民事诉讼法》,白绿铉译,法律出版社1995年版。

31.［日］三月章:《日本民事诉讼法》,汪一凡译,台北,五南图书出版股份有限公司1997年版。

32.［日］新堂幸司:《新民事诉讼法》,林剑锋译,法律出版社2008年版。

33.［日］中村英郎:《新民事诉讼法讲义》,陈刚、林剑锋、郭美松译,法律出版社2001年版。

34.［日］高桥宏志:《重点讲义民事诉讼法》,张卫平、许可译,法律出版社2007年版。

35.［日］高桥宏志:《民事诉讼法：制度与理论的深层分析》，林剑锋译，法律出版社2003年版。

36.［日］伊藤真:《民事诉讼法》(第4版补订版)，曹云吉译，北京大学出版社2019年版。

37.《法国新民事诉讼法典》，罗结珍译，中国法制出版社1999年版。

38.《法国新民事诉讼法典》，罗结珍译，法律出版社2008年版。

39.《法国民事诉讼法典》，周建华译，厦门大学出版社2022年版。

40.《德国民事诉讼法》，丁启明译，厦门大学出版社2016年版。

41.《德国民事诉讼法典》，赵秀举译，法律出版社2021年版。

42.《德意志联邦共和国民事诉讼法》，谢怀栻译，法律出版社1984年版。

43.《日本新民事诉讼法》，白绿铉编译，中国法制出版社2000年版。

44.《日本民事诉讼法典》，曹云吉译，厦门大学出版社2017年版。

45.《英国民事诉讼规则》，徐昕译，中国法制出版社2001年版。

46.《意大利民事诉讼法典》，白纶、李一娴译，中国政法大学出版社2017年版。

47. David M. Walker:《牛津法律大辞典》，李双元等译，法律出版社2003年版(根据牛津大学出版社1980年版翻译)。

(三)文章

1. 侯欣一:《改革开放以来中国法治进程回顾与展望》，载《天津法学》2011年第4期。

2. 朱景文:《中国近30年来诉讼案件数量分析——〈2011中国法律发展报告〉》，载《法制日报》2012年1月18日，第9版。

3. 傅郁林:《审级制度的建构原理——从民事程序视角的比较分析》，载《中国社会科学》2002年第4期。

4. 陈桂明:《我国民事诉讼上诉审制度之检讨与重构》,载《法学研究》1996年第4期。

5. 齐树洁、黄斌:《德国民事上诉制度的改革》,载《河南省政法管理干部学院学报》2003年第2期。

6. 邵建东、李芬:《德国联邦最高法院的历史、组织及任务》,载《清华法学》2006年第1期。

7. 刘敏:《论我国民事诉讼二审程序的完善》,载《法商研究(中南政法学院学报)》2001年第6期。

8. 江伟、廖永安:《论我国民事诉讼一审与上诉审关系之协调与整合》,载《法律科学(西北政法学院学报)》2002年第6期。

9. 章武生:《我国民事审级制度之重塑》,载《中国法学》2002年第6期。

10. 杨荣新、乔欣:《重构我国民事诉讼审级制度的探讨》,载《中国法学》2001年第5期。

11. 宋朝武:《民事上诉审制度现状研究》,载《法律适用》2003年第8期。

12. 傅郁林:《论民事上诉程序的功能与结构——比较法视野下的二审上诉模式》,载《法学评论》2005年第4期。

13. 陈刚:《我国民事上诉法院审级职能再认识》,载《中国法学》2009年第1期。

14. 赵旭东:《民事诉讼第一审的功能审视与价值体现》,载《中国法学》2011年第3期。

15. 龙宗智:《论建立以一审庭审为中心的事实认定机制》,载《中国法学》2010年第2期。

16. 胡夏冰:《构建"一审中心主义"的审级格局》,载《人民法院报》2011年9月22日,第2版。

17. 张维迎、艾佳慧:《上诉程序的信息机制——兼论上诉功能的实现》,载《中国法学》2011年第3期。

18. 王海军:《发生学方法与中国法制史的研究》,载《中南大学学报(社会科学版)》2010年第6期。

19. 周晓虹:《理想类型与经典社会学的分析范式》,载《江海学刊》2002年第2期。

20. 熊跃敏:《诉讼上和解的比较研究》,载《比较法研究》2003年第2期。

21. 孙祥壮:《日本民事诉讼法:变迁及其修订》,载《中国审判》2008年第3期。

22. 程荣斌、邓云:《审级制度研究》,载《湖南省政法管理干部学院学报》2001年第5期。

23. 何兵、潘剑锋:《司法之根本:最后的审判抑或最好的审判?——对我国再审制度的再审视》,载《比较法研究》2000年第4期。

24. 周永坤:《诉权法理研究论纲》,载《中国法学》2004年第5期。

25. 江伟、单国军:《关于诉权的若干问题的研究》,载陈光中、江伟主编:《诉讼法论丛》第1卷,法律出版社1998年版。

26. 李祥琴:《论诉权保护》,载《中国法学》1991年第2期。

27. [英]欧文勋爵:《向民事司法制度中的弊端开战》,蒋惠岭译,载《人民司法》1999年第1期。

28. [美]葛维宝:《法院的独立与责任》,葛明珍译,载《环球法律评论》2002年第1期。

29. 李步云、柳志伟:《司法独立的几个问题》,载《法学研究》2002年第3期。

30. 俞静尧:《司法独立结构分析与司法改革》,载《法学研究》2004年第3期。

31. 付子堂:《社会学视野中的法律功能问题》,载《郑州大学学报(哲学社会科学版)》1999年第5期。

32. 刘作翔:《法律的理想与相关法学概念关系的法理学分析》,载《法律科学(西北政法学院学报)》1994年第4期。

33. 于佳佳:《日本判例的先例约束力》,载《华东政法大学学报》2013年第3期。

34. 解亘:《日本的判例制度》,载《华东政法大学学报》2009年第1期。

35. 蔡定剑:《人大个案监督的基本情况》,载《人大研究》2004年第3期。

36. 卞建林、姜涛:《个案监督研究——兼论人大审判监督的合理取向》,载《政法论坛》2002年第3期。

37. 邵明:《现代民事再审原理论——兼论我国民事再审程序的完善》,载《中国人民大学学报》2007年第6期。

38. 张卫平:《民事再审事由研究》,载《法学研究》2000年第5期。

39. 胡夏冰:《民事再审事由的比较分析》,载《人民司法》2010年第17期。

40. 王亚新:《民事审判监督制度整体的程序设计——以〈民事诉讼法修正案〉为出发点》,载《中国法学》2007年第5期。

41. 本刊资料室:《对于我国人民法院组织法和人民检察院组织法中一些名词的初步理解》,载《法学研究》1954年第4期。

42. 刘忠:《四级两审制的发生和演化》,载《法学研究》2015年第4期。

43. 齐树洁:《〈民事证据规定〉的困境及其启示》,载《证据科学》2009年第2期。

44. 李浩:《民事判决中的证据失权:案例与分析》,载《现代法学》2008年第5期。

45. 纪敏:《全面理解和正确适用证据失权》,载《人民法院报》2006年

12月25日，第5版。

46.张卫平：《民事再审：基础置换与制度重建》，载《中国法学》2003年第1期。

47.李相波：《关于〈民事诉讼法〉司法解释第二审程序修改内容的理解与适用》，载《法律适用》2015年第4期。

48.陈瑞华：《论彻底的事实审：重构我国刑事第一审程序的一种理论思路》，载《中外法学》2013年第3期。

49.徐昕：《法官为什么不相信证人？证人在转型中国司法过程中的作用》，载《中外法学》2006年第3期。

50.魏文伯：《对于〈中华人民共和国人民法院组织法〉基本问题的认识》，载《法学研究》1955年第1期。

51.刘忠：《规模与内部治理——中国法院编制变迁三十年(1978—2008)》，载《法制与社会发展》2012年第5期。

52.孙佑海：《人民法庭工作不能削弱必须加强》，载《人民法院报》2014年7月10日，第2版。

53.于建嵘：《国家政权建设与基层治理方式变迁》，载《文史博览(理论)》2011年第1期。

54.龙太江：《乡村社会的国家政权建设：一个未完成的历史课题——兼论国家政权建设中的集权与分权》，载《天津社会科学》2001年第3期。

55.徐浩然：《基层政权建设的历史经验——1933年毛泽东〈才溪乡调查〉的思想蕴含》，载《科学社会主义》2016年第6期。

56.习近平：《把“枫桥经验”坚持好、发展好 把党的群众路线坚持好、贯彻好》，《人民日报》2013年10月12日，第1版。

57.杨明伟：《“枫桥经验”的历史来源和现实启示——毛泽东、习近平关注的一个重大问题》，载《毛泽东邓小平理论研究》2018年第9期。

58.吴锦良：《“枫桥经验”演进与基层治理创新》，载《浙江社会科学》

2010年第7期。

59. 郭星华、任建通:《基层纠纷社会治理的探索——从“枫桥经验”引发的思考》,载《山东社会科学》2015年第1期。

60. 陈杭平:《历史视野下的上下级法院关系》,载《人民政协报》2013年1月7日,第8版。

61. 孙业群:《法院司法行政事务管理权研究》,载《中国司法》2004年第7期。

62. 张卫平:《论我国法院体制的非行政化——法院体制改革的一种基本思路》,载《法商研究(中南政法学院学报)》2000年第3期。

63. 谢佑平、万毅:《司法行政化与司法独立:悖论的司法改革——兼评法官等级制与院长辞职制》,载《江苏社会科学》2003年第1期。

64. 陈瑞华:《司法裁判的行政决策模式——对中国法院“司法行政化”现象的重新考察》,载《吉林大学社会科学学报》2008年第4期。

65. 王申:《司法行政化管理与法官独立审判》,载《法学》2010年第6期。

66. 龙宗智、袁坚:《深化改革背景下对司法行政化的遏制》,载《法学研究》2014年第1期。

67. 周永坤:《司法的地方化、行政化、规范化——论司法改革的整体规范化理路》,载《苏州大学学报(哲学社会科学版)》2014年第6期。

68. 重庆市第二中级人民法院课题组、向亮:《审判质效考核体系的考察与反思》,载《法律适用》2011年第2期。

69. 程开明、李夏琳:《“数目字管理”与统计思想》,载《中国统计》2018年第4期。

70. 艾佳慧:《中国法院绩效考评制度研究——“同构性”和“双轨制”的逻辑及其问题》,载《法制与社会发展》2008年第5期。

71. 施鹏鹏、王晨辰:《论司法质量的优化与评估——兼论中国案件质量评估体系的改革》,载《法制与社会发展》2015年第1期。

72.蒋惠岭、金晓丹:《荷兰司法质量评估体系(下)》,载《人民法院报》2013年4月12日,第8版。

73.史乃兴:《司法公正评价机制的审视与健全——以人民法院案件质量评估指标体系为视角》,载《人民司法》2014年第5期。

74.苏力:《基层法官的司法素质——从民事一审判决上诉率透视》,载《法学》2000年第3期。

75.《忠实于事实真相——三论要严格依法办案》,载《人民司法》1981年第1期。

76.[日]铃木贤:《对中国民事审判正统性的考察——以民事再审制度为题材》,载《湘江法律评论》第4卷,湖南人民出版社2001年版。

77.孙祥壮:《民事审判监督程序的修改与配套司法解释的任务》,载《法律适用》2008年第4期。

78.最高人民法院审判监督庭:《民事诉讼法审判监督程序修改的意图及其实现》,载《人民司法》2007年第23期。

79.虞政平:《我国再审程序的制度渊源》,载最高人民法院审判监督庭编:《审判监督指导与研究》2003年第1卷,人民法院出版社2003年版。

80.江阶虎:《两审终审制:无法终审的现实——对我国民事诉讼审级制度的反思与重构》,载《中国律师》1999年第10期。

81.赵沨:《社会主义民事审判制度的新起点——记第七次全国民事审判工作会议》,载《人民司法》2007年第1期。

82.王杏飞、刘洋:《论我国民事诉讼中的律师调查令》,载《法治研究》2017年第3期。

83.崔险险:《律师调查令制度在我国民事诉讼中的完善》,载《怀化学院学报》,2019年第4期。

84.李浩:《宁可慢些,但要好些 中国民事司法改革的宏观思考》,载

《中外法学》2010年第6期。

85.最高人民法院政治部、江苏省高级人民法院:《关于审判组织改革问题的调研报告》,载江苏省高级人民法院:《2003—2005全省法院优秀重点调研课题汇编》。

86.赵刚、刘远涛:《北京一中院反腐败的点穴术》,载《人民法院报》2009年8月2日,第1版。

87.田源、高宇涵:《我国基层法院合议制运行中存在的问题及对策》,载《中共郑州市委党校学报》2016年第2期。

88.王晨光:《法律运行中的不确定性与"错案追究制"的误区》,载《法学》1997年第3期。

89.艾佳慧:《制度环境、诉讼策略与民事上诉率变迁——理论模型与初步检验》,载《法制与社会发展》2017年第5期。

90.虞政平:《论我国审判监督程序的改革》,载《暨南学报(哲学社会科学版)》2012年第8期。

91.高沈坚:《〈关于民事审判监督程序严格依法适用指令再审和发回重审若干问题的规定〉的理解与适用》,载《人民司法》2015年第13期。

92.沈福俊:《司法裁判改革探析——兼论司法裁判的判例化》,载《法商研究(中南政法学院学报)》1994年第3期。

93.李浩:《再审的补充性原则与民事再审事由》,载《法学家》2007年第6期。

94.张卫平:《重复诉讼规制研究:兼论"一事不再理"》,载《中国法学》2015年第2期。

95.张宇燕:《个人理性与"制度悖论"——对国家兴衰的尝试性探索》,载《经济研究》1993年第4期。

96.马智胜、马勇:《试论正式制度和非正式制度的关系》,载《江西社会科学》2004年第7期。

97.崔万田、周晔馨:《正式制度与非正式制度的关系探析》,载《教学与研究》2006年第8期。

98.杨嵘均:《论正式制度与非正式制度在乡村治理中的互动关系》,载《江海学刊》2014年第1期。

99.章武生、杨严炎:《德国民事上诉制度改革之评析》,载《比较法研究》2003年第1期。

100.李浩:《强化民事第一审程序:原理、路径与方法》,载《江海学刊》2009年第5期。

101.徐昕、卢荣荣:《中国司法改革年度报告(2009)》,载《政法论坛》2010年第3期。

102.李浩:《民事再审程序改造论》,载《法学研究》2000年第5期。

103.方如初:《民事抗诉权质疑和民事检察工作的基本思路》,载《法治论丛》1992年第2期。

104.四川省高级人民法院课题组:《人民法院司法公信力调查报告》,载《法律适用》2007年第4期。

105.施忆:《法官个体化差异与裁判统一的冲突与协调——影响司法公信力原因的内发探寻》,载《司法改革论评》2013年第1期。

106.丁广宇:《欧洲各国最高法院保证法律统一解释的作用与机制》,载《法律适用》2007年第3期。

107.金振豹:《论最高人民法院的抽象司法解释权》,载《比较法研究》2010年第2期。

108.周道鸾:《论司法解释及其规范化》,载《中国法学》1994年第1期。

109.林峰、王书成:《司法式立法及制度反思——以〈劳动合同法〉等法律的实施为分析样本》,载《法学》2012年第3期。

110.胡云腾、于同志:《案例指导制度若干重大疑难争议问题研究》,

载《法学研究》2008年第6期。

111. 周道鸾:《中国案例制度的历史发展》,载《法律适用》2004年第5期。

112. 李友根:《指导性案例为何没有约束力——以无名氏因交通肇事致死案件中的原告资格为研究对象》,载《法制与社会发展》2010年第4期。

113. 郎贵梅:《中国案例指导制度的若干基本理论问题研究》,载《上海交通大学学报(哲学社会科学版)》2009年第2期。

114. 胡云腾:《打造指导性案例的参照系》,载《法律适用(司法案例)》2018年第14期。

115. 北京市高级人民法院课题组:《关于完善案例指导制度的调研报告》,载《人民司法》2007年第19期。

116. 宋晓:《判例生成与中国案例指导制度》,载《法学研究》2011年第4期。

117. 张榕:《通过有限判例制度实现正义——兼评我国案例指导制度的局限性》,载《厦门大学学报(哲学社会科学版)》2009年第5期。

118. 刘嵘:《抓住机遇 迎接挑战 建立和完善现代民事审判制度——全国民事审判工作会议综述》,载《人民司法》2000年第12期。

119. 芦磊、黄志远:《司法改革视野下审判长联席会议的去留》,载《人民法院报》2017年4月26日,第8版。

120. 最高人民法院:《判例在联邦德国法律制度中的作用》,载《人民司法》1998年第7期。

121. 龙宗智:《法院内设机构改革的矛盾及其应对》,载《法学杂志》2019年第1期。

122. 姜启波、包剑平、杨立初、李盛烨:《〈关于调整高级人民法院和中级人民法院管辖第一审民商事案件标准的通知〉的理解与适用》,载《人民司法》2015年第15期。

123. 江苏省高级人民法院民事审判第一庭:《民事审判中的“同案不同判”问题》,载《审判研究》(江苏省高级人民法院内部刊物)2017年第8期。

124. 王亦君:《北京一中院发布〈涉家事纠纷专业化审判白皮书〉:“同案不同判”为何难以避免》,载《中国青年报》2017年9月26日,第7版。

125. 周黎安:《中国地方官员的晋升锦标赛模式研究》,载《经济研究》2007年第7期。

126. 张卫平、戴书成:《对最高人民法院职能定位调整的思考》,载《学习与探索》2022年第6期。

127. 张卫平:《审判资源程序配置的综合判断——以民事诉讼程序为中心的分析》,载《清华法学》2022年第1期。

128. 龚成、张引千:《独任制改革试点的发展路径与思路探索》,载《法律适用》2021年第6期。

129. 陈文曲、易楚:《民事审判独任制之适用范围研究》,载《常州大学学报(社会科学版)》2018年第3期。

130. 占善刚、曹影:《民事诉讼独任制扩张的制度逻辑与中国路径》,载《内蒙古社会科学》2021年第5期。

131. 傅郁林:《“司法提速”需要科学化和系统化》,载《上海法治报》2021年11月26日,B7版。

132. 顾培东:《人民法院内部审判运行机制的构建》,载《法学研究》2011年第4期。

133. 何帆:《论上下级法院的职权配置——以四级法院职能定位为视角》,载《法律适用》2012年第8期。

134. 胡晓霞:《论中国民事审级制度面临的挑战及其完善》,载《政治与法律》2020年第4期。

135. 何帆:《中国特色审级制度的形成、完善与发展》,载《中国法律评论》2021年第6期。

136. 傅郁林:《民事复审程序制度研究》,中国人民大学2001年博士学位论文。

137. 齐树洁:《民事上诉制度研究》,西南政法大学2003年博士学位论文。

138. 刘晓英:《民事上诉制度研究》,中国政法大学2008年博士学位论文。

139. 周佳欣:《16世纪英国财政署上诉法庭的兴起》,天津师范大学2017年硕士学位论文。

140. 李振:《人大个案监督制度的实证研究》,内蒙古大学2017年硕士学位论文。

二、英文类

1. Martin Shapiro, *Courts: A Comparative and Political Analysis*, The University of Chicago Press, 1981.

2. Cornelis Hendrik (Remco) van Rhee & Yulin Fu, *Supreme Courts in Transition in China and the West: Adjudication at the Service of Public Goals*, Springer, 2017.

3. General Report by Roger Perrot, *The Role of the Supreme Court in Securing the Uniform Interpretation of Law*, Sixth Meeting of the Presidents of European Supreme Courts, 11–13 October, 2000.

4. *Black's Law Dictionary*(8th ed., 2004), Bryan A. Garner Editor in Chief.

致　谢

为了总结多年法官生涯的某些观察和思考，探索将本土经验提升为理论概念，我萌发创作此书的愿望。感恩香港城市大学法律学院和最高人民法院国家法官学院提供难得的机会，使我有机会进入新的学术环境中求学，给了我观察研究中国社会的新视角，它的意义是巨大的。正如英国人类学家Leach教授所言："在亲自具有第一手经验的文化情境里做田野作业，比一个完全陌生的外客用天真朴素的观点去接近要观察的事物困难多得多。"当我们从中国内地跨入香港时，我们的眼光也许与访客更接近了一点，使我能更准确地观察和反省熟悉的司法制度的一些特点。在香港三个月的生活和学习，加深了我对香港社会和普通法制度的了解，美丽的维多利亚湾风光成为一生中难忘的记忆！

本书是在我的博士论文的基础上修改完善而成。没有我的导师林峰教授的指导和鼓励，本书是难以完成的。他在对论文的每个环节的创作和完善上都给予我悉心的指导，带领我进入一个全新的学术境界。他亲人和长辈般的情谊令我倍感温暖，他的鼓励和鞭策，始终是我坚持完成本书写作的力量源泉。还要感谢我的另一位导师王贵国教授，正是在2013年他担任香港城大法学院院长期间，我非常幸运地与其他23位同学一起被录取为博士研究生，步入学术研究的殿堂。王教授对于论文的选题与构思方面的指导，给予我巨大的帮助并在此后的写作过程中像灯塔一样指引着我。感谢城大法学院的各位授课老师的精彩讲课，使我受益匪浅。

陈瑞华教授对于本书的构思提供了诸多帮助，他的方法论研究成果是本书重要的智慧源泉。傅郁林教授为本书的创作提供了巨大的帮助和指导，王亚新教授在资料上给予我无私的帮助，并提出了宝贵意见。汤维建教授耐心解答了我许多疑问，令我深受启发。关文伟教授和何江山教授对于本书的修改提出了切中肯綮的意见和创造性的建议。楼洪博士在我学习和写作期间提供了太多的帮助，费梦恬博士给予大力支持，在此一并表示由衷的谢意！法律出版社朱峰女士、苗婕女士是专业而敏锐的编辑，为本书的出版完成了大量细致烦琐的工作。

是缘分让我们博士研究生班的同学相聚在一起，在香港、北京求学期间的共同生活、学习和讨论，不仅结下了深深的友谊，也给予我学术上智慧的启发，同学情谊是我求学之路上收获的最珍贵的人生财富。